SINO FOREIGN MANAGEMENT 中外管理

出品人◎杨光

中外管理企业成长史丛书

CHINESE AND FOREIGN MANAGEMENT ENTERPRISE GROWTH HISTORY BOOKS

# 从0到世界500强

## 敬业集团成长启示录

辛国奇◎著

企业管理出版社
ENTERPRISE MANAGEMENT PUBLISHING HOUSE

**图书在版编目（CIP）数据**

从 0 到世界 500 强：敬业集团成长启示录 / 辛国奇著．—北京：企业管理出版社，2022.5

ISBN 978-7-5164-2568-8

Ⅰ．①从… Ⅱ．①辛… Ⅲ．①民营企业—企业管理—经验—中国 Ⅳ．① F279.245

中国版本图书馆 CIP 数据核字（2022）第 038032 号

---

**书　　名：** 从0到世界500强：敬业集团成长启示录

**作　　者：** 辛国奇

**责任编辑：** 尚元经　郑小希

**书　　号：** ISBN 978-7-5164-2568-8

**出版发行：** 企业管理出版社

**地　　址：** 北京市海淀区紫竹院南路17号　　　**邮编：** 100048

**网　　址：** http：//www.emph.cn

**电　　话：** 编辑部（010）68414643　发行部（010）68701816

**电子信箱：** qiguan1961@163.com

**印　　刷：** 北京天宇万达印刷有限公司

**经　　销：** 新华书店

**规　　格：** 170毫米×240毫米　16开本　24.75印张　350千字

**版　　次：** 2022年4月第1版　2022年4月第1次印刷

**定　　价：** 118.00元

---

# 目录
CONTENTS

## 第二篇 第一次反危机：借力1998

## 第三篇 第二次反危机：发力2008



## 第四篇 第三次反危机：突围“白菜价”时代

## 第五篇 第四次反危机：非常之年，逆势布局

# 第一篇

# 创业初期

# 第一章 首次创业：不安分的“84派”

开荒平地的公社书记 / 萌生创业初心 / 艰辛筹办罐头厂 / 戴上鸭舌帽 / 经营智慧小荷初露 / 做罐头的烦恼与收获 / 告别“创业童年” / 干一行钻一行：改造啤酒厂

2021 年 8 月，《财富》杂志发布了 2021 年世界 500 强榜单，中国大陆共有 135 家公司上榜——在这个以金融、能源、建筑、互联网巨头等行业为主的中国企业名单中，人们惊诧地发现，一家以“敬业”命名的集团首次上榜，并以 2020 年 2244 亿元的营业收入，位列世界 500 强第 375 位。

不少人看着新闻好奇地问，敬业集团是做什么的，在哪里？

此时，总部位于太行山东侧、河北省石家庄市平山县的敬业集团，同往常一样淡定低调，没有任何特别的庆祝活动。“这是所有敬业人辛苦付出的结果！进入世界 500 强不是终点，而是新的起点。”敬业集团董事长李赶坡，在得知这一喜讯之后对笔者说。

或许，就像李赶坡的名字一样，他和他的敬业集团，一直在克服各种阻力，赶着路，上着坡！不过，此时还是可以觉察到这位与共和国同龄的企业家内心的喜悦和振奋。看着窗外规模宏大的钢铁园区，李赶坡陷入了沉思，过去几十年的风风雨雨，像过电影般从他脑海中闪过。

## 开荒平地的公社书记

2021年的《财富》世界500强排行榜，全球共有14家钢企入选，其中，国外钢铁企业有5家，分别是安赛乐米塔尔、韩国浦项、日本制铁、蒂森克虏伯、日本钢铁工程控股。

中国钢铁企业共有9家上榜，中国宝武钢铁集团毫无悬念继续保持世界第一大钢企位置，另外8家分别是河钢集团、青山控股集团、江苏沙钢集团、敬业集团、山钢集团、鞍钢集团、首钢集团、建龙集团。

敬业集团作为民营钢企巨头，首次上榜就位列第375位，表现最为亮眼。这样的成就，40余年前刚刚从河北正定师范学校毕业，随后成为一名中学政治老师的李赶坡，肯定是没有想到的。

虽然作为政治老师的教书生涯很短暂，但这一套思维模式深深影响了李赶坡，并深深影响了后来敬业集团的管理模式，以至于李赶坡在30多年后向笔者笑言：“我就是管思想，就是一名‘政委’。”

1975年，26岁的李赶坡离开教育系统，被任命为平山县南甸公社党委副书记，仅仅一年后又被任命为党委书记。“南甸”，意即南方的郊野，郭沫若当年参观板门店军事分界线后，在名为《参观板门店后》诗中云：“南甸无人成废地，北山有鸟颂丰年。”

当时的平山县南甸，确实也是一片待开发的贫瘠之地。而平山县地处革命老区，这里有“新中国从这里走来”的革命圣地西柏坡，同时也是全国闻名的贫困县。

身为公社书记的李赶坡，其管理范围是36个自然村，18000人口。当时那个岁月，农民仍然吃不饱肚子，每年秋天交征购粮，春天还要返还一些给贫困村的困难户。

回忆起那段经历，李赶坡印象深刻的永远是粮食和吃饭。“每年春天来公社要粮食的农民很多，说家里已经断粮。公社是把上级拨的粮食按村分下去，自己哪有粮食？我心里很痛苦，种地的却没粮食吃。”

即便年代已经久远，但李赶坡仍然对当时的“粮食定量”如数家珍：国家干部每月男性 30 斤粮食，女性 28 斤粮食，二两棉油，过年过节或有二斤大米，也在总量中包括。因为当时没有副食，没有肉蛋，土豆都要充口粮。公社机关吃饭，早晨一个窝头，一碗米粥，中午晚上各两个窝头或馒头，一碗菜汤。玉米窝头比小麦馒头耐饥，所以，尽管小麦馒头好吃，也要吃玉米窝头。星期天由乡下回公社汇报工作，就吃两顿饭，早晨一般包饺子，半下午吃午饭带晚饭两顿合一。早晨的饺子要贵一些，有的干部就去买三个烧饼，每个 6 分钱，花 1.8 角，也能吃饱肚子。一个窝头 3 分钱，有时为了节约就少吃一个，我们经常开玩笑说：少吃个窝头，给孩子盖房多买块砖——那时一块砖也是 3 分钱。

正因为经历过这一段特殊岁月，所以现在的李赶坡仍然不讲究吃也不讲究穿，用敬业集团另一位创业元老王国太的话说：“他有什么吃什么，即便现在日子好了，也从来不在吃穿上刻意追求。”

而李赶坡在敬业集团也一直倡导节俭文化，甚至在公司发起过多次反对浪费的动员。我们现在讲不忘初心，而李赶坡的“初心”似乎早在公社书记期间就已经定格，一直没有变化。

1970 年代，国家对干部下乡有硬性的规定。县级干部每年下乡劳动 100 天，公社级干部劳动 200 天，大队干部则要劳动 300 天，在此期间，必须吃住在农村。

李赶坡选择了南甸公社的魏家院村去蹲点，他带着铺盖来到村里，就住在了魏家院村一个无人居住、十分简陋的房子里。而吃饭，则更为简朴，也很有意思：按照规定，李赶坡每天要到老百姓家“吃派饭”——即每天换一户吃饭。而依据相应标准，李赶坡每天要给村民们支付一天 4 角钱饭费。

李赶坡记得很清楚：“这是根据当时的生活水平定的，早晨 1 角钱，午饭、晚饭各 1.5 角，每天吃完饭在饭桌上放上 1 斤粮票 4 角钱。一般农民会给干部单做好的吃，他们吃差一些。当然也要看他们对干部的看法，干部做了对他们好的事，他们让你天天吃好的，对有意见的干部，他们会做差的让你吃。”

彼时，平山县在普及高粱种植，有的村民觉得产量低不愿意种高粱，所以对“强制”推广种高粱的干部，就会用各类“高粱制品”来招待，以表达内心的意见。

不过，看似是吃饭，其实是点对点的沟通，吃“一轮”下来，这个村子有什么困难，东家长西家短，下乡干部都会了如指掌。

下乡前，李赶坡就下决心要干出点对村民有长远好处的事。农村出身的李赶坡，深知靠天吃饭的农民之不易，经常到村里和农民们一同劳作。而在“吃派饭”的过程中，他发现村民们普遍反映了村东一片荒芜沼泽地闲置的事情。

李赶坡实地查看后发现，这片沼泽地杂草、芦苇茂盛，从未耕种过，但是水资源丰富，如果能开发成可利用的稻田，那可谓“利在千秋”。

与村干部商讨后，李赶坡号召大家说干就干。时年26岁的李赶坡年轻力壮，和村民们一同挖掉杂草、芦苇根，一起挥锨铲土，大家不收工他也不停下，这些，村民都看在眼里记在心上。

或许是李赶坡政治老师的天然号召力，或许是李赶坡的激情带动了大家的热情，村民们都很吃苦耐劳。第二年，大片的芦苇地就变成了稻田，水稻喜获丰收，村民们吃上了自己种的香喷喷的大米，还有富余去换成玉米——“南边的郊野”，也终于变成了良田。

很巧的是，这片李赶坡带领开垦的稻田，后期也成为敬业集团的一部分，现在敬业集团南区的机械化料场正是当时的稻田所在地。斗转星移，时空变幻，李赶坡还在同一片土地上继续奋斗和开垦着。

在蹲点期间，李赶坡渐渐有了朦胧的管理意识，悟出了一些行之有效的管理方法，这也深深地影响到了他日后的决策特点。

比如，李赶坡对于股份制和激励，当时就有了切身的体会：彼时，全国都以生产队为核算单位，如果粮食丰收了，减去征购部分，将按照“人七劳三”的标准分配，即人口占七成，劳动工分占三成——这某种程度上就是股份制。但由于缺乏科学管理，仅以上工时间计酬，难免有“大锅饭”的弊端。“这肯定是不出效益的。这也是我对股份制一直不太看好的原因之一。俗话说，弟兄三人不分家，也有互不出力的。所以我认为责任制加团队精神是企业管理的核心。”多年后，李赶坡如此感悟说。

而关于激励，李赶坡也从“村民们每天似乎都很忙，但最后还是要饿肚子”中有了思考。当时，到了夏收和秋收，公社的有线广播站会在清晨五六点用大喇叭“发布”起床通知：全体社员同志们，目前小麦已熟，赶紧起床收割，近日有雷雨天气。

除了高音喇叭，生产队长们也沿街敲锣，社员们慢腾腾地揉着惺忪的睡眼到集合地点等着派活。李赶坡更得早早起来，催促村干部组织人手，也会去地里边检查边劳动。

但尽管如此，因没有及时收割，小麦倒在地里发霉的事情也时有发生。“一个生产队可以说只有队长积极性高，其他社员基本不关心。小麦发霉了大家都挨饿，也不是饿我自己，这是社员们当时普遍的心态。所以直到 1978 年改革开放前，农村的农活永远是干不完的，庄稼却一直长不好，社员的口粮也一直不够。”李赶坡当时就意识到，分配工作，必须责任到人，同时应有相应的激励和惩罚，否则就只会有推诿和倦怠，任何事情也做不好。

从而，李赶坡觉得，人性是要受约束的，同时也是要从正面挖掘的。“对三字经的‘人之初，性本善’我是有看法的，我认为人之初并不善，‘善’是后天培养和挖掘出来的。”

就这样，李赶坡在南甸公社魏家院村蹲点了三个月，他想尽各种办法，让村民们能尽快吃饱肚子，为此，甚至在寒冬腊月里，迎着大雪给村民们做动员讲话。

李赶坡自然没有想到，他此时为村民设身处地、不计辛劳的付出，不仅极大地改善了村民的生活，也为后来创立化工厂解决心头之患的用地难题埋下了伏笔——这是后话。

看着魏家院村有了改变，李赶坡就转移到条件更差的康庄村去“下乡”，这个村子坡岭地多，人口也较多，搞好了会有示范作用。

李赶坡到了康庄村后，对土地情况进行了分析，决定平整土地，把村东的坡地改造成梯田，以便保留雨水利于浇灌。他算过一笔账，康庄村东岭大概有 200 亩土地，北高南低，一下雨雨水流向低处，土地存不上水，所以庄稼长不好，尽长些能耐旱的野生植物。而平整后能留住雨水，保住土壤湿度，这样就可以种玉米，如能引水灌溉，还可以种小麦，一季变两季，少说也能亩产 800 斤。

给社员们“陈明利害”后，大家的积极性被激发了。李赶坡干脆把“办公室”设在工地，挖了一个地坑，上面覆盖一些庄稼秸秆，就成了他的工作地点。为了营造气氛，李赶坡还引来高音喇叭，播放《大海航行靠舵手》等革命歌曲，喊一些鼓劲的口号。李赶坡也亲自上阵，同社员一起推土车。就这样忙活了一个冬天，社员们用铁镐、铁锨、土车硬是平整出 200 亩土地，看着整整齐齐的梯田，社员们深感自豪，倍受鼓舞。

而李赶坡离开康庄村后，社员们把康庄东岭习惯性地称为“赶坡岭”。

算好账，定好目标，指哪打哪，思想入手，全力以赴，这些“康庄平地”中体现的工作特点，在李赶坡日后的管理手段中，都有更加淋漓尽致的发挥。

李赶坡讲原则但也讲情理的特点，在其这段公社书记经历中，也有充分的展现。

当时，社员的宅基地要由大队上报公社批准，有时大队上报的不公正，存在浑水摸鱼的情况。由于种种原因，形成很多乱占耕地乱建房的现象，如果不及时制止，不少社员都会效仿，所以，身为公社书记的李赶坡觉得必须手腕强硬、刹住此风。

当时公社下辖的史家庄村有一户社员，弟兄三四个都到了结婚的年龄，由于不能及时解决宅基地问题，就在耕地上盖起了房子。李赶坡陷入了两难，如果强硬组织人员拆除，房子往往是老百姓最大的投入，已经花了很多钱，而且直接影响几位年轻人的终身大事；但如果不拆除，负面影响太大，可能出现不少效仿者。

思来想去，经过深思熟虑的李赶坡决定责令其马上停工，稍做拆除。为了震慑“未批先建”行为，他组织各位村干部到现场开会，使干部们认识到管理不严产生的后果。但他同时安抚了这户人家，说一定会帮他们想办法解决困难。过了一段时间，有了新的指标后，这户社员的宅基地优先得以批复。

这，就是管理的原则和艺术，尊重规则，但又讲究情理。很多公司只重规则，却忽视了规则背后最重要的人，最后看似维护了规则，却永远失去了人心。

另一方面，李赶坡在南甸公社工作期间，还小试牛刀扩建了多家集体企业，这无疑也开阔了他的眼界，更重要的是，为他后期创业积累了相关骨干人才。

“当时上级号召农村搞社办工业、队办工业，各村可以办集体企业。有的村办起了烧砖厂，有的村养貂……南甸公社的社办工业很红火，我的前任康生平是位有见识、有胆量的干部，他在任时开办了很多企业。比如蛭石制品厂、石英砂厂、机械加工厂等。当时年轻阅历少，能力尚浅，我是在之前的基础上进行扩建。”李赶坡回忆说。

社办工业不但为公社提供了发展的资金，确实还培养出了大批人才。比如后来敬业集团的干部刘更更、张青海等人，就是当时社办工业的骨干。

而不少历史悠久的大集团，都是由当年的社办集体企业改制而来，当初的骨干力量也在后期大浪淘沙的市场经济中发挥了重要作用。

彼时，敬业集团销售总公司的田书芳当时退伍回到了南甸，他记得刚到公社参加社员大会，看到一位年轻的公社书记在讲话，其滔滔不绝的奇闻妙谈吸引了所有人，掌声一遍遍地响起来，会场气氛异常活跃。

至今田书芳仍然记得李赶坡当时的讲话，佩服他的眼界：“外国人吃肉蛋奶，因为副食好，粮食就吃得少；而我们中国人别说副食，连粮食都不够吃。所以，我们一定要把种植粮食任务当成首要任务，只有粮食丰收了才能满足我们的生活需求，将来我们也要肉蛋奶……”

“另外还提到了解放劳动力，说妇女纳鞋底是很浪费时间的，将来肯定会有一种先进的机械设备代替人工纳鞋底。如果要想提高生活质量，就必须全民投入到劳动生产中去。”田书芳回忆说。

在南甸公社，李赶坡还结识了敬业集团后期的功勋人物张永海——现在若去敬业集团展览馆，一座人物铜像便会映入眼帘，这正是为敬业集团创业、发展作出卓越贡献却英年早逝的功臣张永海，李赶坡时刻铭记着他的功勋。为传承张永海的敬业精神，2006年，敬业集团展览馆建成开馆时，李赶坡让人专门制作了张永海全身铜像，摆放在展览馆大厅的正中央。

当时，张永海在南甸公社下属的农场担任场长。因为农场工作成绩斐然，李赶坡便经常去农场沟通工作。通过多次接触，李赶坡发现张永海吃苦耐劳，勤奋好学，所以非常赏识张永海的才干，对其人品也非常认可。而张永海也与李赶坡惺惺相惜，他佩服李赶坡毫无官场习气，一门心思为老百姓办实事。因此，两人那时起便培育起深厚的友谊，逐渐成了无话不谈的朋友。李赶坡后期办罐头厂、面粉厂、化工厂、炼钢厂，只要遇到了困难，就想起了张永海。张永海也多次助力李赶坡走出泥潭，成为他的左膀右臂。

## 萌生创业初心

李赶坡的领导力，在和村民们“摸爬滚打”中得到了充分的锻炼和展示。1983年，在公社深耕了7年的李赶坡因表现优秀而被任命为南甸工委书记。当时南甸工委负责下辖的6个公社：南甸、王坡、东庄、两河、三汲、中石殿。李赶坡的工作对象由原来的农村支部书记变为各公社党委书记，因此要经常在6个公社之间来回穿梭。身上的担子更加繁重，在描述当时的工作时，李赶坡用的是“每天都很开心”，但也“非常辛苦”。可见，他喜欢这项工作，也乐于投入其中。

在南甸工作了11年后，有一件事触动了李赶坡。1985年的某天，一位村民来到公社，希望公社能给他一些粮食，但公社也捉襟见肘、手无余粮。这位村民来找李赶坡时，他正好在吃午饭，于是就给这位村民买了两个窝窝头，结果这位村民感激不尽，在村里村外说感谢公社领导的话。李赶坡心头一紧，他觉得农民的需求真的是太低了，而他在南甸辛苦劳累了 11 年，群众的生活却没有提高多少。这件事让心系百姓的李赶坡既感心酸，又促使他觉得需要做些什么来改变现状。

李赶坡曾在多个场合谈及自己创业的初心，有政府牵头组织给干部听的，也有商学院组织给企业家听的，他基本都是如此描述："背负着群众的重托跋涉了 11 年，却没有致富当地群众。每年春季都有农民家中断粮，找我要粮吃。种地的竟然没有粮食吃，我这干部当了个啥？回想起来，实在感觉对不起信任我的父老乡亲。既然没有做到为官一任、致富一方，那我就要另谋他策致富当地群众。这是我决心下海的最大动力。"

彼时，党的十一届三中全会精神已在农村开花结果，改革开放的春风已由沿海地区吹至内陆腹地。整个社会也开始发生变化，农村土地承包合法化，农民逐步有了粮食吃。在农村，上级也提出大搞商品经济，要干部带头致富，党员带头致富。但平山县位于河北西侧偏僻的山区，人们的思想相对还很保守，"割资本主义尾巴"的思想依然占据上风。

李赶坡现在还记得，1985 年，中央指派国家农委研究室副主任李千峰来南甸工委调研，他首先肯定了南甸工委土地承包的做法，同时提出要去最穷的村子看看。当时没有交通工具，李赶坡只好找来一辆拖拉机拉上他们二人。在去往村子的颠簸土路上，不顾外面飞扬的尘土，李赶坡向李千峰请教起问题：改革开放会是什么样的一个程度？

李千峰做过《人民日报》记者部主任，他只用一句话便形象地回答了问题："今后中国的改革要改到北京火车站摆出私人摊位来，恢复到建国初期 1953 年时的样子。"同时，又补了一句："目前的改革开放力度还远远不够。"

"我听了非常震惊，当时的商业只有国营和集体两种，没有私营，北京火车站又是中国的交通中心，这个改革力度确实很大！但因为平山县身处内陆，信息闭塞，所以会觉得这是不可想象的事情。"李赶坡回忆说，"没过多久，果然中央传达了精神，允许个人经商。当时提倡摸着石头过河，边开放边解放思想。我觉得下海潮将会到来。”

李千峰的“预言”，果然很快就实现了。“搞原子弹的不如卖茶叶蛋的，拿手术刀的不如拿剃头刀的”——这一怪现象也开始在春潮涌动的中国出现。

进一步的改革开放，让人们的视野变得开阔起来，有些敢于冒险的农民不甘心在土地里刨食，先人一步出去闯市场，李赶坡显然感受到了这一剧烈的社会变化。开放政策进一步扩大，令想干一番事业的李赶坡内心久久不能平静。

海阔凭鱼跃，天高任鸟飞。彼时的李赶坡还没有走出体制闯出一片天地的想法，不过，似乎有一种力量正在积蓄。

国家允许“一部分人先富起来”，同时倡议党员干部带头致富，加大了开放的宽度和力度，鼓励村干部带头发展工业、商业、手工业等。一些起步早、搞得好的村被叫做商品村，相应的支部书记也被称为“商品书记”。

为了响应国家号召，开阔众多村民的视野，让信息不再闭塞，有心的李赶坡那时就十分擅长“情报”收集工作，他收集了各村发家致富的典型，比如将养兔、养鸡、种烟草、编草帘等致富故事编印成书，发放到各个生产队。

李赶坡还给这个小册子取了一个响亮的名字《名人传》。因为都是身边人、身边事，“名人传”就像一块石头掷向一片平静的湖面，在闭塞的南甸乡村掀起了不小的波澜。“他能发家致富，我为什么不可以？”“别人吃肉，我还不能喝汤？”不少村民内心从这些反问句开始，逐步“躁动”，继而转化为行动。

后来，南甸区域竟然出了几个经济发展的“带头人”。“南甸公社的解明芳带头办起农机配件连锁店，后又创办了地毯厂、保温瓶厂，成立了四强公司；王陈庄公社刘海涛承包平山锁厂……”到现在，李赶坡对这几位“名人”还印象深刻。

过了几年，平山县全县公认南甸区域经济发展特别快，还说南甸人胆子大，会做生意——显然，这都离不开“名人传”的作用。

不过，“名人传”的“出品人”，胆子最大、名气也最大的南甸人，后来因辞职下海而轰动石家庄行署的李赶坡，这时也有了躬身入局的初心。

1984 年，河北省赞皇县有一位被称为“商品书记”的院头镇院头村支部书记米秋喜，他利用当地盛产果品的优势带领农民办起了罐头厂的故事，在河北省口耳相传。

当时农村经济改革刚刚起步，一时间，到院头镇参观学习的人络绎不绝，有本省各地区的乡镇干部和农民，也有慕名而来的外地人，有地县两级的基层领导，也有省里来的头头脑脑，院头镇这个小镇也变成了万众瞩目的中心。

听到这个消息的李赶坡很是诧异，自己在基层辛苦工作了 11 年，却没能实现富裕一方百姓的夙愿，这个米秋喜的路子，是不是也可以尝试走一走呢？

不妨去看一看。李赶坡是一个想干就干的人，他随即带着张永海等人去赞皇县考察。一番周折后，李赶坡等人看到米秋喜的罐头厂干净整洁，农民们都成了工厂工人，有条不紊地在进行生产，当时的罐头还属于稀缺产品，所以不愁销路。

返程路上，李赶坡和大家商量，平山县和赞皇县同属太行山区，水土环境、自然条件都差不多，种植了很多适合做罐头的水果，为什么他们能做，咱们不能做呢？同时，李赶坡还做了如下分析：平山县除了水果，还有鸡、牛等原料；罐头厂投资少，技术难度也不大。

于是，办水果罐头加工厂致富一方的念头便在李赶坡心中萌然而生。

李赶坡萌生创业初心的 1984 年，在中国商业史上是一个神奇的年份，被称为“中国公司元年”。

就在这一年，我们现在耳熟能详的企业家纷纷创业：张瑞敏离开青岛市家用电器工业公司副经理的职位，转任青岛电冰箱总厂厂长，向国际一流看齐的海尔正在他的心中酝酿；隶属深圳特区发展总公司的国营企业——深圳现代科教仪器展销中心宣布成立，王石出任经理；华南理工大学毕业的李东生在一个简陋的农机仓库创建了自己的工厂，谋划生产录音磁带的生意，这便是日后赫赫有名的 TCL……

承包制和双轨制的出现，是这批创业者勇敢做出抉择的社会大背景。众多后来成为知名企业家的创业者，当时并没有多大的目标，而仅仅是和命运抗争，冲破“靠天吃饭”的羁绊，带着家人、亲戚改善生计。而准备砸破“铁饭碗”的李赶坡却有些不一样，他所萌生的创业念头，似乎还有一种无形的使命感在里面。

走自己的路，让别人说去吧！

不过，一切并不是想象的那么简单。

当时，平山县有八个分区，年仅 35 岁的李赶坡，是八个工委书记中最年轻的。按理来说，有着年龄优势的李赶坡，在仕途上应该前途无量。

所以，当李赶坡要下海的消息传开时，整个平山县的干部一片哗然：最年轻的工委书记竟然要下海，这不是不知天高地厚吗？平山县时任县委副书记和人大主任在听到李赶坡下海的消息后震怒不已，他们认为李赶坡在行政上是棵好苗子，下了海就葬送了他的前途。一些关系要好的同事听说后，也纷纷找到李赶坡家里进行劝阻。

“那时真是风云骤起，我几十年塑造的干部形象一下子全变了，人们心中的模范国家干部瞬间成了彻头彻尾的拜金主义者，说我共产党员不革命了。”李赶坡回忆说，“当初没有一个人同意我下海的，只有我爱人对我很理解，说‘想怎么干就怎么干，经商失败了大不了还回村里种地’。”

有了贤内助的支持，李赶坡顿觉有了坚强的后盾和躲避风浪的港湾。所以即便面对各种质疑和议论，李赶坡下海创业的决心依然强烈：“我有但丁的名言作法则：走自己的路，让别人去说吧！人各有志，有人冒雨去赶考，有人辞官归故里。我属于后者，决心在企业界干出一番事业来！”

可以想象，阻力依然很大。1985 年 7 月底，当深思熟虑后的李赶坡将停薪留职的申请递到时任平山县委书记巩林亭面前时，巩林亭坚决不同意，并且厉声说道：“有党组织开除干部的，哪有干部炒县委书记鱿鱼的？”

李赶坡预料到批准这一关最难过，但他没想到巩书记会如此大发雷霆。但其实巩林亭也万万没想到，别人削尖脑袋都想争的工委书记职务，李赶坡竟然扔掉不要而去做生意。

两人情绪都有些激动，巩林亭执意不签字，让李赶坡再好好想想。

“当时我胆子也很大，不到黄河不死心。巩书记是好意，认为我在仕途上还是很有前途的，苦口婆心做了大量工作，但我执意下海，觉得必须做通巩书记的工作。”李赶坡回忆说，为了达到停薪留职的目的，他曾连续三个晚上去找巩林亭，每次都争辩到将近深夜12点，力图说服领导，但巩林亭却执意让他服从组织。双方各执其词，互不相让，气的领导拍了桌子。

其中的一段辩论，李赶坡至今记忆犹新。“我当时说，旁边孟家庄公社的党委书记承包了一千亩荒山，县委给他敲锣打鼓戴大红花，还让他带薪去干，并发文件把他树立成典型。一个公社书记承包荒山你们大加表扬，而我要建一个年产值400万元的罐头厂，停薪也不批，究竟以后是我的效益好，还是他的效益好？”领导回应：“不能单看经济效益，承包荒山搞绿化，能改善自然环境，有社会效益。”

“社会效益是通过经济效益来体现的，没有单纯的脱离经济效益的社会效益。财政部长的财政报告向来只谈经济效益，不谈社会效益。”李赶坡愣头愣脑的几句话把领导噎住了，最后领导只好好言相劝：“平山县只八个工委，你一个工委书记不干了，恐于大局不利。”

最终，双方还是不欢而散。年轻气盛的李赶坡一不做二不休，给平山县委写了一份言辞激烈的“上疏”，提出了三条县委最忌讳的错误，如不下基层、官僚主义严重等。最后结束语是：“冒昧上疏，等候不测，批，我就停薪留职；不批，我就辞职。二选其一，我在家候音。”

“我把这份报告给县委常委每人送了一份，大有诸葛亮《出师表》的慷慨言词。现在想想，当时真是少不更事，不知天高地厚，领导其实也是关心自己。”李赶坡笑着说，“遇见我这样一个不知天高地厚、桀骜不驯的下级，领导也很头疼。”

事情的结果是，一个月后，平山县委终于同意报地委组织部审批，准许李赶坡停薪留职三年，双方还签订了“停薪留职合同”——这在1985年的中国，还不多见。李赶坡兴奋不已，开心极了，甚至忘了自己下海后国家不再发工资、医疗费自理这件事。

## 艰辛筹办罐头厂

就这样，从未在商海中扑腾过的李赶坡，第一次下了海，他和合伙人张永海、周喜明商议，把罐头厂厂址就定在自己的家乡西李坡村。几位合伙人都很有闯劲，想着大干一番事业“会当水击三千里”，但没想到，刚一开始就“呛水”了：启动资金捉襟见肘。

当时，李赶坡一个月只有 53 元的工资，也没有什么积蓄，只好东拼西凑，同时他不顾妻子反对，把家里的一座房子、自行车、缝纫机统统卖掉，就这样凑出了几千元钱。加上几位合伙人的努力，一共凑了两万元。但他们推算了一下，建罐头厂需要置办设备、租场地、购原料，仅仅这点资金是远远不够的，所以必须精打细算，每分钱都得花在刀刃上。

罐头厂到底怎么建，需要什么设备，李赶坡等人心里一点数也没有，于是他们想找一家罐头厂去实地考察。当时市面上常见山东烟台罐头厂的罐头，于是李赶坡就奔赴烟台，哪料烟台罐头厂的领导让他去烟台市轻工业局开介绍信，否则不允许参观。背井离乡，又没一个熟人，当然开不来介绍信，李赶坡第一次出门考察无功而返。

第二次就不能轻举妄动了。李赶坡到河北省经贸委找到一位朋友，给保定罐头厂的厂长写了封信。见面后，对方厂长听说李赶坡个人要办罐头厂，便问他：“你有多少钱？”“十万左右。”怕对方小看，李赶坡使劲往多了说。厂长扑哧一笑，摇了摇头，摆了摆手，说：“十万就想办个罐头厂，绝不可能！”

李赶坡说想找个退休的技术人员咨询一下，厂长让他去人事科随便找——善用退休技术人员，后来成为李赶坡挖人才的妙招，并且屡试不爽。

保定罐头厂的厂长觉得李赶坡不可能建起罐头厂，也就闹着玩玩，所以非常慷慨大方，还带着他在厂区里参观了一圈。

企业家就是把别人眼里“不可能”的事情干成，在李赶坡的人生观里，“不可能”才是“一切皆有可能。”事实上，所谓不可能，只是现在的自己不可能，对将来的自己而言那是“可能”的，应该用这种“将来时行时”来思考。相信，并且用未来的力量解决现在的问题，正是李赶坡的一个做事方法论。

李赶坡在保定罐头厂人事科查到一位技术能力很强的张姓师傅，退休后住在河北清苑县。几经辗转，找到人说明情况后，张师傅单刀直入地问李赶坡：“你有多少钱？”这次李赶坡必须实话实说：“只有两万。”没想到张师傅的一句话就像一针强心剂，坚定了李赶坡的信心，他说：“没问题，够了。保定罐头厂刚开始公私合营时也没多少钱，这不也办成了。”

事后看来，保定罐头厂的厂长是惯有的“国企思维”，另外很有可能是别处调来的“外行”，但张师傅则是随着企业一路打拼的元老，所处的位置不同，阅历不同，看问题的角度自然也不同。如果在两次考察“碰壁”后，便心灰意冷，就不会有后面的敬业集团了——不过，颇具胆识的李赶坡面对困难的自然反应，一直是，解决它！

原始的“市场调研”结束后，便是采买设备。制作罐头虽然工艺不难，但有两件“设备”必不可少——一个是煮食品的不锈钢大锅，一个是密封罐头的封口机。但李赶坡一打听，一个不锈钢大锅就要4500元，还得去江西九江进货，而封口机也不便宜，远超仅有的启动资金。无奈之下，李赶坡只好去寻找替代品，就先拿相对便宜的大铝锅凑合着用。但在当时物资匮乏的年代，李赶坡几乎找遍了石家庄所有市场，发现根本没有大小、形状合适的铝锅。

石家庄没有，北京总有吧。李赶坡坐上了去北京的绿皮车，径直来到了王府井大街东风市场。几经打探后，李赶坡发现了一个直径1.6米、深0.6米的大铝盆，只花了200多元就顺利拿下。但怎么将这个大铝盆运回石家庄，又成了大问题。

这个大铝盆立起来，快和李赶坡一样高，深度则有六七十厘米，体积十分庞大。李赶坡只能伸展双臂抱着慢慢往前移动，出了商场，走到了车水马龙的王府井大街上，横抱着铝盆的李赶坡，视线被遮得严严实实。反过身走，看不见路，扭着头更难受。雇个三轮车？李赶坡实在舍不得花那个钱。想买个麻绳，一条就要1元钱，他不得不也断了这个念头。正在为难时，李赶坡看到旁边建筑工地有些废弃的包装绳，就过去捡了几根，把铝盆横横竖竖、结结实实地捆了起来，然后提住绳结，这才一步一步艰难地挪出了王府井大街。

一打听，从王府井坐公交到北京火车站要花5分钱，李赶坡还是舍不得花，他干脆把大铝锅放到后背，背着走到了北京火车站。

笔者通过百度地图测算，王府井大街到北京站的步行距离，至少为2.5公里。2017年，有一部名为《冈仁波齐》的电影，讲述了西藏腹地古村普拉村的10个普通藏族人和一个孕妇一起，从家出发前去2500公里以外的冈仁波齐朝圣的故事，这部电影当时在整个企业家界产生深深共鸣，“人生没有白走的路，每一步都算数”更成为众多创业人士自我激励的箴言。

背着大铝盆艰难行走的李赶坡，像极了朝圣路上的藏族村民，他还不知道此行的终点是什么，只是一步一步地想尽办法往前走。

好不容易到了北京火车站，谁知还有更麻烦的事。上火车时，站在车厢门口的列车员看到李赶坡手中比门还宽的大铝盆，立马拉长了脸：“同志，你这个不能上车，得去办理托运！”“我这个盆一共也没几斤几两，肯定不会超重的。”李赶坡据理力争地说。“体积超了也不行！”列车员的态度很强硬，把李赶坡挡在车门外。李赶坡心里琢磨：绝对不能托运，因为托运需要买一个大木箱包装，再加上托运费，又得花不少钱。

眼看火车快开了，李赶坡忽然灵机一动：这铝盆正面看体积大，把侧面对着列车员，或许就看不出来了。于是，他换了个角度提着铝盆，担心之前那位列车员还是不让进，他便换了另一个车厢上车。这次，列车员果然忽略了铝盆的体积，李赶坡总算“蒙混过关”把大铝盆带上了火车。

李赶坡还是不太放心，万一列车员又发现大铝盆占地方，再让给行李补票怎么办？想来想去，李赶坡把铝盆放到了两个车厢中间一块空地上，自己则“躲”到了车厢其他位置，远远地看着大铝盆。

“人虽然远远坐着，眼睛可死死盯着铝盆。既担心列车员发现了让补票，又担心列车员会不会把盆子扔出去。后来我发现火车上的窗户比较小，盆子扔不出去，这才有些放心了。那时舍不得花钱也没有钱，真是有钱男子汉、没钱汉子难。”李赶坡感慨万千地说。

就这样一路提心吊胆，直到把大铝盆平安运到了石家庄，李赶坡悬着的心才算落了地。

总有些事，是不能简单用效率，而是要用精神去衡量的——尤其在什么都缺的创业阶段。在创业阶段，精神与信念，往往是达成目标的关键。很多时候，创业精神不是也不需要理所当然的口号，而是匪夷所思的行动。

在有的人眼里，巨大的铝盆似乎就是一座大山，而李赶坡就是要“移山”。这段故事，李赶坡经常给敬业集团新入职的员工讲述，再困难的事情，也就如同这一无从下手的铝盆，但，难道就解决不了吗?

经营之圣稻盛和夫的一句话，给了创业初期的李赶坡诸多“惊人之举”以最好的注解:“在我看来，只要肯努力，哪怕身无分文，照样能成功。”

稻盛和夫曾经写道：不少企业家仅仅因为流失了一两名员工，或由于资金周转困难，事业发展不顺，便开始嗟叹“不行”。对于这种态度，我不敢苟同。有的人还说:“汽车也被高利贷公司收走了，剩下的只有债务和几名员工，我只有放弃。”但在我看来，没有汽车，好歹还有自行车，哪怕连买自行车的钱都没了，城市里有的是别人扔掉不要的自行车，随便捡一辆，骑着它去跑业务也行。

归根结底，抱怨“事与愿违”者，往往是自己主动设置障碍的人。给自己设置障碍、限制自己能力发挥的做法，当然会导致事业失败。而没有任何抱怨的李赶坡，正是没有自行车也要找自行车的那类人。

罐头厂必需的两大设备成功解决了其中之一，而必不可少的封口机，李赶坡和创业伙伴们，也费尽了周折。

当时购买一台封口机需要 3000 元，为省下这笔费用，李赶坡专门又跑了一趟保定，因为他听说保定市周边苹果园里有不少小型罐头厂，他们将品质不好的苹果做成罐头出售。而这些小罐头厂的封口机极为简易，都是自己画图找人制作的。于是，李赶坡就找到一家小罐头厂，好说歹说，对方同意他看看自家的封口机。李赶坡就拿出纸笔，照猫画虎地画了一张图。

当李赶坡拿着画好的“图纸”去一家机械厂找师傅制作时，师傅一看这张图，差点笑出声来：“你这是什么图啊？画得也太简单了，我可做不出来！”对制图要求毫不了解的李赶坡，想得太简单了，当然画不出所需要的专业图纸。没办法，李赶坡只好恳求师傅跟他一起又跑了一趟，让师傅重新画了张规范的图，拿回机械厂对照着加工，这才把封口机做了出来。

虽然耗费了大量时间和精力，而且这种封口机是手动、电动操作结合一体的，还需对工人们进行一番培训后才能使用，但李赶坡最后只花了1300元，省下了近60%的设备采购费用——自制设备这一逻辑，也在李赶坡心中打下了深深的烙印，后期在资金短缺的情况下，敬业钢铁的很多设备都是这样“做”成的。

至此，罐头厂的两个主要设备终于都到位了。为了进一步筹措资金，李赶坡卖了家里能卖的所有东西，把辛辛苦苦盖的三间房子也卖掉了，甚至用上了岳父补发的文革期间的工资，又凑了一万多元。

随后，李赶坡花费3800元买下了西李坡村生产队一座闲置的养貂厂，作为罐头厂的厂址，同时耗费5000元上马了50千瓦的变压器。

罐头厂终于可以开张了，因为村边有条滹沱河，李赶坡便将企业命名为滹沱河罐头厂，成为他下海的第一站。

说起滹沱河，也很有典故，“滹”即呼啸之意，“沱”即滂沱。它在历史上名称多异，都是取水流湍急凶猛之意。唐代李颀有诗云：“寒风卷叶渡滹沱，飞雪覆地悲峨峨。”滹沱河由山西高原东下突入平原，纵坡陡峻，水流湍急，经常泛滥成灾。

李赶坡的创业之路，也像这湍急的滹沱河一样，充满了坎坷和艰辛。而顺着这条滹沱河，李赶坡能否顺利“下海”，一切还充满了未知数。

## 戴上鸭舌帽

罐头厂顺利开张后，李赶坡的人生彻底改变了，而且他还发现，周边的一切似乎都变了。

李赶坡在工委书记的位置上下海，不仅震动整个平山县，甚至在石家庄地区都传开了。人们议论纷纷："好好的铁饭碗不端，硬要下海，逞什么能？""用不了多久肯定就黄了"……

从体制内的干部一下变成了无职务无地位的个体户，似乎沦落到了社会底层，李赶坡甚至遭到了"鄙视"。"原来大家见了面都热情打招呼，现在我下海跟犯了错误一样，很多人会躲着走。我原来的一些下级，见了我不打招呼显得不礼貌，打招呼吧又怕受牵连，真让他们左右为难。"

无奈之下，李赶坡想到了解决办法，他买了一个帽檐很长的鸭舌帽，出门就戴着，见了熟人，就把帽檐拉低，这样双方就可以视而不见。比"视而不见"更让难受的是人情冷暖，以前李赶坡当工委书记时，在烟盒上写几个字就能办事，但现在一个股级干部都可以找随便麻烦，找他们去办事，甚至还要送条烟。

而对于李赶坡走哪都戴着鸭舌帽，田书芳印象很深刻："记得有一个穿着很'时髦'的人来到我家，青色的呢子大衣，还戴着一顶鸭舌帽，戴一副近视眼镜，我仔细一看就是当年很欣赏的那位年轻的公社书记——李赶坡。"

原来，李赶坡是来"三顾茅庐"邀请田书芳加盟罐头厂的。"我们坐在炉子边的板凳上，一边烤火一边聊天。他（李赶坡）当时说：在南甸干了这么多年也没干出什么成绩，仅仅是解决了老百姓的温饱问题，农业生产效益太低，一个农民辛苦一年收入一千斤粮食，吃掉四百斤，剩下的还能有多少？我想通过办企业来让咱们老百姓脱贫致富。希望你也能来帮我，工资每月给你60元……"田书芳回忆说，60元在那个年代绝对算是高薪，他觉得李赶坡平易近人、有魄力、志向远大，也被其诚意所感动，就答应下来。

就在李赶坡继续招兵买马时，因为“名气”太大，不少新闻媒体也闻风而来，主要调查两个主题，课题也很“大”：一是一个共产党员为什么不革命了？另一个是国家干部为什么不为人民服务了？

时任中国作家协会天津分会副主席、电影《白毛女》编剧杨润身也是平山县人，当时正在平山县委挂职，听说了李赶坡下海的事情，他在罐头厂所在地西李坡村住了半个多月进行“调查”，想找出李赶坡下海的深层次原因。同为平山人的时任国家建材部副部长贾一波也来调查，得出的结论是：李赶坡是红色资本家。“也不知道是褒还是贬，不过这对我来说是最好的评价。”李赶坡笑着说。

## 经营智慧小荷初露

面对社会上的冷嘲热讽、风言风语，李赶坡看得很淡，他一门心思扎在罐头的生产制作中，只要专心去做自己喜欢的事情，任何烦恼都会抛之脑后。

不过，由于经验不足，滹沱河罐头厂的第一个大订单，便“出师未捷”。

当时，滹沱河罐头厂的工人师傅们“满腔热血”生产出了整整一货车的罐头，但当这些罐头送到石家庄糖酒公司时，却被当场浇了冷水：对方要求退货。李赶坡吓出一身冷汗，这可是厂里的所有家底啊！经过细问，原来并非品质不好，而是由于防锈瓶盖上打的黄油偏多，导致品相不好。还好不是什么大问题，师傅们重新拆开包装，整理合格后再次发货，就顺利过关了。

冬天虽寒冷，但万物其实都在蓄积在春天爆发的能量。做企业也是一样，不体验痛苦和烦恼，就很难有大的发展，就不会抓住真正的成功。经历一番风波后，滹沱河罐头厂的生产经营走向了正轨。彼时，李赶坡已表现出异于常人的经营管理能力，他通过运用各种差异化竞争策略，让滹沱河罐头厂在市场上牢牢站稳了脚跟。

首先，在产品生产节奏上，李赶坡便有自己的心得。他们从春季的草莓酱做起，到夏季的桃罐头、秋季的梨罐头、苹果罐头，间隙加些葡萄罐头等小品种。冬季没有新鲜原料，则做些山楂、鸡肉、牛肉罐头，甚至也做驴肉罐头——这样，就使得产能得以充分利用，并且改变了罐头厂传统的淡旺季之分，节约了大量成本。

其次，是在罐头形状上做文章，收获"高溢价"。

1980 年代，罐头之所以在国内很有销路，主要在于电冰箱还没有普及，肉制品无法常年保鲜，同时也没有那么多的反季节水果，所以水果罐头和肉制品罐头都很畅销。同时，当时国人的消费能力还不高，平时自己也舍不得买罐头来吃，只会在走亲访友时将其作为礼品。李赶坡觉得，既然是礼品，产品就不能仅仅停留在味道可口的水平，还要外形美观，既是食品还要是工艺品，好吃又好看，送礼才有面子。为了让罐头外形更加美观，吸引更多人购买，李赶坡可是花了大心思。做水果罐头时，他要求每瓶罐头在装罐时一定特别认真，让工人师傅把水果的外表朝外，挖核后的一面朝里。从外边看，他们生产的罐头就像是几片花瓣组成的一朵花，赏心悦目的同时，让人垂涎欲滴——果不其然，李赶坡超前理念下的这一妙招，在市场上应验了，水果罐头的销量自此大为提升。

"那时走亲串门能买几瓶罐头是一种时尚。李董事长提出一个很惊人的观点：'我们不是在做罐头，而是在做花。'他要求我们把罐头做成各种各样的造型，摆到一个展室里，当作样品激发大家的创造力。"田书芳说。

当时，滹沱河罐头厂要去郑州参加全国糖酒交流会。虽然已经安排业务员去参加，但是李赶坡仍担心准备工作做得不够充分，他还是赶到了糖酒会现场，让业务员们把罐头产品摆成各种漂亮的造型，使得滹沱河罐头厂的产品在展厅中十分醒目，顿时吸引了众多目光。有了漂亮美观这一"流量入口"，罐头厂招揽来了大量客户。

返程后，李赶坡专门开会给大家讲："爱美之心人皆有之。罐头虽然是让人吃的，但是，如果我们把罐头做得像花一样，看起来好看，吃起来感觉也更加美味可口了。我们做事，都要先从消费者的角度去考虑，不断改进自己的不足。”当时没有学过任何市场营销理论的李赶坡，做法竟然极为超前，颇像当前不少网红产品的做法，首先吸睛，再用品质来征服。

第三，就是打造现在颇为流行的词语：爆品。并利用时间差，延长产品的生命周期。

李赶坡发现，罐头主要是解决各种蔬菜、水果、肉食的储存问题，越不容易保鲜的食品做成罐头越走俏。在各种罐头产品中，要数桃子罐头利润最高，因为桃子保存期最短。所以滹沱河罐头厂就千方百计多做桃罐头。但另一方面，桃成熟的时间很短，一旦太成熟会发软，不能再加工成罐头，但太生了含糖量不够，做出来也口感不佳。因此要想保证品质，必须把握好桃子成熟度这个火候。在桃子收获期，一般厂家只生产 15 天左右便没了原料，而滹沱河罐头厂能坚持生产两个月。

在河北大大小小的罐头厂中，滹沱河罐头厂的桃罐头产量是最高的，原因何在？

原来，有敏锐观察力的李赶坡发现，各地桃子的成熟期是不一样的，从南往北依次成熟。所以，他们就从周边地区桃子成熟较早的河南收购原料，再一直向北采购，按照邯郸、邢台、石家庄、保定、北京的顺序，最后再到天气更凉的山西清徐县一带收购。“所以，我们的桃罐头产量特别高，当时市场上滹沱河罐头厂的桃罐头特别多，客户满意，利润丰厚——这也是我办罐头厂时，最为得意之作。”李赶坡颇为自豪地说。

充分利用区域差异进行采购，甚至是销售，这些做法在敬业集团后期的经营工作中也屡见不鲜，他们曾利用时间差，在 2015 年钢价持续下滑的大背景下，在国际业务中饱尝甜头——而这些经营思维，在滹沱河罐头厂的桃罐头上，都可以找到影子。

在经营罐头厂期间，李赶坡就发现了废料回收循环经济的巨大作用。当时，他们在冬季生产牛肉罐头时，总会发现围墙外边有人昼夜不停地蹲在排水处捞取东西。原来，清洗牛肉时流下去的油遇冷凝结成块漂浮在水面上，附近百姓就抢着去捞。

李赶坡当机立断，在院子里做了一个蓄水池，排水时把油留在池里，回收的油再卖给肥皂厂，一个冬季，就卖了 8 万元。

从那时起，李赶坡就有了这样的理念：任何物质都是一种资源，浪费可惜，应该让它发挥最大价值，节约资源，本身就有效益。

有句话说，垃圾是放错地方的资源，在变废为宝方面，李赶坡也是“行家”。现在的敬业集团，每年投资数十亿在环保领域，废水、废气、废渣都得以循环利用，实现了零排放，不仅降低了生产成本，还获得了额外的收益。

## 做罐头的烦恼与收获

在李赶坡的记忆中，经营罐头厂并非没有经验教训。比如，下面这件事就让他认识到，不能一直用过去的成功经验去解决新问题，而应灵活应对。

滹沱河罐头厂在生产梨罐头时，梨原料遇到的一些装卸碰伤，经过抽空工艺可以恢复得丝毫不显。而做苹果罐头时，抽空工艺就起不到同样的作用。苹果的伤痕在抽空后仍然十分明显，容易形成阴黑斑块，导致罐头更加不好卖出去，无奈之下只能降价。“本来每瓶能卖 1 元钱，降到 8 角 5 分才能卖出去，每瓶亏损 1 角多钱。当时大概做了 8 吨左右，亏损了 1 万多元。这在当时可是个大数目。”李赶坡说，正所谓吃一亏长一智，花钱买来的教训尤为记忆深刻，自那以后，他不再轻易地“由点及面”“推广复制”，而是小范围试错，确定无误后再推而广之。

学哲学，政治老师出身的李赶坡再次顿悟出了终身受用的方法论。

不过，在办罐头厂期间，李赶坡不是没有烦恼，最大的烦恼是罐头成了“赠品”。当时国家没有支持私营企业的明确政策，经商环境就不是很好，所以罐头厂的生存其实很艰难。

当时一些职能部门经常去厂里检查，临走时都会带走几箱罐头。把产品送走后，李赶坡还是很心疼的，他算了一下，一箱罐头 24 瓶，价值 24 元。而当时国家干部的工资每月才 40 元左右，罐头厂要做 480 瓶才能挣出一箱罐头的钱。

不是自己小气，而是生意不大经不起折腾，时间一久，人情赠品成了一项很大的开支，一个月下来甚至有好几千元，对刚刚起步的罐头厂来说，是一个不小的负担。李赶坡的经营智慧再次闪现，他专门做了一款礼品包装，外表好看，内容较少，只装 6 瓶。这样即使送一箱，损失也会小一些。后来，李赶坡就下了决心，今后如果办企业坚决不再做食品——他二次下海创办了化工厂，确实没有了这方面的烦恼。而中国商界现在也少了一个食品巨头，多了一个钢铁巨头。

当时，罐头厂生产中最大的烦恼是停电。电力局被称为“电老虎”，稍有不满意就拉闸断电。加上农村电力供应严重不足，停电是常事。而停电对于罐头厂来说是致命的——大批水果运来，一停电就要腐烂，造成巨大的损失。工人们不得不就地等电，因为何时来电是没准的。同时，那个年代的电力设施防雷能力很差，夏季刮风打雷，线路极易出现问题。而断了电，供电局不及时维修也是大问题。所以，当年罐头厂和电力局调度室搞好关系是头等大事，他们将直接影响罐头厂的效益。直至后期，敬业集团成了用电大户，终于有了成为客户被服务的感觉，被“电老虎”欺负的年代也一去不复返。

另一个烦恼，便是“传统股份制”下的决策压力。创办罐头厂时，李赶坡邀请了几位知根知底的朋友入股一块干，但其实大家都没有实质出资。后期决策时，在前面冲锋的李赶坡发现，罐头厂有点陷入了“干好了大家高兴，有点差错就会被个别人指责”的怪圈，搞得李赶坡只能干好不能有丝毫差错。此外还有意见不统一，股东之间意见不合的情况，这样就使得企业没有办法朝一个方向去发展。这时的李赶坡便下定决心，作坊式的管理只能永远是作坊，以后再做企业，必须理顺规范的管理制度，甚至管理要先行，要“高配”，要领先于经营半步，这样才会有可期的未来。

不过，烦恼中也有收获。李赶坡还是在创业团队里发现了得力助手，那就是张永海。李赶坡将罐头厂具体的管理事务都交给了张永海，虽然没有任何工厂管理经验，但是他把罐头厂管理得井井有条，让李赶坡有更多时间去思考方向性的问题。李赶坡主要把控大方向，更宏观一些，而更微观、更细致的层面，则需要张永海具体执行和落地。

笔者觉得，张永海对于李赶坡，犹如海尔张瑞敏身后的杨绵绵，华为任正非身后的孙亚芳，巴菲特身后的查理·芒格。

张瑞敏和杨绵绵无疑是中国式企业管理人才的最佳合作代表之一。张瑞敏长于宏观战略，专注于思考企业如何进行战略创新，杨绵绵则精于专注细节，将执行与创新进行结合，两人形成了“和而不同”的职能互补与管理搭配。杨绵绵曾任海尔集团董事局常务副主席、总裁，却甘愿充当一个执行者的角色。著名管理学家潘承烈曾说过:“没有杨绵绵的工作，张瑞敏的管理思想不可能如此顺利地执行,”而在张瑞敏看来，“杨绵绵最大的特长在于，你本来期望的是‘二’，她却可以发挥到‘十’。”

的确，副手应该成为一把手的“参谋、助手、帮手”，做到不缺位、不越位、不虚位。杨绵绵在回答“如果张瑞敏的决定错了你该怎么办”的问题时，她说:“即便领导决策错了，我们也要把它干对。”

查理·芒格是股神巴菲特的唯一合伙人、黄金搭档，被巴菲特称为“秘密武器”，他会在巴菲特犯错误的时候，毫不留情地指出错误所在。巴菲特将芒格的意见作为重大决策的最后一道防线，如果连芒格都想不出理由不做某一件事，那么他们就会放手去做。巴菲特也会在投资上遇到难题，这时芒格是极少数能对他指点一二的人，所以他是巴菲特心中的传奇人物。

而李赶坡与张永海之间的关系，可能就如同上述的三对黄金搭档一样，互补而互益，完美而默契。据敬业工作人员说，张永海个性耿直，工作上凡遇不妥，不管什么场合，都敢与李赶坡直言，好多次弄得“领导”都下不来台。其实，没有正职的宽厚如山，哪有副职的口无所忌。正是因为高层之间有这样的关系，所有员工才能上下一条心，拧成一股绳，也才有了敬业集团今天的辉煌。

## 告别“创业童年”

仅仅发展了一年，滹沱河罐头厂的规模便迅速扩大，解决了当地400多名闲散劳力的就业，每年可生产各种罐头4000多吨，销售收入达400多万元，纳税近20万元，而当时南甸税务所一年的税收任务是47万元，滹沱河罐头厂就贡献了其中的40%——此前等着看“好戏”的人，这下闭住了嘴。

回忆做罐头厂那段时期的往事，李赶坡就像回忆自己的“创业童年”一样，感觉十分美好：“当时干得非常开心，觉得自己能做主，人生自己说了算。”

回望李赶坡的这段经历，我们可以发现，那些让人惊奇的伟业，实际上，几乎都是极为普通的人兢兢业业、一步一步持续积累的结果。

稻盛和夫就说过：热恋中的恋人，在旁人看来目瞪口呆的事情，他们却处之泰然。工作也一样，只有迷恋工作、热爱工作，才能长期坚持艰苦的工作，一以贯之，无怨无悔。

李赶坡对待罐头厂，就像对待自己的恋人一样。数十年后，他曾经在一篇自述文章中深情写道：“初建厂时栽的小树长大了，罐头厂的工人操作起来已经熟练了，罐头厂的销路也已经畅通了。出厂的哪一瓶罐头没有我的汗水？罐头厂走到哪一步没有我的心血？我太爱我的罐头厂了，我爱罐头厂的每一间房屋，那是我亲眼看着盖的；我爱罐头厂的每一部机器，那是我亲手购买的；我爱罐头厂的每一位工人，他们都是我的好伙伴。”

但无奈的是，一项政策，让李赶坡心爱的罐头事业不得不戛然而止。

就在李赶坡的罐头厂办得风生水起，他也全身心沉浸在罐头厂的经营中时，政策却突然发生了变化。1986年2月4日，中共中央、国务院联合出台了文件——《关于进一步制止党政机关和党政干部经商、办企业的规定》，其中要求：

党政机关，包括各级党委机关和国家权力机关、行政机关、审判机关、检察机关以及隶属这些机关编制序列的事业单位，一律不准经商、办企业。凡上述机关的干部、职工，包括退居二线的干部，除中央书记处、国务院特殊批准的以外，一律不准在各类企业中担任职务。已经担任企业职务的，必须立即辞职；否则，必须辞去党政机关职务。在职干部、职工一律不许停薪留职去经商、办企业。已停薪留职的，或者辞去企业职务回原单位复职，或者辞去机关公职。

此文件的出台背景，在于当时实行生产资料价格双轨制带来的种种弊端。彼时，所有商品有计划价、市场价，计划价比市场价低很多。因为商品稀缺，没有渠道甚至买不到。双轨价格的并存必然会助长计划内外的倒买倒卖和权力寻租现象，一些国家干部下海后，通过关系搞到计划价的商品去市场上卖高价，钻双轨制价格的空子，以权谋私——这类似于同一条道路上同时实施可以靠左行驶和靠右行驶的双重规则，必然会导致撞车和混乱，所以国家才对“停薪留职”进行了一刀切。

当时，这个文件在新闻联播、人民日报等党媒广为宣传，分量极重。李赶坡感到很无奈，也很无助，自己搞的罐头厂是解决老百姓就业和农产品销售问题的实体企业，但也被牵连其中，好似晴天霹雳。

如果去复职，罐头厂400多名职工怎么办？银行几十万元的贷款怎么办？罐头厂的出路又在哪里？如果不复职，一个当时有着十几年党龄的共产党员，难道要与中央政策背道而驰？

两难之下，李赶坡不想轻言放弃，他决定去北京“上访”。李赶坡辗转找到中组部时任办公厅主任杨法陶。杨法陶的老家也在平山县，他很热情地接待了李赶坡，还请李赶坡在他家吃晚饭。什么礼品也没带的李赶坡，“理直气壮”地说起自己的苦衷：罐头厂是实实在在的产业，能为社会创造财富，不是买空卖空的皮包公司。如果复职，几十万元的贷款由谁来归还？ 400 多名工人由谁来安置？罐头厂最终怎么处理？

杨法陶主任听后，觉得李赶坡说的有些道理，毕竟罐头厂属于农副产品加工业，是实体企业，与“倒买倒卖”没有任何关系，应该网开一面。杨法陶决定将情况上报给领导，让李赶坡等候消息。李赶坡听了之后欣喜若狂，激动不已，觉得“好比在一片黑暗中看到了一缕光明，终于有了一丝希望”。

但第二天，杨法陶主任带来的消息是：中央首长表态，不论什么情况，还是不允许干部停薪留职，还是得一刀切，否则此风刹不住。

得知消息的李赶坡怔住了，缓了一阵，他想明白了，组织的决定必须服从。只是罐头厂还是让李赶坡放不下，对于罐头厂，他太有感情了。

回到西李坡村后，李赶坡对罐头厂的经营管理做了详尽的安排，最后一步三回头地离开了。这种感觉很复杂，就像一位有志青年，离开母亲的怀抱，也像一位敬业的父亲，不得不离开襁褓中的孩子。

## 干一行钻一行：改造啤酒厂

对于企业经营管理工作的热爱，李赶坡觉得是无法用言语来表达的，平山县的领导找“回归”后的他谈话，他的唯一要求就是要到企业中去，决不再回到机关——或许，李赶坡的天赋和心思，都在如何提升企业经营业绩，从而造福一方上面，他对于当时钩心斗角、玩弄权术的仕途，一点都没有兴趣。

平山县领导满足了李赶坡的心愿，指派他到城关区的一家啤酒厂当领导。离开罐头厂，进了啤酒厂，仍是在“海”里扑腾，李赶坡求之不得，兴致盎然。

这家啤酒厂颇有历史渊源，是河北平山籍在京老干部费尽苦心为家乡办起来的。

做完罐头，再酿啤酒，干一行爱一行、干一行钻一行的李赶坡无论身处何种环境，似乎总能找到相应的门道。

在啤酒厂短短的一年多时间里，李赶坡的经营天赋和管理才干再次得到了展现。在他的亲力亲为之下，这家啤酒厂由一个固定资产180万元的小型啤酒厂，扩建到了固定资产850万元的中型啤酒厂，固定资产一下增加了600多万元。同时，啤酒厂还与北京的相关单位联营生产出了优质啤酒，并在“中共中央进驻西柏坡四十周年”纪念活动中大显身手，大大提高了平山啤酒的知名度。此外，刚去啤酒厂时，因为罐装机器过于陈旧，啤酒像水一样白白流失掉，李赶坡看在眼里，痛在心上。在他的力推下，啤酒厂改造了原有老掉牙的机器，安装了现代化的电脑控制设备，一改往日旧貌，让平山啤酒的竞争力与日俱增，并且在激烈的市场竞争中博得一席之地。

李赶坡的做法，让笔者想到了著名企业家褚时健。褚时健不论做什么，都能找到做对事情的关键点，都能总结出一针见血的方法论，从而做什么成什么，绝无败笔，成为一代传奇。比如，担任玉溪卷烟厂厂长时，褚时健敏锐发现国产烟不好抽的原因在于烟叶质量低，于是去海外学习优秀烟草种植的经验，并且把烟农的种植基地视为玉溪卷烟厂的第一车间，对烟农做了最有效的激励，从而让玉溪卷烟厂的烟叶质量达到了世界水平，红塔山品牌也传遍天下。此后，保外就医的褚时健在一片荒山种植褚橙时，找到了水果好坏的最关键点——水源，在一片质疑声中不惜花重金引山泉水上山。最终，即便都是冰糖橙品种，褚橙却最为甘甜可口，名扬全国。

在李赶坡眼中，褚时健是他最崇拜的企业家，也是心中的偶像，他曾经专门研究过褚时健如何做事、如何为人。2019年3月5日，在得知褚时健去世的消息后，极为失落的李赶坡，在当天深情写下了《悼褚时健》的文章：

一代英豪褚时健走了，到了另一个世界。褚时健经历了解放前的中国、新中国前30年计划经济、改革开放后的市场经济三个时代，并在身上留下深刻烙印。褚时健是我最崇拜的企业家。我一无名之辈，无资格奢谈如此重量级人物，但褚老的去世使我极为失落，因为他是我心中的偶像。我与褚老并不曾谋面，只是在书本和传言中领略了他的英勇开拓、他的睿智精明、他的开朗豁达、他的无私奉献……一切足以对我形成震撼和激励！

褚时健在每个时代都活出了精彩。褚老是扛过枪打过仗的人；建国时期积极参加社会主义建设，因时代原因被打成“右派”；任制糖厂厂长时，采取降成本节能的最有力也最简单的措施是敲锅，去掉煮糖时积在锅底的油腻，节约柴煤。看似简单，透着聪明；担任玉溪卷烟厂厂长时，跑到美国取经学到种烟经验，帮当地烟农种出好烟，打造出亚洲最大的烟厂，一时红塔山香烟红遍天下；74岁一带病老者又种橙树，创造出全国闻名的褚橙品牌，创造出一个褚氏帝国。褚时健的一生活得可谓精彩绝伦，美不可言。

褚老的伟大在于他能从人生最低谷反弹到事业顶峰。褚老两次跌到人生低谷，照一般人早已因社会对其不公失去信心，而褚老却在被打成“右派”后，在农场劳改时，自己搭木棚住、下河抓鱼吃，积极生活。平反后接管玉溪卷烟厂，并做成亚洲第一，走向人生顶峰。因保外就医出狱，74岁高龄、浑身带病的褚时健开始种橙，历经十多年，打造出全国闻名的“褚橙”。74岁的人栽树等待收获，对事业是多大的期盼，再次走向人生顶峰。两次跌倒，两次冲向人生巅峰，似此有几人？

褚老的伟大还在于对生命不幸的极力抗争。褚老经受过被打成“右派”、入狱、失去女儿，等等一系列不幸，后来又饱受严重糖尿病折磨。这样一位屡经打击的人活到91岁的高寿，其中充满了多少与不幸的抗争！他的生命动力是多么巨大，令人可敬可赞！

褚老具备一位伟大企业家的一切特质！

褚时健走了，但他的精神永存。

让李赶坡深为敬佩的，或许就是褚时健的敏锐洞察力、战略把控力和超强执行力，以及不屈不挠与命运抗争的拼搏精神——这一切，都是1986年的李赶坡，在面对接下来的人生经历和创业生涯中，所必须激发和磨炼出来的。

# 第二章 二次下海：结缘化工

二次扎入“海”中／情定水杨酸／远赴千里寻找“千里马”／如今的世界500强，当年却没人租厂房／最小的总部：三间平房／融资：从“怎么都行”到“怎么也不行！”／转动飞轮：让50万发挥500万的“功效”／棋高一着的“实弹侦查”／被动的“甲方”／夜运设备：不成功便成仁／快看，水杨酸出来了！／营销强攻：用毅力征服客户／参加订货会：一声炸雷，一炮走红／“幼年期”的得与失／“三年迈出四大步”／超前理念带来超时空行动／四大策略：成为水杨酸全球隐形冠军

由于种种原因，李赶坡在啤酒厂工作一年后还是离开了那里。因为是“回归”干部，人们对于李赶坡的议论仍然不绝于耳，甚至有人说他走错了路。县领导将李赶坡任命为城关区委副书记，比他下海前还降了半格。随后，平山县撤区并乡，城关区被撤销，皮之不存，毛将焉附，李赶坡的职务也随之而撤销。整整三个月，他连工资都没地方发，等候领导安排，却迟迟没有音信。

直到李赶坡去找县领导，领导才得知这个情况，把他调进乡镇企业局做一般干部。由正书记降到副书记，再由副书记降到一般干部，让李赶坡哭笑不得的是：别人官越当越大，他却越当越小，最后甚至连职位都没有了。

有人提出应该让李赶坡挂职乡镇企业局副局长，但没有通过，原因竟然是他曾经下海经过商。有一年，南甸镇的党委书记没有合适人选，一时间没人愿意到南甸工作，县委才找到李赶坡，希望他再次担任南甸的党委书记。李赶坡犹豫了："我不能倒退到 1976 年，绕了一圈再回去吧。"最后平山县委想了一个办法，任命李赶坡担任县委派驻南甸工作组组长。能上能下的李赶坡，最终任劳任怨地去做了组长。

当时，李赶坡就坚信，中国改革开放的政策永远不会变，市场经济是中国经济发展的必由之路，所以他才一心一意地扎在企业经营里，职位大小他从不计较，只有一点他极为计较："我一生的奋斗能否为人民、为社会创造财富，能否实现自己人生真正的价值。等白发苍苍时，回首往事，不会因虚度年华而后悔。"

所以，即便第一次下海就饱尝了海水的"酸甜苦辣"之后，李赶坡还是有再次下水的勇气和决心。"下海，就得一直在风口浪尖上颠簸，必须做到不管风吹浪打，胜似闲庭信步。如果说人生在不断寻求刺激的话，那我真是选择了最刺激的路，恰似一叶孤舟在大海中漂泊，有时被推向浪峰，有时被抛入谷底。下海不仅仅需要在市场中的拼搏，还需要与世俗观念的决裂，在动荡不定的缝隙中求生存。"多年后，李赶坡如是总结道。

时间到了 1988 年，政策有所放宽，干部、党员带头致富的呼声又高了。于是，总觉得不适合待在官场中的李赶坡，又向时任平山县委书记闫书章提出下海的要求。闫书章比较开明，当初李赶坡办罐头厂时，在一片议论声之中，曾在全县干部大会上为他正名："李赶坡创造了 400 多个就业岗位，一年缴税 20 万元，当地农产品又卖了好价钱，何罪之有，谁有本事去试一场！"这是李赶坡第一次获得组织的肯定，胸中的憋闷一时得以消散。而到后来，历任县领导常说的一句话是：平山县出十个、二十个李赶坡多好啊，平山就富了，可惜到如今也只有一个李赶坡。

闫书章当场就批准了李赶坡的请求，支持他下海。时代进步了，领导也开明，李赶坡顿时增加了不少信心。此时，李赶坡刚过不惑之年，他也明白，这将是自己人生的重要转折点，既然选择了继续做企业，那么选择做什么，就极为重要。

他，不能再耽误时间了。

## 情定水杨酸

再次从体制内走出，投身商海，李赶坡身上好像有一股积蓄许久的力量："我自知才学疏浅，但却不肯善罢甘休。既然下了海，就游它个痛快淋漓，溅它个浪花四起。"

但究竟做什么，还得十分慎重。李赶坡始终认为，办企业选项目是关键，选了好项目像抱住了金娃娃，选了坏项目则终身难解脱。的确。一旦走错赛道，跑得越快离目标越远。

彼时，改革开放进一步深入，一些工业品都处于产能紧缺的状态，不少南方的创业者因为胆子大、走得快，已经率先闯出了一片天地。有的人本来安稳地做着工程师，结果偶然在《参考消息》上的一篇小文章里找到了商机，报道里说海外市场有一种面包机很畅销，但国内类似的面包机还未上市。于是这位工程师让朋友从国外寄回一台，每天下班后就拆解面包机，仔细研究，随后干脆下海创业，研发出第一台有自动控制程序的面包机，最终将面包机卖向全世界，成为名副其实的"面包机大王"。

但在这个似乎"做什么就能成什么"的火热年代，选择做什么却成了让李赶坡头疼的事。与"面包机大王"相似的是，李赶坡也经常关注各类新闻报道，他敏感地注意到，国家对出口创汇型企业极为支持，甚至会有一些补贴。

李赶坡冥思苦想了许久，但还是没有找到答案，闭门造车显然是不行的，他准备出去打探一番。

巧的是，李赶坡在河北省化工进出口公司有位亲戚，熟知化工出口方面的业务。看到李赶坡前来咨询，便告诉他当时市场紧缺、出口需求量极大的一种药物原料：水杨酸。

说起水杨酸，可能很多人都搞不清楚究竟是什么，但如果说它是传奇“神药”阿司匹林的原材料，估计大部分人就不会陌生了。

水杨酸是一种脂溶性的有机酸，化学式为 $C_7H_6O_3$，其外观是白色的结晶粉状物，存在于自然界的柳树皮、白珠树叶及甜桦树中。水杨酸是重要的精细化工原料，在医药方面，可以用于制备阿司匹林、水杨酸钠、水杨酰胺、止痛灵、水杨酸苯酯、血防—67 等药物。除此之外，还可以作为化妆品的防腐剂，主要用于花露水、痱子水、奎宁头水等水类化妆品。

而几乎所有的古文明都有使用柳树皮治病的记载。《神农本草经》中记载，柳树的根、皮、枝、叶可入药，具有清热解毒、防风利尿的功效；两千年以前的古埃及，《埃伯斯植草文稿》中记录，用干柳树叶进行止痛；古希腊名医、“医学之父”希波克拉底在著作中也提到柳树皮的功效。

但柳树皮为什么能有这般功效，人类长期没有找到答案。直至 1828 年，一位意大利化学家成功地从柳树皮里分离提纯出活性成分水杨苷。因为它的酸味，人们通常称之为水杨酸，才解开这个千年之谜。

1899 年，阿司匹林的发明专利申请被通过，德国拜耳药厂正式生产，取名为阿司匹林 Aspirin，从此阿司匹林成为世界上极为畅销的药物。阿司匹林是世界医药史上三大经典药物之一，是世界上应用最广泛的解热、镇痛和抗炎药，在体内具有抗血栓的作用，常用于预防心脑血管疾病的发作。

正因为水杨酸的用途广泛，所以市场需求旺盛。当时，我国每年甚至要进口一定数量的水杨酸来满足市场需求，而水杨酸的价格也是逐年看涨。

当时的李赶坡，也做了大量功课，深入了解了水杨酸的前世今生及市场状况，得出的结论是：确实短缺，可以做！

全世界的生意无非两种，要么解决需求，要么提供便利。但水杨酸需求量到底有多大？需要去摸摸底。

## 远赴千里寻找“千里马”

胆大心细的李赶坡，往往在做决策之前比较审慎，而在拍板之后会不顾一切地大胆冲上去。而反观不少所谓站在风口之上的创业者，往往在决策前大胆空想，实际执行时却畏首畏尾——这就是根源于方法论上的失误。

李赶坡就认为，对于任何项目，都必须进行详尽的调查，没有调查就没有决策权。首先要调查清楚一款产品的现状，其次要对产品的国际市场进行调查，这决定了一款产品的天花板有多高，最后还要调查产品的历史，不调查产品的过去，就无法预测产品的未来走向，就无法做出正确决策。总之，调查得越细致、越深入，风险越小。

真正的成功者，尽管胸怀火一般的热情，有斗志、有斗魂，但他们同时也是谦虚的人、谨慎的人。

所以，即便白天、夜里都在琢磨水杨酸，甚至内心有些小激动的李赶坡，头脑还是异常冷静的。他首先走访了几位使用水杨酸的客户，了解真实的市场需求，果然，水杨酸市场处于供不应求的状态。

而按照李赶坡的惯常做法，做决定之前必须去实地考察一下。“磨刀不误砍柴工”，可具体到管理工作中，很多人往往忽视了磨刀的好处，或者无法忍受磨刀的寂寞和辛苦，情愿拿着一把钝刀急急忙忙去砍柴，到头来疲惫不堪还没多大收获。殊不知，慢就是快。

为了减少项目风险，确保万无一失，李赶坡决定去当时全国已有的水杨酸厂家实地考察一番——这与他当时去烟台罐头厂调查情况如出一辙。

那个年代，没有网络，信息高度不对称，李赶坡通过多方打探，才得知当时全国主要的水杨酸生产厂有 6 家，分别是山东新华制药厂、吉林制药厂、南京制药厂、西北第二合成制药厂、黑龙江奋斗化工厂等——可谓天南海北哪里都有。

李赶坡摊开地图，和大家商议，分头派人去实地调查，因为交通不便，仅有的几个人花了整整两个月时间才走遍这几个厂家。但这些制药厂、化工厂都是国企，听说是私人要办企业，个个拒绝接待。

无奈之下，李赶坡只好舍近求远，再次千里走单骑，前往位于中国地图的“鸡冠”处的黑龙江省牡丹江市密山县连珠山镇的奋斗化工厂——他此行有两个目的，一为打探虚实，二为寻找人才。

与探访保定罐头厂一样，李赶坡的策略还是寻找退休的技术人员。几经周折，他终于找到一位叫宋恩鹏的退休车间主任。

宋恩鹏刚刚退休，看到有人来聊工作的事很是兴奋。在水杨酸生产方面，宋恩鹏干了大半辈子，从内到外都非常精通，说起来口若悬河，滔滔不绝。李赶坡拿着本子一边听一边记录要点，但宋恩鹏发现李赶坡记录得如此认真，同时看他问的越来越多，还都是一些外行说的话，于是开始支支吾吾，不再多说细节，最后干脆“刹住了车”。

李赶坡心里明白，这么有价值的经验，老师傅怎么可能白白传授给自己，他立即说：“宋师傅，不瞒您说，我就是想自己做水杨酸厂，您这么有经验，干脆咱们共谋大业吧！”

宋师傅想了想，呷了口茶说：“你刚筹建，手无分文，有钱给我发工资吗？”

对于接下来的对话，李赶坡记忆犹新，仿佛刚发生过一样，他原汁原味地还原了两人的对话：

李赶坡：“当然能！”

宋师傅：“能给多少钱？”

李赶坡：“您想要多少钱？”

宋师傅没有直接回答，而是试探性地说：“退休后，我卖冰糕一天能赚 10 元钱。”

李赶坡心里有数了，宋师傅是想要 300 元的月工资——这在当时可不是小数目，当时的国有企业厂长，每月也就七八十元——李赶坡在二次下海前，甚至还拿不到这个数。

李赶坡没有回绝，而是委婉地说："宋师傅，依您的能力卖冰糕一天肯定不止赚 10 元钱，但东北冬季特别长，冰天雪地怎么去卖冰糕，下雨天怎么卖冰糕？"

宋师傅点点头："也是，天天赚 10 元也不可能。"

李赶坡话锋一转，说："宋师傅，我请您做厂长，一年 365 天，不论刮风下雨，天天给您 10 元，每月工资 300 元如何？"

宋师傅一怔，他本想着李赶坡肯定会跟他讨价还价，所以对于李赶坡突如其来的肯定，他显然没有心理准备，继而是有些感动，说："你资金还没到位，就能给我这么高待遇，当然没问题！我还可以帮你再找一些愿意同去的人才。"

李赶坡的诚意和对人才的重视打动了宋恩鹏，他最后还请来了奋斗化工厂另一位老专家魏忠义。两人得知李赶坡是第二次离开体制投身商海后，极为佩服，更加坚信自己远离家乡发挥余热，助力李赶坡成就事业的决定是正确的。

1988 年 5 月，宋恩鹏、魏忠义两位师傅不远千里从"密山"来到了"平山"，即便表面上看是从那个"山"到了这个"山"，但两地气候条件、生活习俗、饮食习惯相差甚远。为了让两位技术人才尽快适应，李赶坡对两位师傅敬如上宾，让他们住在平山县已属高档的兴山楼宾馆，还时不时前来嘘寒问暖。

这段生活，李赶坡创建化工厂时的第一位员工、现敬业集团副董事长焦国林的记忆点是"董事长（李赶坡）自己吃得好不好无所谓，但对外来师傅（宋恩鹏、魏忠义）的生活状况特别关注，隔三岔五会派人到附近水库打鱼，给师傅们改善生活。"

李赶坡则感慨说："没有宋恩鹏、魏忠义两位师傅，就没有后期化工厂的快速发展。他们来到河北平山后，教了我很多知识。"

而对于两位老专家，李赶坡只用一个词便说出了他们在自己心中的地位：万能的。"他们教我写可行性报告，他们会画图纸，会制作水杨酸工艺流程。这些对我这个还处在'农业学大寨'圈子里的人来说，简直太神奇了！"

有了两名技术人员，创业团队如虎添翼。将引进技术和引进人才合二为一，让人才带来技术，从而让技术问题迎刃而解，一直是李赶坡的惯用策略。

后期，敬业集团的技术骨干大部分都是外地人，为什么外地人能不远千里到平山县干一番事业，正因为李赶坡向来以诚待人，待遇上从不计较。李赶坡深知，事业的发展壮大必然需要依赖团队的成熟，必然需要每一位员工的全力付出。“有些企业的技术人才就跟走马灯一样，根本留不住。如果想打造一个百年基业长青的企业，就必须有安心奋斗的人才，这才可持续。”

在请人问题上，李赶坡从不吝啬工资，看准的人、想请的人，不会因为对方提出的工资高而谈不拢，李赶坡给的报酬总会比人才期望的更高，甚至让对方感到意外。

不少人会对此表示不解，但李赶坡在这方面有着更高的思考维度：物的交易是一手交钱、一手接货，交易完毕双方两清。人的聘请是收拢人心，工资给得低了，人才只会想两件事：一是老板什么时候给我涨工资，给我多少工资干多少活吧；二是不停地找待遇更高的单位去跳槽。因此，工资一定要使对方满意，让对方只想一件事：如何把工作做好，实现自己的价值。

“所以来了敬业，就可以断了跳槽的想法，我这个理念有点像华为不让奋斗者吃亏。华为倡导奋斗者文化，我们倡导贡献者文化，集团里有的道路就是用员工的名字命名的。员工们在这里会有更高的理想和发展空间。”李赶坡告诉笔者，“有人就说好像我这个董事长不怎么发脾气，我的确从来不会去‘骂员工’，就是将心比心，让员工心服口服。”

温文尔雅的李赶坡，的确也让员工们心怀感激，后期，颐养天年的宋恩鹏、魏忠义两位“外聘师傅”经常来平山找他叙旧，怀念那段激情的岁月。

## 如今的世界500强，当年却没人租厂房

无资金、无技术、无人才、无市场，在一片“荒芜”之下，没有捷径，只有付出更多的努力，去开垦、去耕耘。李赶坡静下心来算了一笔账：按照

最保守、最精打细算的方法测算，投建一千吨水杨酸项目至少需要400万元。1988年，400万元对于个人来说简直是天文数字。即便办罐头厂时李赶坡有了数万元的分成，但仅仅以数万元去撬动400万元的项目，简直是天方夜谭，后面还有一系列难题需要逐一破解，更何况自己也是外行，这件事到底能不能做成？

“既然方向是对的，就一定能成！”李赶坡暗自下定决心，给自己鼓气：400万虽多，但毕竟是一个固定的数字，攻克一点少一点。运气好早成，运气不好，晚一年也要成。只要信心坚定，终究能成！

这个世界上有两种人，一种人是强者，一种人是弱者。强者给自己找不适，弱者给自己找舒适。想要变得更强，就必须学会强者的必备技能，那就是改造“不适”的雄心壮志。

而有成就的企业家都有一个共性，别人眼中的大山，在他们眼中只是小山坡，因为别人一直盯着山有多高，而企业家却将之分解。比如，万科王石就有一个“痛苦分解法”，面对困难，他给出的行之有效的策略是：如果我们能够把这种痛苦分解成1000份，变成可以忍受的程度，那么事情就变得容易了——估计他在多次登山时，用的就是这种方法。

下定决心，瞄准目标，逐一分解，接下来，自我评价“敢于冒险”的李赶坡要举重若轻、化繁为简，逐一击破二次下海路上的每一个问题了。

李赶坡继续招兵买马，相继又邀请了王明国、聂书更、刘更更、任过山、任三等人，这些人作为水杨酸厂的创业元老，后期大多成为敬业集团的骨干，多次在敬业集团遭遇困境时力挽狂澜。

但也有不少人还是拒绝了李赶坡的邀请，他们觉得这么点资金办企业风险很大，成与不成完全是未知数。李赶坡觉得这也是好事，他要的不是不敢承担风险的人，即便这些人硬着头皮来了，价值观不同，也很难与之合作。

李赶坡至今都十分感激首批加入水杨酸厂的10位员工，他们给予李赶坡以信任，李赶坡还他们以信心。

1988年5月，李赶坡从黑龙江奋斗化工厂聘请来的宋恩鹏、魏忠义两位师傅编写好了水杨酸生产线可行性报告。报告交至平山县计委立项，很快得到了“同意建设”的批复。

拿到批复，该为水杨酸项目找一个落脚的地方了。但没想到，仅仅找厂址这一件事，就让创业团队焦头烂额、进退两难，因为不被看好，遭遇了多次“出尔反尔”。

因为创业资金极其有限，李赶坡和大家商议后，觉得要选择有水、有电、有旧厂房的地方为好，最好是租而不是买——因为租用现成的厂房可以不搞或者少搞土建工程，这就能省下不少钱。

所以，刚开始寻找场地时，李赶坡首先把目标锁定在废旧仓库、厂房上，四处打探寻找，逢人就打听。

最初，有人告诉李赶坡平山县城南边的光禄山车站附近有一处闲置不用的旧仓库，李赶坡如获至宝，赶紧跑去看，偌大的厂房一直闲置着，做生产车间没问题，电力也具备条件，只要解决引水的问题就可以投入使用。

不过，因为仅有的资金还不够买设备，所以不能先把钱花在房租上，李赶坡想先和对方签下协议，等资金到位后再付房租。对方一听，当即回绝。但好不容易找到一个合适的场地，李赶坡哪能轻言放弃，于是赶紧做各种承诺，同时把房租涨到比市场价高出不少。对方经不住软磨硬泡，勉强同意，与李赶坡签下了租房合同。

正当李赶坡松了一口气时，第二天一早，这位仓库负责人却又找来了，单方面撕毁了合同，好说歹说也不租了。原来，李赶坡一离开，他就找人打听，结果听说李赶坡是白手起家建厂，根本没有资金，办化工厂只是“一时脑热”，以后租金都不一定能交齐，所以又反悔了。

没办法，在外人看来，这确实是“没谱儿”的事。紧接着，李赶坡又打听到离这个库房不远处有一个废弃的养鸡场，虽然场地小一些，但也勉强够用。李赶坡觉得，既然养鸡场废弃了，闲置也是闲置，对方应该能接受“先租后付款”。然而，养鸡场主人却不这么想，甚至还说了风凉话：就是闲着放烂了，也不能白租给你们。

出师不利，无奈之下，李赶坡带着大家继续分头去找合适的地方，但先后找了5次都没谈妥，可谓处处碰壁。

最后，李赶坡把目光放到自己工作了多年的南甸，他在这里打拼多年，熟人多，人脉广，按理能找到合适的场地。终于，李赶坡找到了一块当时再合适不过的地方，这也是一个闲置的仓库，隶属于平山县供销社已停产多年的棉油加工厂。这个加工厂的主要生产任务是收购棉花进行加工，但是没不久就停产倒闭了。李赶坡的要求很低，有水有电有厂房就可以，哪怕荒凉破败，都可以再改造。虽然在外人眼里棉油加工厂条件并不好，但是李赶坡所需的样样俱全，买来设备就能组织生产。管仓库的主任认识李赶坡，知道他以前是南甸的领导，所以不好意思当面回绝，但又担心以后会出什么差错，犹豫不决。最终，对方勉强以每年8万元的价格签下了租房合同。

水杨酸厂的场地终于有了着落。李赶坡抓紧打扫了几间屋子，包括宋恩鹏、魏忠义两位师傅在内，10余名创始员工都搬了进来，继续做下一步的打算。

1999年春，阿里巴巴集团刚成立时，在杭州湖畔花园马云家里，马云妻子、同事、学生、朋友共18个人围着马云，听他慷慨陈词：从现在起，我们要做一件伟大的事情。我们的B2B将为互联网服务模式带来一次革命！

热血沸腾的创业者们的初心与豪迈激情亦是何其的相似。敬业集团的前身——平山县化工厂最初的10余位员工，在1988年，就像马云创业时的“18罗汉”一样，只不过是在棉油加工厂破旧的厂房里，听着李赶坡描绘项目的前景。一群人对未来充满憧憬，信心十足，工作起来也很有激情，不分早晚，甚至上厕所时都在谈论工作。

然而，这样的“好日子”仅仅过了几天，当大家的激情就像刚刚烧开的沸腾热水一样往外冒时，又被突如其来的打击浇凉了。平山县供销社主任找到李赶坡，没有任何委婉，直截了当地说：“棉油加工厂租给你后，单位议论纷纷，担心你的化工厂办不成，租金交不了。你们还是搬走吧！集体单位多收一些租金、少收一些租金都一样，我也犯不着冒这个风险。”

这几句话，对李赶坡来说，可谓当头棒喝，先是浑身一热，接着又有一丝凉气袭来，他惊出一身冷汗。“一群人跟着我好不容易有个地方安顿下来，看到了建厂的希望。我还能搬到哪儿去呢？真是走投无路了……”李赶坡回忆起当时的场景，唏嘘地说。

人心是最不可控的，即便有了租赁合同，也可以一撕了之。

我们可以想象，当李赶坡把这个不好的消息告诉不远千里而来的宋恩鹏、魏忠义两位退休专家时，告诉满腔热血愿意跟随他一同承受千辛万苦的几位创始员工时，所背负的压力。然而这种巨大压力，我们显然无法单纯用文字去还原，也许，是夜不能寐，是不思饮食，是懊恼，是不甘……

但李赶坡马上想明白，对付压力的唯一办法，不是躲避，而是迎上去利用压力的反作用力。

稻盛和夫说过：成就事业的关键，比才能和能力更为重要的是当事人的热情、激情和执着。要如同甲鱼一般，一旦咬住就决不松口。当你认为不行了的时候，正是工作的真正开始。

李赶坡虽然当时还没有学过稻盛和夫的经营哲学，但他的潜意识中，一直有着愈挫愈勇、不达目的不罢休的那股劲儿。显然，“坚持到底”是成功的不二法门，越是忍不住要放弃时，越要坚持下去，直至取得成功。即便一无所有，也要继续努力。做企业，这种志气和胆魄不可或缺。

面对当时的状况，宋恩鹏、魏忠义两位技术人员看着李赶坡四处碰壁，一度心存顾虑，心想这化工厂还能不能建起来，同时因为思乡心切，甚至做了下一步打算。但他们看到即便李赶坡受了挫，还整日乐呵呵地跟什么事都没发生过一样，即便年过40，但精力旺盛的就如年轻小伙一般，顿时觉得此人绝不是“一般人”，能干大事。所以，他们也就断了各种杂念，心无旁骛地做起了技术后盾。

## 最小的总部：三间平房

“既然别人不看好，场地租不到，那就干脆先用自己的房子过渡，没什么大不了的。”李赶坡这么想。当初，李赶坡办罐头厂时，盖了三间自用的平房，一直还没搬进去住。于是，经过简单整理后，化工厂筹备团队十几个人搬进了“小平房”里。

在李赶坡儿子、敬业集团总经理李慧明的记忆里，小时候最大的苦恼就是总要搬家——因为李赶坡的工作总是发生变化。以至于李慧明总是要转学并适应新的环境，仅小学阶段，李慧明就是在三个不同的学校完成的。

而当时不到10岁的李慧明，对于李赶坡在自家房屋筹备化工厂，也有模糊的记忆，他印象中父亲时而踱步思考，时而与几位“大人”争辩不休，时而一天到晚都在接打电话，总之好像一天都没有歇下来过。

“当时就说我父亲最大的爱好是什么？就是打电话，别的爱好啥都没有。化工厂建起来后，印象是父亲每天特别早去上班，然后经常不着家，晚上就住工厂了，有时很晚才会回来。”李慧明对笔者说，“父亲有个特点，就是从来不把工作上的烦恼带到家里，家庭生活和工作分得很开的。”

让李慧明印象深刻的，还有父亲李赶坡的一次拍板决定。“那是为了获得一笔贷款，当时就在我们家里商量，大家都说贷款成本太高，除了支付利息以外，还有一个上浮的费用。好像算下来利息挺高的，大家都不建议接受贷款，但父亲最后说服了大家。当时为了发展，企业要承担巨额的资金成本。为了企业发展父亲要算总账，也要承担这个责任，要做最后的拍板，这种事情印象有很多。”

对于“平房办公”阶段，“第一位员工”焦国林描述了更多的细节：“化工厂筹建初期，条件非常艰难，没有住处，也没有伙房，最后搬到李赶坡董事长的三间小平房里。每天干一天活又累又饿，下班后还得自己做饭，柴、油、盐、酱、醋，不是缺这个就是少那个。有时连烧的煤都没有，只能就地取材，捡一些树枝和庄稼秸，结果做一顿饭满院子跑烟，熏得人流眼泪，有时面条也煮成了粥。李董事长却非常乐观，闲暇时就给我们讲笑话，用他的乐观感染大家。”

而宋恩鹏、魏忠义两位师傅也跟大家同吃同住，他们自跟着李赶坡来平山后，一直到化工厂建成投产，两年的时间里，从没有回过一次家。住在平房里，夏天还好过一些，最为难过的是冬天。黑龙江虽然冬天更冷，但那是外面冷，房间里的暖气烧得火热。虽然冬天小平房也烧着土暖气，但因为白天没人看管，炉子总会熄火，所以屋里屋外一个温度。两位师傅带来了施工图纸，因实际情况不同需要做些改动，他们就在这“冰窖”般的房间里反复修改着图纸，手冻僵不灵活了，就在炉子上烤烤手继续画。

“魏忠义师傅平时爱喝酒，但当时大家却连饭都吃不好。生活上的困难将就一下也就过去了，可是工作上的事就不能将就了。当时一些物料都需要卸车、装车，大家不论职务高低都是装卸工，有了活不论早晚大家都积极主动去干，没有加班费，也没有劳务费，但每个人都毫无怨言。”焦国林说。

在自家平房过渡办公时，对毛泽东主席十分崇拜，把“毛选”翻过好几遍的李赶坡，想明白了：毛主席说过，“一张白纸，没有负担，好写最新最美的文字，好画最新最美的图画。”既然厂房不好租，一不做二不休，为何不能自己买地建新厂房。这样还不用看别人脸色，自己想怎么规划就怎么规划。

之前，李赶坡出门总盯着厂房看，现在他把目光转向了荒地。在油棉厂仓库南侧，李赶坡发现有一片岭地，因为土地贫瘠，庄稼十分稀疏，农民们靠天吃饭，一年到头也没有太多收获。李赶坡心想，这么贫瘠的土地，种庄稼也没多少收成，不如干脆在这荒岭上自己建厂房，成本估计也不会太高。

从思考中回过神的李赶坡突然觉察，这个地方很熟悉，原来就是魏家院村——没错，就是他下过乡，和村民们一同日出而作、日落而息，还帮村民们把沼泽地改造成稻田的魏家院村。

李赶坡赶忙回去把想法给大家说了说，他们都十分赞同。还有人附和说：既然仓库不给咱们租，咱们就在他们旁边建，做大了让对方看一看！

“对！燕雀焉知鸿鹄之志，之前的那些冷言、冷语、冷眼，就当做是激励自己走向成功的动力吧！”李赶坡心想。

李赶坡去了魏家院村，大家听说他要建厂，举双手支持。甚至村民们连地价也不讲，说给多少要多少，最后直接腾出了20多亩地。甚至村民们也不计较土地上还未成熟的棉花、绿豆等农作物，直接拔掉供李赶坡尽快使用。对于这些农作物，李赶坡提出给村民们补偿，他们也执意不要。

敬业集团的创业元老王明国、焦国林负责当时的征地工作，进展十分顺利。后来历任敬业集团副总经理、副董事长的王明国回忆说："当时要给农户们一些补偿，但因没有资金，就先给他们打了白条。即便这样，农户们也丝毫不计较。"

由此可见，自力更生才是创业正道。乡亲们的朴实、善良让李赶坡深深感动，"魏家院村乡亲们这份情意我李赶坡不会忘记，日后一定报答！"场地问题终于解决了，当时的李赶坡心里默念着。

佛学智慧说凡事皆有因果，用现代物理学量子理论也可以解释这一现象，即量子纠缠。当年李赶坡倾其所能在为魏家院村的村民们谋取福利时，他不会想到村民们会一直念着这份恩情，直到他四处碰壁后，为他重新打开一扇门。

《道德经》里有句话："天地所以能长且久者，以其不自生，故能长生。是以圣人后其身而身先；外其身而身存。以其无私，故能成其私。"所以说，利己，必先利他。凡事为他人着想，换位思考，事情总会出奇地顺利，内心也会平静和充实。

## 融资：从"怎么都行"到"怎么也不行！"

人才有了，厂址解决了，接下来筹集资金又成了头等大事。但400万元从哪里筹措？为何之前李赶坡租厂房屡屡碰壁，就是因为外人觉得这笔巨款，他一个人怎么可能搞成？

“大部分人如果手中仅有几万元，肯定不敢去碰400万元的项目。但纵观我的一生，总是去做那些看来触不可及的事情。”李赶坡说。

有句话说，乐观地设想，悲观地计划，愉快地执行。李赶坡就是这么做的，他先把仅有的创业资金拿出来用于平整场地，为了节约，把家里的写字台、椅子都带去办公。

平整场地需要工人，水杨酸厂开始招工。李赶坡在招工时给大家详细说了说未来的计划和企业美好的愿景。政治老师出身的他，在与员工谈心方面，是绝对的“高手”。没多久，20余名员工悉数到位，并且自愿带资金2000元来上班报到——还没发工资，自己先带工资来，这在别的企业是不可想象的事情。一方面，有的员工本身在家长期务农，对于进入家附近的工厂，还是有着迫切之心。另一方面，他们更多的是出于对化工厂事业和李赶坡个人的充分信任。

对此，焦国林回忆说，“在当时情况下，厂子不见着落，能否搞成还是问号，社会上好多人笑话我们，说就挣那点钱，干那种活，还有人去上班。那时的员工说是上班，其实就是自带土车、镐头、铁锨劈山造院。但是凭着对董事长（李赶坡）的信任，大家都对未来充满期望。”

正因为招收来的员工都是附近的村民，所以李赶坡当时就觉得必须加强培训，这样才能生产出合格的产品。当年，张瑞敏临危受命出任青岛电冰箱厂厂长后，为了整顿生产秩序，他推出了13条规章制度——《青岛电冰箱总厂劳动纪律管理规定》，其中一条竟然是：不准在车间随地大小便。其实，化工厂当时面临的困难不亚于当初的海尔，部分员工存在衣衫不整、随地吐痰、乱扔垃圾、不遵守交通秩序等不文明现象。

所以，化工厂建厂不久便创办了职工学校。学校成立初期，主要针对员工做素质提升方面的培训，如基础文化课、礼仪、接打电话技巧等。2003年12月，职工学校更名为“敬业职工大学”，随后投资500万元建设的职工大学教学楼开始启用，从此敬业集团的学习培训更加规范和完善。“毛泽东主席讲过‘把农民培养成战斗力很强的军队’，我们则要把农民培养成有技术、有修养的工人队伍。因为平山化工厂地处偏僻的农村，我们招收的工人几乎全部是农民，这些员工对企业的归属感极强，又勤劳奉献，唯一的不足是文化水平低，缺少纪律约束。我相信，学习能快速提高这些员工的素质。要把农民转为合格的工人，任务极其艰巨，但我们还是完成了这个转变。提高员工素质，提高产品质量，这是企业的内功。”李赶坡说道。

随着土建工作的深入，花销越来越大，尽管李赶坡掰着手指头省着花，但还是维持不了多久，资金很快捉襟见肘。李赶坡觉得需要借助外力。

时值 1988 年，改革开放进入攻坚期。经济的迅猛发展导致了通货膨胀，物价指数在前一期经济扩张的拉动下，持续走高，上升到了改革开放以来的第一个历史高点。有关方面为了满足社会固定资产的投资增长需求并解决企业资金短缺问题，印发了大量货币，正因为货币的超量发行，方才引发了物价的猛烈上涨。

1988 年 9 月，国家决定治理整顿。最终，通货膨胀受到遏制，但是也随之出现了“经济滑坡，市场疲软，生产停滞”的局面。因此，在国家紧缩银根的大环境下，企业获取银行贷款可谓难上加难。

偏偏在此情况下，李赶坡却要上马化工厂，资金困难可想而知。不过，李赶坡决定还是要去试一试。他跑遍了平山县的各家银行和信用社，得到的答复都一样：不放贷款。

当时负责外部联络的王明国，不得不想了其他“手段”。有一次，他带了几条名烟去拜访某银行的领导。刚一说明来意，对方就毫不客气地吼道：“出去！”王明国话还没说完，就被推搡到了门外，随后，那几条烟也被扔了出来。王明国用力推着门，嘴里喊着：“行长，听我把话说完……”但门还是“咣当”地关上了。捡起这价值不菲的名烟，王明国有些委屈，眼睛里泪珠已经在打转儿了。

眼看着吃了各种滋味的闭门羹，大家都有些灰心，李赶坡心里当然也不好受。此时，外边的风言风语也多了起来：“李赶坡这化工厂看来是没戏了”“魏家院村的地看来要荒着了”“真以为化工厂跟罐头厂一样好办呢！”

李赶坡清楚，自己不能受内部士气和外部风凉话的影响，假如自己都不能继续坚定信心，那么其他人则会加倍地失去信心。自下海以后，饱尝人情冷暖的李赶坡始终觉得，人们的议论不必在乎，人生在世，还是潇洒一点为好，爱干什么就干什么，不必计较太多。

所以，即便心理压力很大，李赶坡仍是一副乐呵呵的样子。人在足够投入的时候，苦也能渗透出快乐，正所谓痛并快乐着。

李赶坡意识到，自己的化工厂还是个襁褓里的孩子，走银行贷款这条路是行不通的。“企业还没有起色，银行这个当你肥得流油时才给肥肉吃，当你瘦得皮包骨头时连肉渣子都不给的行业，是不会给你钱的，所以我只能在民间找资金。”

当时只要听说哪个村里卖了地，有了钱，李赶坡马上找上门去谈合作。去之前，李赶坡想好了各类融资条件：怕有风险入小股，想挣大钱控股。言下之意是：只要肯借钱，怎么都行！

尽管做好了各种思想准备，但李赶坡没想到自己磨破嘴皮，“收获”的都是极为干脆的回答：怎么也不行！

李赶坡以往做基层干部时，走到哪里都是热情相迎。自从他下海后，“身价”一落千丈，再说又是去融资借钱的，走到哪里都不受待见。一些原来关系不错的村干部，根本不仔细听李赶坡介绍企业、行业的潜力，感觉他不是来借钱的，而是来“骗钱”的，所以不接李赶坡递上的香烟，甚至让他坐下来说的机会都不给。

李赶坡有些心灰意冷：人们常把遭受冷遇叫做“坐冷板凳”，我去了连板凳都没有，何谈“冷”字？想想自己竟讨如此没趣，情何以堪。

就这样，几个月下来，李赶坡耗尽心力，跑遍了平山县所有有可能融到资的村子，却分文没有融到。

带着灰溜溜的心情，李赶坡回到了办公室。他不禁心里暗想：资金无着落，喊天天不应，呼地地不灵，厂子到底能办成吗，是继续还是打退堂鼓？

华为拍过一部很著名的微电影“We，Huaweiers”，这部微电影记录了4位华为年轻人分别在尼日利亚、巴基斯坦、法国、巴西开拓市场的真实故事。

其中的第一个故事，与李赶坡当时的处境极为相似。

2003年，华为员工李军被派到尼日利亚做销售。环境陌生，语言不通，没有人脉。试图谈合作，却一次次的被拒绝，很长时间都没有任何订单，有的公司连门都进不去，甚至被当地人嘲笑“华为？中国？我从来没听说过！”但再多的绝望，再多的讽刺，李军都没有放弃。暴风雨下，李军扇了自己一个耳光，淋着雨呐喊：“一棵树在非洲都能活下去，我就不行吗？”事情从而发生了转折。不经意间，李军得知当地项目负责人的女儿要举办婚礼的消息。婚礼当天，不顾天气恶劣，汽车抛锚，到达婚礼现场的李军脸上混着泥和雨水，却带来了最真挚的新婚祝福。感动对方的，既是李军真挚的祝福，更是他的坚持不懈，最终项目成功谈下并顺利完成。当时，尼日利亚手机用户不到200万，而到2015年，就突破了1.3亿！这背后，是无数个像李军这样的华为员工的坚持与努力——这是一头孤独的狼，用坚持不懈的狼性，打开了尼日利亚市场的缺口。

李赶坡又是如何重新振作起来的？我们无法猜测，但很快，他内心中就有了“正能量”：我是铁了心要办化工厂的，不到黄河不死心，甚至到了黄河也不死心。到了黄河还有下一个目标呢！

当时，李赶坡反复思考着问题的症结，不分昼夜，不分地点，终于，他想明白了：自己准备生产的是化工产品，却找从未见过产品又极为保守的村民去融资，自然会被不理解，如果换位思考一下，自己会把钱借给一个看似在“画饼”的人吗？

## 转动飞轮：让50万发挥500万的“功效”

显然，如果一个人对某个目标有着强烈的热情和激情，那么，他必然会全身心投入。这样一来，愿望就会渗透到潜意识，在不知不觉中朝着实现这个愿望的方向前进，使之走向成功。李赶坡想通了，决定换一个思路，不能总守在平山县这个小地方，得去石家庄找找机会。他还想到，这个项目是根据河北省化工进出口公司的市场需求选择的，解铃还须系铃人，为什么不去找他们谈谈？

来到河北省化工进出口公司后，李赶坡一五一十地描述了水杨酸项目的有关情况。最后，他点睛地说："现在我们的场地有了，可行性报告也做了，人员技术也有了，万事俱备，只欠启动资金，希望贵公司能够给予支持。"

作为搞这行的专业人士，河北省化工进出口公司的相关负责人显然比李赶坡更加清楚水杨酸在国际市场是抢手货，极富前景。所以，他们对于李赶坡的创业行为十分支持，随后立即决定，马上派人对化工厂的筹建进行实地考察。

李赶坡不敢怠慢，赶忙给平山县主管工业的县领导进行了汇报，主管领导很有兴趣，陪同考察人员一同进行了考察。这期间还有一个小插曲：当时的平山县几乎没有太好的餐厅，李赶坡带考察人员吃饭，结果发现卫生环境堪忧。县领导埋怨李赶坡为什么不去条件好点的县招待所，李赶坡心里苦笑说：企业还"八字没一撇"呢，县招待所哪敢去啊？

不过，此次考察还是让河北省化工进出口公司吃了定心丸：这是个好项目，李赶坡有能力做好，当地政府也会大力支持。

没过多久，河北省化工进出口公司就同意贷款 50 万元给李赶坡，条件是生产的水杨酸要保证品质，满足他们的出口需要。

50 万！这对当时的李赶坡来说显然是一笔巨款，也是化工厂能建成的至关重要的一笔资金，它奠定了敬业集团发展的基石。

有时，山重水复疑无路，换个方向，换个角度，往往就会柳暗花明又一村。

李赶坡觉得，必须利用好这 50 万，要大做文章，让 50 万元花出 500 万元的效果，引发轰动，继而产生正向循环，催生飞轮效应，引来更多的支持和资金。

和不少企业家一样，李赶坡也信奉飞轮效应：企业发展过程中，没有单一起决定作用的创举，没有惊人的创新，没有幸运的突变，也没有奇迹的瞬间。相反，整个过程就像在不断地推着一个巨大的、沉重的飞轮进行转动。刚开始确实很难，但只要转起来就越来越容易。任何企业都像一个巨大的、沉重的飞轮，企业运转的过程就像是飞轮在转动，而你的工作是让这个飞轮尽可能快速地转动。飞轮将越转越快，即使你没有用更大的力量去推动它，它也能够依靠自身的重力和动力进行加速，于是飞轮就以不可阻挡的动量持续向前转动着。这就是吉姆·柯林斯提出的“飞轮效应”，揭秘了企业在困境时不断努力、不停推动的获胜法则。

于是，李赶坡决定这样推动化工厂的飞轮：先用近一半的资金，盖一座建筑面积近2000平方米的三层厂房——要知道，当时平山县没有几栋楼是三层的，只有县委办公楼和供销社是三层建筑。突然有一栋三层“高楼”拔地而起，还是之前不被看好的化工厂建的，平山县的官场、坊间都开始议论纷纷：“李赶坡还是有些能耐”“这钱是借来的，到时看怎么还”“不管怎样，人家这楼是盖成了，也是平山的历史突破”……

当时国内广告行业刚刚起步，但李赶坡变相地做起了“户外广告”。在设备的制作上，他还有意选择体积特别大、花钱最少的来做。化工厂先制作了十几个直径8米、高10米的用于储存苯酚、硫酸等原料的大铁罐，横七竖八地摆放在厂房围墙边，颇有气势。

路过的人除了能看到化工厂崭新的三层建筑，还可以看到不知做什么用的巨大化工容器，感慨李赶坡真是大手笔，一看就是做“大买卖”的。

而相应地，李赶坡压减了车间内部的投资计划，先购买了一半装备，组装完成半个车间的生产线，一方面降低试生产的风险，一方面继续把好钢用在刀刃上。

如果当时有“热搜”的话，李赶坡的水杨酸化工厂，绝对长期占据平山县的话题榜首。而这，正是李赶坡想要的。

不过，50万对于400万的投资项目来说，显然还是杯水车薪。眼看舆论风向已经转变，“飞轮”也有所松动，李赶坡需要再给“飞轮”的资金池里加点水。这次，他找到当时位于石家庄和平路上的河北出口基地公司。河北出口基地公司领导得知河北化工进出口公司支持了50万元，也同意借款30万元，但提出苛刻的条件：必须有银行担保。

这显然是一个十分不合理的要求，银行往往是“晴天打伞，雨天收伞”，给企业发放贷款经常需要第三方提供担保，没有给毫无关系的企业做担保的先例——没有收益，还承担风险，银行显然不会做这种事情。

当时，平山县到石家庄的交通还不是很方便，只有几趟班车，如果坐不上班车还得骑摩托车去，一路风尘仆仆，也极不安全。那一次，李赶坡等人正是骑摩托车去的。随李赶坡同去的聂书更气愤地说：“我们这么辛苦跑来，对方表面是答应了，但显然是在刁难咱们，不想借咱们钱，我看干脆算了。”

李赶坡压住恼怒的情绪，因为实在没有第二种选择，明知此路不通，也得硬着头皮去试一试。李赶坡找到此前打过交道的平山县农行王行长，寒暄了几句后，不好意思地张了口，结果被当场拒绝。一次不行，再找，两次不行，继续找。

王行长急了：“你明知银行不能担保，这不是砸我的饭碗吗？”又生气又无奈的王行长，可能还是被李赶坡的诚心所打动，他给李赶坡出了一个主意：再找一家企业给农行做担保，农行就可以给水杨酸化工厂担保。

找来找去，原来还是需要一个愿意承担风险的。但找家企业来做担保，也非易事，当时平山县基本都是国营企业和集体企业，谁会愿意给民营企业担保？

怎么办，找谁呢？李赶坡思来想去，最后想到平山县太行水泥厂是南甸的企业，去说一说，或许有些希望。

但结果比李赶坡预料的还要糟，不但事情没办成，热情也没有。还没等李赶坡进一步解释，对方就有送客走人的意思。

万般无奈下，李赶坡只好去找时任南甸镇书记郝玉法，他详细说明了自己的难处和未来企业的发展潜力。那时还没有招商引资的概念，但郝玉法直觉中意识到办一个好企业是利国利民的事情，不在幼苗期呵护一下，哪有后面长成的参天大树。思想开明的郝玉法立即带上李赶坡，前往太行水泥厂，说服了厂领导，将此事办妥。

其实，看似是农行给化工厂担保，太行水泥厂给化工厂担保，但本质上是郝玉法在“担保”，他清楚李赶坡的人品和能力，知道有魄力的李赶坡是干大事情的人。

李赶坡被郝玉法的果断、信任深深感动，颇有知遇之恩，于是此后在多个场合逢人便讲郝玉法的好话。

河北出口基地公司可能也没想到李赶坡还能找到银行做担保，但这样发放借款不会有任何的风险，30万元很快就转到了化工厂的账上。

这是李赶坡早期的融资经历，后来，因为有了三层楼和“大铁罐”，“舆论风向”好转，当地银行也敢于贷款给化工厂了。而化工厂的第一个水杨酸车间，也因为有了这些资金而顺利上马。

但民营企业贷款艰难，李赶坡当时就有了深深的体会，他带着团队尽管跑得非常辛苦，但总是无功而返。“有的银行职员不讲信用，答应下午两点找他，你去了他偏偏不在，再打电话也就找不到人了。有的银行还想要礼品，送对了礼贷款就批了，送不到礼就批不了，所以还得揣摩他们的心理——这都是当时非常不正常的现象。”李赶坡说。

五年后的1993年，李赶坡当着平山县全县村支部书记的面，总结自己的下海成功经验时，如此回忆当时的心境：

“我厂的项目上了一个又一个，好像项目信手拈来，人才从天而降，资金唾手可得一样。究竟如何呢？企业的外功是三个引进。即引进技术、引进人才和资金。这是企业外围的工作。1988年建厂时，独我一个，要建一座化工厂，简直可笑至极。不过‘事在人为’，没有技术找技术，没有资金找资金，没有人才找人才，没啥找啥不就啥都有了吗？”

“最难的是引进资金。钱这东西，人人都需要，没有人愿随便送人。引进资金无章可循，没有诀窍，仅凭着两条腿一张嘴。起初，我们要在一片荒岭上建一座年产值 1000 多万元、利润 100 多万元的化工厂，谁人肯信？谁肯把钱扔到荒岭上？且 1988 年正逢国家紧缩银根，控制基建，更无人敢涉足禁区了。资金是能否建厂的关键。为了建厂的起步资金，我们四处奔波，八方求援，不放过任何一个可能找到钱的机会，不知走了多少冤枉路，说了多少恳求话，结果分文未获，真是有钱男子汉，无钱汉子难！”

事实上，几乎所有的知名企业，在发展初期都遇到过李赶坡式的烦恼，因为公司刚刚起步是很难从银行拿到贷款的。万达集团董事长王健林就曾经说，当年为了从银行拿到贷款，他曾经在一个银行门口等了行长 30 多天，他天天去银行门口等，最终才成功拿到了贷款。而福耀集团董事长曹德旺在创业初期，曾经跑了 20 多次的县城，前前后后用了 2 个多月的时间，才拿到了 3 万元的贷款。

因此，李赶坡一直对资本保持着审慎的态度。他认为，银行只能锦上添花，绝不会雪中送炭。这也是他始终让敬业集团远离浮躁的资本，踏踏实实做实业的原因之一。

## 棋高一着的“实弹侦察”

李赶坡所说的“三个引进”：引进技术、引进人才、引进资金，终于初步完成了。

化工厂正在筹备设备安装工作时，李赶坡突然想到一个问题，水杨酸生产出来后，究竟卖给谁？市场到底在哪里？这方面可谓是一片空白。当初上项目时，只听说水杨酸好卖，这段时间一直在焦头烂额地忙着场地和资金的事，根本无暇顾及此事。但项目马上要启动了，如果贸然开工，产品生产出来没有销路怎么办？如果产品不能以最快的速度销售出去回笼资金，显然对化工厂的发展极为不利。

因此，在信息闭塞的情况下，如何迅速、准确地掌握市场信息，显然成为决定成败的关键。李赶坡仔细斟酌后，想出了一个守正出奇式的妙招：开订货会。

别人都是有了产品后才去开订货会，那个年代，李赶坡就敢标新立异，在生产线还未建好时，就搞了一次“定制化生产”，他称之为“实弹侦察”。

既然要开，就得开的不同凡响，影响巨大，能让整个行业都知道平山县有个化工厂生产水杨酸是最好不过的。

所以，李赶坡提议，即便资金紧张，但也要在当时石家庄最好的酒店燕春饭店开这次订货会，这样才能显示出企业有实力。

当时，14 层的燕春饭店绝对是石家庄的地标性建筑。1980 年代，全国糖酒会在石家庄举办，作为主会场的燕春饭店整座大楼拉满了广告条幅，由此声名远扬。著名相声演员马季来河北演出就入住燕春饭店，在相声中，他还抖了一句包袱：我比燕春饭店还高！

所以，李赶坡把订货会的地点选在这里，在大家眼里无疑是奢侈的。燕春饭店一个标准间一天就需 100 多元，而订一张床位则只需要一半。于是，团队成员在一间房和一张床的问题上有所分歧：一间房排场，但费钱；一张床省钱，但显得没实力，影响可信度。讨论再三、分析利害后，李赶坡拍板：就订一整间房。

1988 年 11 月 4 日，中国化工界最权威的行业媒体《中国化工报》刊发了一则醒目的广告：“平山县化工厂新建年产 1000 吨水杨酸生产线一条，兹定于 1988 年 11 月 15—17 日在石家庄市燕春饭店召开订货会，欢迎广大客户届时光临，洽谈业务并指导工作。会址：石家庄燕春饭店二楼 24 房间。”

这则广告花费了几百元，刚开始李赶坡有点心疼，相当于一下就花了好几个月的工资。不过，没有比这成本更低的“投石问路”的办法了，如果派人去搞市场调查，差旅费要更多，还不一定能摸得准。

11 月 14 日，平山县化工厂的三位创业元老任过山、任三、焦更祥作为业务人员，衣冠整齐地来到燕春饭店，进驻预订的房间，静候客户的到来。

因为还没有产品，他们只好买来了两瓶水杨酸样品，并制作了一份简单的产品介绍。

第一天过去了，一个客户也没来；第二天过去了，没来几位客户。再有一天就该收场了，这可怎么办？大家急得团团转，李赶坡心里也有些忐忑。

直到第三天上午，突然有一大群客户涌了进来，燕春饭店17平方米的标准间里，被客户们挤得水泄不通，业务人员都有些接待不过来。

而且陆续前来的客户都不去细看样品和产品介绍，争先恐后地和平山县化工厂签订合同。甚至，都不过问价格，你说多少就多少，大有抢购之势。事件反转的太突然，面对犹如“从天而降”的大量客户，化工厂的三位业务人员有些错愕和恍惚。一头雾水的任过山好奇地问一位客户：你从哪里来的石家庄，我们苦等了两天都没有人，为何第三天会有这么多人？

客户告诉任过山，巧合的是，每年两次的全国医药中间体会议当时正在山东烟台召开，会议讨论的议题之一就是“如何应对日益短缺的化工原料”。毫无疑问，水杨酸就是重要的医药中间体，也是当时短缺的化工原料之一。所以，当参会代表们猛然看到平山县化工厂在《中国化工报》做的广告时，气氛就像使用了化工厂的催化剂一样，引发了轩然大波，顿时热闹起来。要知道，当时全国水杨酸一年的产量不过5000吨，平山县化工厂这凭空出世的1000吨，相当于全国产能增加了20%。各路人士都有点吃惊，生产厂家觉得太突然，没有任何防备，而大量用户却感叹在这个行业浸淫多年怎么还没有提前知道消息。有的人则坐不住了，想先下手为强，没等行业会议开完，就马不停蹄地赶到了石家庄。

全国医药中间体会议也相当于为平山县化工厂的订货会搞了一次“集结”和“预热”，李赶坡选择的日子“有如神助”，用现在的流行语说，就是蹭足了流量。

而之所以前两天没人，是因为当时报纸发行到各地需要一定的时间，大量的外地客户看到广告后赶到石家庄也需要一定的时间。化工厂当时没有考虑这个因素，把订货会的时间定得早了一些。以至于大家内心惶恐，以为没有需求，虚惊一场。

那个年代，中国的工业基础还较为薄弱，产能供给能力不足。国内市场上水杨酸极为短缺，因此产品极为紧俏。没多久，平山县化工厂就签了 800 吨的供货合同，超过了化工厂初步计划产量的一倍！

越来越多的客户还要继续订货，三位业务人员只能无奈地说：货已订完，明年再来谈吧。但不少客户都是大老远赶来的，看见别人订到了货，心有不甘，甚至帮平山县化工厂算起了账："你们年产 1000 吨，我计算了一下，你们刚才订出的货，大概有 800 吨，还有 200 吨呢！"甚至还有湖北仙桃的一位客户，看到同地区的竞争对手订到了货，而自己却空手而归，甚至撂下狠话：订不着，我就不走了！

正因为客户太多照顾不过来，有的客户为了能有所获，想尽了各种办法，才导致此次订货会以意想不到的"节外生枝"而收场。

就在场面有些混乱，业务人员百般解释的时候，突然来了两位客人，其中一位自称是河北省化工厅某部门的科长，直接厉声问道："你们开订货会，有生产许可证吗？"三位业务人员哪见过这阵势，有些害怕，一句话也说不出来。他们急忙打电话向李赶坡反映情况。

李赶坡问："订了多少货了？"

"订了 800 吨。"

"单位、地址、电话都记下来了吗？"

"都记下来了。"

"那没问题了，收兵！"

任过山心想，化工厅的干部来的也是时候，否则面对如抢火车票般的客户，还真不知如何收场。但他不知道的是，其实这位干部的真实目的，还是来订货的。

原来，河南省化工厅下属某企业也想订货，因为来得晚没有赶上，这位客户就想通过河北省化工厅一位科长的关系来订货。科长其实是想让任过山他们"紧张"一下，进而委婉说出真实目的。但没想到，这一"问"最后戏剧性地帮助平山县化工厂结束了这场“实弹侦察”。

“侦察”目的达到了，订货量也足够多，平山县化工厂这次“实弹侦查”可谓收获颇丰。国内哪些单位需要水杨酸、需求量多少、负责人、联系方式等信息都被排查得一清二楚。

带着收集到的第一手市场信息回到厂里，团队成员对供不应求的水杨酸市场也有了清楚的认识，都很兴奋，觉得化工厂的“未来不是梦”。

不再为销售发愁了，李赶坡决定加速生产线的投产进度。事后，他听说不少水杨酸生产厂家还互相埋怨，后悔不早点扩产，眼看着平山县化工厂的1000吨水杨酸项目发展起来。

对于先行一步、棋高一着的“实弹侦察”，李赶坡总结道：“通过‘实弹侦察’，我们达到了四个目的，一是了解了真实的市场行情，二是提高了平山县化工厂知名度，三是摸清了全国大部分客户，四是坚定了员工信心，加快了建设步伐。”

这真可谓“一举四得”，而偏安一隅的平山县化工厂，在1980年代就验证了“未产先销”的经营智慧。还没开始生产就有订单，当时的平山县化工厂，某种程度上已经变成了定制式生产的企业——要知道，多少企业在互联网时代，才践行了这一做法，打造了“零库存”的生产方式，继而优化了应收账款，加快了资金周转。

可以说，“实弹侦察”让平山县化工厂在化工行业的知名度大大提高，不用花钱做广告，却又远比做广告的效果好。

“实弹侦察”成为敬业集团发展史上一段佳话，如今，敬业集团展览馆里，还存有当时的订货凭据，不少人参观时，对于这一饱含经营智慧的超前做法，表现出浓厚的兴趣。

还未生产就开订货会，我们不得不佩服李赶坡的胆识。一些突破性的决策，很多人第一步能想得到，但因为缺乏胆识，再三权衡之后，就会放弃。

多年后，李赶坡如此评述自己的超前决策：“我对胆略一词是这样认为的：胆在先，应放在首位；略在后，应屈居第二。有胆去实践方可在实践中长知识，这样也就有了略。有略而无胆，硬头皮去做，仍将一事无成。正因我一生勇于实践，不怕困难，才有今天的一点点成绩。”

的确，在产能稀缺的时代，抢占先机是最重要的。在管理学上有这样的理念：在谁都没主意的情况下，主意本身就最有价值。谁都不知道往哪儿走，谁都看不清楚的时候，先走开再说。在关键时刻，管理者一定是在信息不完整、不明确的时候决策，先拍板了再说，拍板就有方向，有方向就能凝聚力量，有力量就可能干成。

事实上，市场上一直有“先瞄准后开枪”还是“先开枪后瞄准”的争辩。有时，市场机会可能转瞬即逝，大凡成功者都是抓住了“窗口期”，赢得了市场占有率。可见，平山县化工厂的做法非常具有前瞻性。

## 被动的“甲方”

当时的平山县化工厂，一方面打探情报开着订货会，另一方面生产线建设工作也在紧锣密鼓地进行。

但令李赶坡万万没想到的是，一个重要的化工设备，差点断送了平山县化工厂的大好前程。

1988 年 10 月，平山县化工厂与石家庄设备安装公司签订了设备制作合同，除了简单的容器外，他们几乎把所有水杨酸设备的生产、安装工作，都交给了对方，可谓极度信任。

双方约定合同工期是 6 个月，自 1988 年 10 月到 1989 年 4 月完工，合同金额 110 多万元，合同付款时间和延期处罚都有明确的条款。本来，双方拟定每延期一天罚金为 200 元。宋恩鹏师傅知道后，当即指出罚金太少，比利息还低。即便对方把 110 万元存到银行，所赚利息甚至比每天 200 元的罚金都高。

此话不假，彼时，因经济过热，物价飞快上涨，银行存款年利率都在

10% 左右，有的银行还对存款进行保值，最高的时候保值率达到 20% 以上。

李赶坡恍然大悟，立即将合同修改为工期推迟一天罚款 1000 元——没想到，就是这一关键条款的更改，保住了平山县化工厂。

石家庄设备安装公司虽然大包大揽地接了平山县化工厂的订单，但其实背后存有猫腻。这家设备安装公司本身并没有压力容器制造的资质。同时，因为是大国企，订单多得根本忙不过来。于是，他们又将升华锅、羧化罐等压力容器设备的加工制作转包给了石家庄某压力容器公司。而压力容器公司又层层转包，把这些业务转给了一家名为光明设备加工厂的个体企业。

就因为这样像踢皮球一样的转包，导致石家庄设备安装公司、压力容器公司与光明设备加工厂在资金结算上产生了矛盾。

光明设备加工厂是家小企业，资金也很紧张，做这么大的项目连启动资金都凑不齐，加上只有几位手艺较好的焊工，没有什么加工设备，在生产能力上根本就不胜任，其负责人宋某断然停止了设备的加工制作。

而对于这种状况，平山县化工厂毫不知情。直到 1989 年 4 月，该去“收货”时，他们才发现，设备制作进展不到三分之一，只是做成了一些铁罐。“设备安装公司认为光明加工厂没按时间完成进度，不应再付款，光明加工厂本身制作能力弱又没资金购买原料。一方不见钱不干活，一方不见活干完不再付款，所以就僵持起来。我们只好要求设备安装公司给光明加工厂支付一些资金，但设备安装公司却执意不付。”王明国回忆说，设备安装公司的态度很不友好，认为责任不在他们，对化工厂的合理要求置之不理。

由于没有关键设备，化工厂难为无米之炊，整个生产线的建设都因此搁置。外界不了解真相，流言蜚语再次弥漫开来，都说李赶坡的化工厂看来是建不成了，看他怎么收场。李赶坡走在大街上，人们用异样的眼神看着他，并在他走过后窃窃私语，说三道四，李赶坡听得清清楚楚，心里也很憋屈，感觉人生又一次陷入了低谷。

王明国、任过山等人多次前往石家庄设备安装公司协商，但对方总是冷脸相对，一副事不关己高高挂起的样子。面对如此不守信用的合作方，李赶坡意识到，必须采取非常措施，否则化工厂就“胎死腹中”了。

李赶坡和众人商议后，决定左右开弓，从两方面解决此问题。一方面，请求石家庄市政府关注，从中协调解决；另一方面，甩开中间单位，直接找光明加工厂的负责人宋某联系。正所谓“明修栈道，暗度陈仓”。

李赶坡亲自撰写了一篇名为《请领导当机立断挽救一个将被石家庄设备安装公司扼杀的出口创汇企业》的檄文，满篇慷慨陈词，详细描述了平山县化工厂与石家庄设备安装公司合作的全过程，抨击了对方不守诚信、店大欺客的恶劣行径。随后他指派王明国将此信递交给了石家庄市政府，请求市政府领导出面协调，给设备安装公司施加压力，催促其履行合同。

但当时小小的平山县化工厂毫无知名度，反映材料最后也石沉大海，杳无音信。

接下来，李赶坡专门派了一个人到石家庄设备安装公司，寸步不离地跟着相关负责人，反复催促对方履行合同。

李赶坡此举有两个目的，一是对方如果不堪其扰或许会推进加工制作进度，二是起到“障眼法”的作用，让对方疲于应对化工厂的人员，而化工厂此时就可以与光明加工厂加紧联系，自行完成设备的制作，从而不引起对方的注意，达到“瞒天过海”之效。

夹在纠纷中间的平山县化工厂是最大的受害者，支付了一笔巨额的加工制作费，结果还得两头说好话，“甲方”竟然沦落成四处讨好的那一方，可以想象当时的处境何其被动。

当任过山费尽周折见到宋某时，遇到的也是一张冷脸。原来，宋某认为此事已成为一个死结，他和设备安装公司、压力容器公司、化工厂，都已经缠绕在一起，互相都不让步，所以无解。

所以，当任过山找来时，宋某本以为是来“问责”的，听了任过山继续合作制作设备的想法后，他觉得这更像是一项“义务劳动”。

任过山说明了化工厂的想法：“我知道你对安装公司有意见，化工厂对他们也有意见。我们找过他们无数次了，他们不讲理，我这才绕开安装公司和容器公司来找你的。你把设备做好后交给我们，我们把货款直接打给光明加工厂，一手交钱一手货，两不相欠。如果还不放心，我们甚至可以先付一笔订金，然后再提货。”

宋某听后，觉得任过山说的合情合理，更重要的是不用自己再垫付太多资金，便爽快地答应了。

为了防止再节外生枝，平山县化工厂组织了“救助团队”。以厂里的设备制作专家刘更更为组长，聂栓更、任过山等五六个人组成团队，带上仅有的一辆客货两用车进驻了光明设备加工厂，协助他们一同制作。

于是，设备制作工作开始紧锣密鼓地推进，刘更更等人没早没晚地忙碌着。刘更更是李赶坡长期御用的“设备能手”，李赶坡在公社任书记时，刘更更就在公社下属某厂当技术工人；李赶坡办罐头厂又请他当设备厂长，这次办化工厂继续请他加盟。刘更更虽然文化程度不算高，但动手能力很强，对设备极为精通。刘更更到了光明加工厂后才发现，他的设备制作水平远胜光明加工厂的所有人。所以大家都称呼刘更更为“刘工”，他听着也很高兴。

“就这样帮他们焊接，帮他们加工，需要的外部设备我们用自己的工具车去给他们运输。天底下有这样可笑的事吗？付给人家钱，还去帮人家干活，还得派自己的专家出马，连轴转地忙着。都说客户是上帝，我们这个客户却是奴隶。”李赶坡苦笑道。

有些设备，河北省根本找不到，李赶坡还得带着大家去全国各地四处寻找。比如，设备里的干燥器需要一台减速机，这是一件很重要的设备，体积很大，需要去浙江嘉兴提货。

为了保险起见，李赶坡和魏忠义师傅带着两位司机开着客货两用车直接去取货。当时根本没有高速公路，只能走路况极差的国道，将近 2000 公里的距离，单程就得走三天，来回需要一星期。他们风尘仆仆，快去快回，就是为了能尽快赶制好设备。

运送设备的人很辛苦，制作设备的人更劳累。前去协助制作的任过山、刘更更、聂栓更等人，就近住在光明加工厂附近的招待所里，他们每天都去加工厂“上班”，甚至比加工厂的工人还卖力。

由于筹建中的化工厂处处要花钱，外派人员每天的补助只有 5 元钱，除去住宿费，吃饭只能挑最便宜的吃了。而设备制作不是一朝一夕的事，任过山、刘更更、聂栓更等人这一去便是将近 5 个月，这期间，几人一次家都没有回过，由春入夏，由夏至秋，跨越了农村最重要的两个节点：麦收和秋种。传说大禹治水三过家门而不入，任过山、刘更更、聂栓更等人则是没在家门口出现过，更不要说帮助家里抢麦收、播秋种，真的是为了化工厂抛家舍业了。

李赶坡何尝不知道大家的辛苦付出，他创造各种机会去石家庄顺道看望任过山等人。为了鼓舞大家的士气，每次李赶坡也都要请大家喝点小酒。一瓶 1 元钱的烧酒，伴着仅有的油炸花生米和蒸饺顺势下肚，一切苦恼和不快随着口中的酒气蒸腾得烟消云散。往往，投入到极致，就不会觉得苦了，觉得苦时，反而是时过境迁回忆它的时候——“后怕”，也是同样的道理。

所以，平山县化工厂创始团队的意识里，从没有“辛苦”二字。经过 8 个多月的高强度赶工，各项所需的设备终于陆续完成了。

此时，已进入 1989 年的隆冬。在安装公司和压力容器公司都以为平山县化工厂已经默认“事已至此”“自认倒霉”时，他们没有料到，这世间还有如此不达目的不罢休的公司，还有如此一群用什么学什么，要什么钻什么，从不知疲倦的人，愚公移山般地完成了一件不可想象事情。

## 夜运设备：不成功便成仁

不过，设备虽然做好了，但如何运走还是大难题。由于此事颇像一个“三角债”问题，平山县化工厂与设备安装公司、设备安装公司与压力容器公司、压力容器公司与光明加工厂之间的矛盾不可调和，且始终胶着，如果另两个合作方知道了平山县化工厂迫不得已做的事情，必然会吃惊错愕，同时竭力阻止。

另一方面，谁来结清光明加工厂的加工费，也是一个大问题，指望设备安装公司肯定不行。但光明加工厂也不会让平山县化工厂“无偿”地把设备拉走。

眼看着国内水杨酸市场日新月异，不少南方企业已经陆续兴建，再不下定决心抓紧开工，机会将转瞬即逝。另外已经辛苦了8个多月，不能再继续耽误了，李赶坡决定直接和光明加工厂摊牌：“设备安装公司还欠你们多少钱？我们直接付你钱，直接拉走设备如何？”对方说：“你们再付我18万，就拉走吧！”

但平山县化工厂当时账上只有11万了，李赶坡只好“倾其所有”，他说：“先付你们11万，设备安装没问题后再付尾款，可否？”因为长达8个月的朝夕相处，在“驻厂团队”的铺垫下，光明加工厂已经充分了解了李赶坡的苦衷，于是，对方爽快地答应了。

要拉走设备，绝对不能在白天运输，否则被发现了所有计划都要泡汤。所以，必须制定出严密的运输计划，安全把设备运回平山。为了确保万无一失，李赶坡选择了在晚上“行动”。

由于设备体积过于庞大，吨位重，平山县化工厂从石家庄市运输公司找来了几辆平板车，等装车完毕后天色已晚，司机对于走夜路面露愠色，提出第二天再送货。但多停留一晚夜长梦多，于是王明国找司机商量，每人多加了50元“加班费”，这才顺利上路。

化工厂能不能运转，就靠这些设备，已经投入那么多精力，耗费了这么长时间，耽误了如此多工夫，李赶坡直觉地认为，成败在此一举，不能再有任何闪失了。于是，他和王明国做了最坏的“预案”：尽量不走路过设备安装公司、压力容器公司区域的路，走一条“非常规”路线，哪怕绕一些。两人坐在副驾驶座位上，一人手持一个防身的短棍，目光警惕，心跳加速，虎视眈眈地注视着路上的每个人、每辆车，眼睛不敢眨一下，生怕漏过哪个可疑的人。

甚至，觉得“已经拼了”的王明国心里早有打算，如果真遇到阻拦的人，他就上前一棍将之打倒，纠缠住对方，好“掩护”李赶坡先把设备拉回去上马生产线，不成功便成仁。

这一路走得真是提心吊胆，两个小时的车程，李赶坡觉得无比漫长，即便司机已在他的催促下按最快速度行驶着，但他恨不得此时的平板大货车能长翅膀飞起来。

终于，平板车驶入了平山县化工厂的大门，李赶坡一颗提着的心才落了下来。即便已近午夜时分，化工厂依然灯火通明，所有人都在等着平板车到来，帮忙卸货。可能在他们眼里，这不仅仅是设备，而是希望和未来。

好在，李赶坡、王明国两人想到的最坏“情节”没有发生，苦苦等待了一年半的设备啊，终于到家了！“想想也很可笑，我们自己付钱制作的设备，还得这样搞得跟‘地下工作者’一样，但如果没有这次勇敢机智的行动，设备可能早就锈在了光明加工厂，平山化工厂也就销声匿迹了，也不会有后面的敬业集团。”回忆起那段惊心动魄的非常经历，王明国感慨地说。

本来，平山县化工厂在 1988 年 10 月开工土建项目，计划在 1989 年 4 月正式投产，但结果，设备制作整整推迟了一年，从开工到土建耗费了 18 个月，真是难产又难缠！

而因为延期了一年，造成了实质性违约，石家庄设备安装公司只好认账，承认了合同中约定的“工期推迟一天罚款 1000 元”的条款，没有再在设备问题上“兴风作浪”。假如没有这个重罚的条款，设备安装公司不觉理亏继续纠缠不休，就不会有平山县化工厂安心投入生产的大好时光了，而如果继续耽误，眼前的商机就会一误再误，化工厂的历史走向就会发生改变。

首次采购大型设备，便遇到了意料之外的艰难险阻，险些断送化工厂的大好前程。自此之后，善于总结经验教训的李赶坡再也不把项目都打包给一家企业执行，而是凡事都有“备胎”，都留有后手。当时，李赶坡带着大家做了深刻的总结：所有设备外包一家不如分包两家以上风险更小，万一有一家出问题，另一家可以替代；合同中没有强调不准转包，是问题的症结所在，对合作单位的实力是有调查的，但没有料到对方会转包，问题就出在转包上——这些都带来了沉痛的教训，不可再让类似事件上演。

可以说，在尚不规范的市场经济初期，人心难测，一不小心就会触雷或掉进陷阱，必须多想一步，制定好游戏规则，才能杜绝各类可能的风险。

没有进账，还一直支出，同时又用太多精力去对付各类复杂关系，投入自己的人马去协助加工方生产，外界不明就里、捕风捉影、含沙射影的不良舆论，这些都带来各类有形无形的损失，让平山县化工厂的资金链愈发紧张，同时也让创业团队饱受折磨。但让李赶坡欣慰的是，这是一个韧性十足的团队，经历了这么多风浪，没有丝毫军心涣散的迹象，反而愈挫愈勇，大家就像龙舟赛的划手一样，更加齐心协力，上下同欲。

“这是一群打不开拆不散的人，各种困难面前，这群人中没有一个离队。正是这群人把企业一步步做大，成为现在的敬业集团。”李赶坡意味深长地说。

## 快看，水杨酸出来了！

有了这次“不走寻常路”，有了这次“非常押送”，李赶坡无比珍惜得来不易的设备，无比珍惜分秒必争的光阴，他必须撸起袖子，大干一场了。

设备到位后，平山县化工厂仅有的人手们以最快的速度抓紧安装，因为晚一天就耽误一天，入不敷出的化工厂必须尽快生产出合格的产品。

而万事开头难，因为此前都是外行，没有任何经验，现在看似“小儿科”的问题，当时感觉都像是天大的难题，李赶坡只能带着大家去一步步摸索。

除了宋、魏两人的指导，创业团队还需经常去外面请教。在安装干燥器时，为了让水泥快速凝固，焦国林骑着自行车去平山县规划局找朋友询问具体的办法，对方告诉他用硫磺、石子、沙子、水泥、石蜡按比例配好，搅拌均匀，加热后灌浆就能快速凝固。拿到相关资料，焦国林顾不上吃午饭，骑上自行车飞快地蹬了起来，到了化工厂，两腿已经酸麻。他连忙让工人们分头去找原料，按照这个办法连夜紧急施工，结果用了 24 小时就把设备的地角螺丝安装好了，为早日投产，硬是压缩出了好几天时间。

水杨酸的制作工艺是由苯酚钠与二氧化碳羧基化后再经酸化而得。用苯酚及液体烧碱制成苯酚钠溶液，经一系列反应完毕后加清水，使水杨酸钠溶解后进行脱色、过滤，再加硫酸酸化，最后析出水杨酸，经过滤、洗涤、干燥即得成品。

这是一个现在看来并不复杂的流程，但当时平山县化工厂的工人们都是附近的村民，仅有的两名技术人员得手把手去教，学会的人搞懂其中一个流程后，还得继续去“传帮带”。

而在水杨酸试生产阶段，从投料到出成品，即便连轴转整个工序也需要好几天的时间。在此期间，化工厂的工人们只能放弃休息，坚守岗位，不过焦国林没有听到一句抱怨声。

这似乎有些不可思议，一群“技术小白”，竟然当初就是这样起早贪黑、没日没夜地捣鼓和摸索着，让平山县化工厂正式投产。

而第一批水杨酸诞生的过程，焦国林记忆犹新，时隔多年后，他也能说得绘声绘色：“等待水杨酸析出时，大家足足等了一个多小时，仍然没有见到水杨酸的影子。我和魏忠义师傅还有几名工人坚持在现场守候，就盼着那一刻的到来。刚开始还有点没信心，说是不是哪里有点问题。又过了许久，魏忠义师傅第一个发现水杨酸析出，他大喊一声：‘快看，出来了！’在场的所有人个个兴奋不已，为之一振，就像自己的孩子出生了一样，把几天来的劳累忘得一干二净。”

这是一个值得纪念的时刻，1990 年 3 月 25 日，平山县化工厂的反应釜里终于制成了合格的水杨酸，有员工捧着晶莹剔透的水杨酸流下了眼泪。这是成功的泪，也是幸福的泪。传奇就是这样，看起来不可能的事，轮不到你的事，但你最后却能把它做成。

而水杨酸成品制成后，因为没有资金购买粉碎设备，工人们只好找一块干净场地，用锤子砸、瓶子碾，最后再进行筛装。这一土办法延续了许久，后期，因为手工粉碎造成粒度大小不一，平山县化工厂的“设备能手”刘更更方才研制了自用的简易粉碎机，即便粉尘满屋飞，但这毕竟还是用上了机器。在资金短缺的时代，平山县化工厂就是凭着这些土办法、笨办法，硬是发展了起来。

1990年3月25日，平山县化工厂年产400吨水杨酸项目正式建成投产。

## 营销强攻：用毅力征服客户

“晓之以理”不太奏效，任过山准备试试“动之以情”。

水杨酸生产出来后，怎么卖又成了问题。当初被火爆订购的产品被整整耽误了一年才面世，此时水杨酸市场已悄然发生变化，陆续有新的生产厂家投产，产需已基本平衡，供不应求的紧缺状态已一去不复返。

平山县化工厂的“难产”，直接导致了它有些“生不逢时”。当时，恰逢西方社会对中国实行经济封锁，实施所谓制裁，造成出口量锐减。

面对这种被动局面，李赶坡觉得必须“只争朝夕”，但他也知道，人才不会从天而降，资金不会唾手可得，订单也不会信手拈来。他提议销售人员按照两年前“实弹侦察”时留下的联系方式按图索骥，逐一推销。但时过境迁，水杨酸已然从“卖方市场”变为“买方市场”，如何抓住大客户打响营销的第一枪，赢得市场口碑，极为关键。

除了打电话推销外，负责销售的任过山还带领业务员，马不停蹄地在全国跑市场，为水杨酸产品探市场、找出路。

湖北仙桃农药厂是当时的一家大国企，因用货量较大，在水杨酸市场久负盛名。所以，如果能成功拿下这家企业，对于没有任何名气的初生牛犊平山县化工厂来说，具有战略性意义。

任过山刚刚联系上仙桃农药厂时，和供应部门的沟通还比较顺利，对方看了样品后，颇为认可平山县化工厂的产品。然而，仙桃农药厂一位车间主任却一口咬定平山化工厂生产的水杨酸质量不合格。任过山拿来权威部门的检验报告，对方也不屑一顾。

按理来说，供应部门已经认可，生产部门使用即可，但车间主任拒绝使用，供应部门也只能说爱莫能助。

难道自己刚刚生产，质量有些不稳定？不甘心的任过山突然闪出一个念头：权威报告不认，那么产品对比结果认不认，如果不相信外部机构，那就在仙桃农药厂自己的化验室实验，这下总该认结果了吧！

于是，任过山通过各种渠道，拿到了仙桃农药厂另外两家水杨酸厂家供应的样品，加上自己的产品，统一送至该厂化验室进行比对——这其实就是在盲测。

最终检验报告显示，平山化工厂的水杨酸质量是其中最好的。

这下那位车间主任该“认账”了吧，但对方又找了其他理由拒绝。任过山明白了，因为自己是小厂，所以才导致了对方的不信任。

既然“晓之以理”不太奏效，任过山准备试试“动之以情”。

任过山还是天天去仙桃农药厂“报到”，一为“混个脸熟”，二为打探情报。偶然间，他听到这位车间主任的父亲在武汉协和医院住院的消息。任过山不顾能不能找到，坐车径直前往武汉，经过反复打听，找到了这位老人的病房。恰巧车间主任不在，任过山放下礼物，诚挚地问候了车间主任的父亲，也和老人聊了聊家常。

事后，车间主任告诉任过山，他感到万分惊诧，一家企业拥有如此有毅力的员工，即使是“无名小厂”肯定也是值得信任的，生产出的产品质量不会不好，所以一改往日的拒绝态度，同意了采购合作。平山县化工厂的水杨酸终于有了大客户，后来，两家企业的关系维护得越来越好，仙桃农药厂最多时每年采购 600 吨水杨酸——这可比平山县化工厂第一条水杨酸生产线的设计产能还要高！

而这一切，都是坚持换来的。成功，不一定是因为创新和改变了多少，而在于坚持了多少。很多事情，貌似很拼的背后，其实是一种无效的努力，一种

“瞎忙”，这是因为目标不明确。但明确了目标不代表马上就能成功，因为还缺少重要的一环——坚持。优秀的人之所以优秀，往往源于他只做有目标的坚持。任过山的目标就是为平山县化工厂找到大客户，遇到阻力后，他没有走马观花般到处出差寻找新的客户，而是盯准目标“驻扎”了下来，用各种方法消除了阻力，继而毕其功于一役。

## 参加订货会：一声炸雷，一炮走红

除了按照之前留下的客户信息逐一联系外，平山县化工厂的另一个销售策略是，继续利用好订货会。

当时，几乎每个行业每年都要举办至少一次订货会，生产厂家最直接的销售渠道就是参加订货会，展示形象，联系客户，寻找营销机会。

与化工相关的比较权威的订货会有两个，一个是全国化工产品订货会，一个是全国医药中间体（医药原料）会议。为迅速打开销路，平山县化工厂每次订货会必到，为水杨酸产品寻找销售机会。由于是后来者，毫无品牌基础，所以如何在竞争对手云集的订货会上展示自己、大秀肌肉，成为能否成功的重中之重。

平山县化工厂的水杨酸产品刚刚面世，恰逢全国化工产品订货会在南京召开。李赶坡想带着业务人员去见见世面，同时学习一下同行的优秀做法，便一次带上了近 10 名业务员，一起挤上南下的火车，坐着硬座来到了南京。

事业刚刚起步，处于“百废待兴”的状态，业务人员出差都是挑最便宜的旅店住。李赶坡一行人把会场周边的旅店挨个问了一遍，挑了一家最便宜的住下。因为便宜，旅店设施极为简陋，房间十分矮小，高个子都得弯腰进门，而且由于长期没人居住，一股霉味儿不时散出，被褥也蒙着一层灰尘。

在任过山的记忆里，到南京住的都是小旅店，没有在一个像样的饭店里吃过饭，往往一袋方便面、一包榨菜，就是一顿饭。

当时的订货会，基本是“请大收小”，也就是会务组专门邀请行业内的知名企业参加，并为他们安排宾馆和洽谈室。而主动参会的小企业，则需要缴纳费用不等的报名费，从而获取不同的机会和资源。

因为没有正规的洽谈室，小企业只能白天在会场内的露天场地摆地摊，展示样品，发放资料和名片，但如果有心的话，也可以晚上在客户下榻的宾馆逐楼走访联系。

李赶坡事先充分研究了订货会的形式，他决定用“游击战”打赢这场没有硝烟的战役，产生轰动效应，引发全国客户关注。

那时，彩色印刷的广告资料还不多见，广告内容也多为手写。李赶坡告诉大家：“可不能小看这小小的广告纸，我们展示的形象有多好，客户就会认为企业的形象有多好。因为客户第一眼看到的就是咱们的广告，只有广告做得正规，对方才会觉得企业正规、可信，才会和你打交道。”

有心的李赶坡让人专门请来平山县一位书法较好的老师，帮他们书写广告，一连写了几百份字体极为工整、页面布局也很漂亮的宣传纸，内容是：“平山县化工厂年产 1000 吨水杨酸”，然后附上地址、联系方式。

此次来南京，业务团队所带的唯一大件行李便是装满平山县化工厂宣传纸的大皮箱。任过山把它放在自己的床边，像宝贝一样看着，生怕搞丢了。

当时的订货会，每个人进场都要购买数十元一张的入场券，为节约开支，李赶坡等人只买了两张入场券，大家轮流入场，反复使用。为了让平山县化工厂的广告达到轰炸效果，李赶坡提出要求，化工厂的广告要像一声炸雷，以“排山倒海”之势压倒所有同行。他们将随身携带的广告，贴满了会场、客户下榻宾馆的每一个角落，达到了随处可见、铺天盖地的效果。其他厂家字迹潦草、歪歪扭扭的小广告，与平山县化工厂遒劲有力，灵活舒展的“海报”，形成了鲜明的对比。在一片“花红柳绿”的广告纸中，放眼望去，还是平山县化工厂的最为醒目。

如此一番操作，让平山县化工厂在会场上名声大噪。这也引起了部分同行的不满和嫉妒，甚至有人趁着没人注意时，偷偷把他们的广告撕下来。但平山县化工厂有专人在“巡视”这些广告，只要发现没有了，便立即补上。

罐头要好看，像精雕细刻的艺术品；广告也要好看，像吸引眼球的书法作品，李赶坡就用这原始的营销思维，在订货会会场上旗开得胜。

到了晚上，平山县化工厂则使出了另一“撒手锏”：扫楼。与当前不少互联网新兴公司相似，当时李赶坡也运用了“地推”手法，安排业务员们到客户们定点住宿的宾馆逐楼、逐层、逐房间走访，发广告、递名片、洽谈业务。

李赶坡特别强调，不能遗漏任何一个房间——因为每个房间背后，可能都是一位潜在客户。正所谓“广撒网，多敛鱼，择优而从之”，最后，平山县化工厂的广告传单有了无孔不入的效果，几乎触达了所有参会人员，用现在的话说，就是成为了自带流量的“网红”。

劳累了一天，既费尽了口舌，又劳累了筋骨，但这还没有结束，尽管大家都很疲惫，但还是要到李赶坡、任过山的房间集合，“复盘”当天的工作，谈谈得与失，同时商量第二天需要调整的对策以及后续的对接工作。

的确，要想成就辉煌的事业，必须有燃烧般的激情和热情，坚韧不拔，奋斗到底，不成功绝不罢休。

“当时大家工作都非常投入，非常有激情，干劲也都特别足，没有什么杂念，不会去想如果别人拒绝怎么办，而都是勇往直前，全力以赴。”李赶坡回忆说，南京订货会是平山县化工厂打赢的第一场营销战，收获颇丰，战果累累。一方面，接触到了后期成为化工厂大客户的知名企业，让同行刮目相看。另一方面，也让在本地招聘、从未出过远门的业务员们见了世面，充分锻炼了业务员队伍，他们也活学活用，迅速成长，最后都成了化工厂的营销骨干。

可能正因为在化工系统的订货会上一炮走红，平山县化工厂在整个化工界逐渐树立起了口碑。1991 年 1 月 31 日，平山县化工厂仅仅投产 8 个月，就吸引了国家化工部副部长林殷才前来视察。

而后期，平山县化工厂逢订货会必参加，并用同样的方法宣传推广自己。某次在苏州举办的化工系统订货会上，任过山带着团队耗时 4 天，摸清了所有客户的情况。“我们从一楼到六楼逐层联系询问，嘴皮干裂了，腿脚走肿了，从不叫苦。”

## 开发信阳　供货仙桃

在南京订货会上，任过山在“扫楼”过程中，结识了大量客户，其中就包括河南信阳化工总厂。这是一家规模较大的国企，水杨酸需求量巨大，而其供应商也都是同为国企的其他水杨酸厂家。

彼时，改革开放尚未深入，部分国有企业仍然保持着此前的行事风格，做事强势，似乎有着目空一切的优越感。有的国企也只和国企打交道，因为彼此信得过，也有着深厚的交情。所以，他们是不会轻易更换供应商的——河南信阳化工总厂，就属于这种类型。

因此，即便是“认识”了，任过山打电话联系对方也是爱答不理的。无奈之下，任过山只好去登门拜访，有了前面攻克湖北仙桃农药厂的经验，他颇有信心。

不过，事情远非想象得那么简单。大国企的厂门就不好进，任过山和业务员焦更祥自报家门后，对方说根本没有听说过。换个时间段再去，对方十分不耐烦，甚至训斥道:“哪里来的小厂家，别再来了！”任过山和焦更祥觉得很没面子，他们只能压住心中的委屈，再次寻找机会。

最后，还是任过山主动去帮一个人用暖水瓶打热水，对方问明缘由后，才将他们带到了供应科。在办公室门口，任过山一眼就认出了在南京订货会上换过名片的一位孟姓科长，便满怀笑意地去打招呼。让任过山诧异的是，孟姓科长好像不认识他一样，面无表情，说话冷淡，谈及业务，更是讳莫如深，两句话就给回绝了。

颇有信心变成了彻底失望，走出信阳化工总厂，任过山和焦更祥感觉倍受打击。任过山躺在旅馆的床上，望着天花板发呆：难道就这样放弃了？产品卖不出去，就意味着大家继续要过苦日子，而拿下这样一个大客户，相当于谈下十个小客户，绝对不能这么善罢甘休！

人是很奇怪的，一旦被逼入进退维谷的境地，反倒想开了，轻松了。改变自己心态的瞬间，事情或许就会出现了转机。

任过山决定换个方向发力，他准备找到孟姓科长的家，在一个相对轻松的场合谈话，或许还有一丝希望。

与大多数国企一样，信阳化工总厂生产区旁边，就是一个家属区，任过山估计孟姓科长也住在这里。快到下班时间，任过山买了几斤新鲜水果，就像"特工"一样，在信阳化工总厂门口"埋伏"着，眼里紧盯着每一位走出厂门的人，生怕错过了。

果然，任过山看到孟姓科长骑着自行车出了厂门，但没有骑向家属区，而是骑往另外一个方向。任过山这才明白，原来孟姓科长就不住在家属区。

反应过来的任过山赶紧去追赶，可是人家骑的是自行车，自己还提着几斤水果，根本跑不起来。在一个拐弯处，孟姓科长消失在下班的人群中，任过山气喘吁吁地四处张望，怎么也没找到踪影。

一次没有"跟踪"成功，那就来第二次。第二天，任过山早早就租来一辆自行车，这次，他不在厂门口等了，而是"隐蔽"在前一天跟丢的拐弯处。

干等了好长时间，任过山脖子都望酸了，终于看到了孟姓科长的身影。于是，任过山不远不近地跟在孟姓科长后边，没想到孟姓科长的家离厂区很远，任过山跟了好长一段路。由于一直保持着合适的距离，孟姓科长竟然没有丝毫察觉，当他锁好自行车，一转身，猛然看见任过山就在后边，大吃一惊："你怎么来啦！"任过山有些无奈地说："咱们在订货会上有一面之缘，我大老远来找您，没想到您却把我拒之门外，买卖不成情意在，您应该给一个机会深入了解下我们啊！"

营销心理学经典著作《影响力》揭示了"拒绝—退让策略"：提出一个较高要求——做出合理让步——让对方产生"负债"感——从而提高第二个要求成功的概率。也就是说，如果第一个要求和第二个要求提得恰当，那么对方会认为第二个要求是你做出的让步，因此觉得自己有义务做出相应的让步。无形之中，任过山就是在使用这个策略。

看到任过山如此为难，孟姓科长也有些心软了，说："你也知道，国营企业的供应商一般除非出了大问题，基本都不可能更换。看你这么不容易，就先到我家边吃饭边说吧。"

任过山也才知道了孟姓科长的苦衷。几杯酒下肚后，两人越聊越投机，任过山也趁机把平山县化工厂的产品好好介绍了一番。看任过山为人实在，孟姓科长觉得这个朋友可交，就把他们做业务的流程一一交代给任过山。

在孟姓科长的引荐下，任过山与供应处长进行了沟通，双方交流十分顺畅，最后对方终于同意开一个口子——先采购平山县化工厂 10 吨水杨酸试用一段时间。

任过山按捺住心头的喜悦，长长地舒了一口气。回望这一路走来，自己拿着微薄的出差补贴，不敢住好旅馆，不敢吃好点的饭，天南海北的东跑西颠，对别人笑脸相迎说尽好话，艰辛的付出终于有了结果。

试用结束后，信阳化工总厂又大量采购了平山县化工厂的水杨酸，这个曾经"高不可攀"的国企，最终成为平山县化工厂的忠实大客户，极大程度地解决了化工厂发展初期的销路问题。

这只是平山县化工厂销售团队发展客户的一个案例，由此我们可以窥豹一斑，当时他们是如何势如破竹般拿下天南海北的客户，从而让平山县化工厂的产品销往全国各地的。"当时都是绿皮火车，不管有座没座，先能上车就行。遇到春运，便从窗户往里钻，车厢里空气污浊，喘不过气来，几乎没有立足之地，有时一坐就是几天几夜，小便都是头疼事。经常大年三十才能回家，正月初七又远离家人出了远门。"任过山回忆说。

现在的敬业集团员工出差，已经可以享受很多有形无形的便利条件。敬业集团已经在石家庄正定机场和石家庄高铁站分别设立了专属贵宾室，所有敬业集团员工及家属不论因公因私外出均可使用。今非昔比，天壤之别，这就是成长的见证，这就是崛起的力量。

## “幼年期”的得与失

当时的平山县化工厂，在销售管理上便有一套独特的方法论，比如大客户直接管理，就是其中之一，他们还取了一个形象的名字：“国企”主导。

具体做法就是，将订货量较大的大客户列为公司直接管理的客户，称之为“国企”，由营销负责人直接管理；订货量较小的小客户分配给业务员，称之为“民企”，由业务员根据销量、售价赚取提成，并进行客户维护。

这样做有很多好处：首先，大客户是重中之重，由公司直接维护，在资金上舍得投入，同时双方主要领导直接对接，就能加深合作程度；其次，公司直接管理客户可直接掌握市场价格，杜绝个别业务人员为了冲击销量而压低价格的现象。

李赶坡觉得，将全部业务压到业务员身上有很大弊端。有时业务员并不是完全站在公司立场上，人都有两面性，为了促成订单，业务员有时会同客户一起向公司施压，迫使公司降低售价。有一个阶段，平山县化工厂的水杨酸极度难销，于是派业务员去做市场调研，部分人员为了今后好做业务，商量好口径，统一反馈需要公司压低价格。“所以，无论任何时候，公司必须直接掌握一些大客户，掌握主要客户资源，才不至于陷入被动。”李赶坡说。

幼年期的平山县化工厂在营销过程中，也不是没有摔过跟头。1990 年代，我国市场经济发展尚不成熟，一度秩序混乱，假货横行，经济诈骗防不胜防。加上三角债问题普遍存在，稍不注意，走正道的企业就会掉进不法分子埋下的圈套或陷阱里。

因为平山县化工厂成立不久，也就成了骗子们的主要目标。同时，由于部分业务人员缺乏对一些不良客户的辨别，给了骗子可乘之机。当时一般都是先发货后付款，这种结算方式很容易受骗。也有一些客户不是故意行骗，而是在交易过程中恶意赖账，最终形成死账。

平山县化工厂一路走来，遇到过将业务员灌醉偷偷卸走货物一直赖账，即便求助于公安，先后 8 次才将诈骗分子抓获的奇闻；也遇到过对方恶意欠款，即便赢了官司也拿不回钱的怪事；甚至还遇到了几个人冒充警察，来采购产品的奇葩事件；更可笑的是，江苏睢宁县某有机化工厂故意利用口音差异，狡辩说自己只要 4 吨货而不是 10 吨货，以达到侵吞多余货物的目的。

当时的销售人员田书芳就曾经有一次被骗的经历。“1992 年，化工厂扩建为两个车间，产量大增，销售压力也相应增大。我与四川两家化工厂签订了两笔业务，约定是货到付款，对方先付了一个零头 2 万多元，欠款 40 万。谁料后来对方毁约，不再付款。我跑了许多趟都没有结果，只好起诉到法院，通过法律程序，签订了一个还款协议，要求对方 1994 年 6 月还清全部欠款。结果到了 6 月底法院去执行时，对方已经人去楼空，40 万元货款就这样打了水漂。”

内心十分愧疚的田书芳，觉得自己给化工厂造成这么大的经济损失，有些不敢面对李赶坡。但没想到，李赶坡并没有发火，也没有责备他。“李董事长把我叫进他的办公室，很温和地说，‘人，谁没有个犯错的时候。由这件事我们懂得了法律有些时候是解决不了经济问题的，只要记住这个教训，以后不再犯同样的错就行。’”田书芳说，没想到后来李赶坡照样任命他为化工厂销售处处长。“人心都是肉长的，你对别人好，别人同样也会对你好，我从心底里感激李董事长的宽宏大量和大将风度，我还有什么理由不勤奋工作呢？”

李赶坡回忆说，“打开销路后，最大的问题不是供货，而是要账。当时市场几乎都是先发货，再付款，供货之后要账极难。又过了几年，物质逐渐丰富，各种产品竞争激烈，再加上企业管理不善，各企业经营困难。广东一家制药厂欠 80 多万元，多年付不了；嵩山一家制药厂欠 80 多万，用几吨单宁酸顶账，按 12 万元一吨计算，其实市场价已经腰斩；成都两家化工厂欠 40 多万，赢了官司收不回款，我不服气一个人到成都要账，结果被轰了出来……”

类似的事情，举不胜举。平山县化工厂在此过程中遭受了巨大的经济损失，也让遵守诚信、走康庄大道的团队成员们倍感压力，吃了大亏。俗话说，吃一堑长一智，李赶坡还特意安排人将这些受骗经历整理出来，让销售团队反复学习，以起到警示作用，不断提醒经营管理人员在营销过程中，加倍警惕，杜绝再次受骗，同时增强对客户的甄别能力，并在流程上严格控制，确保不给企业造成不必要的经济损失。

## “三年迈出四大步”

1992 年 1 月 18 日至 2 月 21 日，邓小平视察武昌、深圳、珠海、上海等地，发表了重要讲话。邓小平的南方谈话对中国 1990 年代的经济改革与社会进步起到了关键的推动作用。

南方谈话后，不少人乘风破浪于当时的下海热潮，“92 派”成为形容一代企业家的新兴名词。当时，大批在政府机构、科研院所的知识分子受南方讲话的影响，纷纷主动下海创业。而随着改革开放的进一步深入，越来越多的改革红利释放出来，平山县化工厂也抓住这一大好时机，利用国家开放政策为乡镇企业发展提供的优越的条件，每年迈出一大步，进入了快速发展期。

1993 年，李赶坡在“平山县村支部书记干部会”做经验分享时，总结了平山县化工厂“三年迈出四大步”的经验。

水杨酸生产线投产后，经过 4 个月的摸爬滚打，结合生产销售数据，李赶坡发现，年产 400 吨的水杨酸生产线无法满足市场竞争，因为产量还是太低了，要想长期站住脚跟，必须扩大生产能力。

随后，李赶坡果断决定扩产，因为此时平山县化工厂已正常运转，在平山县政府和当地农行的支持下，化工厂成功融资 80 万元。又经过四个月的努力，1990 年底，扩建任务顺利完成，此举让平山县化工厂的水杨酸产量由年产 400 吨跃升至 1000 吨，年产值也由 560 万元提升至 1300 万元，翻了一倍还要多。

在李赶坡看来，这正是平山县化工厂迈出的第一大步。

从一开始，政治老师出身的李赶坡似乎就有着“举一反三”的经营哲学，当有的同行重复着“买原料—生产—销售—买原料”的简单劳动时，平山县化工厂通过持续的“小步快跑”，不断改进，相当于每年创造一个“升级版”。

“苦干加巧干”，这一方法长期被敬业集团坚持了下来，并延续至今。

前文说过，水杨酸的制作工艺是由苯酚钠与二氧化碳羧基化后再经酸化而得，所以苯酚是生产水杨酸的两大主要原料之一。李赶坡开始琢磨：苯酚对水杨酸的生产起着至关重要的作用，苯酚的行情决定着水杨酸的行情，平山县化工厂能不能自产苯酚降低成本呢？如果有了自主生产苯酚的能力，那么水杨酸的生产成本就会大为下降。

与此同时，水杨酸是生产阿司匹林的原料，假如能够延伸产业链，自行生产阿司匹林，岂不可以进一步扩大优势。但生产阿司匹林，工艺较为繁琐，同时需要医药生产资质，能不能先进行铺垫，把制作阿司匹林的另一种重要原料醋酐的生产线先搭建起来？

有了这些想法后，李赶坡进一步推问：这两种原料目前在市场上是短缺还是过剩？到底是自己生产合适，还是采购原料成本更低？

在信息不对称的情况下，李赶坡决定，对于苯酚和醋酐，也搞一个类似于之前水杨酸式的“实弹侦查”，再次进行市场调查，投石问路。

此时，平山县化工厂已经有了一定的销售渠道和口碑，不用再自行组织“订货会”了。1990 年下半年，平山县化工厂参加在南京举办的全国化工产品订货会时，顺带进行了“实弹侦察”。他们一方面推广水杨酸产品，另一方面对苯酚、醋酐市场进行摸底调查。

所以，当时平山县化工厂“书法作品”式的广告纸上，除了介绍水杨酸产品，还写上了“平山县化工厂苯酚、醋酐生产线正式投产”的广告语。

经过“地摊式”“地推式”的营销，业务人员发现，前来咨询苯酚和醋酐产品的客户，竟然大大超过了咨询水杨酸的客户，有的客户直接进行了预订。即便有的客户没有询问，但他们也都得知了平山县化工厂可以生产苯酚和醋酐的消息。

订货会一结束，终端客户、经销商、产业链下游厂家纷纷联系，电话一个接一个，业务团队立即对客户需求进行了统计，不算不知道，一算吓一跳：苯酚和醋酐的需求量都在 5000 吨以上！

显然，这两种化工原料处于供不应求的紧缺状态，很有必要立即上马这两条生产线。机不可失，时不再来，这次不能再像水杨酸项目那样贻误战机了。

1991年4月，经过紧张的筹备，投资500万元的苯酚生产线破土动工。经过一年的努力，1992年3月，年产2500吨的苯酚生产线顺利投产了。李赶坡还在组织架构上进行了调整，让苯酚生产线升格为独立核算的单位——苯酚厂，以激发苯酚生产线的主观能动性，要求他们做到内部供应与外部销售双管齐下。

此举让平山县化工厂成为国内第一家自备苯酚原料的水杨酸生产厂家，解决了水杨酸产能扩大后原料紧缺的难题，彻底让自己没有了后顾之忧。

此前，平山县化工厂所用的苯酚原料都是从山西太原某国企采购，因为苯酚是紧俏货，这家企业当时还没有客户思维，把平山化工厂这样的小客户根本不放在眼里。每次去进货时，平山化工厂负责采购的任三都要说尽好话，甚至还要送些礼品，等待好几天才能装上货——这无疑也延误了水杨酸产品的生产进度。

如此，自有的苯酚生产线不但解决了这些问题，还让平山县化工厂的水杨酸产品在国内竞争中占尽了优势，当时李赶坡算了一笔账，仅此一举，可以增加产值2000万元，增加利润200万元——是为李赶坡眼中平山县化工厂发展的第二大步。

1990年10月，平山县化工厂又筹建了年产1000吨的医药水杨酸生产线。取得突破性进展的是，这条生产线完全由平山县化工厂在三个月内自主完成，图纸是自己设计，厂房是自己盖的，设备也是自己制作的——“自己动手，丰衣足食”以缩减成本，最大化利用设备的各项功能，这一做法在后期的敬业集团，也屡试不爽，频获成功。

从这一时期开始，平山县化工厂就已成为全国最大的水杨酸生产厂家，占据了全国水杨酸产量的1/3江山，迈出了第三大步。

当时，平山县化工厂吸引了大量外贸企业前来订货，产品自此走出了国门。加上产品品质稳定，他们在国际市场上也逐渐有了知名度。俄罗斯、中国香港地区的客户陆续前来订货，甚至，日本五大综合商社之一的丸红株式会社也来洽谈业务，他们都对平山县化工厂的产品质量高度认可，赞叹不已。

李赶坡似乎也恰到好处地掌握着扩大规模和延伸产业链的节奏，并没有“大干快上”，而是稳中有进，让平山县化工厂的每一步发展都踩在了“点”上。

比如，虽然经过市场调查，了解了醋酐项目的市场潜力，但李赶坡还是比较慎重，并没有急于上马此项目——也许，这就是“攻坚”思维，在火力有限的情况下，必须集中起来解决最要害的问题，而不是多点齐发，否则就很容易招致盲目扩张的风险。

我们可以分析一下，苯酚是水杨酸的原料，是与平山县化工厂主业相关的重要项目，而醋酐和主打产品水杨酸并无直接关系，是为下一步生产阿司匹林做的铺垫。所以，严格意义上讲，苯酚项目属于主业内的资源重构，而醋酐项目就属于主业之外的扩张了。

轻重缓急之间，李赶坡张弛有度的经营智慧体现得淋漓尽致。而反观不少企业，相继倒在盲目扩张的不归路上，他们一度处于“投资饥渴”的环境下，普遍存在着盲目“做大做强”的动力，一旦货币供应宽松，就如斑马线前看到红灯变绿灯的汽车，唯恐“起步晚了”般无序扩张。但须知，盲目“做大做强”的另一后果，有可能就是“做歪做僵”。

扩张确实要讲究方法和对策。深谙此道的李赶坡，在市场调查两年后，方才重启了醋酐项目的落地工作。1992年6月，李赶坡带领团队坐火车到吉林，再次对几个醋酐厂进行了考察。即便企业经营已有起色，但李赶坡等人继续住着小旅店，办事还是挤公交，有时交通不方便时甚至还要步行上几公里。

此前，做罐头前李赶坡考察过多家罐头厂，做水杨酸前也几乎走遍了全国所有的水杨酸厂家，这次，他又要实地看一看才会做出决策。毕竟，如果有市场，就叫扩大产能，而没有市场，就是盲目扩张。

经过进一步的深入考察，李赶坡觉得时机已经成熟，最终决定上马醋酐项目，投建醋酐厂。

1992年7月，投资700万元的醋酐厂破土动工，经过10个月的建设，1993年6月，年产3000吨的醋酐生产线正式建成投产，为平山县化工厂生产终端产品阿司匹林创造了条件。

醋酐项目为平山县化工厂增加产值1890万元。至此，平山县化工厂的总产值达到了6500多万元。李赶坡计划中的第四大步也完成了。

就这样，凭借着“一年几大步，几年一层楼”，平山县化工厂仅仅用了3年时间，就已经成为全国水杨酸行业的翘楚。当时，平山县化工厂已有七个分厂，并有自己的建筑公司，可以做到“图纸自己设计，厂房自己建筑，设备自己制作”——这一做法也贯穿至后期的钢铁厂。

公司如人生，看似道路很长，但关键的只有那几步。领导者非常时刻的决断力和预判力，往往决定了得失成败。

在1993年的那次“平山县村支部书记干部会”上，李赶坡即兴说起来：“下一步怎么办？第五步还迈不迈，是停步不前，还是继续奋斗？面对考验，我们的回答是，办企业如‘逆水行舟，不进则退’，既然参与了竞争，就只有勇往直前。现在我们又开始了第六步的工作，第七步的准备。”

## 超前理念带来超时空行动

在众多“92派”投身商海后，国家层面也鼓励体制内人员下海创业，所以当时李赶坡做分享的“平山县村支部书记干部会”，就是在此背景下召开的。

在市场大潮中已经历练多年的李赶坡，当时直言道：“上级领导提倡干部下海搞企业，到市场中去游泳，于是乎人心有所骚动。我也是一名干部，还真有点稳坐钓鱼台之感。因我下海已八年，游了好长时间，虽饱尝了海水的苦涩，却也锻炼了水性，现在倒有点游起来不可自制之势。”

同时，李赶坡还说了一句当时极为超前，现在也极为适用的经营哲理：事在人为，只有想不到的，没有做不到的。一个企业真正要发展，必须采取超时空行动，进入无竞争领域，才能长久立于不败之地。

现在仔细琢磨下李赶坡的这句话，大名鼎鼎的华为，不就是这么做的吗？

有的中小企业不思进取，始终制造低附加值的产品，当这个产品兴旺的时候，企业就兴盛，当产品衰亡的时候，企业就灭亡，如此，造成中国的企业普遍寿命很短，树立百年基业只能是一种奢望。另外，还造成同类企业的重复建设，恶性竞争——这都是没有“采取超时空行动，进入无竞争领域”的后果。

当时，李赶坡还谈了企业“上项目”的心得，如今看来，仍然都不过时，仍然都是至理名言，都是很实用的战略思维，有着极强的指导意义。让人感慨的是，李赶坡当时就想明白了，而当前不少企业还没有想明白：

“在几年的实践中，有成功、有失败，有经验、有教训，谈以下几点体会与大家共勉：

第一，上项目要纵横考察，内外考察。办企业选项目是关键，选好项目就为企业发展奠定了基础，选坏了项目则早晚要倒闭。所以选择项目，要反复考察。一是对产品的现状进行考察。二是对产品的历史进行考察。不考查产品过去，就无法预测产品的未来，就无法决策。三是对产品国际市场的考察。在眼界正在放开、地球正在缩小的现在，国际市场不断冲击国内市场，所以对国际市场的考察是不可忽视的因素。

第二，上项目要立足竞争。什么产品短缺就上什么项目，是不全面的。因为短缺有时是假象。越短缺的东西，商家越囤积，经营者越多，大量的产品到了经营者手中，用户买不到，一时乎好像紧缺得很，一旦外来因素冲击市场，经营者大量抛出，就不是紧而是松了。在目前市场竞争的社会中，从上项目的第一天起，就要考虑到竞争，自己没有竞争条件的产品再紧缺也不宜上，自己有竞争条件的产品不紧缺也可以上。

第三，企业越兴旺越要上项目。金融部门不是扶贫办公室，是扶起不扶落，扶富不扶贫。企业兴盛才肯支持，企业衰败就无人问津了。所以在企业兴盛时，要抓紧更新换代或扩大规模，企业衰败了再上项目就晚了。

第四，利用危机上项目。在两种情况下最适宜上项目：一是国家经济过热紧缩银根的时候，这时银行控制贷款，各企业经营艰难，形成物价下跌，劳动力便宜。二是当危机出现时。此时不花钱能办事，少花钱办大事，经济起飞了，企业就产生效益了。”

这里面的第四条，贯穿于敬业集团的整个发展历程，可以说是其多次腾飞的“核动力”。在笔者看来，敬业集团发展史就是一部反危机史。

有时，方向的确比努力更重要。想通了，也就能做对，想透彻了，也就能少走弯路。稻盛和夫也有句名言：“人生中遭遇的一切事情都是由自己内心的磁石吸引而来，一切都不过是自己的‘心相’在现实中原封不动的投影而已。”理念先行一步，太重要了！

当年的那场“报告”，相当于李赶坡二次下海创办化工厂后一个阶段性的自我总结。小试牛刀并初尝创业果实的他，动情说道：“仅仅五年时间，在原来一片学大寨都未曾开发的荒岭上，建起楼房林立，烟囱高耸，昼夜车水马龙的化工厂。自1988年秋季，我独自招兵买马，四处奔走，八方呼唤，到现在坐在高级写字台前，电报、传真雪片般飞来，电话铃响个不停。上设备有机械专家，搞工艺有化工行家，谈经营有经营能手，这种简直可称为呼风唤雨的程度。”

那时，走在路上，李赶坡终于腰杆可以挺直了，也不用再戴鸭舌帽了，不过他背后仍然会有“议论纷纷”，只是从冷言冷语，变成了“想不到”的感叹和“不容易”的感慨，还有“了不起”的赞叹。

李赶坡的志向依然远大，他的一番话让当时的会场掌声雷动：有人认为企业如此之大，还何需再奋斗？而我却仍然上了一个又一个项目，办了一个又一个分厂。产值不到一个亿决不罢休，到了一个亿也决不停止。天地悠悠，过客匆匆。不是为名，即是为利。我又为何？为名，我从不愿当官，决不找县太爷要位子；为利，我不需要钱，坐车、住宿、请客从不用自己掏腰包，发给我的工资足矣。那么我又为何？想起来自己也说不清楚。猛然醒悟，“天生我材必有用”。人生在世，就要奋斗，就要奉献。坐吃等穿，安逸享乐，岂不辜负了上天恩赐给我们每个人的几十个春秋！

## 四大策略：成为水杨酸全球隐形冠军

在平山县化工厂刚刚形成千万元产值时，自称“性格从来都是敢于冒险”的李赶坡，就大胆提出了1995年实现产值1个亿，利税1000万的宏伟目标。当时的1个亿，几乎是个天文数字，有人说李赶坡日子好过点开始敢吹牛了，有人说李赶坡提得太早了。

正是这1个亿的宏伟目标激励了平山县化工厂的全体员工，到1993年底，平山县化工厂的产值就已经达到了8500万元。

而最终，1个亿的“小目标”，平山县化工厂也顺利实现——这一切，他们仅仅用了5年时间。

企业有了一定规模后，李赶坡发现，全国水杨酸产量和市场并不大，生产厂家也大多都是1000吨产能的规模，项目上马不难，但垮掉也很容易。

到了1995年，全国已有近20家水杨酸生产厂家，仅江苏就有六七家企业。压低价格的恶性竞争开始出现，平山县化工厂刚刚建厂时，每吨水杨酸的价位是1.7万元，到1995年，已经降到1万元。“恶性竞争无赢家，打价格战损失都很大，最后就是两败俱伤。当时平山化工厂已有7000吨水杨酸产量，500多名员工，即便价格大跌也不能停产，停产了大家便没饭吃。”李赶坡回忆说。

蛋糕就这么大，市场好时能赚到钱，市场不好时，甚至得亏着干。有的小厂家因为撑不住，就关门大吉了。此时，平山县化工厂的水杨酸产能已经达到了3000吨，反复思考后，李赶坡心想，为何不利用生产经验、工艺、技术等优势，将全国的水杨酸市场垄断，掌握定价权呢？

当时，李赶坡开玩笑说："中国的事很多，我就负责水杨酸这件事吧。"这是典型的隐形冠军思维，在一米宽万米深的细分领域上，深凿下去。

"隐形冠军"这个概念，最早由德国学者赫尔曼·西蒙基于德国中小企业的独有特征提出并著书。但直到2008年全球金融危机之后，"隐形冠军"才引起了全球广泛的关注——因为那时人们发现，全球唯一几乎毫发未损的经济体就是德国。而德国能够不惧风浪，就是因为他们拥有大批隐形冠军。

所谓"隐形冠军"，就是指这样一类企业——他们营业规模不很大，但是在一个细分行业里凭借长期聚焦的主业专注，扎实领先的核心技术，而拥有极高的市场占有率和足够的行业话语权。中国制造长期的痛点：标准与价格，恰恰正是他们的优势。因此说，他们是冠军。但又因为他们只专注于一个或几个细分市场，注定他们经营规模难做大，而这些细分市场又往往在工业产业链的中上游，且这些企业更关注长期价值，因而大多不慕上市和鲜有炒作，因此并不为普通大众所熟知。因此说，他们又隐形。可以说，隐形冠军就是那些"不为人知"却"无处不在"且"不可替代"的顶尖中小企业。

从这个意义来讲，李赶坡就是要让平山县化工厂成为水杨酸行业的全球隐形冠军。于是，李赶坡提出了"打败江苏，垄断全国"的口号，并展开了垄断水杨酸市场的进程。

首先，李赶坡采取了扩大产能、降低成本的策略。

平山县化工厂将水杨酸的产能由3000吨增加至5000吨。同时，为了进一步降低生产成本，又决定投资1000万元，上马了一条年产4000吨的苯酚生产线。

生产规模继续扩大，现有技术人员已经忙不过来，李赶坡再次采用了请退休老师傅的办法，到辽宁省锦西化工厂请来了赵殿春师傅。赵殿春原来是锦西化工厂苯酚生产车间的主任，既懂技术又懂管理，对苯酚生产的每一个细节，都了如指掌。后来，赵殿春协助李赶坡建成了苯酚厂，并且一直坚守到敬业集团不再生产苯酚为止。

对于在敬业集团的工作经历，赵殿春回忆说，李赶坡的性格魅力，在无形中激发着员工们的拼搏精神。这期间，赵殿春印象最深的是李赶坡视产品质量为企业生命的故事："水杨酸生产中应该使用一级品质的苯酚，为了确保水杨酸的质量，达不到要求的需要进行反蒸，反蒸要有一定的损失，大概一次反蒸要增加成本近千元。当时我觉得产品品质已经达标，可以不用反蒸，减少一些损失，增加企业的利益。李书记（李赶坡）听说后，当场就要求必须增加反蒸环节，他说，'咱们办企业不能单纯盯着利润，要讲信誉，要对质量负责到底……质量是我们的生命'。"

由于自备苯酚生产线，平山县化工厂的生产成本在行业里具有了天然优势，与此同时，他们又大幅度调整了硫酸和二氧化碳的采购厂家，使成本再次下降。彼时，整个化工厂全负荷生产，产量高成本低，在全国已有所向披靡之势。

其次，针对竞争对手最集中的区域江苏，打响了"阻击战"。

那个年代，整个南方"春风又绿江南岸"，发展势头要比北方迅猛得多，所以江苏的水杨酸厂家是最为集中的，占到了全国同行数量的 1/3 左右。每次打起价格战，也都是这个地方率先挑起，导致市场异常残酷。李赶坡觉得，要想在全国实行垄断，必须把江苏的厂家击败，于是他提出了"打败江苏，垄断全国"的口号。

经过分析，江苏的水杨酸厂家之所以还有一定的竞争优势，在于其地理位置。同样的产品，他们可以就近供给，而平山县化工厂如果运送过去，首先速度就比不上，另外还需要加上不少物流成本。

因此，李赶坡抓住这一主要矛盾，进行了有针对性的布局。水杨酸的主要用途是医药原材料，每个客户的用量都不是特别大，如果逐一运输，成本就会很高。于是平山县化工厂化零为整，在江苏省南京市租了一大仓库，用火车把成批的水杨酸运送过去，这样大大降低了物流成本，并且南方客户就近取货也很方便。

当时，江苏无锡、昆山一带水杨酸用量较大，平山县化工厂有了"前置仓"后，大量客户都改为从南京仓库取货。如此，江苏高淳、镇江的好几个生产厂家就招架不住停产了，只剩下一家实力略强的丹徒化工厂还在苦苦坚守。仅此一举，平山县化工厂就基本占领了江苏的所有市场，主要矛盾被解决了。随后，这个做法被由点及面地推广开来，哪里有客户，化工厂就把仓库设置在哪里。而将仓库安置在客户身边，安置在最需要的地方，成为敬业集团后期经营工作的一大撒手锏，屡见奇效。

制造汽车玻璃的福耀集团，采取的就是追着大型汽车制造商设置生产和销售网点的策略。如今，福耀生产基地数量远超竞争对手，构筑了强大的商业壁垒，极大增强了公司的竞争能力，就近配套的成本优势也保障了他们优于同行的高盈利能力。可以说，在这方面，敬业集团与福耀集团的做法异曲同工。

再次，就是走出去全国布点，利用各类销售网络，扩大市场份额。

李赶坡觉得："平山的舞台上表演得差不多了，就该出去表演一番。"1993年上半年，李赶坡不再让平山县化工厂偏安一隅，直接在北京和深圳设立了两个办事处。彼时，汇率波动较频繁，对于产品出口量已达70%的平山县化工厂来说，人民币稍有波动就会直接影响水杨酸的出口价格，也将直接影响利润率。在深圳设立办事处，其目的就是为了随时掌握动态信息，及时通报汇率情况。

随后，平山县化工厂又在主要港口城市天津、深圳、上海等地设立了办事处，以就地对接出口贸易商。1996年，他们取得了水杨酸自营进出口权。抢占了海外市场先机后，平山县化工厂还在国内各大用户处派驻业务员，进一步抢占市场份额。这种网络布局，让大量竞争对手毫无招架之力，平山县化工厂自此完全占领了主流市场。

不做则已，要做就是大手笔，主动出击，通过广泛布局，降低自身地理位置的劣势，想客户之所想，让客户方便。这些方法，都成为平山县化工厂乃至后期敬业集团的核心竞争力，让其在同行中异军突起，构筑了自己的商业护城河。

为了全面掌握市场信息，平山县化工厂还在化工部信息中心附近设立了办事机构。这一做法可谓神来之笔，李赶坡开玩笑称其为"挟天子以令诸侯"，不但可以收集相关信息，同时可以和化工部信息中心展开合作，提高知名度。

成本低、效率高、产能大、运转速度快，溶剂可回收、技术持续改进，这些都造就了平山县化工厂强大的市场竞争力。没过几年，管理粗放、缺乏规划、不重视创新的竞争对手相继倒闭关门。

最后，在同行们纷纷叫苦不迭时，平山县化工厂采取了兼并收购策略，一网收之。

平山县化工厂当时的收购，并非股权式收购，而是有点像“移花接木”的方式，收购一些已经无力回天的水杨酸厂家的设备，以扩大自己的产能，同时“消灭”竞争对手。

这个做法，颇有点“收缴武器”的感觉，但此举一来可以减少竞争对手，二来此时收购设备比购买新设备要便宜不少，同时作价也会更低。

经过广泛调查，平山县化工厂找到多家经营不善的企业进行谈判，对于正处于连年亏损、无路可走的企业来说，有人要采购他们的设备，也可谓久旱逢甘霖。最终，平山县化工厂成功收购了广东紫金县化工厂、江苏镇江化工厂两家企业，无用的设备就地变卖，核心设备羧化锅、升华锅、干燥器等则运回平山。这两条旧的生产线最后被组装为平山县化工厂的第四车间，设备依然好用如新。

紧接着，平山县化工厂还接管了黑龙江牡丹江市第五橡胶厂的水杨酸生产线。当时该厂还有港资的股份，也算是合资企业，于是，当地开始有了“老乡吃了老外”的说法，意即乡镇企业“吃”了合资企业。

如此，经过五六年的残酷市场竞争，始终有着“棋高一招”谋略的平山县化工厂，其水杨酸产能最终达到25000吨，产品畅销全国并出口日本、俄罗斯、印尼等国。从而，平山县化工厂成为全球最大的水杨酸生产厂家，成为名副其实的隐形冠军。

因为在市场上有了充分的话语权，即便平山县化工厂的产品售价要高于其他厂家，同时要求采取“款到发货”的形式，但仍然很有市场。在李赶坡看来，既定策略完全实现：“客户们认为跟全球最大的厂家合作，信誉和质量都有保障，不像小企业时产时停，供货无保证。当时各类优势都体现了出来，彻底解决了先发货后收款的被动局面。”

“我这人生来心大，人们问我是怎么把企业做这么大的，我开玩笑说一不小心做成了全球最大。”多年后，李赶坡云淡风轻地笑着说。

现在看来，平山县化工厂的经营管理可谓饱含商业智慧，我们也可以看出，他们一直不是在“埋头苦干”，而是想透彻后准确发力地“巧干”，每一招都击中要害、一针见血。商场较量就像是棋局博弈，舍卒保车、飞象跳马……棋局的赢家往往是那些有着先予后取的度量、统筹全局的高度、运筹帷幄而决胜千里的方略与气势的棋手。

心有多大，舞台就有多大。6 万元资金撬动 400 万元项目，一般人是不会冒险的，李赶坡却带领一批同样敢想敢干的创业者，建起了别人认为是天方夜谭的化工厂，最终将其打造成全球最大的水杨酸生产企业。这其中饱含的艰辛与付出，我们即便竭力还原，也只能记录其中之一二，更多无法用言语表达的压力与辛劳，还都藏在他们的心中，并已淡然，随风飘去。

2014 年，出于战略调整等因素，敬业集团主动关停了已经营 20 余年并处于垄断地位的水杨酸项目。两年后，由于客户不断寻找，再加上李赶坡也舍不得起家的产业，敬业集团于 2016 年在沿海的黄骅港重建了水杨酸项目。随后，医药科技水杨酸、阿司匹林项目在黄骅港顺利投产，这些项目被誉为当年签约、当年开工、当年投产的样板工程。

现在，全新的敬业医药科技有限公司，是一个高度现代化的企业，与当时的平山县化工厂已不可同日而语，而其终极目标，依然是重返世界之巅。

# 第二篇

# 第一次反危机：借力 1998

# 第三章 初涉炼铁

"大钢三缘"，承诺建高炉 / "钢铁元帅升帐" / 为啥还要重复受这个罪？ / 迟早会成，开干再说！ / 开建高炉：日拱一卒，功不唐捐 / "瘦身"的高炉 / "小米加步枪"般的生产 / "赶紧把账本藏起来！" / 张永海上任扭转局面 / 生产不出来愁，生产出来了更愁 / 守正出奇，打破僵局 / "活在世上要有一点精神支撑"：敬业集团诞生

当平山县化工厂已然垄断全国水杨酸市场，并且成为全球水杨酸龙头老大时，李赶坡发现，全国水杨酸市场的产值不过 5 个亿，即便把这块蛋糕全部吃下，企业的头顶依然存有天花板。如果沿着产业链继续延伸，将终端产品阿司匹林做下来，倒是有不小的市场。不过，阿司匹林市场也是一片红海，睥睨业界的海外医药巨头，显然也不是那么好对付的。同时，化工行业有两大特点，一是大起大落，市场波动很大；二是产品更新换代较快。这些都让平山县化工厂有所不适，李赶坡的内心深处，逐渐萌生了全新的目标："全球第一"也不过如此，应该寻找更广阔的发展空间。

就在此时，平山县政府的一次邀请，再次改变了李赶坡的人生，也改变了敬业集团的发展轨迹。

## “大钢三缘”，承诺建高炉

平山县孟耳庄村有一家国营钢厂，被当地百姓俗称为“大钢”，其实这家钢厂的正式名称是“平山县钢铁公司”，因为平山县当时已有数家乡镇或供销社创办的钢厂，唯有坐落在孟耳庄的钢厂是平山县政府牵头投资兴建的，同时其高炉容积达到 100m$^3$，是当时平山县最大的，所以便有了“大钢”的称呼。平山县这些钢厂，虽然名字都带着“钢”字，但其实都是铁厂，并没有炼钢生产线。

1993 年冬季，已有 9 年历史的“大钢”，效益出现明显下滑，平山县政府认为这不是市场问题，而是管理问题，于是决定调整其领导班子。而“大钢”是当时平山县最大的企业，也是县里的财政支柱，决不能有任何的闪失。所以，平山县政府就决定在全县广纳贤良，寻找最有能力的人去挑起这一重任。

彼时，平山县化工厂的实力也很强，纳税方面，“大钢”排第一，平山县化工厂紧随其后排第二。于是，很多人就建议让“老二”去接管“老大”。时任县领导经过多方走访打听，也知道李赶坡曲折的创业历史，认为他有很强的企业管理经验。于是，县领导便找李赶坡谈话，反复做他的工作，直言李赶坡是平山县能力最大的人，是“大钢”总经理的最佳人选。“高帽子给我一戴，我就想得不是太多，便答应了下来。还开了一个走形式的竞选大会，当然是我被选中。”李赶坡回忆说。

其实，李赶坡与“大钢”的缘分极深。当年，李赶坡创办罐头厂时，县委巩书记严词拒绝他，背后还有另一个原因，那就是想让他去组建“大钢”。

正是 1984 年，李赶坡首次下海前夕，平山县政府决定利用本地的铁矿资源建炼铁厂，而手笔也非常大，决定建 100m$^3$ 的大高炉——这在当时的炼铁行业里已接近“顶配”，对一个工业基础薄弱的小县城来说，这显然是一项挑战性极强的突破性工作。

当时在选择“大钢”总经理人选时，平山县委就决定派李赶坡去，县委巩书记找他谈话，给出三个优厚条件：一是总经理是县团级待遇（相当于“升官”）；二是月工资 300 元（当时李赶坡的月工资仅为 53 元）；三是给李赶坡充分信任，由他自己组建领导团队。升官发财还有人事权，好诱人的条件，看来县里为了建设好“大钢”不惜以各种办法吸引人才。但当时任南甸工委书记的李赶坡，自觉没有任何工业方面的管理经验，就婉言拒绝，平山县委、县政府也只好再去物色其他人选。

1993 年，距离李赶坡与“大钢”擦肩而过已有 9 年，中国社会发生了天翻地覆般的变化，李赶坡又一次被选为“大钢”的总经理。而 20 年后的 2014 年，敬业集团又收购了已停产的“大钢”。这三段经历，可谓“大钢三缘”。而“大钢”好像和李赶坡一直有着说不清道不明的“量子纠缠”，钢铁与李赶坡，也似乎有着一种冥冥中不解的深厚缘分。

到了“大钢”后，李赶坡深入调查、仔细研究了“大钢”亏损的原因。有了罐头厂、化工厂的管理经验，没多久，善于把脉的李赶坡就发现了问题的所在:“进口”和“出口”两方面。

“进口”的问题，就是在采购原材料时，“大钢”过磅称重的工作人员过于宽松粗放，并不是严格按照实际称重数量记录，仅凭送货司机口头报数记录重量。往往 1 吨的焦炭可以任由其说成 1.1 吨。而即便送货人员不虚报，以供货方的出厂数记录也存在不实数据，因为在运输过程中送货司机普遍存在偷盗的行为。更有甚者，装卸铁粉的货车，甚至可以绕一个圈后再来登记一次，如此反复计算重量。

“出口”的问题，在于产品出厂时钢材过磅也有问题，只不过这次是反过来把“多的”说成“少的”。有的工人行为也极不检点，把铁皮藏在皮带后面，或者大衣里面，就偷偷地带了出来。自从李赶坡要求加强出厂检查后，类似的“破案”屡见不鲜。

所以“大钢”的亏损，就主要亏在这一进一出之间。当时的“大钢”已有 2800 多名员工，100 多名科级干部，一座高炉要养活这么多人，管理又如此混乱，不亏才怪！

与此同时，“大钢”此前的领导班子本身能力上并没有什么问题，都非常敬业，也善于经营。之所以出现业绩下滑，还是体制方面的问题，最突出的一点是多头管理。比如，县工业局、主管工业的副县长、县长、县委书记对“大钢”的发展都非常重视，都会去指导工作，企业就有些手足无措，不知该听谁的了。

所以，让人意想不到的事情就出现了：在县领导非常重视，“大钢”管理层也非常努力，任何方面似乎都没有错误的情况下，一个发展势头不错的企业却一步步走向了下坡路。

李赶坡觉得这是一个无从下手的烫手山芋，这些问题，在民营企业可能很好杜绝，但在国企，如果要想有彻底整治，那可能就需要动大手术。比如，如果是民营企业，可以减员增效，但国企的干部职工，不是说减就能减的。

“当时觉得扭转局面确实很难。如果没有外围的干涉，可能也是可以整顿好的。但在整顿过程中，阻力会很大。比如，我要大量精简干部、员工，减员这件事就很难，你把他们减了，他们就没饭吃，我感觉也很残忍。所以，有了更深的认识后感觉进了误区，只怪自己刚开始想得太简单。”李赶坡回忆说。

李赶坡顿觉事情不是想象的那么简单，就像一个病人因担心有副作用，而拒服医生开的药，那么医术再高明也是无济于事的。另外让李赶坡压力陡升的是，平山县的两个纳税大户“大钢”和化工厂都得由他一肩挑，老大、老二两个“孩子”都得他一个人看管，精力显然无法兼顾，一旦工作有闪失，那么将直接影响两家企业的前途，也会影响平山县的财政收入——他担不起这个责。

当李赶坡提出自己的想法后，平山县的主要领导都非常着急，认为他刚刚适应环境，工作也逐渐有了起色，现在仅到任 1 个多月就要辞任，会影响“大钢”员工们的工作热情和信心，也不排除有人会就此事借题发挥。

李赶坡再三恳求，并且做出许诺：退出后自己再建一座炼铁厂，再立一座高炉，为平山县的工业做贡献。相关领导对此半信半疑，觉得李赶坡是在情急无奈下“画饼”。毕竟，平山县建“大钢”的时候，倾尽了全县的财力、人力、资源，并且现在还不景气。李赶坡虽说有些能力，但孤身一人想“跨行”建高炉，可能吗，现实吗？

不过，相关领导也知道李赶坡做了决定的事情，就很难再改变，看他执意要退出，便也不再勉强。

于是，在进驻“大钢”43天后，在“大钢”员工非常欢迎、全县人民抱有极大希望时，李赶坡选择了另辟蹊径。李赶坡并非是在敷衍相关领导，这个小插曲对他来说，最大的收获就是看好了钢铁这个行业，其前景显然要远远好于化工厂的水杨酸。

## “钢铁元帅升帐”

在现代工业生产中，钢铁的重要性尽人皆知。曾有人把钢铁形象地比喻成国民经济的“元帅”。在李赶坡向笔者回想决定涉足炼钢业的经历时，他就用了“钢铁元帅升帐”这一极为形象的语句。

1958年，当时的《人民日报》报道：“钢铁元帅升帐，大中小结合万马奔腾，气壮山河，震动乾坤谁说一千万吨不可能？”一篇报道反映出了强烈的富国强国愿望。

经历过那个火热年代的李赶坡，对于钢铁显然也有一种天然的情结。

“当时就觉得，水杨酸全球第一有什么了不起，能成什么气候？炼铁这个行业，产值高，做好了利润也高，能干成大事业，比水杨酸这个小体量的产业要好许多。当初平山县政府给‘大钢’定的目标是吨铁吨焦炭，就是说生产1吨生铁所用焦炭不能超过1吨，而几十年后的今天，这个指标是吨铁300千克焦炭，当时的利用率太低了。但即便是这样落后的水平，‘大钢’的利润也非常高。”李赶坡说，“再加上它是大进大出，所以我立即就喜欢上了这个行业。当初没有资金选择水杨酸也是正确的，但是从我的人生整体发展来说，我感觉炼铁行业更好。”

既然大进大出，只要严把“进”和“出”，就一定能干出比化工厂还要大的事业来。李赶坡做出了这个足以改变个人命运和敬业集团发展轨迹的决定，开始了自己的钢铁人生。

当李赶坡决定要筹建炼铁厂的消息传回平山县化工厂时，有人叫好，说钢铁肯定比水杨酸需求量大得多；有人质疑，刚刚奋斗的有些眉目，难道又要白手起家，从头开始，“一夜回到解放前”？还有人说，这是一条不归路。

敬业集团副总经理康雪元回忆说，“消息传来后，大家的第一反应就是炼铁到底行不行，因为那个‘大钢’就经营的不怎么样。我印象中，当时李董事长就说，‘大钢’是国企，其实钢铁业很有前景，只是他们没有干好。我们要为平山争一口气，那边没有搞好，咱们就做自己的钢铁事业。”

做正确的事情并不难，难的是在一片质疑、反对声中坚定地做正确的事情。在李赶坡的坚持下，平山县化工厂的管理团队，再次面临在一穷二白的基础上“三找”：找人才、找技术，找资金，这次还又多了一个：找土地。

多年后，李赶坡感慨：为什么做实体企业的人越来越少？因为办实体企业要过好多关、好多坎，其中任何一关没有过去，就会半途而废：一要过资金关，要有钱去投资；二要过征地关，上项目要先征来土地，还要办理合法的征地手续。农民以地为生，不会轻易卖出；政府的土地指标有限，不可能满足所有需求，但两者缺一不可；三要符合国家产业政策，项目建议书须经政府批准方可动工，同时还需要做环境影响评价。即便 1990 年代不做环评，但三项办下来，活着过来的企业不多，即便挺过来，也要脱一层皮。

一个实体企业有无数种死法：资金链断裂死，政策团灭死，团队崩盘死，业务转型死，业务不转型死，扩张过快死，招商加盟死，没有利润死，竞争失败死，危机公关死，数据泄密死，山头内斗死，被人挖角死，身体透支死，并购被拖死、专利克制死……可以说，实体企业有太多种死亡的方式，却只有一种生存的可能性——创造价值，不断增长。

所以制造企业可以说没有活得很潇洒的，不是“没事儿就爬山”的行业。做制造业的艰辛，外人是体会不到的。实体企业掌门人的孤独，一言难尽也难找人倾诉一言。

## 为啥还要重复受这个罪?

上新项目的第一步，就是立项、设计。找设计院专门设计图纸得花不少钱，于是，李赶坡辗转联系到张家口沙城钢铁厂，花费 6.5 万元买了份旧图纸。但没想到“小便宜”占不得，设计的钱虽然是省了，但后期建设因为不适合实际情况需要调整反而花了不少冤枉钱。

设计图纸不能在立项审批会上直接使用，需要先手绘成图，再曝光后用清水冲洗显影晒成蓝底白图的相纸——蓝图一说，正源于此。李赶坡买来的图纸分土建图和设备图两种，请外面的绘图人员还需要费用，能省一笔是一笔，李赶坡在员工中征集了两名有点绘画功底的工作人员，硬是用简单的绘图工具把图纸“临摹”了下来。

1994 年，中国的钢产量为 9000 多吨，还处于相对紧缺的时代。1993 年，我国第一家上市钢铁企业———马钢在香港成功上市，向全球发行股票。马钢作为第一家国有大中型企业在港上市，在社会上引发了不小的轰动，被人们称为“中国钢铁第一股”。马钢的成功某种程度上也刺激了钢铁产业的进一步发展，不少钢铁企业逐步学会了在市场经济条件下，用资本市场去运作、融资，走出一条新的发展之路。

在这样的时代大背景下，平山炼铁厂的项目立项很快得以通过。李赶坡又要建炼铁厂的消息传遍了平山县，这又是一个天方夜谭般的故事，不少人觉得这纯属瞎折腾，很多人等着看笑话。李赶坡对于这些“不好看”已经有了免疫力，他的眼里只有既定的目标。

只要办了企业，就似乎永远处于缺钱的状态。1994年，李赶坡开始筹建炼铁厂，第一件事还是寻找启动资金。

第一个高炉，李赶坡就把“靶心”瞄准到了$130m^3$，这比“大钢”的高炉容积还要大。而经过估算，当时建设$130m^3$的高炉最少也得投入3000万元。当时，平山县化工厂每年的利润大约200万元左右，不断升级改造生产线后，也所剩无几。

3000万元从何而来？政府不会支持，银行不会投入，民间借贷的资金也撬不动这么大的雪球。

为了寻找资金，李赶坡到北京四处打探，同时把河北省和石家庄的银行、省级市级的财政部门、各级信用社都跑遍了，但大多数情况都是白跑一趟，即便有答应的，也是象征性的支持一下。

这段经历，深深地烙在李赶坡的记忆深处，所以可以还原得极为细致：“每天的任务就是开上桑塔纳去找钱，上午找了下午找。每次下午去找人时，中午必须在这些金融机构门口等着，因为舍不得找地方休息，只好坐在车里。当时是夏天，外边热，坐车里也热，车停着开空调是不管用的，热也得等着。都是没约好的见面，只能碰运气，能见着就算运气不错了，所以不敢有半点大意，免得一时疏忽让人走掉。有人问，怎么不约一下呢？人微言轻，能约上吗？只好靠厚脸皮，见到人，就是被甩打几句也感到有成绩。更难受的是等来等去也见不着人……”

李赶坡有时也难免想：好好的日子不过，为啥还要重复受这个罪？

每次创业，都得艰难起步，为何还要甘愿乐此不疲？这个多数人都想不通的逻辑，只能由创业者自己回答，因为他们本身就不是常人能理解的“生物体”，而是像极了同样让人难以理解的大马哈鱼。

大马哈鱼从一出生就开始了游向远方，绕着太平洋游一圈，四年为一周期。出发时它只是一尾鱼苗，回到起点时，就已经拥有了长达一米的硕大身躯。大马哈鱼的这场生命之旅，需要游 3000 多公里，能够回到起点的大鱼不过出发时数量的千分之四。随后，这硕果仅存的成鱼在繁衍后代的使命完成后，相继死去。水面之下隐藏着的鱼卵得以安全诞生，并以残存的大鱼残骸为食，再次启航绕太平洋一圈，这是一段崭新而又重复的生命之旅。

不少人听说这个有些残忍的真实故事后，都有些想不通：大马哈鱼的生命到底是为什么而存在？它们是“为死而生”，还是“为生而死”？抑或只是为了出发而生？但创业者往往能明白，大马哈鱼，是为了创业而生，那些顺流而下的生命，在游出起点时，宿命已定。

李赶坡当时就觉得，已经走到这一步，遇见障碍不能轻言放弃，再高的大山横在眼前，也得把它看成“坎儿”一样，迈过去！

## 迟早会成，开干再说！

李赶坡做事有一个特别好的习惯，就是认定的事情必须要做，而且先从简单容易的做起，先开个好头，他从不去想能成不能成的问题，而总是去琢磨早成、晚成或者何时能成。

虽然 3000 万元资金暂时看不到解决方案，但做基础施工不用花太多钱，李赶坡决定先开工，跑起来再说。“做决定后没多久，1994 年 5 月就动了工，心想钱好找就早点建成高炉，钱不好找就晚些建好，早晚高炉我是要建的。”李赶坡说。而他的这段话，我们似乎听得耳熟。没错！建化工厂时，他也是这么想这么做的，有钱没钱，迟早会成，开干再说！

创业精神，来源于什么？来源于信念和坚持。愚公移山，不仅是白手起家时期需要的精神追求，更是在面对任何困难时的追求与准则。凡事只要开始，只要有了第一次，就有成功的希望。自认为能成的事，往往就能成，自己都没有信心，别人还会相信吗？

正因为有着这样的自信，筹备中的炼铁厂获得了第一笔贷款。河北省财政厅听说炼铁厂都动工了，随后借助国家某项扶持政策，批准了200万元的贷款。

随后，“动起来”的炼铁厂频频遇到贵人。“农业发展银行”的一位冯处长，看到李赶坡兢兢业业做实业，很是佩服，就想尽办法看怎么能帮上忙。炼铁厂还没建成，按照规定实在不好支持，但平山县化工厂已经发展得有声有色，各项报表一看就知道是个好企业。于是，冯处长说批给化工厂200万，但具体如何用，看李赶坡自己。

炼铁厂动工后，李赶坡参加石家庄市人大代表团组织的赴日本访问活动，与同行的石家庄某上市公司的李总，相谈甚欢，甚是投缘。李总是位当过军人的山东大汉，几天的相处后，二人已成为无话不谈的知心朋友。得知李赶坡的困难后，李总也一直琢磨着如何扶他一把。这家上市公司处于垄断行业，员工福利很好，李总征求员工同意后将福利收集起来，一起投给了炼铁厂，收取10%的利息，10%的回报对员工很合算，所以都很积极。每次李赶坡都很讲信誉，按时甚至提前归还本息，就这样，炼铁厂陆陆续续收到了数百万资金。

凭借着这三方的支持，炼铁厂终于有了一定的启动资金，飞轮开始转动。

有了资金后，为炼铁厂征地也耗费了李赶坡的大量精力。炼铁厂占地的体量要比化工厂大得多。当时，因为身处信息闭塞的农村，多数村民还是以种地为本，对办企业能改变命运还没有太多认识。因此，不少村民并不情愿将土地交给企业，征地过程中困难重重。

敬业集团后期曾经让中高层管理者回忆创业期间的经历，以不忘初心、恪守勤俭。笔者查阅发现，当过集团办公室主任的马喜书，用大量篇幅记录了征地过程中的艰难。跑银行是一种难，而当时推进征地工作，则是另一种难。

马喜书写道：“征地工作对象是农村老百姓，大部分村民能以大局为重，但也有一些人唯利是图、见财起意，想乘机占便宜，提出无理要求。我们要做到既不违反集团规定、不给企业造成额外支出，又要做通工作，难度很大。”

李赶坡回忆道：“征地人员是王明国、马喜书等，他们吃了不少苦头，为敬业受尽了委屈。”有一次，一位村民情绪激动地拿着菜刀找到正在平山县化工厂办公的李赶坡，气势汹汹地说要谈征地的额外条件。理智的李赶坡见这位村民满嘴酒气，断定他在虚张声势：大早上喝酒，一是为找事前饮酒壮胆，二是喝了酒万一行凶，属醉酒滋事，性质会轻一些。

所以，有同事担心李赶坡的安全，纷纷围向这位村民。但李赶坡却并不畏惧，让同事们闪开，不紧不慢地对这位村民说：如果我答应了你，其他的村民怎么办？我的原则是，支持我的人不能吃亏，不支持我的人更不能占便宜，否则我将寸步难行。

最后，看这一招毫不奏效，此人只好无趣地走了。“可能换别人就会被吓着了，我在人民公社工作十年多，对农民颇为了解，对处理农民中的一些不理智行为也颇有见地。我从来不怕非法闹事的，并且最后总能让对方心服口服。”李赶坡说。

因此，不要小看任何一段经历，这些经历凝结出的经验，就是人生的宝贵财富。

就这样费尽周折，各种奇葩事轮番上演后，所用土地总算有了着落。当时，炼钢厂要砌围墙，有的地方是高坡，有的地方是深沟，资金紧张的情况下，如果要搞一个“三通一平”投资太大，于是施工人员只好选择平坦的地方绕着走。最后，炼铁厂就砌成了一个弯弯曲曲的围墙，好似长城一样绵延起伏。

“很多人看了不解其意，就说李赶坡找人算过，有意围了一个八卦图，是有讲究的。他们哪里知道这是资金紧张的无奈之举。”李赶坡笑着说。

## 开建高炉：日拱一卒，功不唐捐

有了资金和土地后，下面就缺人才和技术了。李赶坡准备继续采取人才带技术的方式，邀请相关人才加盟。

不过，这次难度有些大，即便李赶坡喊破了嗓子，还是没有人愿意来。因为大多数人觉得以一己之力搞炼铁厂，是不可能的事情。“大钢”是用一个县城的物力财力打造出来的，一个人能比上一个县吗？

然而，对于一个创造过多个“不可思议”的人来说，他不会轻言“不可能”或“不行”。

李赶坡将目光锁定在“大钢”，这里的人知根知底，他也能有些号召力。但初期，没有一个人愿意来，因为都觉得此事不靠谱。即便有动心的，也想着先观望观望再说。

唯有一人，愿当此重任，并且不计报酬。此人名叫马存祥，是钢铁专业科班出身，原在邯郸钢铁厂工作，后因计划生育问题辞职回了老家，被“大钢”请来负责高炉工作。

李赶坡便请马存祥任厂长兼工程师，把炼铁厂的技术事务全权交给他。“也只有他胆大，敢与我合作。”李赶坡口中的胆大，并非危言耸听、夸大其词。当时，平山炼铁厂在资金严重不足的情况下建设高炉，只能省钱，而人员开支不能减，唯一能减的就是物料。若到现在，没人会这样做，因为要承担安全风险。但在当时，平山炼铁厂也只有用这种冒险的办法，才可能将高炉建起来。

1994 年 6 月，平山炼铁厂开始动工修建高炉，当时劳动力便宜，使用机械化设备反而成本较高。因此土建工程没有外包给专业工程队，全部是厂里员工自己来做。高炉的地基土方工程，都是厂里员工一镐一锹地挖出来，然后再用手推车一车一车运走的。

在推土机平整场地的同时，炼铁厂的建设者们就开始安营扎寨，搭建起简易的工棚。工棚都是砖土结构的四壁，连白灰都没有抹，屋顶则是石棉瓦、油毡。棚内放置一张旧办公桌外加一张值班床铺——极为简易的炼铁建设前线指挥部也就建成了。

平山县多山区，建设炼铁高炉的场地原来是高低不平的沟壑、丘陵，挖高炉地基时地下几乎全是石头，人工作业的情况下，工程量极为浩大。李赶坡依然用那句话激励大家：愚公能移山，高炉总是要建的，而且一定要建成！

由于正值夏季，酷暑难耐，工人们常常是在烈日下挖地基、挖管道，每个人都晒得黝黑，甚至脊背都晒脱好几层皮。但为了心中的高炉梦想，他们没有把任何困难放在心里，挖掘、搬运、铺设、架构、焊接、搅拌等工作，进行得有条不紊。负责土建工作的基建处长张青海白天到现场指挥工程、检查质量，晚上还要加班加点，查阅资料、设计图纸，制定施工方案，常常一干就是一个通宵。

一天晚上，现任敬业集团副总经理的卢增元在供应处值班。夜里10点多，忽然电闪雷鸣，大雨倾盆而下。卢增元正准备把门窗关好，忽然有人闯进来，急切地说："我们是给你们厂子拉砖的，雨太大，我们的拖拉机陷在厂门口的泥坑里了，怎么也开不出来。"原来，当时建设场地都是黄土路，遇到雨水变的泥泞不堪，拖拉机开在这种路面上犹如行驶在千沟万壑上。卢增元马上想到，砖厂这一次共送来10多辆拖拉机的砖，如果不能按时卸到场地上，必定会耽误第二天的施工，并且，对方也总不能一直在这里等着天晴。

卢增元去库房与收料员商量后，突然有了主意：轮胎陷得这么深，靠人工肯定是不行的，如果有一辆推土机，就好办了。于是，冒着倾盆大雨，卢增元深一脚、浅一脚地向附近的南甸村跑去，费尽周折借来了一辆推土机。随后，在暴雨下，卢增元指挥着推土机在后边推，拖拉机在前面拉，最终耗时近三个小时，10余辆拖拉机终于开到了施工现场。在风雨交加的夜里忙前忙后的卢增元终于踏实了——第二天的进度，不会耽误了。

把自己的活力灌输给所有同事，直到他们也有炽烈的热情为止——这就是管理者的首要任务。在确定能成的信念下，不是简单喊喊口号就能成的，敬业集团的创业者们就是每个人都在脚踏实地地做好每一项工作，日拱一卒，功不唐捐，追赶着目标前进。

在土建工作进行的同时，采购建设高炉材料这一工作也在同步进行。在这方面，平山炼铁厂还是采用了自己会做的自己做，自己不会做的则买最便宜的并延迟付款时间的做法。

对此，卢增元回忆说：“建第一个高炉的时候，资金极为短缺，我们就只好去疏通各个材料厂家的关系，没有现金的情况下，甚至用一些货物去做抵押，换来一些设备。尤其一些贵重的设备，因为投资巨大，所以说一下拿不出那么多钱，就是利用延长付款时间的方式，打时间差，来节约资金的使用成本。”

在所有材料中，高炉炉体是最为重要的部位，其使用钢板的厚度按照设计应该为 20 毫米，但是为了节省资金，李赶坡准备用 16 毫米厚度的钢板替代。但即便“缩水”为 16 毫米的钢板，至少也需要 400 万元。

当时，整个钢铁市场较为低迷，一定程度上是买方市场，负责采购的任三琢磨，能否先采购回来使用，过段时间再付款，利用时间差节省资金。那个年代，开桑塔纳，打“大哥大”，是资金雄厚的象征，也能为自己的实力“背书”。所以去石家庄一家公司采购钢板前，任三特意借了一辆桑塔纳和一部“大哥大”，目的是显得炼铁厂财大气粗。

当任三和两名业务员开车去了钢板销售公司，便手里拿着“大哥大”大摇大摆地走了进去。这家公司的接待人员一看来者气度不凡，还是开着桑塔纳来的，立即起身迎接。再一听说任三是当地支柱企业平山县化工厂的领导，愈发热情。

“视察”完钢板销售公司的样品后，任三张口就说要买 1000 多吨钢板，并且强调质量一定要好，价格无所谓。面对任三这一说法，对方更加确认这是家资金雄厚的企业，况且市场形势不好，难得有这么个大客户，这么大的买卖一定要做成。

随后，销售公司的负责人请任三等人吃饭，在酒桌上，谈及购买钢板的细节问题时，任三不经意地说，公司最近资金有点紧张，过一阵再付款是否可以。对方二话不说，直接同意先发货晚些时候再付款。

酒足饭饱后，任三等人返回厂里，不一会儿，价值400万元的钢板就送到了。最后，炼铁厂还没支付一分钱，就将价值400万元的钢板投入到高炉建设中。

彼时，在高炉其他原料和设备的采购上，任三也本着少花钱多办事的原则，带领业务员上沈阳、下河南、奔山东、跑西安，反复考察对比电机、耐火材料、炉顶设备、风机等主要材料和关键设备，多方对比，哪家便宜买哪家的，哪家能延迟付款定哪家的。正是由于常年四处奔波，饥一顿饱一顿，极不规律的生活习惯让任三患上了严重的胃病。但即便如此，在建设高炉的关键时期，即使病痛难忍，任三也要躺在办公室的床上，一边输液一边统筹业务，安排工作。

各项工作都需节省资金、节约时间，设备加工制作也不例外。平山县化工厂的设备加工厂承担了高炉炉体、热风炉、重力除尘、布袋除尘等非标准设备的制作。当时的设备加工厂只有一台卷板机和几台电焊机，条件极为简陋，也缺乏工具，而他们要制作的是体积庞大、要求严格的设备，其艰难可想而知。

敬业集团副董事长王国太回忆说，“只要是自己能做的，就不购买，凡是买来一个能学会的，就不买两个。总之是无所不能、无所不做，后来建设下属宾馆的中央空调时，我们都是用施工的脚手架改造的。”

能自己做的就不买，秉承这一思路，敬业集团副总经理康雪元当时负责电气业务，为了节省成本，高炉所必需的配电盘等供电设施都是他们自己安装制作的。

同时，此前在化工厂的设备制作中屡建奇功、当时任职设备加工厂厂长的刘更更再次发挥了自己的聪明才智。因为用不起吊车，刘更更利用滑轮原理发明了倒链。他设计的倒链，辊上有齿，齿上挂链，穿过三脚架上滑轮，钩住重物。用的时候只需转动摇把，操作自如，就像一个简易的“小吊车”。

“我们采购来的设备，都是用自己制作的‘滑轮吊车’装卸，设备一来所有人齐上阵，有工作了一起干，分工也没那么细。”卢增元对此回忆说。

由于整日紧绷着一根弦，做了脑力劳动还得做体力劳动，在设备制作接近尾声时，刘更更操劳过度，住进了医院。时任设备厂副厂长聂栓更此时义无反顾地扛起了重任。当时，设备安装的协作单位是“中国二十冶”，聂栓更与“中国二十冶”充分协调沟通，大事小事一起商量着推进。而聂栓更的一个主意，化解了一个相当棘手的问题，让身经百战的“中国二十冶”相当佩服。

当时，在风机、电机的就位与安装过程中，由于吊车进不了厂房，8 吨的风机、7 吨的电机如何就位成为一道棘手难题，工程经验丰富的“中国二十冶”对此也是束手无策，愁眉不展。就在大家都很为难时，聂栓更开动脑筋，终于想出了一个办法：他们在风机、电机下面放上铁管，然后用刘更更发明的倒链一寸寸地拉动，终于让机器缓缓就位。

风机就位后，还需要打开上盖检查轴瓦。当时，车间内的起吊工具只有三脚架和倒链，风机的机盖至少有一吨重，“弱不禁风”的三脚架能扛得住吗？如果硬要试一试的话，风险极大，三脚架可能因负载过重而倾倒，不但毁坏设备，还会伤人，后果不堪设想。

一个三脚架不行，那再加一个呢？经过讨论，双方团队决定尝试一下用两个三脚架合力吊离机盖的方案。聂栓更上阵指挥，先用大三脚架将机盖吊起一端，下面立即斜铺上起缓冲作用的垫木，等机盖放在垫木上之后，小三脚架再次发挥作用：将机盖的另一端吊起。当时，聂栓更屏住呼吸，双眼紧盯着机盖，双手指挥着，同时简洁而准确地下达着指令。那一刻，时间似乎停止了，团队成员的多巴胺极速分泌，聂栓更很像正在罚点球的球员，其他人员则像站在禁区外准备随时起跑补射的同伴……

终于，“球”应声入网，机盖被安全调离。现场先是安静了几秒，随后大家都欢呼起来，就像庆祝进球一样。

而“中国二十冶”的几位师傅也被这一幕所折服，对于聂栓更等人艺高人胆大的独特做法，由衷地佩服，立即纷纷竖起了大拇指，连声说：“了不起！好样的！没有能难倒你们的事！”

常言道：智慧在民间。又常言：创新都是逼出来的。面对因为“什么都缺”而导致的大大小小难题，有效激发员工的潜能、逼出基层智慧，往往就是低成本克服困难最有效的办法。永远要相信，人的潜能是无限的，要信任他、要授权给他，往往就能创造奇迹。

参与建设的员工，以前虽然都远远地见过高炉，但谁也没“建”过高炉。猛一看，高炉好像就是一个冒烟的水泥建筑。其实，高炉可不是盖一个“水泥罐子”那么简单，大量复杂的原材料，就能让不熟悉的人头晕脑涨。

高炉外用钢板作炉壳，壳内砌耐火砖内衬。高炉本体自上而下分为炉喉、炉身、炉腰、炉腹、炉缸5部分。高炉生产时从炉顶装入铁矿石、焦炭、造渣用熔剂（石灰石），从位于炉子下部沿炉周的风口吹入经预热的空气。在高温下焦炭中的碳同鼓入空气中的氧燃烧生成的一氧化碳和氢气，在炉内上升过程中除去铁矿石中的氧，从而还原得到铁。炼出的铁水从铁口放出。铁矿石中未还原的杂质和石灰石等熔剂结合生成炉渣，从渣口排出。产生的煤气从炉顶排出，经除尘后，作为热风炉、加热炉、焦炉、锅炉等的燃料。

仅从耐火材料来说，砌炉所用的高铝砖、黏土砖、轻质砖等原料型号繁多，从表面上看，都大同小异，初次接触的人根本无法分清。当时，河南发来了两个车皮的耐火砖，十几种型号混装在一起。为了保证工程进度，炼铁厂全体后勤人员迅速学习，直至把每种型号砖的外形都烂熟于心，每天利用下班时间清理这些繁杂的耐火砖，最后这些砖被整整齐齐码放在工地——就像各种型号的螺丝一样，随时供砌炉工序使用。

在敬业集团这里，似乎永远不会担心“没有学过”“第一次接触”，他们总能想尽各种办法，将问题迎刃而解，甚至最后变得游刃有余。

北方的冬天，各个工地基本都会停工，但平山炼铁厂不能拖，也不能等，更不能按部就班。即便再寒冷，炼铁厂的砌炉工作依然照常进行。不过，严寒显然是阻碍施工的拦路虎，此时施工，就得有更多的“护航”措施。

炼铁厂当时安排专人协助中国二十冶砌炉，他们每天早上8点前将管道接通，保证施工用水顺畅，下班时则再将管道中的水倒尽防止冻裂。到了晚上，更要留下人员值班防止砌砖受冻。某一天，执行协调工作的焦风雨值班时，到了后半夜突发停电，导致输水的主管道完全冻实。为了不影响第二天的施工用水，焦风雨就一截一截地烤管道，直到把管道完全烤通，这才坐下休息，管道烤热了，他却冻得直打哆嗦。

当工程接近尾声时，场地上各种型号的砖都将用完，剩余的砖则全部都冻在雪地里。此时，并不直接上“战场”的后勤人员又出马了，他们再次利用下班时间，徒手将冻在雪地里的砖一块块抠出来，并扫去上面的积雪，烤掉粘在其上的冻土，从而让工地用砖没有“断供”。

“记得当时跟车把那些砖（耐火材料）运回来，那辆货车连挡风玻璃都没有，冻得我们直发抖。后来砖被埋到了雪里，因为施工上急着用，我们后勤人员都去雪地里徒手找砖。”卢增元十分怀念那段激情澎湃的岁月，“非常投入，非常有激情，干劲也都特别足，没有什么杂念，不会去想如果这个项目没做成怎么办，而都是勇往直前，全力以赴。”

更多的困难，由于年代久远，或者敬业集团这么多年就是这样在苦难中走来的，当事人已然习惯，还原不出更多细节。笔者采访时，众多当时参与建设的创业者们多以“那时候太艰苦了”一笔带过。这么多年来，敬业集团似乎总是在跟时间赛跑，在与资金打着擂台，迎难而上，挑战不可能，似乎已成常态，外人眼里的“不容易”与“奇迹”，在这里似乎和家常便饭一样，不值一提。

## “瘦身”的高炉

经过炼铁厂全员一年艰苦的努力，一座只有炉身、残缺不全、缺胳膊少腿的高炉总算立了起来。在建设过程中，平山县炼铁厂还把原图纸设计的 130$m^3$ 容积，扩容到了 150$m^3$。本来，预算至少要 3000 万元，但平山炼铁厂却费尽全力将之压缩为 1500 多万元，比常规耗资近乎少了一半——世界钢铁史上估计也很难再找到这样的案例。

但，为何说是“残缺不全，缺胳膊少腿”？

炉身外壁设计20cm厚的钢板，为节省钢材改为16cm；风机本来固定在高出地面的水泥框架上，但为了少打混凝土，改为固定在地面上；上料的卷扬机本来设计在水泥平台上，为了节省混凝土也改建在平地上——本来凌空搭建的，似乎都改到了地面上。

同时，高炉的煤气管道、重力除尘本来设计的都是混凝土柱，为了省钱，不得不“减配”，改为砖砌的。最大的节约之处，是直接去掉了高架料仓。本来，原料应该由这个装置运送上去，现在只能改为人工用小车推料，过磅后倒入卷扬机。不论刮风下雨，人工推料不可间断，刮风还好，但下雨时极不好对付，工人们被淋得浑身湿透，甚至胶鞋里也全都是水。

如今，在敬业集团展览馆，还可以看到当时用于人工送料的小推车。一个锈迹斑斑、破旧不堪的小推车和一把大铁锤，默默诉说着平山炼铁厂在发展初期的艰苦过往。

淮海战役，在解放战争战略决战中历时最长、歼敌人数最多，创造了古今中外战争史上“以少胜多”的奇迹，而时任华东野战军司令员兼政委的陈毅深情而形象地说:“淮海战役的胜利，是人民群众用小车推出来的！”当时，大量物资就是用小推车运送至了前线。

而敬业集团的小推车，也起过极为重要的作用，在公司发展史上留下了浓墨重彩的一笔。

最为糟糕的是原料处理，因为没有烧结机（主要用于对铁矿粉的烧结处理），只能改用最原始的土烧。同时，因为没有破碎机，不论焦炭还是烧结矿，全是人工用榔头去砸。而当时供来的焦炭都有冬瓜那么大，人工砸碎非常不易，得大锤小锤轮番上阵。烧结矿则更难砸开，假如含铁量高，根本徒手砸不开。所以，工人劳动强度很大，但效率极为低下。

“什么是土烧？就是在地上挖一个坑，然后铺上一个篦子，和家里做饭一样，上面放着烧结矿，下面用小麦秸来烧，用鼓风机吹着，炉子一个挨一个，每天交接班的时候就看不到人了，全部都是烟。当时是两个人，一个人放料，一个人拿着铁锹，一边烧一边往上填，烧成之后就用钢钎撬开，再把烧结矿砸成一块一块的。”为了让笔者有更直观的认识，康雪元描述了更多的细节。

烧结矿是高炉的重要原料之一，直接影响着高炉的生产。有人也许会问，为什么宁愿费这么大的劲，也不上烧结机？要知道，当时上一台烧结机要花两三千万，和建一个高炉的成本差不多了。

彼时，李慧明刚刚初中毕业，用他的话说，因为中考考得不理想，父亲李赶坡让他“劳动改造”，就把他安放在炼铁厂最为艰苦的工种——砸烧结矿上锻炼。

“青春期有些贪玩，后来父亲发现不管教不行，就进行‘劳动改造’，在烧结矿工序体验了快一个月，每天都去砸烧结矿。其实那时候没感觉到有多么的劳累，反而是另一种不一样的生活体验，感觉还乐在其中。”李慧明回忆说，“记得那时天气特别热，大家看我年纪小也都照顾我，让我运送轻一点的煤，人家推一车铁粉，我推半车煤刚好能推得动。烧结矿烧完后就用铁锤把大块儿砸成小块儿，每个人近不近视都得戴眼镜，防止碎渣溅到眼睛里。每天是下午 4 点上班，晚上 12 点下班，和工友们在一块挺开心的。父亲其实挺心疼我，有时会去看看，有一次给我买了一个真空包装的烧鸡，我一顿就给吃掉了。最后通过独立自主的劳动挣了 300 多块钱，感觉倍儿有面子，非常开心。”

后来，这种劳动体验成为敬业集团的一个传统，不少高管借鉴了李赶坡这一做法，把孩子们都安排到各个艰苦的岗位上进行体验。“其实也能体会到父亲的良苦用心，把你安排到最艰苦的地方去锻炼，让你知道钢铁工人的不易。”李慧明说。

担任过敬业集团一炼铁厂 1 号高炉工长的刘强曾经撰文回忆：“迫于当时的条件，只能采用原始的人工土烧法：人工烧结、人工出炉、人工破碎、人工装车、人工运料，工人的劳动强度简直难以想象，尤其出炉时，必须用钢钎撬，将重约 60 多吨的大块头撬出，然后用榔头一点一点地砸开，上百度的高温炙烤着，敲砸时碎片飞溅，落到身上，立时烫起燎泡，每个烧结工的脸上、手上、腿上、脚上，没有一处不被烫伤过，有的腿上的肉几乎被烧焦了。有的工人的裤子都被烧破了，没空回家缝，就用细铁丝串起来凑合。一个班下来，除了整体看起来像人形，其他怎么看怎么不像人，破破烂烂的衣服，伤痕累累的脸上一片黑乎乎的，只有一笑露出的牙齿是白的。在这样艰苦的环境下，无论多大的风，多大的雨，多毒的太阳，多冷的天，他们都坚持在露天地里，保障着原料的供应。”

如此高强度的辛苦工作，李慧明在接受笔者采访时却轻描淡写地笑称为“劳动改造”，并且将重点放在了“收获”上，而没有过多谈及其中的艰辛——这或许也是一种传承。

其实，那么大的劳动强度，肯定是非常劳累的。从李赶坡的“视角”来看，他的记忆点就是李慧明当时一口气就能吃下六个馒头，甚至有一次，累得吃着馒头就睡着了……

减成本，省材料，用人力，这些都是迫不得已的做法，也是李赶坡的策略：先解决“有没有”的问题，再解决“好不好”的问题，步步推进。果然，即便只有炉身，但外界依然认为平山炼铁厂很了不起，部分银行也开始刮目相看，纷纷释放了一些小额贷款。而如果没有炉身，银行是绝对不会贷款的，后来借助这些资金，平山炼铁厂的高炉得以逐步完善。

成功是一个动态变化的过程，绝对不是完全准备好了就能成功，有时，先动起来至关重要。对于一家企业来说，哪怕是无能为力的事，那也只是现在的自己无能为力，将来的自己一定能行，用“将来进行时”考虑问题极为重要，应该相信自己的潜能，等待它迸发出来。

“现在想起来，当初如果没有马存祥跟我合作，高炉是建不起来的，敬业集团也就成不了钢铁巨头。我想也不会有第二个胆子大的马存祥。他在资金严重不足的情况下，勇于担当，创造了人间奇迹。而建设炼铁厂，我们继续像建设化工厂一样‘白手起家’，在设备采购、建设安装、投产运营等各个方面，都体现了敬业集团艰苦奋斗的基因。有了这样的基因，再大的困难，都阻挡不了我们前进的脚步，只会打出去、冲上去，攻无不克，无坚不摧，无往不胜。”李赶坡如是说。

1995年6月9日，经过半个月的烘炉后，平山炼铁厂雷厉风行般建成的

$150m^3$高炉准备开炉点火，李赶坡给这座高炉起了一个充满奋斗意味的名字：先驱者一号。

开炉的好坏与成败直接决定着未来生产的走向，是极为关键的环节。为此，平山炼铁厂专门请来了宣化钢铁厂的杨天宇师傅，以及平山古月钢厂经验丰富的技术工人协助开炉。

开炉那天，早上下着蒙蒙细雨，到了下午越下越大，然而再大的风雨，也阻挡不住敬业集团向前迈出这跨行业的关键一步——这一步，当时对于敬业集团来说，不亚于宇航员阿姆斯特朗登月时那“我的一小步，人类的一大步”。

当天下午5点，在一阵阵震耳的鞭炮声中，工人师傅手持烧红的钢钎，走向点火的风口。从罐头到水杨酸，再到炼铁，李赶坡始终在带领团队跨界，所以，工人师傅手中拿的不是钢钎，而是希望的火种。工人师傅缓缓走上去的几步间，过去几年，整个团队的振奋、激动、懊恼、纠结，仿佛就在李赶坡眼前。

很快，通红的火焰照亮了在周边围观的每一位创业者的脸，奋战了一年，就是为了这一刻，有人高声欢呼，有人挥拳大喊，有人鼻头一酸继而抿住了嘴，还有人忍不住流下了激动的眼泪……

先驱者一号高炉一次点火成功，水火交融之间，平山炼铁厂迎来了一个全新但又充满未知的发展阶段。

## “小米加步枪”般的生产

因为高炉“先天不足”，生产果然极不顺利，大小问题频出。当时，平山炼铁厂从古月钢厂请来了操作工人，但古月钢厂其实开炉生产时间也不长，这些操作工人也大多都是“半路出家”，生产经验并不丰富。

软件不行，硬件更是有致命伤，经常导致生产停摆，所以一座号称$150m^3$的高炉，每天出铁才不到100吨。由于操作不规范，高炉内经常结硫，只能用炸药爆破，当时平山炼铁厂的炮声此起彼伏，不知情的人还以为怎么“天天在过年”。外部的卷扬机也总是“脱轨”，导致不能上料，生产中断。因为工人操作不熟练，炉前渣沟清理任务很大，经常出现大渣铁，怎么也砸不碎，也直接耽误了出铁。还有恶劣的原料条件，因烧结矿成分不达标，颗粒过大，原料入炉焦比不准等问题，都造成了严重的高成本。

“当时资金紧张，各方面都是能减则减，最后出铁时发现有的设备在抖动，直接影响了产量，所以说当时也是走了好多的弯路。”卢增元说。

铸铁机是平山炼铁厂自行设计、制作的，但“照猫画虎”后才发现有缺陷，因为设计角度太小，在出铁时，铁水顺着两个铁模中间的缝隙“哗哗”外流，成吨的铁水凝固在地上。更有甚者，铸铁机在运行中直接像洪水般“改道”。大家辛辛苦苦，却只能眼睁睁地看着泛着银光的铁水白白流失掉——这流失的可是真银子啊！最后统计发现，仅这一环节，就损失了高达 9% 的成品。

更致命的是，供电一直有问题，这直接影响了高炉的产量。康雪元回忆说，“我们从山西拉来一条供电线路，没有备用线路。当时最怕听见打雷声，一打雷十有八九要停电，因为供电环节非常薄弱。一旦停电，高炉就要出问题，铸铁机就不运转了，导致铁水倒灌，甚至把铸铁机的链条全部烧断，停电后也没有水，不是烧这个就是烧那个，所以一停电大家就得跑着去‘救援’。直到后来炼铁厂买了发电机，能让冷却水系统运转起来，才不再担心一些零部件被烧坏。”

即便如此，整个团队仍然不知疲倦地在努力着，即便是“小米加步枪”，也要把工作做到位。

担任过敬业集团一炼铁厂 1 号高炉工长的刘强说，“建厂初期资金紧张，设备制作简陋，生产并不能正常进行。因为出铁时间不确定，我们经常下班后不能离开，还要加班处理流在地上的残铁。上完夜班，白天还要继续工作，一干就是五六个小时。当时任三同志任炼铁副厂长兼炉长，他常常是全副武装和工人一道在一线奋战，饭顾不上吃、汗顾不上擦。出了问题，大家只有一个信念：赶紧处理，马上出铁。那个时候的苦和累简直不能用语言表达，时常加班加点，人们非常疲乏，有一种往地上一躺就能睡着的感觉。”

当时，平山炼铁厂的高炉还没有高架料仓和皮带计量，装料完全依靠人工，计量也是靠人力一车一车拉到地磅上称重。由于上料不能间断，所以无论是炎炎烈日、刮风下雨，还是地冻天寒、霜雪泥泞，员工们从未停歇过。

有个场面，担任过敬业集团炼铁厂2号高炉炉长的付玉平记忆犹新：“有一次，天气突变，风骤起，电闪雷鸣，暴雨如注，把所有拉料的工人们淋了个透。然而大家谁都没有停下工作。没多久，任三厂长率领办公室、后勤人员火速赶来支援，大家在暴雨中你推我拉，十分团结，也特别感人。”

而由于人手少，工人们根本没有时间专门坐下来吃饭，通常是在等待上料的间隙，坐在车把上吃随身带的干粮，有时刚咬上一口，就必须再次上料了，只好嘴里叼着干粮上料。直到1997年，平山炼铁厂的高炉才有了高架料仓，才算结束了人工上料的时代。

有一次，时任平山炼铁厂副厂长兼炉长任三在高炉上和工人们一同干活时，一不小心，脚踩进了流淌着滚烫铁水的沟里，身子则不由自主地栽倒在铁沟边，极为危险。当人们赶忙上前拉起他时，防烫鞋已“滋滋”地冒着白烟，任三的腿部和脚上大面积烧伤，空气中弥漫着难闻的气味，但任三还非要看到铁口堵住才走。当几位工友前往任三家看望时，发现他脚上的伤口因为感染已肿得老高，甚至皮肤都已发黑坏死，让人不忍直视。任三却说：“没事，过几天就好了，你们不要管我，回去把生产搞好。”语气平和的跟当年创建化工厂时，他背着一个200公斤的设备，行走数公里，完全一样。

因为设备不行，就只能让人更辛苦，更劳累，更高强度，因为他们替代的是“机器”。此处，我们无需“煽情”，任何人自行想象便可知其中的不易。

## “赶紧把账本藏起来！”

在软件和硬件都有所欠缺的被动局面下，平山炼铁厂的高炉产出效率极低，有一天，破天荒地生产了 170 吨生铁，全厂从上到下都欢呼雀跃，并且就像当年 国人发出“中国什么时候能在奥运会上夺得金牌，中国什么时候能成为奥运会的主办国”的追问一样，大家都在想：“什么时候，能每天都生产 170 吨生铁？”

设备天天出故障，人员经常出问题。李赶坡觉得如此下去，不在管理和技术两方面都加以改进的话，等待他们的只有举步不前，甚至功亏一篑。

李赶坡立即让马存祥推荐人才，经他引荐，李赶坡请来了平山县古月钢厂负责设备管理的副总经理焦保贵。

焦保贵与李赶坡同龄，都出生在 1949 年，是与共和国同龄的“老工人”。最早，焦保贵在平山县的阀门厂、风机厂工作，后来也在“大钢”工作过。当李赶坡临时接管“大钢”时，他正好被调到古月钢厂。

在古月钢厂，焦保贵就听说李赶坡要建 130$m^3$ 高炉的“壮举”，感慨这可不容易。“我当时觉得这绝非易事，这老板胸怀不小，国有企业想尽办法才建起一座 100$m^3$ 的高炉，凭一己之力那得有多难，但没想到一年后就建起来还投了产。”

1995 年 7 月 7 日，焦保贵来到了平山炼铁厂，担任了主管设备的副厂长。刚一到任，在多家单位都工作过的焦保贵就感觉到这家企业的领导、员工，和别的地方都不太一样：之前在集体企业，领导往往准时上下班，但李赶坡竟然晚上 12 点了还在工地里转悠，员工们也不叫苦不叫累，非常不容易。更为不一样的，是管理的方式。

“集体企业管理极不规范，和当时的炼铁厂就有差距，根本不能比。其实，当时生铁市场非常火爆，‘大钢’出问题就出在管理上，而不是市场有问题。”在焦保贵眼里，李赶坡把企业“管理得地地道道的”，除了常规化的管理，还经常会结合一些土办法。

彼时，一号高炉开炉接近“满月”，如何让这个襁褓中的孩子“健康成长”，成为焦保贵初来乍到便要面临的难题。焦保贵当时做了分析，生产之所以不顺利，主要有三方面的原因：第一，就是因为资金紧张，建设高炉时采购的主要设备因大幅压缩成本，质量都不是很好，进而导致不能持续正常生产，影响了产量和质量；第二，工人没有生产经验，操作生疏；第三，高炉配套设施不完善，烧结是土烧，烧结矿要用大锤砸碎，上料要用小车推，平均每班40架小车，三班共120架小车，这直接导致了工人劳动强度过大，容易疲劳，从而增加管理难度。

其实，这三个原因归根结底都是一个症结：没有资金。但不论多么艰难，也要对设备进行改造、完善，否则就成了“小作坊”。所以，焦保贵走马上任的第一项工作，就是对刚投产的一号高炉及配套设施进行改造。然而，巧妇难为无米之炊，在没有资金的情况下，还要完善设备，简直是左右为难的事情。焦保贵回忆说，这就需要每个人发挥出最大的聪明才智，建设上要最大限度压缩费用，采购上要想尽办法推迟支付。比如采购耐火材料，就利用当时普遍的货到付款形式，分别从三个厂家订货，每家都只采购1/3的量，这样就可以先进行生产，等产品销售出去后再付款。如此打时间差，既合情合理，也让生产能够顺利运转起来。

这些供货厂家，对于敬业集团来说，可谓有恩。如果不是他们“网开一面”，给了炼铁厂一个资金缓冲期，敬业集团就不可能度过那段艰难岁月，也不会有后面的快速发展。所以，后来敬业集团在足额支付了应付款后，还将这些供货厂家列为长期合作伙伴，至今持续合作着。“过去帮助过敬业，现在敬业要反过来帮助他们，所以不少供货厂家都是长期的供应商，这也是一种缘分。”焦保贵说，“现在搞工程建设，我们会在公开招标中优先选择合适的设备和施工单位。只要我们一招标，供应商和设计、施工单位就会趋之若鹜地前来投标，而且想尽办法中我们的标。一些大企业为了中标，常常派人在我们这一住就是一个月。和以前形成强烈反差的是，河南一家供应耐火材料的厂家，出于对我们的信任，不要一分钱预付款，就发来了价值1000万元的耐火材料。这在建厂初期是不可能的事情，真是今非昔比！”

能省则省，能延后的则延后，能欠着就先欠着，就这样，焦保贵当时想尽了各种办法，陆续让平山县炼铁厂的设备“脱胎换骨”。比如，焦保贵自己购买主要机件，自己动手钻研，组装了一台狼牙式焦炭破碎机，结束了人工砸焦炭的历史。紧接着，又上马了烧结矿破碎机，省去了人工砸烧结矿的环节。

通过自行设计、自行改造以节省资金的类似案例还有很多。比如，焦保贵和外聘专家考察了多个厂家，决定上马一个叫成球盘的设备。为节约成本，他们结合多个厂家的优点，自己研究设计并制作了成球盘。1996年10月，平山炼铁厂投入使用了成球盘，极大改善了生铁的产量和质量。

后期，为节省高炉的设计费，焦保贵甚至自己画图纸自行设计。大多数企业高管的办公室里，往往都会贴上地图，而笔者看到，焦保贵的办公室里，几面墙上却挂满了设计图纸。

在焦保贵对高炉进行改建时，发生了一件出乎意料的事情。当时，这个工程采取了全包的方式，施工单位不知从哪里听说平山炼铁厂资金紧张，他们担心承包方不能按时拿到施工款，就一夜之间突然撤离，最后连一根钢管都没有剩下。焦保贵得知后，费尽周折找到施工方领导，三番五次进行沟通，甚至帮助他们组建施工队伍。最后，焦保贵带领项目部人员和施工方一起铆足干劲赶工期，在无数个“白加黑”“5+2”后，终于按时完工。

平山炼铁厂还“发明”了很多非常规操作。付玉平回忆说：“那时候，因为铁水流动性差，缓冲包中时常出现几百斤甚至上千斤重的大铁块，就是全班人都去处理，要想清理它都要费很大力气，并且还延长出铁时间，影响高炉生产顺行。这时，忘了是谁问了一句：‘用工程上用的绞磨绞铁行不行？’大家眼前一亮，立即将在废料场地上闲置的绞磨拉了来，结果效果非常好，几个人游刃有余地就把问题解决了。这些异想天开的做法只可能是我们的‘专利’。”

环境造人，生物界的所有技能，都是磨练出来的，尤其是在逆境之中。

时间到了1995年底，平山炼铁厂的高炉已运转了大半年，进行年终结算时，会计告诉李赶坡：半年多亏了 560 万元！

“这对我来说就像当头一棒，然而还不敢声张，我说‘赶紧把账本藏起来’，不能告诉任何人，免得技术人员和员工知道了都辞职不干。”李赶坡回忆说。

即便平山炼铁厂将高炉建设成本压缩了一半，但贷款资金也要逐步归还，加上生产不稳定，资金又紧张，有时连买原料的钱都不够，到了冬季经常由于缺少原材料而休风（高炉在生产过程中因检修、处理事故或其他原因需要中断生产时，停止送风冶炼），可谓艰难至极。而高炉一旦停产，封炉再点火就要耗费巨大成本，甚至需要更换耐火材料，当时平山炼铁厂不到一年就要停好几次的炉，自然也会加大损失。

很多时候，压力只能由一把手承担。质疑、生死、抉择、委屈、责任，很多企业一把手，都有过绷不住的瞬间。创业者在出发时都是信心满满的，但在企业发展的过程中，都会有焦虑，有精力与体力的透支，但在遭遇重大危机与挑战时，他们都会充满勇气，挺身而出，迎难而上。

假如李赶坡在听到巨亏 560 万时，思想动摇，感到悲观；假如李赶坡没有选择独自承受，而是将受到影响的情绪“传染”给别人，继而影响士气，那么敬业集团就将是另一个命运。因为，一旦在困难面前低了头，它就会永远骑在你的脖子上，让事情更加糟糕，你只能在失败的泥潭中越陷越深。

没有人是天生的成功者，每个人都是血肉之躯，只是在追求梦想的路上，为了热爱的事业而全情投入的过程中，创业者才会显出与众不同的一面。李赶坡要做的，是改变。

## 张永海上任扭转局面

在内部讲话中，李赶坡经常会说一句话：做企业要搞好两个经营，一是经营好人才，二是经营好资本。而经营人才对于他来说，是拿手好戏。

眼看着平山炼铁厂的1号高炉出现管理问题，李赶坡马上想到一个人，这个人每次都在危机时刻协助他力挽狂澜，并且做什么专什么，做什么像什么。那就是他的老搭档张永海。

当时为了创收，平山化工厂还承包了南甸的面粉厂，张永海因身体不是很好，就在这家面粉厂任厂长，工作不重，边干边养。因为马存祥、焦保贵等人都是技术型人才，李赶坡觉得这个时候，必须让管理经验丰富的张永海顶到更关键的位置上，来理顺炼铁厂的管理。

接到李赶坡的邀请后，张永海一句推辞也没有，临危受命担任了炼铁厂厂长。以前，张永海担任过农场场长，此后管理过罐头厂、面粉厂，基本都是和食品在打交道。炼铁工业对于他来说是完全陌生的。但难能可贵的是，张永海通过苦学，短时间就让自己从外行变成了内行，再次证明了即便起步晚，但只要有事业心，也能让自己成为专业人才。张永海上任后，连家都不回了，一连七天七夜调查研究，吃住在炼铁厂，走遍了生产的各个流程，看遍了所有设备，查遍了所有原材料，高强度“补习”了高炉知识，从而熟悉了冶炼的每个环节。

在炼铁厂工作期间，张水海多次化险为夷。当时炼铁厂的工人们都来自周边农村，主要靠熟练工“传帮带”，但最后学的都是一知半解，缺乏实践经验，很多操作也不规范。有一次出铁时，因铁水包打水过量，引发铁水爆炸，造成包眼堵塞，铁水流不出去，都凝固在了铁水包里。闻讯赶来的张水海、任三立即组织人员进行紧急处理，他们带领工人们用倒链拉、钢钎撬，费尽力气，终于把成吨的铁块拉了出来，才避免了风险的进一步升级。

有了张永海的协助，李赶坡感觉轻松了许多。张永海有丰富的管理经验，极富领导力，他曾写过一篇名为《一个领导必须使追随他的人感觉良好》的管理文章，从人性角度出发，进行换位思考，剖析了带团队期间常会遇到的各类问题。

“张永海不是企业股东，但他从来都站在‘大股东’的位置上思考问题，站位高是最无私的表现。后期，张永海对设备已十分精通，相当于另一位专家了。到兄弟厂对标，很多设备我看不懂，怕丢面子不问外聘技术人员，单问张永海，他什么都懂。”李赶坡说。

后期，为了进一步提高炼铁技术，李赶坡、张永海又请来了宣钢炼铁专家杨天宇、石钢专家严用之、沙城炼铁厂冶炼专家费兆骅、史进军夫妇等。这些人才的加盟，产生了鲶鱼效应，整个团队愈发有了活力，让当时平山县炼铁厂这个“乙级球队”，有了冲击超级联赛的勇气和信心。

费兆骅、史进军夫妇举家来到平山炼铁厂后，针对薄弱环节提出了很多好的建议，随后持续对设备和技术进行了改进。费兆骅刚来到炼铁厂，李赶坡就给他留下了艰苦朴素、平易待人的第一印象，他用一段形象的小故事来佐证：“当时外聘师傅的每餐饭都有 8 到 10 个菜，并且有酒，师傅们在一起用餐，而李董事长自己每天总是一碗大锅菜，手拿两个馒头，一脚支撑在地上，一脚踩在当时化工厂食堂门口一个熊猫垃圾箱的头上，就这样用完他的餐。一点也看不出他是企业的老板，见此情景，我们外聘师傅都分外感动。”

为了少走弯路，一次整改成功，张永海提议，每一次技术改进，平山炼铁厂都要到其他兄弟单位取经，然后再自行琢磨，自行设计，用“对标”的方式取人之长，持续进步。

对于这段对标学习的经历，费兆骅的印象是，在同行处学习时，李赶坡问得非常仔细，记得非常认真。“我们刚来时，只有一个小高炉，设备非常简陋，上料没有高架料仓，效率极低，仅人工推料的工人就有 90 多人，而且计量不准，有时还经常亏料，所以高炉产量很低，于是就提出应该上高架料仓。为此，李董事长就和我一起去考察宣化县的一家铁厂。”费兆骅回忆说，交流期间，李赶坡带着笔记本认真地记，还不时地询问一些细节，然后又到现场走上走下查看个遍，甚至还对比了这家企业上料仓前后的生产报表，最后心里有了底。

随后，平山炼铁厂在借鉴多家同行的经验后，自行设计，加建了一套皮带自动上料系统，用高架料仓替代了人工上料，这样就再也不用“小推车”了，大大降低了工人劳动强度。入炉料到了高架料仓后，通过皮带送到卷扬机，中间还有电子秤计量的环节，科学搭配出原料比例。当时，这一高架料仓预计投资250万元，焦保贵寻找各种关系重新设计了图纸，从而减少了投资，最后炼铁厂只花了150万元便实现了上料自动化。

通过引进外脑、借力资源，平山炼铁厂的生铁产量有了飞速的提升。

平山县炼铁厂当时的“取经”和“对标”，其实就是在借力，这一做法延续至今，成为敬业集团后发制人、弯道超车的“秘密武器”。借助于车马的人，不一定自己跑得快，却能远行千里；借助于舟船的人，不一定自己善水性，却能渡江河，只是因为善于借力。善于借力，能够节省时间和精力，专注目标，从而不断积聚自己的底气和实力，获得更大更快的成功。

张永海上任后的“三把火”，补充了专业人才，完善了管理制度，同时加强了对产品质量的管理，这对平山县炼铁厂来说，都是温补的良药，受益无穷——每个人的特长和能力不同，伴随着外部和内部的调整变化，让合适的人去从事合适的岗位，是管理者的一个核心能力体现。

大约经过两年的设备改造，平山县炼铁厂的高炉性能基本完善，出铁量大幅提高，每天可出铁300吨左右，达到年产10万吨的规模。

竭尽全力、放手一搏往往能克服人生的磨难，让人的命运获得转机，一个企业也如是。敬业集团的创业者们，让平山县炼铁厂度过了投产初期最艰难的时刻，生产经营逐步走上了正轨。

## 生产不出来愁，生产出来了更愁

不过，市场瞬息万变，也永远讲供求关系。平山县炼铁厂能够投产，全国各地也自然陆续有多家炼铁厂投产，原有生产企业也不断扩大了生产规模，这就造成了供需关系再次发生变化。

事实上，企业有初创、成长、成熟、衰退各个阶段，宏观经济也会呈现出繁荣、萧条、衰退、复苏的周期性，这两个周期在某个空间和时间上出现叠加并相互震荡的时候，企业便会进入顺风而上或者逆水行舟的通道，也就将会有不同的命运。

彼时，我国钢产量刚刚突破 1 亿吨，就在平山县炼铁厂的生产稳定时，整个行业却进入了下降通道，从 1995 年到 2000 年，钢材需求一直很疲软，不愁销的局面一去不复返。这给羽翼未丰的平山县炼铁厂带来极大压力——做企业就永远处于“痛苦”之中，产品生产不出来愁，生产出来了更愁。

由于产品销路不畅，钢铁行业内的各家企业之间经常形成三角债，加上平山县炼铁厂当时的生产规模和产品质量都还不具备竞争力，往往委曲求全。比如把生铁发到国营钢厂，对方往往不付钱，就用钢材顶账，炼铁厂拿到后只好亏着钱去卖。而如果想要现金，得有特殊关系才行——真可谓供不进货干着急，供进货要不回钱更着急。

当时铸造行业一律先送货后付款，有的小型铸造厂经营不善，直接倒掉，货款就成了呆账。为了确保资金周转，平山炼铁厂不得不再次采取了“以物换物”的方式。“高炉建成以后，当时的生铁市场不好，销路也存在问题，所以都是赊账，资金回笼极其困难。高炉一旦停了成本太大，为了保证持续生产，最后干脆就以货抵货，需要什么原料就用铁块去‘置换’，当然这要比市场价低不少，相当于赔着钱确保生产经营的正常周转。”卢增元告诉笔者，这种做法是不得已而为之，但却“很管用”，因为产品卖出去后，收回货款还要很长时间，等到那时再去买原材料，生产就不可持续，而“以物换物”省去了这些环节。

与在水杨酸行业已经形成主导地位，有了一定话语权相比，刚刚起步的平山炼铁厂，成了谁都可以欺负的“小厂”。甚至骗子又来光顾，谎称用量很大，货到付款，但最后送去的 4 卡车生铁泥牛入海。相关人员去要账，骗子人间蒸发，公司空无一人，电话全部关机，即便向公安报案，最后也无济于事。

万般无奈之下，李赶坡想到，水杨酸产品利用“前置仓”解决了销路问题，打压了竞争对手，为何不如法炮制一下？

东北地区重工业发达，需求旺盛，于是平山炼铁厂就在沈阳设立了生铁销售处，河北泊头号称铸造之乡，于是也布了点，同时他们也在无锡设点，以辐射江浙地区。

不过，以垄断之势布局销售网点，显然不是万能的。由于企业规模不断扩大，很多新员工入职，但相应的培训却没有做到位，另外客户良莠不齐，加上先发货后付款的弊端，往往出现呆账，甚至还发生了个别业务员勾结当地客户骗取生铁的事件。运营几年后，不得不收兵撤点。

由于知名度还不够，当时的生铁产品销售，远没有水杨酸产品那样“畅快淋漓”，往往都是一些小订单。对于一些来之不易的大单，李赶坡极为重视。比如深圳五矿公司委托平山县炼铁厂加工生铁，他们负责进口铁矿石，由炼铁厂加工好后，五矿公司再做出口。李赶坡为了这个合作，亲赴深圳沟通合同。因为这属于给大企业代工，利润很低，李赶坡据理力争，从早谈到晚，中间就吃盒饭，最后整整谈了两天时间，双方才达成一致。“主要是平衡双方的利益，真是一元一元往回挣效益，利润如刀片一样薄。”李赶坡说。

## 守正出奇，打破僵局

1995 年 10 月，平山县炼铁厂给大型国企天津钢铁公司供应了 2500 吨生铁，价值 300 万元。到了 1996 年 9 月，整整一年竟然分文未给。300 万元对于大企业来说当然不算什么，但对于平山炼铁厂来说是笔巨款，严重影响了企业资金周转。炼铁厂业务员、销售负责人多次前往催要，但都无功而返。

1996 年 8 月，石家庄遭受特大洪灾，平山县不少良田被淹，房屋倒塌。炼铁厂的供水系统被全部冲毁，同时交通、通讯中断，与外界失去联系，整个厂区一片汪洋，就像一座孤零零的小岛。

担任过炼铁厂 1 号高炉工长的刘强回忆，当时厂区内负责向高炉供水的

“小水库”水位急剧上升，将近20米高的大坝随时有决口的危险——按理这个蓄水池周边应该用水泥加固，但当时为节约成本就只挖了一个土坑。

闻讯赶来的李赶坡、张永海、任三冒雨带领员工们紧急抢险。“天上大雨倾盆，地上道路泥泞。我们用塑料布蒙住大坝，拉来土石加固，又在大坝北侧开挖泄洪渠道。汗水、雨水交织在一起，模糊了双眼，擦一把继续干。”刘强说，有一位工人撑起雨伞要给李赶坡遮雨，他却用手一挡，大吼一声：“拿开，大家都在淋雨，我打什么伞！”

而由于路滑，不时有人摔倒。李赶坡就在大坝上焦急地穿梭着，随时拉起摔倒的员工。“张永海副总的眼镜掉了也不顾，拖着带病的身体跑前跑后指挥，嗓子都喊哑了。在大家的努力下，大坝终于保住了，洪水顺着开挖的渠道‘乖乖’地流了出去。”刘强说。

因为洪水造成了交通阻断，很多工人不能来厂区上班，还在厂区的员工们就主动留下来顶班，不少人甚至一连上三四个班。“上一个班就累得够呛，更别说连轴转了，可大家二话不说，因为都知道自己肩上担子的分量，高炉生产一刻也不能停。”曾经担任炼铁厂2号高炉炉长的付玉平回忆说。

洪水泄去后，厂区内一片狼藉。这场洪水让炼铁厂雪上加霜，经过估算，直接经济损失在240多万元。

内忧外患下，李赶坡下决心要回天钢这笔当时金额最大的欠款，以让炼铁厂“回血”。

经过精心策划后，一个灾民讨债队伍浩浩荡荡地奔赴天钢，唱双簧、“红白脸”等好戏轮番上演后，天钢的领导实在无奈，一把手亲自请李赶坡上门，最后对方答应给一张150万元承兑汇票，外加30万元现金，当年年底前以钢材顶账还清欠账。

整整一年分文要不回的账，竟然用一场“好戏”就给解决了。1996年年底，李赶坡去天津看望天钢的领导，结果看到全厂正在开会，学习他们的讨债经验。还说天钢外债1个多亿要不回来，如果能学点“敬业”的讨债精神，还用发愁吗？

货款“讨要”回来后，在进行生产自救的同时，李赶坡也没忘周边受灾的百姓。当时，平山县炼铁厂为恢复南甸地区的交通，向南甸镇、两河乡捐款，并捐出编织袋上万条，提供推土机协助施工。为恢复南甸至平山的公路干线，他们担负起西岳村路段的施工，雇佣大小车辆100余辆，搬运土石2万余方，耗资7万多元，奋战10昼夜，终于恢复了交通。甚至，为了协助“兄弟厂家”尽快恢复生产，他们还给东庄、坡头、下观等地的铁矿石厂家支持了资金。

从平山县炼铁厂巧妙讨债的故事可以看出，对于志存高远的企业来说，按常理出牌永远是跟不上发展需要的。这时，懂得守正出奇地利用环境与规则，懂得借势，改变行事风格，从而抓住战略时机，便是将死棋盘成活棋、将僵局转为胜局的重要智慧。这不仅是棋理，也是“企理”。

另一方面，大企业拖垮小企业的事情，数十年后仍在上演。比如某家房地产巨头在2021年暴雷崩盘，其产业链上至少有5万家中小企业受到波及，这些遵守商业规则和信用的中小企业，却因应收账款而被巨头企业连累，可谓冤枉至极。

所以，国家层面专门出台了《保障中小企业款项支付条例》，整治滥用市场优势地位恶意拖欠账款行为。甚至明确规定：机关、事业单位从中小企业采购货物、工程、服务，应当自货物、工程、服务交付之日起30日内支付款项，最长不得超过60日。机关、事业单位和大企业不得强制中小企业接受商业汇票等非现金支付方式，不得滥用商业汇票变相占用中小企业资金。

从“小企业”发展而来的敬业集团，深知中小企业的不易，所以他们对于上下游产业链的中小企业，相当呵护，竭力维护好这一商业生态，有的甚至保持长达数十年的合作关系。

## “活在世上要有一点精神支撑”：敬业集团诞生

1996年5月，是值得敬业集团铭记的时刻——“敬业”两字首次来到了公司的历史舞台。

随着改革开放的进一步深入，竞争日益激烈，李赶坡此时觉得，企业必须向群体发展，向规模前进，向集约化靠拢，只有这样才能增强市场竞争力和抗风险能力。

于是，他不失时机地组建了省级企业集团公司——河北敬业集团有限责任公司，将平山县化工总厂、平山县炼铁厂及部分第三产业囊括其中，目的是为形成多项产业横向发展，多种经营纵向深入的格局，使企业抗风险能力进一步增强。

而很多人都很好奇，李赶坡为何会选择“敬业”二字为公司命名？

在一次讲话中，李赶坡给出了答案：我是土生土长的农村人，文化不高，智商、情商平平，生活在世上要有一点精神支撑才行。无论干什么我都很用心、很卖力、很敬业。办了企业我希望员工也能敬业，就取名敬业集团。既无古文的诗意又无英文字母的洋气，显得土了些。多亏社会主义核心价值观上出现了“敬业”两字，使我长了志气。

原来，“敬业”在李赶坡眼中，就是一股精气神。令他欣慰的是，现在的敬业集团，“敬业文化”在3万余名员工身上体现得淋漓尽致。

眼看炼铁厂的形势逐步见好，产量提高，成本下降，直到扭亏为盈，对企业发展节奏，李赶坡始终掌控得张弛有道，他有了加大投资、继续做大的决心。

为降低生铁成本，自主把控原料，1996年底，李赶坡又投资700万元建成了年产5万吨焦炭的机械化焦化厂，形成了选矿、焦化、烧结、冶炼等系列化生产，敬业炼铁厂开始具备较强竞争力，在众多炼铁炉停产倒闭的情况下，他们却发展得风生水起。

恰如李赶坡所说，办企业如逆水行舟，不进则退。任何一个企业，任何一种产品都有其诞生、成长、成熟、灭亡的过程，如果不发展，不更新，那就等于坐以待毙。

不论是办水杨酸厂，还是办炼铁厂，我们可以发现，李赶坡总能在企业走出艰难发展期后（这一阶段似乎通常为两年），迅速发展壮大，不断从原料入手，扩大生产规模，从而降低成本提升毛利。另外，更重要的是提高产品的品质。他们追求的是优质低成本，而非劣质低价。此外，敬业集团始终把营销定位为企业的核心竞争力。化工厂尚未投产就“预售”，不论化工厂还是炼铁厂都经过了上门推销、设办事处、交款取货等阶段的变化，最后上升到深耕优势市场、直达终端和国际化的高级阶段——这些，或许就是李赶坡带领敬业集团制胜的秘密。

# 第四章 相约“九八”

“闭关”苦思：反者道之动 / 危机总动员：大干九八年！ / 活血化瘀的“两无经营” / “止血”和“造血” / “舞步飞旋，踏破冬的沉默”

金融危机爆发之前，普遍存在着一种现象，就是金融市场存在泡沫，资本制造了泡沫。同时，泡沫太大时，也会在特定的情况下不可避免地破裂，从而引发金融危机。

而 1997 年的亚洲金融风暴却不是由外在客观因素导致，而是华尔街金融大亨索罗斯制造的。1997 年之前，亚洲经济一片欣欣向荣，作为 1997 年亚洲金融危机风暴中心的泰国，也是一个有望追赶亚洲四小龙的经济大好国家。但泰国还没有成为一个经济强国，就遭遇了华尔街资本大鳄索罗斯等人的狙击，他们利用手中庞大的资金流，将泰国经济中的泡沫给戳破了。1997 年之前，泰国实行的是固定汇率制，就是泰铢和美元绑定，泰铢可以稳定无限制地兑换美元，但这时候美元贬值严重，亚洲各国货币兑换美元汇率处于高位。这给了索罗斯等资本大鳄做空泰铢的机会。

1997 年 7 月 2 日，泰国中央银行突然宣布，放弃实行多年的固定汇率制度。消息一出，泰铢对美元当日狂泻 20%。持续了 4 个月的泰铢保卫战宣告失败，以外汇市场为首，该国的金融市场陷入混乱之中。不过，没有多少人意识到这将是一场席卷亚洲的金融风暴的开始。随后，菲律宾比索、印尼盾、马来西亚林吉特相继成为国际资本攻击的对象，一场席卷亚洲乃至全球的金融危机随之降临。

不久，这场风暴波及马来西亚、新加坡、日本、韩国、中国香港等地。泰国、印尼、韩国等国的货币大幅贬值，同时造成亚洲大部分主要股市的大幅下跌；冲击亚洲各国外贸企业，造成亚洲许多大型企业的倒闭，工人失业，社会经济萧条。打破了亚洲经济急速发展的景象。亚洲一些经济大国的经济开始萧条，一些国家的政局也随之混乱。

1997 年 5 月，国际金融炒家利用期货和现货两种工具在香港地区的外汇市场、股票市场以及期货市场同时发力，对港元发起冲击。1998 年 5 月，以索罗斯为代表的一群金融大鳄再次将目标瞄准香港地区，对香港地区发起新一轮冲击。

彼时，当西方以“东亚经济崩溃论”主导国际舆论时，中国以强大的定力和魄力挽救了香港地区的经济，在应对亚洲金融危机时发挥了关键作用，成为亚洲经济的“定海神针”。中国坚持人民币不贬值不仅扼住了东亚国家（地区）货币贬值的趋势和程度，阻止了东亚经济的无底线衰退，也提升了亚洲乃至世界的金融市场和金融投资者对亚洲市场的信心。

不过，随之而来的是一些负面影响：我国出口明显下滑。虽然当时我国还未放开金融市场，避免了国际金融大鳄的直接攻击，但是当时我国经济的对外开放程度已经较高，东亚经济的恶化首先对我国的外贸和外资领域造成严重影响，不少产品出现过剩，而国内需求不振，失业人员骤增，企业周转困难，社会上形成严重的三角债，很多企业被拖垮。加上正逢国有企业改革，大量国企职工下岗分流，内忧外患之下，当时的中国经济出现了较大的震荡。

亚洲金融危机爆发一年前，敬业集团刚刚成立，羽翼未丰，却遭遇前所未有的暴风骤雨。

对于以外贸为主导业务的敬业集团来说，亚洲金融危机带来的损失是巨大的：产品无人问津，大量积压，水杨酸、生铁等产品价格断崖式下滑，最低时水杨酸每吨 8800 元，生铁一吨不到 1000 元，同时资金回收困难，生产经营难以为继，一时间人心惶惶，如临末日。

此时，有着鸿鹄之志却处于扑扇翅膀练飞阶段的敬业集团，两只稚嫩的翅膀已经被无情地浇湿，它必须晾晒一下翅膀，想想未来的方向了。

## “闭关”苦思：反者道之动

当时大多数的中国企业，在改革开放后发展得可谓顺风顺水，还不知金融危机是何物，所以即便从新闻里看到别的国家爆发了危机，也认为离自己还远，不会受到波及。所以，面对突如其来的困难，都有些手足无措，李赶坡此前也没有任何的思想准备。

在危机面前，是退缩不前，还是收缩战线？李赶坡有个性格特征：临危不乱，越是大敌当前，他往往越冷静，越淡然。

李赶坡选择了“闭关”，当时，敬业集团在石家庄刚刚建成了华清池疗养中心，他就把自己关在远离厂区的房间里，让工作人员搜集了亚洲金融危机的相关资料，沉下心来，仔细研读。

远离繁杂的管理事务，让李赶坡的身心得以充分的放空，让他不再匆忙赶路，而是有时间思索前行的方向。

画画的最高境界是什么？可以说是“下意识”。非常漂亮的画，一定不是埋下头来刻意画的，而都是头脑放空的灵光一现。所以，思索重大问题，一定要换场景、换空间，让自己从“现实”中走出来，才能找到解决问题的不二法门。

任正非在很多年前就讲过，一家公司要砍掉基层员工的“脑袋”，中层的“屁股”，高层的“手”和“脚”。也就是说，在华为，基层员工最重要的是做执行，不需要加入太多自己的思考。而中层管理者经常需要面对跨部门协作的问题，所以中层管理者要砍掉屁股，不能让位置决定脑袋。等到了高层管理者，更重要的是思考方向，所以要砍掉手脚，不要冲到一线做事情。

所以，李赶坡对于技术不一定精通，对于业务不一定熟知，但在大方向上，他永远有着极为清晰的思考。李赶坡的战略眼光，从未放在当下，他一直处于脑袋放空，眼睛放远的状态。而这也不代表粗枝大叶，宏观致远和极端细致，这两个看似矛盾的东西，在他身上似乎也能够随时分别调用。

在疗养中心里，李赶坡冷静地剖析了金融危机的起因、过程及影响，并分析了水杨酸和生铁行业的现状，又回想了敬业集团这么多年的发展历程，一时间没有找到他想要的答案。

李赶坡告诉工作人员，没有重大的事情，不要来找他。三天时间里，李赶坡一直在反复思考着走出困境的路径，从早到晚，没有一刻空闲过，甚至，连做的梦都是这个“话题”的。

有句名言说：“如果拥有强烈的热情和激情，那么，不管是睡着还是醒着，从早到晚，整天都会冥思苦想。这样一来，愿望就会渗透到潜意识，在不知不觉中朝着实现这个愿望的方向前进，使我们走向成功。”潜意识是最强大的，李赶坡学的是哲学，又做过政治老师，任何事物辩证来看，似乎是李赶坡的底层思维。

其实，在众多表象后面，其逻辑都是相通的。巴菲特有句话“在别人贪婪时恐惧，在别人恐惧时贪婪”，被众多人奉为至理名言。而与中国两千多年前的老子思想相比，巴菲特的话只能算是肤浅的“表象”。

中国古代辩证思想里就有一个重要的命题“物极必反”，而老子在《道德经》第四十章给出了自己的理解：“反者道之动，弱者道之用。天下万物生于有，有生于无。”

事物发展到了极限，就要走向反面，这是道的运动规律，道以其柔弱去发挥作用。老子看到并揭示出诸如长短、高下、美丑、难易、有无、前后、祸福、刚柔、损益、强弱、大小、生死、智愚、胜败、巧拙、轻重、进退、攻守、荣辱等一系列矛盾，认为这些矛盾都是“对立统一”的，任何一方面都不能孤立存在，而须相互依存、互为前提，即“有无相生，难易相成，长短相形，高下相倾，音声相和，前后相随”。在事物的对立统一中，老子还比较深刻地认识到矛盾的双方可以相互转化，指出“祸兮福之所倚，福兮祸之所伏”，“正复为奇，善复为妖”。把事物都包含有向相反方向转化的规律，概括为“反者道之动”。

“反者道之动”告诉我们，无论什么事物，当它发展到极点时，一定会向相反的方向发展，这就是自然发展的基本规律。不动就不会发展，道是要“动”的，“动”是道的主体。任何事物都在不停地变化，这个变化是自然的——而任何时期的经济危机，也都暗含着这个规律。

熟读《道德经》的李赶坡，在“闭关”三天的冥思苦想中，终于找寻出了应对危机的方向和方法。

当时，经济危机带来了三个突出的表现：一、经济危机中最突显的问题是生产资料过剩，不付款或者少付款也可以买到货物；二、因部分企业停产或倒闭，劳动力、技术人员非常充足，而且工资待遇很低；三、银行的资金无处发放，先后七次降息，企业大多都有巨量库存，无人贷款，更无人新办企业。总结起来就是：物价低、贷款利息低、劳动力充足——正所谓凡墙皆是门，这些不正是企业发展的良机吗？

李赶坡认为，当时的形势，正可谓“反者道之动”。若能抓住这个发展机遇奋起反击，不仅能平稳地度过危机，还能使企业迈上一个更高的台阶。

同时，李赶坡觉得，这些思考，必须转化为通俗易懂、朗朗上口的语言，才让被所有员工所认知，所熟记。既然是口号，就必须短小精悍、一针见血，比如“打土豪、分田地”，这是中国共产党领导的中国工农红军在土地革命战争时期提出的主要宣传口号之一。毛泽东在深入开展农村调查研究之后，开创性地喊出了“打土豪，分田地”，虽然这只是一句简短的口号，但对当时的农民运动来说，却是一剂强心针，一下子就让亿万农民激发了革命激情，工农运动很快就组织起来了，通过秋收起义等多次农民运动，慢慢组建起来了革命武装力量，革命的火种从无到有、从弱到强，与“打土豪，分田地”这个口号息息相关。

可以说，短短六个字，不仅表明了红军的政治主张，同时也深刻反映了毛泽东对中国农民问题的深刻认识和独特见解，为他领导中国革命的胜利打下了深刻的理论和实践基础。对于毛泽东主席十分崇拜的李赶坡，也把自己的思考，转化成了三句通俗易懂的口号：“大干九八年，产值翻一番”“大干九八年，一年等于前十年！”“危机中有良机，现在的经济危机是我们发展的良机”。

## 危机总动员：大干九八年！

但显然，不是所有人都能明白李赶坡的想法，这三句口号越震耳欲聋，不解和误解就越会出现：大环境这么不好，别人都垮了，敬业还折腾什么？

于是，李赶坡又专门写了一篇“振聋发聩”的动员令，充分阐释了自己的想法和敬业集团未来的做法，并对具体行动做了落实、部署。

1998 年 5 月 13 日，敬业集团召开了“抓住机遇，大干九八年，使我集团收入翻一番”动员会。李赶坡手拿自己所写“檄文”，铿锵有力地宣读起来。这篇当时的“动员令”，笔者数十年后逐字读来，仍然感觉极为振奋人心。

首先，李赶坡开门见山地说，在危机之下，敬业集团要开展一次大的经济战役。

“集团公司自 1988 年建厂以来，全体员工艰苦奋斗，奋力拼搏，锐意进取，勇攀高峰，一年一个新台阶。经过十年努力，1997 年实现销售收入 1.4 亿元，通过挖潜，1998 年将突破 1.5 亿元。在此基础上，大干九八年，上几个项目，使销售收入翻一番是大有可能的。市场如战场，十年干成的事，我们要在一年内办成。因此，我们说这是一次大的经济战役。”

“根据我集团情况，这次战役拟上以下几个项目：化工方面，建两个水杨酸分厂，医药二厂已于‘五一’投产；医药三厂现已开工建设，预计 1998 年 12 月底竣工。此项目投资 600 万元，年增水杨酸产量 2750 吨，年增销售收入 3500 万元。充分利用冶金、化工互补优势，新建 3000 千瓦发电厂一座，预计 1998 年 11 月底竣工。此项目投资 1300 万元，包括现有 1000 千瓦发电机组，年可发电 3360 万千瓦，按用电价计算年收入 1500 万元。充分利用铁厂原有设备余量，新建一座 150m$^3$ 高炉，预计 1998 年 12 月底竣工。此项目投资 1000 万元，增加生铁产量 7.5 万吨，增加销售收入 9000 万元。三项合计，总投资 2900 万元，增加收入 1.4 亿元，通过内部挖潜销售收入可达 2.5 个亿，到 1999 年底，我集团收入将突破 3 亿元大关。”

“我们从建厂至今含辛茹苦十个年头，也不过干了 1.5 个亿的产值，这次要用半年多的时间，再增 1.5 个亿的产值，是何等好的机会！”看来，李赶坡准备将 1998 年这一年，发挥出 10 年的“功效”来。审时度势，高瞻远瞩，雄韬伟略，永远是一个企业领导者的看家本领。市场的确如战场，而敬业集团要做的，也确实是一场前所未有的“大战役”。但李赶坡敢于在当时发动这场战役，可谓有智慧也有胆识，这证明他看准了，继而看懂了，最终看透了。

李赶坡在危机中发动的这场“战役”，让笔者想起了解放战争时期的“淮海战役”。古语说“兵凶战危”，战争是一件危险的、充满着不确定的事情。无论是战略决策，还是战役部署，总有一定的风险。众所周知，解放战争共有三场战略决战：辽沈战役、平津战役、淮海战役。与辽沈战役和平津战役相比，淮海战役是比较特殊的，因为国共双方在战前都没有预料到淮海战役会演变为战略决战。

首先，当时参加淮海战役的国民党军兵力大约有八十万人，解放军的兵力大约为六十万人。解放军进行大规模歼灭战的原则之一便是集中优势兵力，而淮海战役的解放军恰恰没有满足这一点。其次，当时参加淮海战役的国民党军基本上都是蒋介石嫡系王牌部队，装备和战斗力都很高。在装备质量和数量方面，解放军的华野和中野没有优势。最后，在辽沈战役和平津战役之前，解放军基本都对国民党军形成了战略合围或者压制的态势。但在淮海战役之前，解放军在整体战略上没有形成战略合围，甚至在局部地区还处于劣势。

可以说，淮海战役之前，解放军在兵力、装备、战略形势等方面都不具备优势，战略决战的条件并不成熟。正因如此，毛泽东将淮海战役形象地比喻为“夹生饭”，他说：“这是吃夹生饭，这是把几口饭把当做一口饭吃掉。”最后，经过不断地攻坚克难、动态调整，这锅“夹生饭”还是吃下了，解放军取得了完胜。

而此时的敬业集团，就是在危机四伏，自己并不占优的情况下，发起了“几口饭当一口饭吃”的大决战，想取得胜利，也并不容易。显然，“夹生饭”并不好吃，还得靠无比顽强的意志和舍我其谁的大无畏精神。

紧接着，李赶坡从“良机”“项目”“势力”“前途”四个维度，解释了“为什么要开展这次战役？”以下是李赶坡当时极为缜密的分析，从中我们可以一探他的“反危机”逻辑。

第一，我们有天赐的良机。目前，在我国经济领域中出现两大特殊因素：一是国内因素，不少企业暂时关闭，新的生机没有出现；二是国外因素，即东南亚经济危机对我国经济的波及，使产品出口艰难，国内产品过剩。其表现有二：一是产品积压，价格下跌，部分生产资料的价格降到十年来的最低价；二是企业停产、倒闭，使不少工人下岗失业，造成劳动力过剩和廉价。现在2900万元能办成的事，在常规下5000万元也办不成。机遇就在眼前，机不可失，时不再来。因此，抓住机会，利用机遇，开展一次经济大战役非常必要。

第二，我们有好的项目。水杨酸项目扩产后，总产量达到5500吨，占全国水杨酸商品量10000吨的55%，逐步垄断全国水杨酸市场。热电厂项目充分利用冶金、化工互补优势，燃烧高炉、焦炉煤气及焦化厂煤矸石，废气废物利用，所发电量可供全公司使用，年节约电费近千万元，与此同时还可供全公司用热。此项目属利废节能、一举多得项目。炼铁厂附属设备齐全，占地面积广阔，新建一座150$m^3$高炉，可充分利用原有设备余量，生铁吨成本可降130元，成本低，销价低则销路畅。发电厂投产后，其他二个项目，成本还可再降。这些优势是我们集团公司所独有的，其他企业不具备。既然如此，我们何乐而不为呢？

第三，我们有雄厚的实力。我们集团公司有由各行业师傅组成的‘智囊团’‘参谋部’；我们有基建、设备制作方面的专业技术人才，只要决议一形成，没有干不成的事；我们家大业大，经济实力雄厚，资金调配容易。

第四，我们有光明的前途。热电厂、水杨酸、高炉项目建成后，我们的企业就更大，抗风险能力就更强，就业机会就更多，对社会的贡献就更大，到那时，我们的集团公司就犹如一艘巨大的航空母舰，在市场经济的大海中，乘风破浪，勇往直前，永远立于不败之地。

显然，任何行动，有再大的决心，也要有其合理性和可行性。李赶坡用类比的办法，把这次逆袭之战描绘为“打折促销”——2900万元就能发挥5000万元的作用。但他同时强调，时机转瞬即逝，能否抓得住就在此一举。

同时，可以看出，李赶坡当时设计的“上项目”，都是既有设备的合理利用，更把旗下的冶金、化工两大行业串联起来，形成优势互补，甚至将废气废物利用起来。另一方面，李赶坡早就算好了账，甚至在用数据来佐证决策。所以，这样的“上项目”，显然不是头脑一热下的盲目扩张，而是盘活一盘棋的妙招。

不难看出，李赶坡也强调了社会责任。古往今来，凡是创业成功的人，他们所做的都是社会需要、市场需要、时代需要的事情，而不是他们个人需要的事情。所以，做任何事业，有这样的“发心”，也就成功了一半。

再好的“蓝图”也需落到纸面上，听了前面两部分内容，敬业集团员工们的热情已被点燃，但仅凭一腔热情，打毫无章法之战，显然是不可能取胜的。所以，李赶坡最后从三个方面做了“如何打好这场战役”的部署。

第一，巩固后方。生产单位要加强管理，提高产量，降低消耗；供应部门要现款杀价，降低采购成本，保证供应；销售部门要研究市场，广开销路，减少库存，盘活资金。总之，产供销要密切配合，共同努力，为这次战役奠定坚实的基础。

第二，三个项目同时开展。根据市场行情，我们三个项目同时进行，水杨酸项目由刘更更负责，高炉项目由张永海、费兆华、焦保贵负责，发电厂项目由王国太负责。三个项目1998年底全部完工，发电厂项目必须首先完工。工业要大上，电力要先行。

第三，适应形势，大力宣传，与会人员要人人宣传，反复宣传，广泛宣传，不仅使全公司每个员工知道这次战役，而且要让全县人民知道，给全县人民一个惊喜，争取全县人民的支持。

可以看出，在动员令的“巩固后方”部分里，李赶坡已经提出了与“精益管理”相通的理念，“现款杀价”更是根据当时形势设计出的极为奏效的做法，要知道，多少厂家此时已经揭不开锅，可谓“给点现金就灿烂”，而这也是2900万资金办5000万元事的重要一环。同时，李赶坡提出“产供销”通力配合，目的自然是打破“各自为政”，保障资金快速循环、运转，这一理念即便数十年后也不过时。

值得一提的是，李赶坡特意强调了宣传，这是他这位“政委型”领导的一大管理特色。人人宣传，用现在的话讲，就是动用自己的“私域流量”；“反复宣传”，目的是强化和纠偏；而广泛宣传，就是要借力、造势。李赶坡此前创造出了多个“不可能”，背后议论逐渐已变成啧啧赞叹，当“全县人民”都知道敬业集团要逆势干这么多件大事时，必将刮目相看，保驾护航了。

一个计划从设想到成功，必须经过五步：沉醉于梦想，激发出热情，撬动潜意识，冰冷的理性，周密的当下。可以说，李赶坡应对亚洲金融危机的前前后后，正是在践行这五步。而他给所有敬业集团员工所做的激情澎湃的动员，这些要素也都完全覆盖、一个不少——所以说，任何成功都不是偶然的，在其不可控的表象背后，都有着顺势而为的逻辑。

很快，“大干九八年，产值翻一番”“大干九八年，一年等于前十年！”“危机中有良机，现在的经济危机是我们发展的良机”这三句简洁、响亮的口号，传遍敬业集团的每一个角落，每位敬业集团员工在工作间隙、茶余饭后甚至也在议论这三句口号。这三句口号就像釜底之火，让敬业集团这口大锅里的水完全沸腾起来，每位员工似乎都有一股使不出来的劲在蓄积。而全平山县上至政府下至坊间，也都熟知了敬业集团的这三句口号。

## 活血化瘀的“两无经营”

有了目标感，想通了为什么，继而知道了该怎么做，但落地实施，显然也不是一蹴而就的事情。

彼时，敬业集团的水杨酸年产量为2000吨，一个炼铁高炉年产生铁9万吨。具体说来，李赶坡的“反危机战略”是：利用物价低、劳动力充足的大好时机，再建两条水杨酸生产线和一座高炉，使水杨酸产能达到4000吨，炼铁产能达到18万吨，使“产值翻一番”。另外，为消化高炉焦炉煤气及焦化厂的煤矸石，再建设一座3000千瓦热电厂，建成后年可节约电费近千万元。发电产生的蒸汽还可以供化工厂生产使用，充分发挥化工、冶金互补的优势。除了这三个大项目外，还有二号焦炉、二氧化碳分厂、污水处理厂、招待所、加油站、综合门市部等其他配套工程，总共十个项目。

十个项目在一年内全部开工，这显然是一场宏大的大会战，一场对抗危机的殊死搏斗。

其中，两条水杨酸生产线、二号炼铁高炉、热电厂这三大项目是最早打响的战役，总投资2900万元。敬业集团多方筹措，集中所有可利用的资金后发现，仅仅有1400万元——有一半多的缺口！

资金缺、项目多、时间紧，这场战役能打赢吗？

在笔者看来，李赶坡采用了“补血”“活血”“止血”“造血”四种方法，让敬业集团首先血脉通畅起来，有了打赢战役的“好身体”。

首先是“补血”，金融危机期间虽然央行连续降息，但民营企业贷款仍然困难重重，各家银行给民营企业发放贷款还是那样的小心谨慎。当时负责销售兼融资的厂领导周喜明，带领团队，用尽一切可能的办法四处寻找贷款。

其次是“活血”。在贷款数额并未达预期的情况下，李赶坡提出了一个全新的理念：“两无”经营。

李赶坡看到，当时不少企业由于库存积压被迫停产，或因卖出产品收不回货款而停产。而敬业集团也深受其害，生铁看着销售出去了，但要账是个大难题。要账跟挤牙膏很像，去要账时给对方一些压力，对方才会挤点出来“打发”你回去。这样企业就像一潭不流动的水，没有活力，细菌滋生，自我衰败。

从中，李赶坡突然悟出一个道理：企业亏不垮，但库存大能压垮。也就是说，即便一家企业每月亏损上百万元，一年也就亏损1000多万元，但只要企业还存在，是不会轻易垮掉的。市场总有好转的那一天，留得青山在，不怕没柴烧。咬紧牙关挺过去，好日子可能就将到来。但如果产品大量积压一个月，就能把企业压垮，同时，即便卖出货但收不回货款，也照样能把企业拖垮。

李赶坡的逻辑是：“从某种意义上说，现金流比利润更重要。不少企业发展得很好、很快，有一天却突然灭亡了。其实原因很简单，就是现金流出了问题。一边儿负债非常大，一边儿钱却进不来。钱为什么进不来？原因在于应收账款和库存。在市场经济条件下，资金应该是最流动的一个东西，却变成了最不流动的东西，企业能不出问题吗？因此，要想解决资金问题，关键就是解决应收款和库存问题。”

要保证企业的气血通畅，就得让资金快速地循环往复运转起来。“两无经营”，就是无库存经营、无欠款经营。而在当时做到这两点，必须付出一定的代价。要想无库存，就得低价卖出。李赶坡用几句简洁的话向销售团队阐明了道理：宁可降价也不能产生库存和欠款，在别人降价之前敬业先行降价，加快资金周转，周转率提高了，也是效益。在经济危机中，一定不能产生欠款，一旦欠了款可能就收不回来，欠款是企业的癌症，最后只能把企业拖垮。

按照这一策略，敬业集团将“两无经营”予以量化：一切库存产品不能超过15天产量，应收款不能超过15天产值。别的厂家生铁卖1000元/吨，敬业集团就卖950元/吨，不论价格如何波动，他们总会咬紧价格，比竞争对手低价卖出。一些贸易商有融资渠道，能够一次性付全款，敬业集团就宁愿降价卖给他们。

不过，“两无”经营在执行初期，遭受了很大的阻力。因为“两无”经营的一个原则是“款到发货”，如此才能加快资金的回笼速度。但不论是化工厂还是炼铁厂，此前都是先发货后付款——这也是那个年代的“惯例”。

如此，突然转换“风格”，一些客户刚开始难以接受。但事在人为，业务人员费尽口舌，力陈产品质量如何好，价格又如何优惠，最终，不少客户被敬业产品的超强性价比所吸引，趋利而来，“两无”经营终于打开了局面。

有人会想，这种“薄利多销”带来的利润又不高，企业能维持下去吗？李赶坡给出了回答：“如此运作，看似每吨生铁少卖了50元，但回收的950元现金太顶用了。当时所有厂家都急缺现金，用950元现金甚至可以购回价值2000元的原材料。付50%的款拿100%的原料，对方已经很满意，甚至付30%的款就可以运走100%的原料先用着。非常时期，企业只要现金流充沛，看似薄利，实则利润丰厚。”

“两无”经营让敬业集团在危机中也过上了“好日子”，产品迅速流通，资金快速回笼，即便敬业集团在十个反危机项目上投入了大量资金，但资金始终充沛而流畅。“两无经营”结出了大量硕果：1999年，敬业集团化工厂在产量翻一番、销售额大增的情况下，没有补充流动资金，不但运转流畅，还保证了热电厂建设的投资。而敬业集团炼铁厂在2号高炉投产后，只补充了500万元流动资金，就确保炼铁厂走上了正常的生产经营……

而身处危机中的部分厂家，仍然没有转过脑筋，货发不出去先囤着，款收不回来先欠着，消极而被动，最后就“失血过多”倒掉了。

敬业集团的“两无经营”其实是大多企业都向往的理想的经营模式，只是大多企业觉得实行“两无经营”难度大，阻力重重，因此一直不敢尝试。敬业执行“两无经营”取得的成功让这些企业也看到了希望，纷纷效仿。但是，直至2002年后，国内整个市场环境才逐步过渡到“款到发货”的阶段，成为主流企业普遍实行的结算方式。“货到付款”这一具有中国市场特色的阶段永远尘封在了历史中。不得不说，“两无经营”虽是李赶坡在特定历史条件下的经营战略，现在看来，却是市场经济发展的必然结果。敬业因为前瞻性地提出并严格执行，走在大多数企业的前面。说是敬业开创了国内“两无经营”的先河，一点也不为过。

这让笔者想到了一个故事：两个人一起去森林，同时看到老虎。其中一人急忙穿上跑鞋，而另一个人说："你别穿了，你跑不过老虎的。"穿跑鞋那人说："我不需要跑过老虎，只要跑过你就行了。"

在商业环境中其实也是一样的"老虎效应"。如果在市场上让竞争对手抢先，也会蒙受巨大损失。落后者不得不奋起直追，付出的代价常常远比领先者大很多，而且还不一定能够追上。市场竞争同行中生存空间有限，常常只有第一胜者为王，其余败者为寇，没有太多犯错空间，如同逆水行舟，不进则退。即便大家都穿跑鞋，还要比赛谁跑得更快，因为跑得越快，被老虎吃掉的可能性越低。

所以，敬业集团应对危机的"两无"经营，就是在别人没带跑鞋时，先预备了跑鞋。在别人没穿跑鞋时，他们已经穿上跑鞋。当大家反应过来都穿上跑鞋时，他们却已然领先。

在保持"两无"经营的良性循环下，敬业集团反而加大了生产力度，动用一切资源力保生产，让自己的现金流更加充沛。

李赶坡的"活血"战术——"两无"经营，不可谓不高明。专业的不良资产处置公司，在"救治"企业时，往往采取的就是"活血化瘀"的手法，只要一家企业的生产经营可以正常运转，那么缓口气、疏通下血管，都可能让它"起死回生"。而此时，这家公司的一切精力都应放在生产经营上，活血还是为了自行造血。此时的李赶坡还没有接触过类似的金融知识，但却已独创出一套理念并付诸实践。

## "止血"和"造血"

接着，就是"止血"。比如，在设备采购上，卢增元、焦保贵把一分钱掰成好几瓣来花。同时，在焦保贵等人的摸索下，他们的一些独特做法，更体现了“高手在民间”。安装设备一般都需要吊车，但租用吊车需按里程收费，而且只要一起步就开始计算里程。为了节省这笔费用，敬业炼铁厂竟然发明了土办法：使用卷扬机和倒链安装了多个炉顶设备。

建设2号高炉时，同样为了节省设计费，焦保贵自己画图纸、自己设计，一些标准件也由敬业的设备加工厂“临摹”制作。“2号高炉的设计图纸依然是‘拼凑’出来的。这里找点，那里找点，有时不符合实际情况，我们还需进行调整和修改。”焦保贵说。

即便焦保贵后期建设了大大小小20多座高炉，甚至有的已达1500$m^3$，在全国无人可比，在回答笔者“回望这么多年，您觉得公司在哪个阶段最艰难”的问题时，焦保贵仍然说：最艰难的时刻，是敬业集团2号高炉建设的过程。

这正是“大干九八年”的“十大项目”之一，焦保贵之所以觉得艰难，就因为资金更加紧张，而此次的高炉配置不能再像以往那样“减配”，所以从采购到安装，每一环节都得费尽口舌，费尽脑筋。

“买不起碎石子，于是便去大理石厂家拉下脚料，买回来后再用破碎机自己‘制造’。这样不用掏钱啊，费点功夫与省钱相比，我们宁愿选择费点功夫。”焦保贵说。

的确，搞成自己的，好调度控制，也能省钱。2号高炉的土建队伍依然用的是敬业炼铁厂自己的人马。焦保贵回忆说：“因为你去外面找一家土建队，先得预付一笔资金，进度还不确保，所以我们当时就地在附近农村的招人，自己施工。我们的工期速度也是别人比不了的。”

最后就是“造血”。彼时，敬业集团副总经理张永海因严重的心脏病做了心脏支架手术，出院后，他仅仅在家休息了三天，便拖着大病初愈的身体回到工作岗位。为统一全员思想，鼓舞大家的士气，张永海数次召开班组长以上干部会议，研究克服生产瓶颈的对策。随后，“顾大家舍小家、克服困难渡难关”的标语贴在了生产第一线，工人们情绪高涨，斗志昂扬，只为生产出更多的产品，为公司快速“造血”。

敬业集团的生产记录显示，1998年5月4~6日，生铁日产量都达到了

280吨以上，5月6日更是达到了284.29吨，创下了炼铁厂投产以来的最高纪录——要知道，数年前这个数字达到170吨，所有员工就欢呼雀跃了。

有了融资、采购、生产、销售等方面的通力配合，有了全体员工的艰苦奋战，“大干九八”的十个项目顺利地推进着：医药化工二厂、污水处理项目1998年初即动工，拉开了“大战九八”的帷幕。当年6月1日，二号高炉破土动工。四天后，医药化工三厂也开始动工。7月20日、25日，招待所和加油站分别开工建设。8月17日，化工厂二氧化碳分厂开工建设。8月21日，热电厂开始建设。9月15日，二号焦炉开工建设，10月5日，综合服务部破土动工。最终，所有的项目里，除二号高炉、二号焦炉和热电厂外，另外七项工程都在1998年完成了！

## “舞步飞旋，踏破冬的沉默”

转眼间，到了1998年底，敬业集团的“相约九八”，究竟能否“舞步飞旋，踏破冬的沉默”，继而“相约在甜美的春风里，相约那永远的青春年华”？

是年12月16日，在“动员令”发出仅仅7个月后，李赶坡带领中层干部在敬业集团厂区内四处查看，参观这一年来全体员工通力合作的建设成果。站在厂区最高处，一个个新建成的工程映入眼底，所有人都有些激动，难以掩饰自己内心的喜悦，金融危机带来的阴影早已一扫而光。短短7个月间，敬业集团就按照既定计划，收获了硕果，创造了中国商业史上一个不小的逆势发展的奇迹。

随后，在1999年的5月、7月，2000年的1月，敬业集团2号焦炉、2号高炉、发电厂全部投产运行。至此，“大干九八”的十个项目全部顺利投产，目标圆满达成。

而李赶坡预估的营收翻番是否实现了呢？数据显示，1997年，敬业集团年营收为14000万元，1998年达到了16905万元，1999年更是达到了22090万元，基本完成“翻一番”的目标！

经过测算，“十大项目”在常态下至少需要投资7000万元，而在非常时期，敬业集团总计投资4000万元便完成了所有项目的建设。

2000年后，经济明显好转，生铁开始涨价，“十大项目”产生了很好的经济效益。“从1988年投建化工厂到1998年，我们奋斗了10年，产值仅达到1.6个亿，到了2000年，产值就达到了3亿多元，彻底翻了一番。有句话说‘方法总比问题多’，而最高境界的‘方法’，不应只是能解决问题的办法，而应是能把问题、危机转化为机会的举措！”李赶坡说。

相应地，敬业集团纳税额也翻了一番，从500万元增加到了1000万元。同时，“十大项目”在增加了产能和利润的同时，还挖掘了潜力，比如，二氧化碳厂将每吨水杨酸的生产成本下降了400元，2号高炉让每吨生铁的生产成本下降了130元，发电厂则产生了此前未曾有过的效益——这些“想到然后做到”，让所有敬业集团员工信心倍增，这么大的坎不仅“跨”过来了，还迈了几个大台阶，以后，还有什么艰难险阻是克服不了的？

松下电器创始人松下幸之助曾说:“危机和良机本质上是一样的，只要你改变观念，重新评估，趁机下手，危机就会变成良机。”“九八”一战，让敬业集团真正把危机变为良机，危机变契机，危机变先机。通过逆势大幅合理扩张，敬业集团极大地提升了企业的硬实力，实现了大发展、大跨越。此战让敬业集团这架战斗机，在爬升期飞过乌云密布的天空，进入了相对平稳的平流层，为今后的平稳发展打下坚实的基础。而后来，利用危机逆势发展，甚至“不放过”任何一次危机，成为敬业集团与众不同的闪光之处。

就在“大干九八”的同时，李赶坡又调高了敬业集团的发展目标，将相关规划做到了2000年。1998年10月底，李赶坡在一次对外讲话中说，“投产八年来，我集团年年有想法，年年有举措，年年上项目。到2000年，我公司的产值将由现在的2亿元增至5亿元，使敬业集团不但在河北省取得举足轻重的地位，而且称雄华夏天地，使一方人民的生活水平更上一层楼。”

企业发展，永远像逆水行舟，不进则退。机遇并不是仅仅偏爱有准备的人，而更是偏爱有想法而有准备的人。后期，成本低、效率高、产能大、运转速度快，这些要素都造就了敬业集团强大的市场竞争力和商业护城河。亚洲金融危机的阴霾散去后，管理粗放、缺乏规划、不重视创新的竞争对手相继倒闭关门，而敬业集团却朝着自己的宏大目标，继续奋力前行着。

# 第五章 从铁到钢

游到上层，正面竞争 / “承钢学艺”：化悲痛为力量 / 补齐资金缺口“让能干者来干！”/ 钢坯出炉：要请能人、要零缺陷 / 找个“好婆家”：借力宝钢 / “外人”靠得住吗？一文定乾坤！

亚洲金融危机的“寒冬”维持了许久，让中国不少民营企业第一次体验到了“危机”的可怕，经历此次磨炼后，挺过来的企业，都有了些“剩者为王”的感觉。思路决定出路，在危机中不退反进的敬业集团，通过逆势发展让自己的体量猛然翻番，就像青春期猛长身体的孩子一样，充满了活力与激情。

而这个时候，一个足以改变中国经济发展进程的大事件发生了。2001 年的 11 月 11 日，那时候电商还处在萌芽状态，“光棍节”也还遥远，但就在那一年的“双 11”，在卡塔尔首都多哈，中国签署了加入世界贸易组织的议定书。

中国对入世作出了两项庄严承诺：遵守国际规则办事，逐步开放市场。整整一个月后，中国正式加入世界贸易组织，成为其第 143 个成员。

世界贸易组织与世界银行、国际货币基金组织并列为现今全球最具广泛性的三大国际经济组织之一。其主要职能有三：制定并监督执行国际经贸规则，组织各成员进行开放市场的谈判，建立成员间的争端解决机制，因而被喻为“经济联合国”。

加入世界贸易组织，是中国深度参与经济全球化的里程碑，标志着中国改革开放进入历史新阶段。自此，国内经济进入了发展的快车道，各行各业都表现出强劲的发展势头。

而 2001 年，也恰好是中国实施“十五”计划第一年，国家继续实行积极的财政政策和稳健的货币政策，发行国债 1500 亿元，用于基础设施建设和西部大开发，有力地拉动了国内钢材需求的增长。一时间，中国钢材消费强度（单位 GDP 消费钢材量）出现较大上涨，国内钢材产销量均创历史新高，钢材价位也有较大幅度提升，各路钢铁企业如沐春风，享受着这场饕餮盛宴。

敏锐觉察到形势变化的李赶坡又开始了方向性的思考：办了这么多年的企业，还没见过如此好的形势。危机都“利用”上了，这样难得的机遇，岂能错过？

李赶坡觉得，这是让敬业集团跨越式发展千载难逢的好时机，他准备让敬业集团再迈一个当时看起来还是有些高的台阶：炼钢。

## 游到上层，正面竞争

彼时的敬业集团，市场竞争力并不强大，只有三座炼铁小高炉。因为没有炼钢项目，所以只能“坐看”钢价的一路上扬。当时的钢铁行业，维持着民营企业主要炼铁，大型钢企主要炼钢的状态。而产业链的后端，才是高附加值、高利润的区域。就像一个混养的鱼缸里，食物从上洒落，上层鱼没有吃到的，下层鱼才能抢几口吃一吃。

是甘做鱼缸里的下层鱼，还是改变习性甚至基因，勇于游到水面上方正面竞争？是抱着小富即安、偏安一隅的思维，甘心继续在一个小县城里做一家四平八稳的小企业，还是成为一家海内外知名的伟大企业？是继续只做粗加工，为铸造企业和大型钢企供货，还是攒足劲，一跃跳进技术难度更大、附加值更高的炼钢行业？

有着超强决断力和预判力的李赶坡，显然只会选择后者。不但要上炼钢，还得与时间赛跑，排除一切困难，抢上炼钢项目——一是与时间“抢”发展速度，二是与同行“抢”市场。

其实，上炼钢的想法，李赶坡早就萌生过。1999 年，李赶坡就为上炼钢项目做过铺垫，在当年 5 月注册了钢铁公司，他只是在等待时机——就像一粒种子，在等待顶破土壤所需的水分和阳光一样。

现在，蓄积了两年的力量，是时候“爆发”了。

“有铁没钢不行，有钢没材不行。”2001 年 6 月的一天，李赶坡在办公室当着几位高管的面，开门见山地说。

其实，这么大的决策，李赶坡并没有扩大范围探讨，而是只叫来几位核心高管商议。敬业集团有一个决策优势，那就是李赶坡不会轻易提想法，但只要提出来，大家都知道这一定是深思熟虑后的想法，甚至也专门做过市场调查，所以“做不做”往往很快就进展到了下一步“怎么做”，不像有的企业在“拍板”上就会耗费大量时间和精力。

所以，几位高管无一人提反对意见，即便有人觉得这并非易事。王国太对此回忆说，“李董事长决定要上炼钢项目，其实就找了我们三四个人开会，会上立刻拍板决定上炼钢，分配了各项工作，就开始了炼钢项目的建设。在建设过程中遇到问题时，李董事长就带领我们一同研究解决。这么重大的事情，有的企业最少也得一个月才能定下来，但敬业一直就有着‘迅速反应，马上行动’的企业文化，想办什么事情，立刻决定，立即执行。”

“发展是硬道理，企业不仅只是单一产品上规模，而且要谋求纵深发展。炼铁只是冶金行业中最简单的低级加工，企业要寻求突破，只有上炼钢！而现在市场高涨，是上炼钢的最佳时机。此时不上，更待何时？”李赶坡提高嗓门，进一步阐释了自己的想法，在说最后一个反问句时，甚至可以听出一些激动和急迫。

高明的棋手，往往会交叉论证一步棋落子的正确和必要，同时也会算好未来几步该怎么走。李赶坡继续论证，并给出了远期的计划：“由于几年来的不断发展，我们才有了今天的规模，今天的实力。试想如果我们不发展，没有二号高炉，没有三号高炉，没有发电厂，没有烧结机，我们只有孤零零一座高炉将是什么局面？炼铁厂还存在吗？所以我们必须千方百计求发展。发展了才有实力，有了实力才能大发展，最终是实力决定一切。50 万吨炼钢是第一步，三年内达到 100 万吨炼钢规模是我们的近期目标。只有达到 100 万吨，我们在炼钢行业才有一席之地，才有生存的可能。”

听了这些，众高管的情绪被迅速点燃，大家群情激昂、议论纷纷，但很快，又转回了冷静的分析。最后，敬业集团决定：抓紧时间建设 30 吨转炉一座，计划年产钢坯 50 万吨。

这又是一项全新挑战，做企业，似乎永远就是和自己过不去，永远在爬坡，永远在攀登。

## “承钢学艺”：化悲痛为力量

与以往的化工项目、炼铁项目一样，资金、人才、技术以及国家政策等又像是一座座大山，横在李赶坡等人面前。不过，整个团队经历了这么多的磨难，已有了超强的抗压韧性，同时具备了应对各类问题的丰富经验。有路修路，无路开山，再不行“扎硬寨、打呆仗”般避开一时无法解决的困难绕路走。总之，在敬业集团这里，已经决定的事，就必须马上做，而且必须做成，不成功便成仁。

炼钢项目需要征地 500 余亩，为了尽快完成这项艰巨的任务，相关负责人员不分昼夜地进村进户与周边百姓们沟通。因为沟通不分时间，一些住在附近的干部员工也随叫随到，尽自己的所能加快征地工作。加上政府部门的支持，很快，用地问题就迎刃而解了。

炼钢项目除了专业技术人才，还需要一大批懂技术的操作工人。但对外招聘显然是来不及的，所以为了培养储备人才，敬业集团为炼钢项目专门招考了180名高中毕业生。

紧接着，2001年7月底，这批刚刚参加工作的新员工和部分老员工组成200余人的队伍，由时任炼钢厂副厂长、现敬业集团常务副总经理曹喜军带队，北上前往承德钢铁公司学习和实习。

在进行了为期一周的安全知识学习后，“炼钢学习团”的成员们被分到了炉前、连铸、天车、自动控制、仪表、水泵工等岗位，分别跟随承钢的师傅上岗实习。

后任敬业集团副总兼乌钢总经理的史二明当时在供应处上班，也被抽调到“炼钢学习团”中。他回忆，学习团队初到承钢，在吃穿住行方面都极不适应。当时承德的天气已经转凉，最低温度接近0℃而且昼夜温差很大。还没到供暖时节，入住的旅馆里外一个温度，到了晚上大家都冷得睡不着觉。而更大的问题是吃饭，相比平山县来说，承德的物价水平已属较高，每个人的生活费基本就刚够两顿饭钱。另外虽然两地都属河北省，但饮食习惯还是有较大差异，加上“团员”们几乎都没有出过远门，一时间水土不服，有的人不免产生了想家的念头。最后史二明再三请求旅馆老板能捎带着给他们做饭，这一问题才得以缓解。

尽管环境陌生、水土不服，但曹喜军当时要求，“炼钢学习团”必须体现出敬业的精神风貌。“炼钢学习团”住的旅馆距离承钢大约有5公里，按照规定，“团员”们必须每天提前1小时排队进入承钢。于是，承钢的员工们惊奇地看到了一个令他们耳目一新的场景：一群青涩脸庞的人组成整整齐齐的队伍，朝气蓬勃，齐唱着《敬业之歌》，清晨前来，深夜离去，即便是大风雨雪天气，即便气温下降到零下十几度，也从不间断。

一位承钢师傅感到纳闷，说：“坐公交车5角钱，又快又不冷，多合适，何必受这苦呢？”“我当时什么也没说，这不仅仅是5角钱的问题，而是一种锲而不舍的精神，一支整齐而有力的队伍代表着敬业员工的形象。”史二明回忆说。

“炼钢学习团”也给当时的承钢注入了全新的活力。刚开始，当“团员们”向承钢的老师傅们请教问题时，他们总会说：“没什么，时间长了就懂了。”

“到底是不愿教，还是他们不懂？时间长，需要多长呢？”史二明心里暗自思忖着。他又想道：既然是来学习技术的，不能坐以待毙，做徒弟的不都是先“打杂”再学艺吗？我们用行动去感化师傅们，或许他们就会传授技艺了。

于是，史二明号召大家不要等师傅说，要眼里有活，主动去“打杂”。“每次接班前，我们都会主动将岗位卫生清扫完毕，随着时间的推移，一些堆积很长时间的室外垃圾也逐步被清理完毕。起初，师傅们装作视而不见，几天后，他们说：‘别干了，这些活不用你们做’。但我们仍然坚持打下手，十多天后，厂区环境变得干净明朗。承钢的师傅们也向我们投来了赞许的目光，他们口中的‘不知道，没什么’也没有了，而是开始手把手地传授技艺。”史二明说。

“炼钢学习团”的良好精神面貌，让承钢的领导也大为赞叹。“团员”们就像渴求知识与技能的海绵一样，饱吸着炼钢各个环节的技艺。

然而，谁能料到，正当“炼钢学习团”铺平道路，如饥似渴地学习炼钢知识时，一场灾难却突然来临。

2001 年 10 月 12 日，是敬业集团发展史上一个让人无法忘记的悲痛的日子。当天晚 21 点左右，在连铸车间实习的 4 名敬业集团员工正专心致志地看着师傅们操作，突然随着一声巨响，钢包内钢水大翻，整个平台一片火海，几名员工来不及躲闪，刹那间被钢水烧得面目全非。4 名敬业集团员工中，两名员工不幸当场身亡，另两人受重伤。此次事故中，承钢工人也有重大伤亡。

事发后，曹喜军连忙给李赶坡进行了汇报，边说边哭。李赶坡非常震惊，痛心疾首，过了许久，才哽咽着对曹喜军说：“我们每个人必须面对这残酷的现实，为了避免事故进一步恶化，要做好两方面工作：稳定员工情绪；全力抢救伤员，处理好善后事宜。”

随后，李赶坡立即联系张永海，决定谁去第一线，谁留单位。张永海说：“帅不离位。你留单位，我带队去处理现场。”

“当时虽然有手机，但信号不是很好，晚上九点多听到BP机响了，就知道有重大的事情，因为除非有急事，否则不会这个时间去打BP机。我赶紧跑到手机信号好的地方，回了电话。”敬业集团副董事长王国太，向笔者还原了当时他得知噩耗传来的情景。“让我们抓紧准备好，马上开车去承德。”

敬业集团当天晚上第一时间派出张永海、王国太、周喜明等集团领导赴承钢处理事故，安抚、慰问实习学员。而那天天气不好，雾气很重，但为了尽快赶到承钢，几个人坐的车飞快地疾驰着。

但没想到祸不单行，当汽车行驶到保定附近时，因为能见度低，加上又是晚上疲劳驾驶，张永海等人坐的车在一处施工路段直接撞上了土堆。车被撞得变了形，无法继续前行，张永海的额头也被撞破了。万般无奈下，他们只好在荒无一人的公路上等待敬业集团派出的下一辆车。而等到车赶来时，天已经蒙蒙亮了，张永海等人顾不上吃饭、喝水，换了车又直奔承钢而去。

赶到承钢后，张永海等人直接来到了病房。没有片刻的休息，几个人立即分头投入工作中。他们一边和承钢方面配合，处理工亡员工的后事，一边揪心地关注着重伤员工的抢救工作。当晚，张永海、王国太、周喜明三人又是一夜未睡，陪伴在重伤员工左右。但遗憾的是，一位重伤员工还是没有抢救过来。

遭受如此打击，这些初出家门的年轻员工显然都吓蒙了，一时人心动荡，恐怖笼罩在每个人心头。张永海等人决定分头去旅馆慰问实习员工。

“事故残忍地夺去了三个工友宝贵的生命，这无疑给身在异乡的我们一个沉痛的打击。大家在痛苦、惊吓和恐惧下都产生了回家的念头。”史二明回忆说，“每到一个房间，看到的都是一张张木讷的脸，一双双含泪的眼。我不知道说什么，也不知道该怎么说。但悲伤终究解决不了问题。我连续几天和员工们在一起交流，白天讲，晚上说，后来由于太焦急，嗓子几乎发不出一点声来。”

经过反复的沟通交流和心理疏导，最终，大部分员工都选择了坚持。

数天后，敬业集团处理完工亡员工的后事，李赶坡赶赴承钢看望实习员工们，天气进一步转凉，他特意让办公室采购了一批棉衣随车带去。

在承钢宾馆，李赶坡与实习员工们聚餐。刚开始气氛有些沉闷，李赶坡逐一给大家敬酒，实习员工们的脸上逐渐露出了笑容，话也多了起来。当时，李赶坡鼓励大家说："你们身在异乡他地，背井离乡，为敬业的明天奋斗着，敬业感谢你们！在残酷的现实面前，大家能坚持下来，毫不动摇。事实证明，你们已成长为一名合格的敬业人。希望大家化悲痛为力量，尽快掌握技术，相信有了你们的努力，敬业的明天一定会更加辉煌！"

多年后，李赶坡回忆起这段惨痛经历，仍然倍感心痛："看到死者家属撕心裂肺的痛哭，内心感到极大的愧疚。心想宁可不办企业，也不想发生此等事故。这应是我一生中比较黑暗的时段。几位副总都极力为我减轻压力。"

"10·12 事故是残忍的，但大部分员工都意志顽强地挺了过来。这些员工后来都成为炼钢的骨干，有些还调到其他单位任职。这是敬业集团培养出的最坚强的一批骨干。"李赶坡说。

虽然此事发生在承钢，但此后李赶坡也把安全问题提到了首要地位，并提出"不安全不生产"，不分大小事，都以安全为第一要务。一位中层干部安排员工把三楼窗户的玻璃擦一下，恰巧被李赶坡看见，他立即叫停并批评了这位中层干部："咱们的窗户年久失修，外边风这么大，如果员工失手掉下去了，怎么办？安全问题一提再提，你怎么能这么大意？今天这件事你有责任，所以罚款一千元，以便让你记住安全的重要性。"

敬业集团领导的关怀和鼓励，让学员们逐渐走出了事故的阴影，平复了情绪。承钢也开展了一系列安全生产教育和自查行动。学员们关注的焦点，再次回到了"学技术，学本领"上。

2001 年 10 月 26 日，当敬业"炼钢学习团"重新以整齐的队伍出现在承钢厂区时，承钢师傅们更加刮目相看，纷纷感慨说："敬业年轻人了不起！在这么大的打击面前都没有退缩。"

"经历过劫难后，他们更加爱护和支持我们，更加精心地传授技艺。我们也倍加珍惜这来之不易的学习机会，班上学实践，班下学理论。每周组织两次讨论，大家相互学习交流。"史二明回忆。

史二明对于同事李志远的一段学习故事记忆犹新：在学习炉前取样时，李志远拿着样勺插入炉中，第一次没有成功，第二次取样时，手套竟然被炉火烤着了，但他忍着疼痛、咬着牙坚持，终于将钢水取了出来。但脱下手套，发现手上已被火烙了一道焦痕，更可怕的是脸也被火烤的通红。师傅说："取样时，脸不应正对着炉口。否则会被烤坏的，你休息几天吧。"但第二天，李志远还是准时出现在了炉前，昨天通红的脸上，已然翘起了白皮——显然是要彻底脱一层皮了。

看着敬业集团的实习员工都如此热爱自己的工作，并且有这么强烈的求知欲望，承钢的师傅们被打动了。从铁水成分、加料化渣、查看火焰变化、调整枪位到测温取样等炼钢全套工艺，他们都毫不保留地传授给了"团员"们。

渐渐地，"团员"们从"旁边看"逐渐变为"跟着干"，再变为"师傅看着干"，最后在变成"自己独立干"。数月后，到了分别的时刻，一位承钢的师傅动情地说："你们短短几个月就有如此大的进步，非常了不得。你们是所有在承钢学习过的学生中进步最大的，相信只要你们努力，以后的技术水平肯定会超过我们。"

就这样，"炼钢学习团"返程了，不少人都在承钢留下了深刻的"印记"：烫灼的伤痕手上有，脖子上有，甚至胸前都有。更深刻的无形"印记"，是学来的炼钢技艺，在炉前、连铸等环节，实习员工们大都具备了基本的独立操作能力，可以说，他们准备好了！

2002 年 5 月，近 200 名"炼钢学习团"成员返回了敬业集团，正逢炼钢项目在建设厂房，他们也立即加入了工程建设队伍当中。按照不同分工，这些年轻人被编成机动队，或平整场地，或修筑道路，或挖排水沟。

史二明回忆，当时一项工作是改造一条"晴天扬灰路，雨天水泥路"的坑洼土路，主要任务是平路面、挖排水沟。在一篇追忆文章里，史二明写道："时值盛夏季节，太阳无情地炙烤着大地，大家面朝黄土背朝天，一锹一锹地填土，一镢一镢地刨石片，汗水湿透了衣服，渴了到路边喝自来水，饿了啃口干馒头，中午就在厂房边的土地上休息。”

而在协助挖排水沟时，为确保不损坏电缆，在距离电缆还很远时，他们就让挖掘机停下，然后手工劳作，镐凿锹铲。烈日之下，每个人都挥汗如雨，甚至手上都磨出了水泡，为的就是确保万无一失。

随后，一项更加艰巨的任务落在了实习员工们的身上。水泵房土建工程完工后，要将近10米深、30多米宽的水泥柱脚手架拆除，为了给设备安装赶时间，要求两天内完成，而专业的建筑队拆除也要三天时间——时间紧，任务重，怎么办？

看着横竖交错的铁管，年轻的实习员工们愣住了，感觉无从下手，而且地方狭小又危险，必须注意安全。掌握了方法后，史二明等人分两班轮流干，男员工拆卸，女员工搬运。“当时大家都没有杂念，只能听见铁管与扳手、铁管与铁管的撞击声，男员工手上的血泡一个一个的增加，女员工肩膀上布满了铁锈，还被汗水浸透。大家全力以赴，最后仅仅用了20个小时就拆完了全部铁管。”史二明说，“几个月艰苦的环境、超负荷的工作，都磨炼了我们的意志，大家毫无怨言，更没有人当逃兵，只想着尽快完成任务。”

敬业“炼钢学习团”艰难甚至令人悲痛的求学历程，充分说明了一个道理：专心致志于一行一业，不腻烦、不焦躁，埋头苦干，克服千难万阻，一个人的人生就会开出美丽的花朵，结出丰硕的果实。

## 补齐资金缺口

就在“炼钢学习团”在承德学习的同时，炼钢项目的土建工作也紧锣密鼓地展开了。但很快，一个棘手的问题出现了：炼钢项目原计划投资1.28亿元，但由于预算时没有将11万伏变电站、煤气柜考虑进去，实际数额并不止这个数目。但这两个辅助项目也必须要同步施工，否则，炼钢生产线就根本运转不起来。

如此，就有了2000万元的巨大缺口。彼时的钢材市场，每吨的价格以日均100元的速度猛涨着，如果选择继续融资，或者等公司有了这笔资金，再去投建这两个项目，损失不可估量——本来能赚到的钱，却要眼睁睁地看着它“溜走”。

此前，李赶坡饱尝过因设备问题导致化工厂难产，继而导致错失大好市场的苦果，这次，他绝对不能再让炼钢项目耽误了进度。李赶坡和几位高管商量后，决定将公司现状开诚布公地告诉所有员工。

2002年5月6日下午3：00，在敬业集团炼钢项目施工现场，走来了一支浩浩荡荡的队伍，他们参观了占地1500平方米的炼钢车间、4500平方米的制氧站和11万伏变电站，不禁啧啧赞叹。原来，这是敬业集团组织开展的“集团上炼钢，我们怎么办”活动。300余名班组长以上干部参观完热火朝天的建设工地后，在炼钢指挥部前的空地上，李赶坡讲了几句话：“一，不上炼钢项目，集团死路一条；二，集团上炼钢，全社会在支持；三，每个人都应该问问自己‘集团上炼钢，大家做贡献，我该怎么办’；四，炼钢要集资，自己做得怎么样。各单位会后安排全体工人来参观，每个人都要看看炼钢项目的进展，值不值得投资。”

关键时刻，敬业集团员工士气高涨，挺身而出，凭着对敬业炼钢项目的信任，员工们主动想办法为炼钢集资。

有的员工卖牛、卖猪、粜粮，甚至还有员工把给孩子盖房子娶媳妇的钱也拿了出来。

各个岗位上的员工们都明白，此时就像划龙舟一样，只有大家齐心协力一同使劲，才能有更大的加速度。当时，“高炉专家”焦保贵也拿出了5000元集资。“大家都朝着一个目标努力，不会去想这件事会不会成。一旦往这方面想了，可能还就干不成了。”焦保贵说。

能用众力，则无敌于天下矣；能用众智，则无畏于圣人矣。没几天，炼钢项目2000万元的缺口就被填补上了，筹集来的资金很快让项目得以正常运转。

“当时大家都对炼钢项目增强了信心，员工郄新方卖掉积存多年的麦子和三头牛，加上借款，筹集3万元。员工张朝文把家里当时急用的钱拿了出来，还有的员工把准备盖房子的钱也拿了出来。”即便这么多年过去，李赶坡还清清楚楚的记着这些员工的名字，他感慨说，“他们可都是庄稼汉、老百姓啊，他们把自己想到的都做了。所以说敬业集团就是由广大员工一砖一瓦砌起来的。大家对敬业炼钢项目无私的支持让我非常感动，暗下决心要报答这些可爱的员工。”

## “让能干者来干！”

炼钢，表面上看只是炼铁产业链上的更进一步，但技术工艺实际上十分繁杂，任何一个环节出现小纰漏，整个局面便会失控。

“炼钢是科技含量非常高的项目，天上的卫星，深海的潜艇，大到机械装备，小到圆珠笔芯，不同的钢种都在炼钢环节产生。所以上炼钢除了资金，最大的障碍是人才。”因此，李赶坡觉得，操作工人可以自己培养，但技术领军人物，必须从外面聘请。

小米雷军有句名言：“找人不是三顾茅庐，找人要三十次顾茅庐。”为什么企业家都在不惜一切代价找到“牛人”“大咖”？ 因为一个核心人才，往往就可以决定一项事业的成败。

敬业集团当时需要的这个技术领军人物，必须在项目建设初期就参与进来，否则会导致工程进度缓慢。

这个任务又落在了张永海的头上，那时还没有“猎头”一说，而且全国都在大上钢铁项目，技术人员普遍稀缺。经过四处打探，张永海“三顾茅庐”，才邀请到曾任邢台钢铁副总经理的王明臣加盟。

王明臣曾建设过邢钢的炼钢厂，技术经验丰富，管理能力也很强。他到来后，被敬业集团任命为炼钢项目的总指挥，负责整个炼钢项目的建设。

王明臣深感责任重大，但他本来就是典型的拼命三郎，往往早晨 6 点到工地，晚上 10 点开项目碰头会，而且时间观念极强，安排工作总是按分钟计算。比如，有一次安排办公室主任在某天晚上九点十分前买回所需要的办公用品。他对下属要求也极为严格，规定哪项任务在某个时间完成，就必须按节点完成，否则不会给好脸色看——这对于敬业集团不少农民出身的员工来说，自然是一种考验。

有一次，王明臣组织一个临时碰头会，规定了晚上 9：10 召开，结果到点了却才来了几个人，不少人迟到了 10 多分钟。王明臣严肃地说："对于生产企业来说，时间就是效益。任何一项工作都必须按时间节点完成，否则有任何一个流程出问题，都会出大问题！"

所以，工作严谨、一丝不苟的王明臣的到来，产生了鲶鱼效应，给敬业集团带来了很多全新的观念和做法。

独木难成林，王明臣随后又利用各种关系聘请来了五六十名技术人员，让每个岗位都有了熟练工，并且建立了"师傅带徒弟"的制度——这可不是嘴上说说，师傅和徒弟要签约，同时要举办仪式感很强的拜师大会。这样对双方都有了约束，师傅教得认真，徒弟学得也快。这一制度立竿见影，收效极佳。所以至今，凡是外聘的技术人员，敬业集团的员工们都尊称其为"师傅"。

多年后，李赶坡评价王明臣对规范管理所起到的作用时说："炼钢厂没有王明臣等一批优秀管理人才和技术人才的到来，就不可能'一投则顺'。要知道，邢钢、宣钢的炼钢都折腾了好几年才成功。所以我们必须大胆引进人才，更为重要的是引进总经理主持全面工作。一位人才搞活一个项目，救活一个企业。各项目、各公司的总经理，如果没有干到全行业最好，也无望干到全行业最好，干脆就主动引进总经理，交出生产经营权。敬业人是在成就一番事业，所以每位干部要有极大的包容心，让能干者来干，带领敬业发展。"

一个组织一把手的视野、格局和能力，决定着企业发展的高度。因此，无论是外聘人才还是内部提拔，带头人是最重要的。显然，若不想让带头人成为组织发展的天花板，就得不拘一格降人才。

土建和设备方面，敬业集团已经锻炼出了一支招之即来，来之能战，战之必胜的队伍。但炼钢是大项目，占地面积庞大，当时炼钢厂主厂房及制氧车间、风机房、翻渣间、水泵房等辅助工程共占地 2 万多平方米，地形复杂，给施工带来很大困难。张永海、负责土建的张青海、负责设备的王国太，与设计、施工单位不间断沟通，一同克服了各种不利因素，夜以继日地推进工程，保证了工程进度。

值得一提的是，为了充分调动建设人员的积极性，凝聚起每个人的智慧和力量，炼钢项目指挥部专门制定了一整套管理模式和严格的奖惩制度，通过科学的管理来为炼钢项目的推进保驾护航。

2002 年 4 月 14 日，时任石家庄市市长臧胜业来敬业集团考察 50 万吨炼钢项目，给整个炼钢项目团队带来极大的鼓舞，大家的干劲更加足了。

## 钢坯出炉：要请能人，要零缺陷

经过一年多的辛苦筹建，敬业集团的炼钢项目终于大功告成。2002 年 11 月 2 日中午 1 时，炼钢厂的第一炉钢水炼成，倒入钢包之中。天车起重机吊起钢包，轻轻放在大包回转台上，水口打开，浇入连铸。不多时，钢坯出来了，缓缓地从辊上滑下，平躺在冷床上，一条，又一条……这意味着敬业集团炼钢项目一次试车成功，面对火红的钢坯，不少员工内心充满了喜悦，激动的泪水夺眶而出，这可是整个团队一年多的心血。

当时，李赶坡感慨说：“炼钢给了我们两点经验：第一，要请能人，要尊重人才。炼钢这么复杂，光我们自己能搞成吗？第二，要零缺陷。之前，因为氧枪有问题没出成钢，也因为擎动出了故障没出来钢，可见出一点小毛病都不行，工作中一定要追求零缺陷。”

拥有了炼钢生产线后，在敬业集团发展的关键时期，推崇“零缺陷”显得尤为重要。在谈到这个话题时，李赶坡曾经用了这样一句话：“跌断一个马蹄，损失了一位将军，输掉了一场战争，灭亡了一个帝国。”这句话是有历史佐证的，其事发生在英王查理三世身上。1485 年，里奇蒙德伯爵与其争王位，理查三世的坐骑因缺少一颗钉子而没有钉牢马蹄掌，战争中马蹄跌断，理查三世被俘，被迫退位。为此，莎士比亚曾说过一句名言：“马，马，一马失社稷。”

“随着企业的发展，规模越来越大，形成一个长长的链条。每个厂、每个车间、段，每个岗位，每个工作人员都是链条中的几环或一环。一环出现问题，整个链条断裂将不能运转。从采购、烧结、炼铁、炼钢、制氧到出产品，要经过许多工序。不论是烧结还是炼铁、制氧，一个环节出问题就会造成全集团停产，而这个环节的问题就出现在一个人身上，这是越来越严重的问题，缺陷是一，损失是十、是百、是千、是万。所以必须采取有力措施，使工作达到零缺陷。”李赶坡对全体员工说。

2002 年 11 月 19 日，敬业集团一期炼钢热试投产剪彩仪式在炼钢车间二层平台举行，首钢、承钢、石钢等近 40 家单位莅临祝贺。敬业集团自此进入了新的发展阶段。

而因为此次炼钢项目投产及时，赶上了市场红利期——钢材价格依然维持着每天 100 元左右的涨幅。随后，钢坯价格逐渐从 1700 元 / 吨上涨到 4000 元 / 吨，敬业集团也坐拥水涨船高之利，迎来了一段难得的高速发展时期。

## 找个“好婆家”：借力宝钢

其实，早在炼钢项目投产前，敬业集团就为自己生产的 50 万吨钢坯找到了一个“好婆家”——这是利用高涨的市场情绪，“实弹侦查”的又一个升级版。

2002 年，国家再次发行 1500 亿元长期建设国债，主要用于在建的国债建设项目和西部开发项目，钢材市场行情一路高歌猛进。钢铁贸易商四处抢货，钢材当时成了“硬通货”，谁手里有货谁就有话语权。

敬业集团的50万吨钢坯产能，自然吸引来大量经销商，一个个争先恐后、胸有成竹，拍着胸脯要包销50万吨的钢坯，并答应预付货款，甚至纷纷开出各种优惠条件。

李赶坡一看市场形势如此大好，产品如此“不愁嫁”，便想着50万吨的“宝贝钢坯”不能一卖了之，而是要为其找个“好婆家”，甚至要一石二鸟，为继续上马二期炼钢项目和配套炼铁项目筹措资金，让敬业集团充分借力，顺势壮大。

所谓谋略，就是考虑做事的顺序和节奏，逆风上高度，顺风加速度。李赶坡一直认为，无论是逆风还是顺风，无论市场低迷还是高涨，都是企业发展的良机，唯独市场平稳时机会才相对较少——就怕“没风”。比如，市场低迷时，敬业集团会低价购进大量生产资料储备，市场高涨时再用自己的产品赚取高额差价。

同时，李赶坡似乎永远有着不同于常人的逆向和辩证思维，产品好卖时，反而不让它“好卖”，最终还是为了让它卖得更好。

李赶坡并没有答应任何一家送上门的小型贸易商，而是主动出击，四处寻找大客户合作。他派出几路业务员，分别到华西村、大邱庄、宝钢等处联系业务——行情越是好，有知名度的地方和大集团，越有聚集效应。看来，敬业集团的50万吨钢坯，非“豪门”不嫁了。

当时主管销售和融资的周喜明联系到了宝钢下属的浦东国际贸易公司。这家贸易公司果然产生了极大兴趣，专门派人到平山县考察敬业集团。看到敬业集团的企业文化如此大气，同时员工都有一股冲劲和干劲，对方便当场决定与敬业合作，并邀请李赶坡到上海详谈。

2002年9月，李赶坡赶赴上海，没想到一见面，浦东国际贸易公司的总经理张口就问:“敬业再上项目有多少资金缺口？”

利他，其实就是在双赢甚至多赢。李赶坡在路上就估算过，计划上马二期炼钢一座 50 吨转炉，再上一座 400 立方米高炉，除了自有资金外，尚缺 6000 万元。

所以，李赶坡立即回话说："给 6000 万元预付款，就把 50 万吨钢坯包销给你们。"对方二话没说，当即拍板，双方签订了预付定金、投产后按出厂价包销产品的合同。根据合同规定，宝钢浦东国际贸易公司先期预付 1000 万元——这可是雪中送炭的 1000 万，炼钢项目的建设资金后期没有"断粮"，项目得以顺利完工，与此有很大关系。炼钢项目投产后，浦东国际贸易公司每月除了支付货款外，还额外多付 1000 万元，敬业集团则把资金占用利息通过钢价让利给对方。

通过这种互惠互利的方式，宝钢贸易公司实现了加大贸易量和增强话语权的目标，敬业集团则达到了资金链充沛、加速度发展的既定目的，双方都是大赢家。

后期，敬业集团通过巧妙、合理的"融资"，充分发挥资金的循环效应，将该公司累计支付的 1.7 亿元资金用在了刀刃上：50 吨转炉、400 立方米高炉纷纷建成，企业规模再次翻番。

当年，香港之所以能迅速走向繁荣，一个重要原因就是能和外国的大公司合营，借力于他们的品牌、原料、市场，再加上自己便捷的交通、优越的地理位置，从事加工制造，终于成为"四小龙"之一。而敬业集团借力宝钢，不将产品简单一卖了之的做法，显然充满了战略智慧。

这就是典型的"借鸡生蛋，下蛋还钱"运作模式，自称对金融不太懂的李赶坡，其实极为善用资金，并且总能在关键时刻多想几步，用超前谋略甩掉同时起步、同样努力的竞争对手，让敬业集团加速度向前奔跑。

2003 年 5 月 24 日，正值"非典"疫情肆虐时期，但敬业集团还是在刚刚建好的敬业公园内，召开了"感谢员工为炼钢集资一周年大会"。

一年过去，敬业集团的炼钢项目已步入正轨，员工们也开始获得相应的收益。面对 1800 多名参与集资的干部员工，李赶坡做了题为《敬业集团的历史是众志成城的历史，是荣辱与共的历史》的讲话。他说道："敬业集团的地理位置并不优越，敬业集团的资金、人才、技术又非常匮乏。在此条件下，何以成长起来一个如此庞大的企业？靠的是什么？靠的是敬业人对事业的必胜信心，靠的是敬业人的坚强意志，靠的是敬业人众志成城、荣辱与共的伟大精神！”

讲话期间，李赶坡还向员工深深鞠了一躬，他深知敬业集团的发展离不开每一位员工的辛苦付出和非凡贡献。

随后，就地开始了“千人大聚餐”，因为“非典”时期饭店都关门歇业，所以只好采取这种“露天席地”的方式。餐食由敬业宾馆操办，每人一份套餐，一旁的啤酒则堆砌如山，所有员工可尽情畅饮。

“当时场面热烈，欢声雷动，体现出了敬业的凝聚力。我不怎么喝酒，那天也被大家给灌晕了。”李赶坡笑着说。

## “外人”靠得住吗？一文定乾坤！

炼钢项目建成后，生产经营都很顺畅，但令李赶坡没有想到的是，内部管理却出现了一些令人不愉快的事情。

为了上马炼钢项目，敬业集团先后从外部挖来了多名技术型人才，随着时间的推移，外聘人才和本地员工的矛盾爆发了。外聘的炼钢总经理布置工作，下级打折扣，有的明着不听，有的暗地里不执行，还有的干脆请病假回家不干了。外聘干部感到下级有意识对抗，有的失去信心，有的闹情绪甚至说不干了！

“王明臣等技术人才给企业带来很多新的东西，人也挺好，但他们也遇到了很大的阻力，连我都感觉到阻力很大。当时炼钢总经理安排工作，能落实50%就不错，有时也不是不执行、搞破坏，而是观念不一样。比如炼钢总经理说买三台水泵，用两台备一台，这是大企业正常的思维。我们过去一直资金紧张，所以有人说两台就够了，为什么买三台？炼钢总经理说万一哪天用坏一台怎么办，总要应急。总之都有道理，一个讲究高技术高水平的装备，一个讲究艰苦奋斗、吃苦耐劳，所以两种观念碰撞得很厉害。”李赶坡给笔者分析说。

其实此事并非仅仅由外聘人才引起，而是早有伏笔。

此前，2001年11月，敬业集团首次集中招聘了近30名冶炼、钢铁、化工等专业对口的大学生。当时，虽然敬业集团有了一定规模，但毕竟平山地处偏远，对大学生的吸引力有限。李赶坡觉得，要想吸引大学生来这个偏僻之地，必须得有吸引人的条件，否则谁都想在大城市工作。按照他的理念，给人才的待遇一定会让对方极为满意，所以敬业集团给出的优厚条件就是，大学生按照自己的期望值填写日值工资，于是他们有的填“40”，有的填“50”、“60”，最终敬业集团都满足了他们的期望。

没想到的是，此事在敬业集团内部掀起了轩然大波。要知道，在当时一个普通工人的工资不过是五六百元，副总级别也不过一千余元，而这些初来乍到的大学生，刚刚毕业工资就上千元，怎么能不引起议论和质疑？随后，议论转化成牢骚，又进而转化为对这些大学生的反感、排挤。但令人欣慰的是，这些大学生很快以极强的专业素养及工作能力，在各自的岗位上发挥出了极强的战斗力。不过即便如此，不解和不满一直在持续发酵着。

可以说，李赶坡极为重视人才，甚至到了求贤若渴的程度，我们可以从王国太还原的一个故事中，窥豹一斑：“那是1995年6月，我们开始动工建设第一个小焦化厂，但没有任何的经验。于是李董事长带领我们去邯郸一家焦化厂考察。期间遇到了一位技术师傅，李董事长就上前去攀谈，了解了一些技术问题后，他还问这位技术师傅待遇情况如何，并且介绍了我们这边技术人员的各项待遇情况，同时说‘我们很需要您这样的技术人才啊！’”

当时，李赶坡回顾了此前敬业集团引进人才的历史，可以说，没有这些技术型人才，敬业集团不可能有如此好的发展：化工厂创业阶段，就请来宋恩鹏、魏忠义二位师傅，水杨酸产品能够顺利生产，与两位师傅的努力密不可分。后期，他们又引进了几位化工专业的大学生，攻克了水杨酸变红的难题。

再后来，由于有了李银周等大学生的努力，才使水杨酸年产量达到 25000 吨，成为全球第一。上炼铁项目时，李赶坡请来了马存祥，才使高炉得以投产。随后，又请来了焦保贵这一高炉建设能手，才将残缺不全的设备加以改造。紧接着，又陆续聘请了严用之、费兆骅等专家，高炉才得以顺利运转。上炼钢项目时，毫无基础，刚开始，敬业几个本土干部牵头，但最后发现难度超乎想象，工程进度缓慢，才决定聘请高人来相助。张永海不辞辛苦，三次去邢台请炼钢专家王明臣。王明臣被张永海的诚心所打动，方来到敬业集团负责炼钢项目的建设。

“可以说，一个新建项目的成功与能否请来高水平的技术人员有决定性的关系，请对了人，项目就成功；请错了人，项目就失败，这是千真万确的真理。”在回顾了敬业集团聘请外部专家的历史后，李赶坡得出了以上的结论。

王明臣来敬业集团之后，就任炼钢公司总经理，人、财、物全权接管。当时就有不少人质疑：刚请来的“外人”，靠得住吗？

但李赶坡始终认为，企业要上一个新台阶，不能没有高端技术人才。同时，在技术人才使用上，必须有所突破。而王明臣直接担任炼钢公司总经理，就是一个体现，也象征着敬业集团大量聘请、重用技术人员的开始。原来请来的技术人员，基本只管技术不负责管理，即便有时给个行政头衔，也名不副实。所以，精通炼钢技术、组织能力又强的王明臣，成为首个“一肩挑”的综合型人才。

但王明臣给炼钢公司带来新气象的同时，显然也会让一些本地员工感到不舒服。最直观的表现，就是开会汇报工作。之前，有的干部文化水平不高，汇报工作时随便写几句就了事，而李赶坡也觉得这些干部都属于“能干不能写”的类型，也就没有过多提出意见。王明臣上任后，开始做了示范和表率。其他干部汇报工作也变得有条理起来，发言材料也写得越来越“走心”。一方面，这是一种暗自模仿和学习，另一方面，是担心产生对比，让自己相形见绌。

同时，自外聘技术人才到来后，李赶坡说话做事也变得比之前谨慎。“他们来自五湖四海，有各自的价值观，我不论办事讲话必须让大家满意，更不能让他们挑出错来，说我这个老板水平低，所以我也提高了许多。”

可以说，正是因为外聘人才让本地员工离开了自己的“舒适区”，他们才变得“不舒服”起来。

当时，看到双方几乎到了水火不相容的地步，李赶坡开始反思：到底是哪里出了问题？从表面上看，有三大“冲突”：一是外聘师傅待遇高，当地人挣得少，与技术人才有较大差距，所以不满意。一些老员工说：“我是跟着董事长‘两万五千里长征’过来的，才挣这么点工资。为什么他们刚来就比我们高好几倍？”二是当地人认为自己是“创业元老”，有功劳，不愿把领导权都交给外聘人员。甚至有这样的说法：“外聘人员来了只知挣钱，哪会爱敬业？”三是当地人认为外聘人员花钱大手大脚，都是“败家子”；外聘人员认为当地人“土包子”，没文化，目光不长远。

李赶坡接着反思：“究其根本，这是价值观的问题，是敬业企业文化的问题。”于是，李赶坡决心统一大家的价值观，让敬业集团的企业文化更加开放、包容。他召开了大大小小各种会议，做本地员工的思想工作。

紧接着，李赶坡再次发挥当过政治老师的优势，洋洋洒洒写下一篇逻辑缜密的文章《浅谈经济活动中的人》。文中把人分为三类：体能、技能、智能。指出由于培养人的成本不同，人的价值不同，当然待遇也不同。“显然，外聘人员都是科班出身，又在国营钢铁企业经过多年的历练，有的从业十年以上，有的任副总、厂长之职多年。这一点本地人无法相比，也无法赶上。我还表达了这样的意思：本地人如果能搞好炼钢，工资又低又敬业，我何必花高薪聘请技术人员呢？外聘人员来不是吃白饭的，是帮助本地人建设敬业的。本地人非但不能排挤，还要欢迎他们，感谢他们。”李赶坡说。

李赶坡这篇文章将近2600字，有理有据，深入浅出，现在读来仍有启示意义。

## 一、经济活动中人的分类

生产力的先进程度决定经济发展的快慢，人是生产力中最活跃的因素，那么经济活动中起决定作用的就是人。经济活动中的人不经男女老少区分，以能力与作用区分。

在经济活动中，根据人的能力和分工不同，把人分为体能、技能、智能三种类型。三种人在经济活动中扮演不同的角色，缺一不可。体能即主要靠体力劳动去实现自己的价值，文化不需太高，智要身体健壮，肯卖力气即可。体能人群中，也有灵巧、笨拙之分。肯卖力气，肯动脑筋的人是好的体能者；只有力气不动脑筋的体能者是较差的体能者。技能者即掌握和使用一定技术的人，这些人主要靠技术来实现自己的价值。在技能人群中，技术好坏差异特大，因此实现的价值也就大大不同。智能者靠应用知识和智慧来实现自己的价值，这类人中有的是高级科技人才，有的是高级管理者，好的智能工作者作用是极大的，可以产生极大的价值甚至推动社会发展。

三种人的区分不是绝对的，而是互相渗透的，体能工作者中有技能、智能的成分；技能工作者中有体能和智能的成分；智能工作者中也有体能和技能的成分，只有根据三者所占比例不同而区分。

## 二、培养不同人的成本、价值和报酬

培养体能、技能、智能三种类型人的成本不同，三种人的价值不同，因此也导致了报酬的较大差别。

培养一个体能工作者只需要基本的生活条件、教育条件。长大成人，一般文化程度，身体健康，外加比较简单的技巧培训即可成为一个体能工作者。按现在农村条件，从出生到初中毕业，年满18岁，生活费用每年1500元，共计27000元；教育费用小学到初中约10000元，共计37000元左右的培养成本。而培养技能人才要上到大专毕业。要再上三年高中、三年大专，共计6年，生活费、教育费大约平均每年6000元左右，共计36000元，那么培养技能人才的成本是7.3万元。显然技能人是体能人培养成本的两倍，而实际上呢还不止如此，还有很多教育设施比如电脑等。培养智能工作者还要继续上本科，上研究生，再加五年学历。这五年最低要花去10万元，如果出国深造，就要花费三十到五十万元。如果仅按10万元算，智能人才的培养成本达到17.3万元，是技能人才的培养费用7.3万元的2.5倍，是体能工作者培养费用的5倍。

三种人的贡献也是不同的，一个体能工作者靠自己的体力和简单技巧工作，就是一个大力士，不过动用几百公斤的东西，你是一个武士也不过打倒十几个人。而一个技能工作者他开了一列火车，一艘轮船运送的是几千吨几万吨货物；战争中他使用高级武器，是导弹。能打到几千里之外，能杀伤几万人、几十万人。那么智能工作者发明了电一下子改变了世界，研究出了原子弹能消灭半个日本。请看三者的作用是多大的不同啊！社会是这样，企业不也是这样吗？一个好的经理厂长能使单位产生效益，工人多挣工资。一个差的经理厂长可能导致一个企业倒闭，几百人、几千人没饭吃。

另外，还有一点是不可忽视的，高智能和高技能型的人除了正常工作外，因有较多的知识，就会产生较复杂的思想，这些思想要变成议论。许多人有了议论共识，就会改变现状，推动事物发展。在企业就会推动企业前进。体能或低技能者日复一日，年复一年，重复干自己应干的活，由于知识较少，不易产生新的思想，较少产生推动企业发展的动力。对管理者来说，一般的喜欢管理低技能的人，这些人知足、事少、好管，不愿意管智商高的人，那些人永不满足，不安于现状。这也说明了一定的道理。

三个不同智商，不同抱负的人当泥瓦工。有人问第一个人你在干什么？答：我在砌砖。问第二个人答：我在建房子。问第三个人答：我在建本城市最漂亮的建筑。几年以后，第一个人还是瓦工，第二个人成了建筑师，第三个人成了设计师。三个不同智商的人，出现了三种不同的结果。

由于三种人的培养成本不同，贡献不同，就必然导致收入不同。从表面上看体能工作者收入最少，智能工作者收入很多，高几倍、十几倍。而实际上呢，按贡献和收入比例，智能工作者收入再高也比体能工作者占的比例低。因为体能者收入不能太低，还要维持生活。高智能者的贡献太大不可能按体能的比例去挣钱，太多的钱是没有用，也要奉献社会。

也有另一种问题存在，智能、技能高的人，收入不一定高。这是供求关系问题。大家都学电脑，都学会计，人才用不完，待遇肯定高不了。另外现在体能人和低技能的人多，而高智能的人很少，都去找高智能，当然这些人待遇就高了。

还有一种问题是在本单位工作中培养出的人才，是本单位培养了你，你自己没有学习成本，所以待遇也不一定高。因为单位把你当作了主人，你也把单位当作了自己的家。

## 三、经济活动中要三种人并存，缺一不可

经济活动中，三种人缺一不可，只有三种人的紧密配合才能构成完整的经济活动。但是三种人中高智能人是起主要作用的。哪个国家没有体能者，哪个企业没有体能者？为什么有的国家富裕发达，有的国家贫困落后，有的企业能成为世界500强，有的企业就垮了呢？关键是那些企业有一批高智能的人，有高智能的管理者，有高智能的科学家。而有的国家和企业就没有这些人或没用这些人，所以就发展得慢，就落后。

从我国的情况看，国民普遍文化低，受教育不够，所以有充足的体能和低技能人力资源，这些人在十亿人口的农村来说太多了。但由于没有高智能的人去组织去领导，所以这些人发挥不了作用。像江苏华西村出了个吴仁宝，办好了华西村，带富了一片老百姓，还可能引来好多人才。那么，没有吴仁宝的地方怎么办。要请一个吴仁宝，吴仁宝高智商，还可能引来好多人才。所以我们现在是体能、低技能人到处都是，而高智能、高技能的人远远不够，如果不请来高智能、高技能的人才，我们怎么能去发展呢？我们怎么能提高档次呢？一个全部用初中毕业生生产水杨酸的化工厂和一个用三分之一初中、三分之一高中、三分之一大学毕业生的化工厂结果会一样吗？

当然高智能、高技能的人也可能有这样那样的缺点，人无完人，金无足赤，一些体能者对高智商人往往崇拜备至，结果发现这些人也有缺点，甚至某些方面还不如自己，就大失所望。这些问题要从三个方面克服：一是高智能高技能人要高风亮节，为人师表；二是对任何人的看法也不能求全责备，允许他

们有缺点，重在看工作能力，对企业贡献；三要重新审视自己的立场看法，自己是否正确。

三种人中共同点主要有两点：一是都认为自己是敬业人，都想为敬业做贡献；二是每种人都有自尊心，都愿意被人尊重，而不愿意被人低看。所以在这个大家庭中缺什么人引进什么人，互相尊重互相配合，干大家都想干好的事——敬业集团的事业。

随后，敬业集团让全体员工反复学习《浅谈经济活动中的人》，开各种会议进行研讨，矛盾逐渐缓解，思想逐步扭转。经过一段时间的学习，原来部分牢骚满腹的员工逐渐明白了其中的道理，为自己当初目光的短浅、心胸的狭隘感到惭愧。他们意识到，作为敬业集团的一员，更要站在集团长远发展的大局考虑问题，与各类人才紧密配合，共同做好工作。

“反复交流了很长时间，至少有一年多，大家一直在写体会，最后表决心支持外聘师傅的工作。”李赶坡说，“海尔张瑞敏就说管理即借力，我也一直认为企业不能凭一己之力发展，要靠借力才行。当时这个状况确实是一个坎儿，好在我们顺利地迈过去了。”

后来，敬业集团的烧结、炼铁、炼钢、轧钢板块，都由外聘技术人员担任一把手，彻底改变了过去请来技术人员只管技术的做法，更大地发挥了技术人员的作用，挖掘了他们的潜力。

一家企业，尤其是一个大集团，最忌讳的就是派系，最应杜绝的就是拉帮结派，很多企业都是因此而解体的。员工偶然的一次小错，管理者既往不咎可以彰显宽容大度的胸怀，但“派系”是一件影响公司整体氛围的大事，绝不容小觑。因此，拉帮结派、党同伐异都应该是不能容忍的行为，管理者如有发现应第一时间进行处理，否则任其发展必然会动摇企业的根基，当公司进入到“团体大战”时，组织的土壤自然会发生板结，公司也将失去活力，挽救也来不及了。

此时，管理者必须给出明确的态度，为员工打造良好和谐的工作氛围，让团队内不再有不满和敌对。而管理者处理此问题的方式，直接影响着员工对他的看法，管理者是想在员工心中建立一个公正严明的形象，还是一个偏听偏信的形象，其实全在他的一念之间。

我们可以看到，李赶坡通过一篇“醒脑”的文章，让所有员工的价值观发生了改变，不仅从根本上解决了外聘人才与本地员工的矛盾，还更进一步，继续聘请并重用了大量高素质的技术人员，外聘人才也以优异的表现，最终赢得了全体员工的尊重与支持。这为后期敬业集团的飞速发展奠定了坚实的管理基础，否则，一旦形成派系，一旦矛盾激化外聘人才一走了之，整个团队关注的焦点从“业务”转为“人物”，那么我们今天可能就看不到敬业集团屹立于“世界 500 强”之林了。

## 第三篇

# 第二次反危机：发力 2008

# 第六章 逆势一跃

灰暗时刻：多重危机四面夹击 / 三招解决内忧外患 / 不做则已，做则至全：直销铁军奔赴全国 / 度过危机：阳光总在风雨后 / 剑指千万吨 / 敬业产能史，就是一部董事长激励史

2004 年起，敬业集团进入了一段飞速发展期。

为提高产品附加值，敬业集团在 2004 年开始建设轧钢棒线材生产线，发展至今已拥有连轧棒材生产线八条及高线生产线一条，是全球大型螺纹钢生产基地。

2005 年，为了继续拓宽钢材品种，提升产品竞争力，敬业集团又投资 14 亿元建设了中厚板项目，这一项目的投产是敬业集团发展史上又一重要里程碑，对于平衡钢铁产能、提升利润率等都具有十分深远的意义。

2008 年，随着两座新高炉的顺利投产，标志着敬业集团的钢铁产能已经达到了 500 万吨，用李赶坡的话说，敬业当时已经成为一个“庞然大物”。

就在此时，一场危机再次悄无声息的来临。

2008 年金融危机带来的巨大影响和冲击，许多人记忆犹新。这场危机早在 2007 年就埋下了伏笔，2007 年 4 月，美国第二大次级房贷公司——新世纪金融公司的破产就暴露了次级抵押债券的风险。从 2007 年 8 月开始，美联储作出反应，向金融体系注入流动性以增加市场信心，美国股市也得以在高位维

持，形势看来似乎不是很坏。然而，2008 年 8 月，美国房贷两大巨头——房利美和房地美股价暴跌，持有“两房”债券的金融机构大面积亏损。美国财政部和美国联邦储备系统被迫接管“两房”，以表明政府应对危机的决心。

但接踵而来的是，总资产高达 1.5 万亿美元的世界两大顶级投行雷曼兄弟和美林相继爆出问题，前者被迫申请破产保护，后者被美国银行收购。这一系列突如其来的“变故”使得世界各国都为危机而震惊。华尔街对金融衍生产品的“滥用”和对次贷危机的估计不足终酿苦果。

全球钢铁行业受到严重冲击，国内市场也一片风声鹤唳，有的钢材品种的价格跌势比“腰斩”还严重，并且有价无市，一片萧条。

由于国际市场需求严重萎缩，钢材出口大幅度下降，造成全国钢材库存猛增 10 倍，继而导致钢铁价格持续下跌，整个行业盈利面发生恶化。而相应地，企业的库存原料、半成品、成品的价格统统缩水一半以上，不少企业不堪重负以至停产。

敬业集团的产品价格也被迫急速下跌，中厚板由原来的 6400 元 / 吨下跌至 3000 元 / 吨，螺纹钢从 6000 元 / 吨跌至 3200 元 / 吨。而由于铁矿石、铁粉价格一路下跌，致使敬业集团 60 万吨的铁粉库存眨眼间缩水 6 亿元。

危机又一次在不知不觉中来袭，敬业集团这次又将如何应对？

## 灰暗时刻：多重危机四面夹击

“2008 年金融危机来了以后，其实国内企业的感知普遍是慢半拍的。”回想起那个天空似乎都有些灰暗的阶段，李慧明说，“当时我分管采购铁矿石，常规价是 160 美元每吨，忽然有一天，三大铁矿石出口商的一个销售老总给我打电话，说有一船铁矿石有朋友要不了了，你们能不能接？我说如果价格合适，可以考虑。结果对方报价 120 美金每吨，价格一下降了 1/3。当时我们还挺高兴的，说从来没有买过这么便宜的铁矿石，结果不久铁矿石价格就狂跌不止，最低的时候跌到了 50 美金每吨。”

事实上，当时危机的多米诺骨牌，已然从欧美倒向中国，只是中国企业彼时还没有完整经历过一次经济周期，对于危机的嗅觉不够灵敏。

“到了 2008 年 10 月以后，感觉钢铁市场有些疲软了，敬业一位销售副总每天差不多接待十多位客户，都是来要货款的。”李慧明回忆说。

李慧明口中的“要货款”，其实有着极为复杂的背景。

此前，极度繁荣的房地产市场，产销强劲增长的汽车市场，机械设备和家电产品的旺盛需求，都支撑了中国钢铁业的大发展。特别是 2000 年后，中国钢铁产业发展势头越发迅猛，2001 年到 2008 年间，钢产量年均增长率达到 20%，其占全球钢产量的比重从 17.8% 提高到 38.2%。2007 年，中国粗钢产量排名世界第一，甚至比第 2 名到第 8 名的日本、美国、俄罗斯等 7 个国家的总和还要高。2008 年，尽管国家之前已出台相关产业调控政策，中国粗钢产能还是一路攀升至年产 6.6 亿吨。

人们统计发现，在过去的 30 多年里，中国的钢材消费与 GDP 总量同步增长，而且明显地受到投资的拉动。在此期间，钢铁贸易成为一个暴利生意，20 世纪 90 年代，一吨钢材甚至可以赚上千元，后期，每吨钢材的利润稳定在数百元。但钢铁贸易需要大量的资金支持，一单生意往往需要货款的数倍资金支撑后方可顺利完成。所以，银行起到了很关键的作用。当时，银行与钢铁贸易商也逐渐摸索出了一套看似互利多赢的放贷办法，被称为“赎货”，钢贸商借此极大地放大了资金杠杆，撬开了更大的市场——在钢铁贸易鼎盛时期，这一做法很快普及开来。

钢铁市场一片向好之时，谁手里有货谁就有话语权和定价权。很多钢材经销商为在敬业集团锁定货源，需要先全额付款，才能拿到订单。所以当时敬业集团的账面上经常有一个月的钢材销售预付款，大约有 20 亿。敬业集团也合理运用了这笔资金，将钢铁产能提升至了 500 万吨。

“2005 年敬业轧出了螺纹钢，几乎全部是靠贸易商来销售。签订合同，打进预付款，取货。贸易商的货款至少能用15天，极大地缓解了资金压力。由于当时钢材市场一直上涨，贸易商只要能拿到货就有利润，这些贸易商成了中国最有钱的群体之一。这种模式一直沿用到2008年金融危机的到来。”李赶坡回忆说。

的确，金融危机突袭之后，钢材市场瞬间瘫痪，与之前相反，谁手中货越多谁亏得越大，后知后觉的经销商一拥而上，纷纷把存在敬业集团的货款取走，不到半个月的时间，一共取走十几亿元——跟风，然后谣言四起，放大恐慌，钢材经销商的这些行为无异于给危机的火苗上添柴。不过，这也由不得他们，他们身后也不知有多少银行在追债。

“记得有一天，有9位南方的客户在办公室里围着我，让我们给出解决方案，我感觉实在不能出，否则亏损就太大了。接下来一个一个的做工作，后来适当做了些补偿，他们也慢慢理解了。”李慧明回忆当时的场景说。资金突然“熔断”，交货也成了难题。“金融危机来了之后，最大的问题在于交货变得极为困难，钢铁价格腰斩，本来是1万吨的货，最后得交付2万吨，所以交货压力非常大。”

这只是噩梦的开始，更为可怕的是，银行的“抽血断贷”。为保全自己，减少风险，越来越多银行加入到对钢铁业抽贷和限贷的行列，从钢贸商到钢厂再到矿业公司，信贷全面收缩。

同时，各路银行担心贷给企业的钱收不回来，纷纷要求提前归还贷款。石家庄一家银行就抽走了敬业集团5个亿贷款，让敬业的资金链雪上加霜。同时这家银行正准备整体上市，想借机减轻负担，以便让“报表”好看，私自把一些良性贷款上报为不良贷款，其中就包括敬业的几笔贷款，致使敬业集团上了银监会的黑名单。因为是银行私下恶意操作，敬业当然毫不知情，直到发现每家银行都对他们“敬而远之”，才觉得哪里似乎不对劲。追查此事根源，方知敬业集团已经上了金融系统的黑名单。“晴天打伞，雨天收伞”的银行，在危机面前毫不留情，绝不心慈手软，他们“一刀两断”式的抽贷断贷，成了压垮不少企业的最后一根稻草。敬业集团一直重视信誉，从未拖欠过银行利息，也未延期归还过贷款，而当时这家银行的恶意做法，把敬业集团推到了悬崖边上。

部分银行还玩起了惯有的忽悠把戏，告诉企业先还款，然后承诺放更多的贷款，结果企业提前还了贷款，最看重信用的银行却永远不再提自己许下的承诺。

敬业集团当时就“上了当”，某银行承诺给敬业贷款增加一倍，由5000万增加到一个亿，催着赶紧办手续。因原来双方合作很好，敬业集团也不多想，办完手续即把5000万贷款归还，等着增贷到一个亿。结果可好，一个亿没影，5000万也泥牛入海了。

要知道，因为金融危机造成钢材暴跌，敬业集团为了讲信誉归还这5000万，不得不在钢材的价格冰点抛出货物，相当于付出了一个亿的代价。

“在毫无准备的情况下，这真能要了企业的命。”事实上，李赶坡对于银行的这种做法一直很反感，他曾经说，“银行是市场好了赚企业利息，市场差了狠命抽贷，保全自己利益，不少企业倒闭都跟银行抽贷有关系，起码有60%的企业通过输血是可以活过来的。其实企业困难了，银行应该扶持一把共渡难关，应该给企业充足的‘换气’和‘缓气’时间。毕竟企业发展好了，银行才有利息可赚，这才是扶持实体经济。”

因此，李赶坡与资本之间，也始终保持着一定的距离，既合理利用，也从不被资本所左右。2008年金融危机后，李赶坡了解了日本企业的“蓄水池”理论，从那以后，敬业集团的资金运作，基本都符合这个理论，十分稳健。

稻盛和夫年轻的时候仰慕松下幸之助已久，有一次专程参加松下先生作为嘉宾的企业家论坛。当时很多日本企业家慕名而来，一睹松下先生的风采，求取经营圣经。当时大家最关心的一个问题就是怎么将企业做好，松下先生说，需要构建企业的“蓄水池”，无论天气如何变化都能保证有水喝。参会的人问如何建造企业的蓄水池，松下先生回答说他也不知道怎么构建，只是知道一定要构建“蓄水池”。众人对这个回答非常失望，等于什么都没说一样，但就是这个回答，像黑夜中的一道闪电击中了稻盛和夫。

其实，企业应急资金即内部储蓄金就是“蓄水池”，这一直是优秀日本企业坚持的一个法则。日本企业之所以饱尝危机还能够延续千年，很重要的一个原因就是给自己留有足够的应急资金，同时不盲目扩大规模。危机期间，有些难以为继的企业会从银行等处贷款度日，而优秀企业则会取出之前在盈利期间积累的内部保留金，从而让企业免于陷入倒闭境地。在日本，那些真正有实力的企业，基本上能持有员工一年所有薪酬5倍的资金。有了这样一笔内部保留金，在漫长的危机期间，即使销售额为零，企业还是可以保障员工的生活，并能够继续发放足额薪资。

“我们现在也差不多，内部储蓄金能达到5倍员工的工资，做企业一定要稳，不能高杠杆、高负债。”李赶坡告诉笔者。

这都是经历过风雨之后的稳健做法，2008年的那个灰色时刻，客户抽货款，银行抽贷款，双重压力重重压在敬业集团头上。做企业最怕“失血”，而当时的情景，相当于大动脉出血了，另一头还在抽着血，情况之危急，可想而知。

彼时，敬业集团资金链已然断裂，钢材市场四面楚歌，敬业此前也要求不能过多囤积生产原料，而他们当时已无力购买生产原料，料场空旷如野，高炉处于半停产状态。

“采购人员到处找关系欠账购买焦炭、铁粉，业务员除了外出催货，就是在料场等救命的原料到来。来一车焦炭，业务员会抱着司机大哭！‘我完成任务了，高炉终于可以不停产了！’这是兴奋的哭，是感激的哭，谢天谢地高炉没有停产。”李赶坡如此描述当时的情境，他当时每天起床，第一件事就是拉开窗帘，看看敬业集团的几个高炉还冒不冒烟了。

“当时仅电费就拖欠了1个亿。”康雪元回忆说，以前合作愉快的电力局，在金融危机前电费缓交几个月都可以，但是危机来了之后，1个亿的电费每天派人上门催要，强硬地说不给就要断电。

当时，敬业集团的流动资金真是“按天计算”的。“迫不得已的情况下，我还去找了平山县的相关领导，给领导说明情况后，县财政给我们紧急补助了

5000 万借款，相当于补充了两天的流动资金。”李慧明说。

极度恐慌下，有一些经销商担心敬业集团还不起钱，扬言不还钱就把业务员的儿子绑架了，不择手段威胁敬业。

当时，李赶坡的女儿恰好从公司辞职陪孩子到新加坡读书，谣言以此为基础添油加醋，演变成“敬业老板携款逃到国外了，女儿先去打前站”“李赶坡被要账的吓得躲起来了”等漫天飞舞的负面议论，甚至此事还被某小报报出，影响极为恶劣。敬业集团坚持不了多久了，敬业大厦将倾的谣言一浪高过一浪。

谣言犹如伤口上撒盐，加剧了形势的恶化，更多不明真相的客户蜂拥而至，有的谈赔偿，有的要欠款，有的更是无理取闹。来自各方面的压力让敬业集团的生产经营难以为继，敬业犹如风雨飘摇中的危楼，似乎一切都变得无解……

## 三招解决内忧外患

“不能再这样下去了，必须果断应对！面对人心惶惶的局面，必须亮剑面对。”李赶坡心想，他随即召集所有高层开会。整个高管团队历经了 18 年的磨砺，对于克服困难，信心十足。但李赶坡在分析了问题的严重性后指出：敬业要活，不但要活，还要发展！

“当时敬业已经有 500 万吨钢铁产能，规模已经不小了，这么大的‘庞然大物’，如果‘趴’下来，再起来就比较困难。所以我们说什么要让他‘挺着’，不能‘趴下’。我一直觉得市场变化并不可怕，我们以不变应万变的砝码就是：永远比别人做得好一点，就能够在市场上生存。”李赶坡告诉笔者。

李赶坡当时就意识到，此次经济危机不同于 1997 年的亚洲金融危机，有三个突出的特点：第一，危害大。美国经济崩溃给全世界经济造成极大的危害。第二，时间长。国内钢铁与国际市场息息相关，只有世界经济复苏了钢材市场才能好转，因此要做好打持久战的准备。第三，范围广。此次危机涉及全世界，不只是钢铁行业，各行各业都受影响。

同时，李赶坡做了一番分析，在国内同行中，敬业集团比任何一家都有战胜危机的优势。比如，钢铁规模超500万吨以上的大型钢铁企业，一般都用“协议价”进口铁矿石，即受价格波动影响较小——按照规则，这种协议价必须长期使用。而受危机影响，进口铁矿石的价格远远低于“协议价”。此外，敬业集团距离山西最近，焦炭运输方面更有优势，而过去主打海外市场的企业，现在都只能在国内销售，优势随即消失。所以，无论是原料还是运输，敬业集团都比其他企业有便利条件，危机一点儿也不可怕。

经过深思熟虑，李赶坡觉得必须从三方面入手，方能从当时的困局中突围：第一，解决员工信心问题；第二，解决客户信任度问题；第三，从根本上解决资金问题。“我首先要让员工有坚定的信心，先把内部搞定，再去做外部的工作，击破那些谣言。”李赶坡告诉笔者。

## 第一招：团结员工，激发斗志

自从“大干九八年”收获硕果后，敬业员工都不再惧怕危机，但此次危机更加来势汹汹，更需要高昂的斗志和统一的思想。

李赶坡觉得，正所谓“上下同欲者胜”，必须让全体员工步调一致，共同发力，创造出更高的加速度，方能逆水行舟。而如果直接采取开大会的方式，显然只能带来压力，而激发不出动力。所以，李赶坡突发奇想，他决定用一场全员参与的文艺表演活动来提升士气，命名为“反危机保敬业”文艺汇演。

“各种节目轮番上演，传递正能量。我还上去打了一套自学的武当太极剑，一来证明我人还在，没有跑，也没病；二来证明我老当益壮，年虽六十，尚能舞剑。最后回看录像，发现没有一个招式是对的，但提振信心的作用达到了就行。”李赶坡笑着说，当时给手里拿的剑还取了一个名字，就叫“反危机敬业剑”。

李慧明也带领销售团队表演了大合唱，雄赳赳的动作、嘹亮的歌声，给员工的内心世界注满了力量。

预热之后，再开大会。2008年10月9日，敬业集团召开了“反危机保敬业、人人做贡献动员大会”。李赶坡要求全体员工统一思想、统一行动，确保敬业安全度过经济危机。

“危机来了，我们怎么办？有两种态度，一种是消极态度，企业关闭全面停产。这是不可取的，大家还要吃饭，企业还要发展。第二种是积极态度，寻找出路。原材料价格要继续下降，产品找赚钱或赔钱少的品种，生产工序研究继续降成本，必须在危机中找良机、找出路，市场越乱越有机遇，在经济危机中要保生存求发展。限产也是积极的态度，识时务者为俊杰，我们要随市场变化不断调节自己。”李赶坡当时说。

在这次会议上，敬业集团拿出了应对危机的具体措施：“1. 适当调节产量，确保效益利润最佳点；2. 销售要有所突破，促成利润大或少赔钱的产品订单——尽管市场低迷，产品价格不断下跌，但还有品种是有利润或少赔钱的，加大业务员提成比例，鼓励员工都去寻找利润大的品种，千方百计有所突破；3. 采购部要采取最大措施进行压价，广泛寻找低价货源；4. 各条生产线积极配合限产，调节品种，并继续降成本；5. 各部室要积极采取措施降成本、增效益——提倡人人为企业做贡献降成本。”

同时，李赶坡要求每个部门、每位员工都要拿出反危机措施，并且要马上付诸行动。“经济危机并不可怕，只要我们坚定信心，齐心协力，积极应对，就一定能够安全度过危机。我们坚信：钢铁行业即使只生存一家，也得是敬业！”李赶坡充满信心地说。

看着之前的文艺汇演效果不错，李赶坡又提高了“标准”，再次倡议举办了“反危机、兴敬业”文艺汇演——不但要“保”还要“兴”，还要发展。“两次活动过后，集团上下齐心，士气大振。大家共同认定，敬业遇到的困难并不可怕，只要齐心定能战胜。想着我们这些‘老江湖’前18年披荆斩棘地渡过了一个个难关，大家心里也就有底了。”

但迫在眉睫的是，敬业集团的生产原料每天“吃了上顿没下顿”，经常处于濒临停产的状态。面对资金短缺的问题，有干部提议，三个月不领工资，用工资作为流动资金购买原料，随后敬业全员一片响应之声。李赶坡听说之后十分感动，随后高管会议决定：不领工资不行，员工的日常开支还需要保障。于是敬业员工提出每月只领 30% 的工资作为生活费，其余 70% 留在集团采购原料。这样，敬业集团每月增加了 5000 万的原料采购资金。

即便如此，资金断裂造成的“气促”，还是没有缓过来，敬业员工又自发踊跃筹集了 5500 万元，敬业集团的生产终于可以正常运转——“他们永远是最可爱的人。”多年后，李赶坡这么说。

2008 年 11 月 8 日，敬业集团再次召开动员大会，主题已由“反危机保敬业”变为“反危机兴敬业”。

明显能感觉到，与一个月前的“动员大会”相比，敬业的战术已由足球禁区内“摆大巴”变为了追求速度、突袭的防守反击。

“世界性的经济危机像台风下的大海一样奔腾咆哮，把每个人都卷了进去。有的被巨浪卷走吞噬，有的却成了弄潮儿，借势游到彼岸。”李赶坡生动地比喻说，“洪水咆哮来了，要本能地看一下洪水多大、从何而来；台风袭击来了，要马上观察风力多大、是何风向，而后立即逃生，再后想办法防范。这次由美国次贷危机引发的全世界经济危机，是自 1929 年至今 80 年来最严重的经济危机，比洪水还‘猛’，比台风还‘飓’。”

因为敬业集团已看出洪水、台风从何而来，有多大量级，他们已经胸有成竹，酝酿出了科学的应对办法。“针对当前严酷的市场形势，根据敬业的各种优势，我们定出了适合自己特点的‘反危机兴敬业’新措施，那就是加大市场开发、高产量低成本，以极其饱满的精神、攻无不克的态势进行这次‘反危机兴敬业’战役。”李赶坡当时说。

事实上，彼时中等规模的敬业集团，的确具备大企业没有、小企业望而兴叹的优势。

相比于大企业，敬业集团的优势在于，他们用的全是低价进口矿，每吨成本要低200元左右；相比于小企业，敬业集团的装备精良，同时有国内最先进的螺纹钢生产线和全国较高水平的中板生产线。而小企业自然缺少抵御风险的能力，成本高，品种少，回旋余地小，承受力较差。

“与大小钢铁企业相比，我们的优势明显，所以还等什么？只有加大市场开发，以高产量、低成本去‘反危机兴敬业’，这是最好的选择。”李赶坡说。很显然，仅一个月，形势已经发生明显逆转，“保敬业”时提及的限产已成过去时。

李赶坡改变策略背后的思考逻辑是：“每个月生产10万吨钢和生产30万吨钢是一样的，市场如此巨大，不在乎敬业产多产少，但在乎的是敬业的成本要做的比别人低，开足马力创最高产量是降低成本的主要措施，同时在高产中把各项消耗降下来。”

在笔者看来，敬业集团当时应对危机最核心的部分就是力保生产，就是维持自我的造血能力，直至气血畅通。

如何加大市场开发？李赶坡当时提了五个要点：第一，目前市场是不好，但肯定有需求，只要有需求就要用敬业的。第二，中国地域大、差异大，总有些地方稍好一些，所以要广开思路，扩展区域，寻找市场。第三，市场只会向稳定和好的方面发展。美国救市、欧盟救市，中国出台许多扩大内需的新政策，市场肯定会好起来。第四，目前残酷的市场形势是业务人员立功的好机会。市场不好了要靠业务人员去开发，每位业务员要做出成绩。第五，定好销售战略，完善销售制度。销售布局要合理，品种开发定位要合理。

面对原料市场波动极大的局面，敬业集团采取了广泛询价、低价采购的策略，同时现购现用，绝对不压库存原料，以加速资金周转。

当时负责采购的卢增元，也去和众多供应商商谈，争取在保障供应的同时，缓付货款。“当时的三大主料就是铁粉、煤、焦炭，一个一个地做工作。最后基本上就是缓付一个月，先用上一个月的原料，然后下个月再支付，用时间差来延缓节奏。”卢增元回忆说。

大部分供应商，对于敬业集团的发展前景还是看好的，所以也都有信心，支持敬业集团的结付办法。敬业集团相当于制定了一个以保障生产为中心的齿轮，将产业链上下游的齿轮与之相“咬合”，直至可以良性运转。

敬业集团高品钢公司总经理刘军川说，“当时就是保生产，原料可能有些紧张，但基本上还是确保了连续供应，没有让生产系统担心过这个问题。李董事长压力非常大，但他没有把压力传到生产线上，大家还是在拼命地干。”可以说，敬业集团就是在把有限的资金全部投入生产，保证生产不“断顿”。

在卢增元看来，敬业集团当时充分利用了整个市场的周转间隙，将所有资源加以整合后进行利用，来缓解现金流的压力，挤出一个现金流的富余量。“不仅仅是敬业跟客户之间，客户也得跟他们的客户商量，把生产资金安排好，相当于让市场上无形的周转节奏，都为我所用，都围绕着敬业的生产来展开，打好时间差，确保敬业的产能。”

“狼来了怕什么？打死了吃肉啊！危机来了怕什么？其中有机会，抓住机会发展啊！”在动员大会最后，李赶坡幽默诙谐地说，同时他断定：“敬业人身经百战，经历过任何企业未曾有过的困难，从白手起家创造了现在 85 亿资产的敬业集团。现在的危机、困难是共性的，是大家都有的困难，敬业人怕什么？非但不怕还要积极应对，寻找机会去发展。危机过后，只会是一种结果，敬业集团大发展了，敬业人更强大、更成熟了！”

## 第二招：凝聚客户，击碎谣言

接下来，李赶坡选择凝聚客户的力量。社会上谣传“敬业坚持不下去了，老板跑路”，这种非议危害极大，直接加剧了经销商的紧张情绪，掌舵人都对企业没信心了，一家公司还能有未来吗？

于是，李赶坡决定召开全体经销商会议，安抚经销商情绪，同时让他们拨开谣言的迷雾，看清楚敬业集团的真实情况。

2008 年 11 月 12 日（谁能想到 11 年后，几乎是同一天，李赶坡确实“跑”到了国外，去收购了英钢），经过三天紧张的筹备，敬业集团在旗下的野生原度假村召开了客户联谊会。此时经销商们正不知如何是好呢，一听到开会通知，从全国各地飞奔而来。

根据李赶坡的精心安排，200 多位经销商首先集体参观了敬业集团热火朝天的生产场面，看到敬业的生产经营秩序稳定，工人们干劲十足，经销商们都很吃惊。他们万万没有想到，外面谣传敬业集团已经停摆了，但在山呼海啸般的金融危机面前，敬业还能从容组织生产，让自己持续“造血”自救——要知道，多少大企业都限产了，很多小企业都已关门停产。

事实胜于任何雄辩，参观结束后，经销商们心里已经有些底了，心中积存已久的疑虑，已打消了一半。

随后，座谈会召开，野生原度假村的会议室里，挤了满满一屋人。时任平山县委书记、平山县副县长也参会为敬业集团助阵。

李赶坡手持身份证上台，环视了会场四周，说：“请大家验明正身，本人是不是李赶坡？如果是我再发言。”台下传来笑声和议论声，经销商原本紧张的心情顿时放松起来。

接下来，李赶坡发表了有理有据、辩证味道十足的“反危机演讲”——这一过程因为李赶坡多次给新入职的员工讲，并且十分经典，所以很多敬业员工都能生动还原。

李赶坡先说了三点：“前段时间有人说我跑到国外去了。这也难怪，市场不好，说什么的都有。第一，本人不会跑到国外去，虽然市场不好，敬业毕竟自有资产还有近百亿元，难道我舍得把我创业多年，甚至与我生命同等重要的企业丢下不管吗？第二，我热爱祖国，热爱党，我是 1972 年正定师范学院百里挑一入党的老党员，已有 36 年党龄，难道肯舍下自己的祖国，舍下党组织到语言不通、举目无亲的国外去度晚年吗？第三，我从白手起家，手无分文能建成具有 500 万吨钢铁规模的企业，目前这点困难，敬业和李赶坡难道克服不了吗？”

台下开始掌声不断。李赶坡从经销商的掌声中听出了大家对他的信任，于是开始将自己的心里话娓娓道来：“如果大家目前都抽货款，敬业必然垮，不等你的款抽完敬业就死掉了，余下的款你怎么办？不要了？因此，你现在要，拿到的是小钱，扔了大钱了。如果大家都帮一帮，谁的货款也别抽，企业照常生产，金融危机既然是危机就不是常态，马上会过去的，大家照样经营，照样赚钱。等市场好转了，敬业一定连本带息一并归还。”

紧接着，李赶坡循循善诱地说：“请大家往深处想一想，难道中国下一步不需要钢铁了？中国人均钢铁产量比先进国家的50~100吨差得远。中央已经出台很多救市政策，钢铁市场马上就会好转，大家马上就有钱可赚！”

同时，李赶坡还透露了敬业集团下一步的计划：“市场越不好越要发展，我们坚定信心，坚持发展是硬道理，一定要做到1000万吨规模。我们正在筹备两条螺纹钢生产线，投产后敬业螺纹钢会达到360万吨，另外还要上马两个5万千瓦的煤气发电项目。总的市场需求很大，我们只要比别人好一点点，就没问题。”

听了李赶坡的一席话，经销商的不解、质疑、困惑、担忧、懊恼，全都烟消云散，李赶坡的人格魅力和做事魄力，也深深地感染了他们。于是，几乎所有经销商都选择了暂缓提取货款，与敬业集团并肩前行，同甘共苦，互相理解和信任，直至渡过难关。

上下齐心，其利断金。这场联谊会就像一场及时雨，润物于无声之间，浇灭了火焰，消除了隔阂，让敬业集团与经销商之间的关系比以往更加团结紧密。

### 第三招：留债展期，稳降杠杆

员工团结了，客户心齐了，李赶坡还需要做通银行的工作——这是重中之重，一个人再有精气神，如果缺氧缺血，那也无济于事。

敬业集团将当时企业的难处和未来的计划给石家庄市政府相关部门做了汇报，引起了主管市领导的高度重视。

2008年12月8日，时任石家庄市常务副市长栗进路在市政府召开专门会议，召集有关部门解决重点企业发展中遇到的困难，并明确指出：在目前的金融危机中，任何银行不准从企业抽贷，能支持的尽量支持。

随后，石家庄市金融办领导及各大银行负责人齐聚敬业集团参观座谈。看到敬业集团在危机中有条不紊的表现，各银行觉得生产并没有停，这样就有造血能力，继而就会有现金流，从而纷纷表示将继续支持敬业的发展。在各级政府和金融部门的支持下，抽贷现象有所缓解，敬业集团在危机中终于有了“喘口气”的机会。

虽然本地银行减少了对企业的抽贷，但敬业集团的大部分贷款，还都在外地。因为民营企业贷款艰难，所以敬业集团的贷款，天南海北都有，除了三四家银行在石家庄本地外，其他都是分散在全国各地的城市商业银行。

事实上，敬业集团面对银行的抽贷，处理的十分智慧。2008年金融危机爆发时，敬业的贷款额已达140亿，涉及20多家银行，炼钢炼铁等设备、部分股权都已做了抵押，资产负债率已然不低，稍有不注意，便有可能点燃风险的引线。

在危急时刻，负责财务板块的敬业集团副董事长卢增元站了出来，他对李赶坡说:“钱的事我解决，银行方面有我。”

“当时对于银行的贷款怎么还，大家有些僵持，意见不一致，甚至有不少分歧，我就说应该做银行的工作，要让他们理解敬业的困难，共同渡过难关。”卢增元回忆说，“有人觉得如果不按时归还贷款，就会惹来诉讼，企业信誉就没有了。但我觉得这是非常时期，如果按时归还，是保住了信誉，但企业就倒了，皮之不存、毛将焉附。所以还是要给银行做工作，只要敬业渡过危机，我们加倍地偿还他们，这样银行自然会考虑。”

要生存，还是要短期的信誉？在各银行参观了敬业集团后，卢增元决定奔赴各地，去和各家银行做进一步沟通。

北到沈阳，南到深圳。卢增元跑了一圈下来后，大部分银行都答应了将贷款展期，但相应的，贷款利息要有所增加。“我们去了就是说三方面的事情，一是现在的困境，二是正在采取的各种措施，三是未来的还款计划。一开始有几家银行不同意，我们把利息相应提高了，也显示我们的信心。还有不情愿的，那就继续邀请他们来敬业参观，看看是不是在热火朝天的生产。最后大部分银行还是认同了我们的做法。这样企业就有机会再等到市场好的那一天，首要任务是生存下来。”

最后，敬业集团与银行之间没有发生过一起诉讼。敬业集团通过这种以时间换空间的方式，确保了资金链没有发生断裂，140亿的“杠杆”最后也平稳落地。

后期，李赶坡就评价说，“卢增元负责采购和资金运作，从1994年开始到2014年，20年间，敬业基本都是在资金相当紧缺的情况下完成任务的。敬业由于发展经常缺钱是真的，可敬业绝对没有因缺钱停过产。”

## 不做则已，做则至全：直销铁军奔赴全国

随着危机的发展，一个怪现状开始出现，明明市场有需求，可是敬业集团的钢材却一直积压着，原因在于，遍体鳞伤、惊魂未定的经销商已经不敢轻易进货。当时，大量经销商忧心忡忡，持续观望，还有的经销商已然破产。

钢材卖不出去，资金收不回来。2008年11月，看到公司一个月才回笼6000万元资金，连正常的原料采购都难以为继后，始终坚持“两无经营”的李赶坡意识到，必须做一个“大手术”了。

此前，敬业集团的钢材一直依托经销商销售，好处是有利于迅速开拓新市场，快速回笼资金，但此时，经销商“不动弹”已成为企业库存加大和应收账款增多的症结所在。

“既然市场需求是有的，而经销商顾虑太多，不敢上货，我们为何不自己去找市场呢？不通过经销商，直接把钢材直销到有需求的用户手中，不就能卖出去了吗？”李赶坡有了这个设想。“敬业资金短缺还不能流转，处于生死边缘。但怎么做贸易商的工作，就是不进货，而且提出苛刻的要求，要求敬业赔偿他们的亏损，还提出代销，卖了货再给钱。世上真的没有救世主，贸易商不

进货，敬业人自己卖。于是就逼出来敬业的直销模式。”

“特别是经销商亏了钱之后，要转嫁他的亏损，要钢厂继续让利，才会给你交货款，就是拿着现金做筹码来弥补之前亏损的。最后发现这样不行，亏损太大。采取直销，我们就可以和客户直接对话，更贴近客户，客户需要什么、市场有什么动向立即就能了解，但当时只能听贸易商的反馈。”李慧明回忆说，当时他在外地参加一家煤炭集团的订货会，突然接到李赶坡董事长的电话，让他赶紧回来，有要事商量。

此前，敬业集团不是没有直销经验，在水杨酸销售中，他们通过在市场需求旺盛的地区设立“前置仓”、布局办事处的方法，一举将竞争对手甩下，从而拿下了水杨酸全球霸主地位。

随后，敬业集团高管会议就此展开了认真分析，大家谈论后认为，在此形势下，只有直销是一把向危机反戈一击的利刃。但是，全面执行直销，远非想象的那么容易。

毕竟，任何“变法”都会打破现有格局，影响既有利益，彻底颠覆以前的销售模式，自然会遭遇重重阻力，同时还有很多现实问题。首先，在全国设立直销处，需要急招大批的业务员去开拓市场；其次，直销面对的终端用户购买的产品量都不会很大，且品种较多，不利于生产协调；再次，触及到原有经销商的利益，他们一定会百般阻挠直销模式的推行；此外，突然由原来轻车熟路的中间商销售模式改为直销，让业务员去开拓市场，他们肯定会有抵触的心理，这才是推行直销的最大障碍。

尽管困难重重，但李赶坡觉得，必须面对的事实是，市场正在变得越来越不确定——即便是一些刚性领域。应对外界不确定性的最好办法，就是更加明确和保持自己的确定性，以变化应万变，不用左顾右盼，专心做好自己。

显然，统一思想、坚定信心是开展直销的前提。最重要的，还是转变人们的固有思想。

时不我待。在确定实行直销战略后，敬业集团立即着手制定措施，统一思想认识。在组织层面，确定由总经理李慧明为直销负责人，时任销售部副部长梁伟具体实施。在具体执行时，采取以下策略：为确保回收款，先采取直销和经销商并存的模式，逐步取消经销商；迅速组建队伍铺设网点；在重点市场铺设现货等。

改为直销模式，首要的就是组建直销队伍，原有的业务人员显然已经不够。敬业集团从后勤、生产、酒店以及其他经营部门中分两批抽调了约 500 名员工，临危受命加入直销团队。

这些临时抽调的员工，此前对销售知识大多一无所知，为了让他们迅速进入角色，增强自信，敬业集团对他们进行了强化训练，让他们以最快速度掌握了钢铁生产、直销特点、谈判技巧等方面的知识。

敬业集团销售总公司副总马利江就是当时从建设高炉的岗位上被抽调到直销团队的。“生产部门、后勤部门甚至纪检部门，都有人抽调到销售队伍，我们最多时组成了 1000 人的直销团队。加急培训，学习业务知识，因为没搞过销售，几乎所有人刚开始都不适应。那时候真的比较难，市场上全部都是滞销的钢材，敬业还没有今天的品牌知名度。”

与此同时，敬业高管团队仔细分析了市场需求，在全国选定了直销的点位。按照计划，他们以敬业集团为圆心，将 300 公里半径内的各大城市划在直销圈内，分为五大区域、40 多个直销处。最终目的是达到较大的地级市都有敬业自己的销售队伍，由业务员直接对接客户和经销商。

最后，大家发现，此次确定的直销范围竟然远远大出了原来敬业钢材的销售范围，东北到沈阳，西北到兰州，西南到成都、重庆，南方到广州，东南到杭州，覆盖了大半个中国——这就是敬业集团“不做则已，做则至全”的工作作风。

另一方面，这么做也另有原因。敬业集团为开拓市场有意舍弃了原来的优势区域，因为优势区域有很多既有经销商，如果直接切入这些区域，难免会发生碰撞。

此外，敬业集团这次还升级了以往按地理位置划分作战团队的做法，除了在各地设立直销处外，销售部还成立了重点工程办，专职进行渠道攻关，开发国内重点直销大客户。比如，他们成立了铁路工程项目组、央企工程项目组、公路工程项目组、石油工程项目组、水利工程项目组、电力工程项目组，对多个行业领域进行重点攻关，优化客户渠道。同时，他们还与中铁物资集团华北有限公司、中铁六局集团物资工贸有限公司、河北建设集团有限公司等单位建立了战略合作关系，力争产品进驻重点工程，提高知名度。

总体策略制定后，经过强化培训的业务员以四五人一组陆续奔赴各地直销前线，开始铺设直销网点。

初来乍到，人生地不熟，时间又紧促，筹建工作刚开始处处碰壁，充满了艰辛。选择办公地点，采购办公用品，这些细枝末节的工作都需要一一解决。为节省费用，直销处大多设在当地的钢材市场，条件简陋，没有取暖设施，时值隆冬，敬业团队除了要抵御严寒，还要防御一些经销商的冷眼——他们肯定觉得敬业集团是来“抢地盘”的，敬业的这种做法，就是“去中介化”，再怎么避其锋芒，中间商还是会觉得利益受到了损害。

此外，一些没有参加联谊会的经销商，发现敬业团队来了，就如同看到送上门的“唐僧肉”，赶忙过去和你纠缠一番。

“多少都有点遗留问题，我们去了以后，一些之前没有沟通好的经销商进行围堵、纠缠，甚至有可能把你‘扣’在那儿。”李慧明说，“董事长有一次去天津直销处，有经销商就在那堵着，不让走了，你也没办法答应他的苛刻条件，答应一个所有的就都得答应了。只能再逐一好好沟通，说明我们的来意，说明我们的计划，并保证不会亏待大家。”

在成都、南京、杭州、重庆等地的钢材市场，马利江不止被“扣”过一次。“我们去市场是想发个名片介绍一下，建立一下联系，谁知道有的商户马上说：先别走，把门先关上，说说之前的事情怎么办？”马利江回忆说，“因为当时大大小小的经销商不可能全部都安抚到位，所以经常会遇到这种状况，当时就一头雾水，不知道之前是什么情况，也有点蒙了。虽然不会有人身伤害，但吓唬你是常有的事。有时候被‘扣’过一次，再去就会有压力，有的同事觉得压力太大就申请转岗了。”

就这样，顶着各类艰难险阻，尤其是刚刚“转行”的新业务员抱着“初生牛犊不怕虎”的精神，敬业集团在全国各地的直销处终于铺设成功——首批32个直销处仅用一个月时间就全部搭建完毕。

和铺设网点相比，更困难的是业务开发。直销处里不少人是新手，谈业务还处在“理论层面”，更不知道去哪里挖掘客户。“办法总比困难多，市场总是有的，别人不卖，我们一定能卖出去”——在这一信念的支撑下，当时敬业济南直销处的负责人焦利剑，和业务员们坐上公交车一个县一个县地跑，瞪大眼睛去发现每一个商机。通过这样的“扫街”和“地推”，他们终于迎来了收获：在聊城，焦利剑等人看到一个机械加工公司的院内摆放着中厚板，就主动上门推销，最后成功将敬业高品质的中厚板产品卖到了该公司，并且维护成长期客户。

类似于这样“不走寻常路”的推销故事，当时在敬业集团的每个直销处都有上演。各个直销处的业务员不断考察、不断走访，不怕碰壁，不惧冷眼，心无旁骛地去开拓和深耕，双腿跑酸，揉一揉接着上路，口干舌燥，喝口水接着去谈，终于攻下了一个又一个客户，达成了一项又一项业务。

因为直接贴近市场，直销与卖给经销商在各方面都大为不同，比如物流服务就完全不一样，以往给经销商发货都是一车一个规格，而直销是一车好几个规格。所以改革初期，敬业集团的既有系统都不适用于直销，后来不断调整才匹配起来。

“就是一车一车的卖，一个客户一个客户捡起来的。有的老客户通过做工作，维护好关系又合作起来了，有的终端客户对于款到发货还是不信任，我们就把一部分现货铺到市场库房里，或者先装好车，款到了车马上开走，逐步和客户建立起一种信任。”马利江说。

“当时直销团队非常给力，2008年12月底直销处完成铺设，然后2009年1月我们就盈利了！其实在整个金融危机中，我们的亏损时段只有两个月。”作为当时直销团队的负责人，李慧明时隔多年后如此评价这支“销售铁军”。

笔者觉得，敬业集团在关键时刻经常攻无不克、战无不胜，继而一骑绝尘的奥秘，就在于永远不墨守成规的战略部署，随时调整航向的应变决策，“指哪打哪”、随时临危受命的超燃团队，以及接下来“不达目的不罢休”的超强执行力。

为了加大直销硕果，2009年春节刚过，敬业集团派出时任纪检部部长任三、时任人力资源部部长冯浩、时任集团办公室主任史进忠分别赴山西、山东、天津三个直销处协助指导——这是将非销售板块的高管分配到一线，跟业务员一同开拓市场。

其实，在此之前，各直销点也与敬业总部保持着紧密的沟通。“记得当时每月都要回总部开会，李慧明总经理当时是销售部部长，每个区域有哪些需要解决的问题，哪里有不顺畅，当场拍板解决。最后也在现场给大家发奖金，然后再请大家吃个饭，激励一下士气。”马利江说。

敬业集团自己深耕和种植的土地，很快就迎来了丰硕的果实。2009年3月份，钢材市场开始一路上涨，此时，直销的威力开始显现——敬业集团的回收款和利润不仅没有受到金融危机影响，甚至还超过了金融危机之前。此外，因为开拓了不少全新的市场，其他钢厂继续走经销商模式导致库存高企，而敬业的产品却供不应求。

至2009年4月，敬业集团已在全国共设立了46个直销处，直销队伍逐步壮大。直销带来了丰厚的现金流，敬业集团不仅没有停产限产，反而有了在危机中继续扩大产能的计划。

在直销大显神威，将敬业集团拉出亏损泥潭后，这个新兴事物也不可避免地出现了一些问题，需要敬业集团来及时纠偏。

直销对整个钢铁行业来说都是新生事物，敬业集团无任何经验可以借鉴，只能不断在摸索中修正和提升。随着直销工作的深入，一些问题也逐渐暴露出来。比如，由于直销客户大多品种多、量小，敬业集团储运部门原有的运输模式和服务意识已经不能适应直销。就像宽阔的江河变成了蜿蜒的小溪，储运部门一时没有适应过来，在配合中出现了脱节现象，发错品种、供应不足等情况开始出现。此外，还有对账、结算等问题不断出现。

为了扫清直销路上的障碍，敬业集团不定期召开协调会，每个直销处负责人轮流发言，反映直销中的困难。随后，敬业集团也拿出了解决方案，如成立物流运输公司，实行物流配送服务，产品一站式送至客户工地；成立结算中心方便各直销处结算等，逐步解决了货物运输、系统建设、质量异议、流程结算等问题，使直销模式更加成熟。

在解决了系统问题后，观念不统一的问题又开始出现。随着危机的缓解，部分经销商也逐步开始进货，有的销售人员自然觉得还是“回归”到原有的经销商模式更好，毕竟直销单个订单的回款量少，客户又多，管理起来太麻烦。还有的销售人员认为，直销是“应急”的，不必作为长期的销售手段，所以就把工作重心转向了经销商，直销订单随即出现大幅下滑。

对于变革中的阻力，李赶坡一直很强硬，“销售团队中的部分员工抵触情绪极大，伤害了他们的既得利益。直销后，销售人员要天天跑市场找用户，别说好处，饭也没人请，于是一些人极力抵制。改革先改人，谁抵制谁退下，靠既得利益者搞变革，只能使变革失败。”

在深刻剖析了原因后，李赶坡在销售部工作会议上严厉指出：“完不成直销任务是思想问题，是认识问题。为什么思想有问题，是利益驱动。国有企业不重视直销，民营企业重视直销是迟早的事。我们要继续占领市场，不搞直销，不占领市场，企业没有活路！”

“推行任何一项改革其实都挺难，我得直接下去推。”李赶坡对笔者说。为让所有销售人员坚定直销的信心，李赶坡、李慧明多次前往各直销处慰问业务员，了解他们面临的困难并现场解决。时任敬业郑州直销处负责人李燕辉清晰地记得，李赶坡来到郑州后，请团队成员吃饭，边吃边谈，给大家鼓劲，还嘱咐大家出门在外要照顾好自己，注意安全。

在李赶坡的坚持和鼓励下，即便走了一些弯路，敬业集团的直销队伍还是顽强地坚持了下来，他们的战斗力越来越强，形成了合理的区位布局和产品布局，并且培养出了大批优秀的销售人才。

敬业集团的直销模式也日趋完善和成熟，直至发展成为自己的一大管理特色。金融危机过后，不少企业如梦方醒，看到敬业集团直销模式的种种优势，也想借鉴和模仿。殊不知，直销的最大障碍是克服掉利益观念，同时要经历一场让自己极为难受的蜕变，不是一把手强推，没有一支忘我甚至无我的优秀团队，是不可能复制成功的。所以，即便前来学习交流的企业不少，但最后也只是学到了皮毛，学到了形式。

敬业集团的直销行动影响了整个钢铁业，而直销也直接促进了敬业的发展，让他们受益良多，他们比以往更加了解市场终端，掌握了终端客户，同时可以根据资金需求随时调价。最后，敬业集团仅保留了几个诚信度高的大型贸易商，形成以直销为主导、贸易商辅助的销售模式。

马利江对此解读说，“现在敬业的品牌越来越响亮，有不少经销商主动来进货，但是我们一直在压缩经销商渠道，现在的战略是做重点工程和终端，钢材市场渠道的销量逐步在缩减，最终的目标是绕开市场，直达终端，现在敬业产品直达终端的比例，在全国也是最高的。”

“直销是敬业集团的一次营销变革，这个让敬业走出困境的有力武器，已经成为敬业营销工作的主旋律。在钢材市场做直销，敬业集团是全国第一家，这是将批发变成了零售，随后我们又借势把零售变成了直供，后面又加上了服务，通过服务提升，进一步改变销售模式——在这些方面，敬业集团都开了先河，引领了市场。”李慧明自豪地告诉笔者。

李慧明所说的“模式升级”，即敬业集团将直销为主导、贸易商辅助的销售模式，逐步发展为直销服务型模式，实施“一流的产品、一流的价格、一流的服务”，以顺应市场形势的变化，更好地贴近客户。

对于直销这一独特的销售模式，李赶坡曾在一次对外发言中总结说，“无论干什么事情，战略问题很重要，定对就可以打胜仗，否则就必然失败。变经销商销售为厂家直销，这在全国钢铁企业是独一无二的。销售模式的转变不仅提高了产品销售价格，增加了企业利润，还培养了自己的销售队伍，掌握了市场的主动权。这些条件一些是先天的，一些是我们创造的，总之是我们的优势。如果坚持正确的战略，管理赶上同等水平，敬业集团在竞争中必将立于不败之地。”

## 度过危机：阳光总在风雨后

2008 年 11 月，为应对国际金融危机冲击、保持经济平稳较快发展，中国及时调整宏观经济政策，果断实施积极的财政政策和适度宽松的货币政策，推出扩大内需、促进经济增长的一揽子计划，大规模增加政府投资，大范围实施产业调整振兴规划，大力度推进科技创新和技术改造，大幅度提高社会保障水平，实施更加积极的就业政策。

随后，“4 万亿”经济刺激如缓解严重饥渴的甘露，让钢铁行业重振雄风。“加大基础设施建设，尤其是房屋建设、加大铁路、公路、机场等大型交通类设施建设”——这些振兴政策都与钢铁业息息相关，各地迅速上马的“铁公基”项目，将一度萎靡的钢材需求完全逆转。

阳光总在风雨后，请相信有彩虹。经过危机洗礼的敬业集团，逐步回到了正轨，采购、生产、销售逐步恢复到了常态。由于措施得力，敬业集团用时半年就顺利度过了危机。

李赶坡事后总结，发展这么多年，敬业集团之所以取得了一点成绩，是因为敬业有两条基因密码：

“第一条是白手起家。有人参观了敬业集团后问道：敬业的前生是什么，是国企改制还是承包的集体企业？敬业没有前生只有今世。敬业集团是敬业人在一片荒地上建起来的。占地 13000 亩的钢城洒满了敬业人的心血和汗水。敬业人可以拍着胸膛自豪地对全世界说：敬业集团是敬业人在党委、政府正确领导下自力更生建起来的。

第二条是敬业有很强的凝聚力。敬业不论遇到多大困难，大家都会群策群力。尤其2008年全球金融危机，银行抽贷、客户抽货款，高炉吃了上顿没下顿，过了今日不知明日怎么过。广大敬业员工发出了呼声：只有敬业人能救敬业。我们工资不要也不能让敬业趴下。难怪有人看了敬业的发展史展厅说：真不知道敬业人还有什么事干不成！”

## 剑指千万吨

李赶坡始终有利用这次危机继续发展的想法，看到钢铁行业形势好转，他决定发力：让敬业集团从年产能500万吨，飞跃至1000万吨——千万吨级的钢铁企业，抵御风险的能力才强，才能保持住行业地位和市场占有率。如果发生产业政策调整，首当其冲的自然是没有来得及长大的“小鱼”。因为，钢铁是规模产生效益的行业，必须做大才能生存，才能参与。规模小了竞争力弱就会垮掉，要想长期生存就必须做大再做强。

但这个想法再次遭到了质疑。彼时，很多钢铁业内专家都认为，平山县不适宜投资大规模的钢厂，因为“三无”：无铁路、无港口、无铁粉——上1000万吨只能是痴人说梦。

的确，当时的大型钢厂，要么交通便利，要么背靠资源，要么适合人才聚集，敬业集团似乎没有一条能占上。

但企业家之所以能成功，就因为他们在某些方面异于常人。他们往往具有普通人所不具有的价值观念和文化意识，他们的一言一行都表现出对传统的背叛，他们带着这种观念和意识破坏旧秩序，改造“不可能”。

李赶坡发现了敬业集团扩大产能的六大优势：一、敬业集团紧邻华北市场，消费集中，实践也证明石家庄的钢价在全国东北部区域是最高的；二、使用焦炭便利，距焦炭产地集中的山西仅200公里；三、钢铁冶炼辅料如石灰石等就近可取；四、内地劳动力集中，便于招工；五、适应国家城镇化政策，一个产业支撑一座小镇；六、在开发大西北的前沿，钢价有后发优势。

李赶坡在“企业发展优势及愿景教育培训班”的一次讲课中，详述了这六大优势，他认为，仔细核算，敬业集团原料成品的总运输成本其实比沿海钢厂都要低。

李赶坡举例说，钢铁成本里，最大的运输成本是矿石，大部分钢厂用海外铁矿石，吨钢大概使用1.5吨矿石。而沿海钢厂最大的优势就在于，每吨钢节省了1.5吨矿石的运费，但其劣势则有很多，比如，产品内运到西北市场需要1吨运费，还有石灰石、焦炭、煤等辅料需要运输，折合下来每吨钢需要总共花费1.6吨的运费。也就是说，一吨钢出厂后再运至西北地区，其整体劣势大于优势0.1吨运费。相比之下，敬业集团除了要支付海外铁矿石内陆运费外，因为产品出厂就是石家庄市场，加上节省的辅料运费，每生产一吨钢，其综合优势大于劣势0.4吨运费——也就是说，敬业集团在周边地区销售的话，比沿海钢厂的成本还要低！

此外，敬业集团拥有得天独厚的铁路运输优势——只有敬业集团在朔黄铁路沿线，其他任何钢厂都不具备这个优势。敬业集团可以利用朔黄铁路的三汲站，运输矿石、煤炭等原料，同时将成品钢材运送到大西北及港口。

“这些条件一些是先天的，一些是我们创造的，总之是我们的优势。如果坚持正确的战略，管理赶上同等水平，敬业集团在竞争中必将立于不败之地。”李赶坡当时说。

李赶坡坚定地认为，中国经济逐步要向西部发展，在产业转移、调整的大背景下，内地钢厂其实是有后发优势的。“我做事历来不跟风，不扎堆。建钢厂别人挤沿海，敬业在内陆；建酒店别人进市区，敬业在郊区；建度假村别人挤温塘（石家庄热门景区），敬业占滹沱河旁。”

在李赶坡的坚持下，敬业集团决定剑指千万吨规模，一项扩建500万吨规模、投资150亿元的浩大工程，就此吹响了号角。

翻看敬业集团数十年来汇总的近20万字的会议纪要，2009年4月8日召开的一个“关于疯狂工作会议纪要”，吸引住了笔者的眼球。在这次敬业集团所有高管参加的“疯狂工作会议”上，李赶坡首先肯定了当时各项工作所取得的突破进展，进而强调说，经济危机中，企业要生存就靠拼、靠智慧，靠疯狂去干。疯狂工作与不疯狂工作效果大不一样！

彼时，李赶坡激励所有高管要以积极的态度、最高的标准、疯狂的行动去完成自己分管的工作。“态度积极，工作就不一样，工作要高标准，疯狂地行动，按部就班是不行的。环保手续难度很大，一跑就有很大好转；朔黄铁路运作得好，还要投资三汲（地名）货场，可运煤、焦炭直接到三汲，企业条件得天独厚……只有疯狂才会商机无限，我们必须要疯狂起来。”

就在“大战”开始前，李赶坡带领敬业集团所有干部去爬了平山县天台山。此山又名王母山，《元和志》记载：“山在县西北，一名王母山，汉武帝于山上立祠，今王母观也。”汉武帝在山上建王母观后，敕封王母山为“天下王母祖庭”的美称。后期，敬业集团还开发了这座千年道教名山——王母山风景区。

李赶坡喜好爬山，更喜好带领集团干部在重大行动前爬山，以此磨砺心志，激发斗志。李赶坡此次带领大家攀登的目的地是位于天台山山腰的北台，此处海拔1252米，可以一览平山县东部平原地区。当时，敬业集团在北台设置了签到处，每一名登上北台的员工都在此签到，以证明自己成功登顶。

在登顶后，李赶坡即兴说了几段话，因为太精彩，被工作人员记录下来。笔者看到，整篇讲话再次强调了“疯狂去工作”，而且是在“登高望远、明确大目标”的背景下，就像是一篇战斗檄文，极富哲理，引人深思：

爬山其乐无穷，效果很好，肯定可以治失眠，还可治食欲不振。爬山还能悟出工作上一些道理，平时工作中有些人说长道短，无端闹事，但今天就不会，因为爬山目标明确，而且很累，没有精力去想别的。同样道理，如果平时工作量很大，大到必须用尽全力才能完成任务，就没有精力去闹事。哪个单位有人经常闹事，就说明这个单位人太多、工作量太小，要大力精简人员。具体讲以下几点体会。

第一，站得高才会望得远，才会有远大目标。

敬业占地几千亩，石家庄利税大户之一，你身在敬业感到敬业很大，外边客人也说敬业很大，究竟敬业大不大呢？今天，你站在天台山上看到敬业很渺小，瞪着眼睛使劲搜索才能找得着。为什么现在小了？因为你站得高了。假如你站得再高一点，到驼梁山敬业就会显得更小，拿上望远镜才能看得到。如果到世界屋脊珠穆朗玛峰，就怎么也看不到敬业了。珠穆朗玛峰高度近 9000 米，但放到 11034 米深的太平洋里会怎么样呢？就会看不见了，这就是“山外有山、天外有天”的道理。你还敢说敬业大吗？

所以，无论干什么事要站得高才能看出自己的差距，才会有远大的目标，搞炼铁的、炼钢的、轧材的认为自己不错了，整天沉浸在满足之中，那是你自己与自己比进步了。你再站高一点看远一点，你与中国最好的企业比一比，与世界最好的企业比一比，就会感到差距太大了！

有的科段级干部认为自己管着 100 多号人，自以为了不起，对员工不关心，工作不深入不踏实，甚至还有谋私现象。你想想你才是老几！你也有资格对工人不好吗？有资格不好好工作吗？有资格谋私吗？你站的太低了，这样下去终究做不成事，迟早被淘汰。

我们再想想，南甸河里的鱼见的水域跟长江里的鱼一样吗？跟东海里的鱼一样吗？如果我们不走出去，只不过是南甸河里一条从没见过世面的小鱼，还自以为很了不起。

同事们！当我们骄傲自满不求进步的时候，最好的办法是去登山望远。

第二，努力比聪明更重要，只有努力才能达到目的。

我们今天大部分人爬到了山顶，是靠聪明呢，还是靠努力呢？当然是努力。干工作就跟爬山一样，只有努力才能完成目标、达到目的。有的人很聪明也很有知识，但是什么事也做不成，干部也当不了，当上就有人反对，正好就是因为这些人太聪明了，工作不努力，一生一事无成。

爬山是体力活，要努力才能达到山顶，搞技术、搞研究、搞管理也是同样的道理，能力再大不努力也是不行的。努力可以弥补很多先天缺陷，不聪明可以学聪明，没技术可以学技术。

所以努力是爬到山顶的唯一因素，努力是完成一切工作达到目标的有力武器。

第三，人的一生要拼命要疯狂地工作。

人的生命只有一次，不能虚度，只要活着就要拼命，就要疯狂地工作。这还不只是你主观愿意不愿意的问题，而是你必须要去做的，否则就将死亡。

整个大自然就是一个竞技场，强者生存，弱者死亡。大海里大鱼吃小鱼，荒野里野狼吃掉兔子，森林里参天大树独占阳光。大自然是没有道理的，道理就是弱肉强食，人类社会也是没有道理的，道理就是实力决定一切。

经济领域更是如此，一个企业倒下去，一个企业壮大了，一个企业被另一个企业吞并了。这就是经济领域的道理。

我们生在这样一个社会里，我们的企业处在这样一个环境里，我们想生存吗？我们想发展吗？那就只有一条路：拼命、疯狂地工作！他人使100分劲，我们用120分力量，我们就能生存。

目前的金融危机对钢铁企业来说并不可怕，有不危机的时候。但是钢铁企业的矛盾是产能过剩的问题，要淘汰一批企业下去。我们经过几年努力敬业壮大了，在这次洗牌中就很主动，很多企业都停了，而我们正常生产还盈利，这就是我们这几年疯狂工作、拼命发展的结果。

我们还要继续拼命，以积极的态度、最高的标准、疯狂的行动去完成各项工作。

在现在的危机中有很多良机，我们要紧紧抓住，现在物价很低是搞项目建设的大好时机，所以我们已经开始大规模地完善配套工程……我们还要抓非制造业的利润，销售不但直销还要搞经营公司，采购上还要成立贸易公司，赚制造业以外的钱。洗牌一过，其他企业垮了，敬业更壮大了，以崭新的面貌展现在世人面前，到时我们就是强者。

显然，李赶坡是在让所有干部戒骄戒躁，放空自我，从而紧密团结起来，以饱满的热情、高昂的斗志投入到接下来一个个极为难打的攻坚战中。

逆袭之战，就此打响。疯狂工作，全力展开。

从 500 万吨到 1000 万吨，各项工程量极大，而首当其冲的就是征地，同时又要大量融资，供电、供水、交通等问题都要重新布局。做企业似乎就是永远跟自己作对，就像骑自行车，想前进就必须永不停歇。

万事开头难，既然说敬业集团身处山区，交通不便，那么第一项工作就是修路。

敬业集团投资 1.2 亿元建成了平山县城到南甸的一条大道，宽 20 米，长 15 公里，将其命名为钢城路。此前，这条路坑洼不平，严重影响钢材运输。新建的钢城路不仅解决了敬业集团的运输瓶颈，还串起了平山县滹沱河以北的几个乡镇，成为一条农民的致富路。

外部的路修好了，接下来就是内部的路。为了达到最优规划，敬业集团要在厂区四周开设九座大门，同时必须修一条连接九座大门的“环线”，做到处处贯通。按照新的规划，敬业集团的体量的确越来越大，这条按照一级公路标准投资的“环线”已达 14 公里。最终，合计 44 公里、总投资 3.9 亿元的公路建设，大功告成。

钢厂是耗电大户，扩大规模离不开电力。化工厂时期，由于电力紧张，加上“电老虎”经常发威，所以停电是常有之事。后期，敬业集团逐步自建变电站。为了保证 1000 万吨钢铁规模用电，当时敬业集团接连上了四座 110 千伏变电站，总装机容量达到 707 兆伏安。而如何从国家变电站接线到公司，成为不小的难题。康雪元当时任职敬业集团动力厂厂长，多方协调才按期完工。“动力保障和别的工作还不一样，最好一直‘默默无闻’，因为一旦出了问题，比如停电，影响的就是全集团。”康雪元笑着告诉笔者。

自此，1000 万吨的电力条件，已然具备。

接下来通水。1000 万吨钢铁的生产，用水也是个大问题。水井和水库，显然已供应不足。于是，敬业集团从滹沱河引水，铺设了 15 公里长的引水管道，又接了下观水库、闫庄水库水源。值得一提的是，为了环保、节约，敬业集团上了两座高标准的污水处理厂，达到滴水不外排，彻底解决了 1000 万吨钢铁规模的用水问题。

至此，地：已经征好圈定；路：已经修好，厂区外环路、钢城路；水：上引下观水库，下引滹沱河；电：四座 110 千伏变电站——通水通电通路，这些本都是辅助工作，但每一项工作都很艰巨，都是难关。三关闯过后，到了最为棘手的融资环节。

彼时，每 100 万吨钢铁产能，包括路、电、水等基础设施，至少要投资 20 个亿，500 万吨钢铁产能至少需要投资 100 亿元。

当时，虽然有“4 万亿”政策，但民营企业融资仍然很有难度，仅以项目、设备、厂房去融资，100 亿显然永远凑不齐，因为金融机构会从风控和安全性的角度考虑，抵押担保价值实际上都是要打折扣的。

事实上，所有实体企业，在专注主业的同时，都需要有金融思维。银行眼中的实体企业，资产公司眼中的实体企业，政府眼中的实体企业，实体企业自己眼中的实体企业，从这四个视角去看，都是不一样的。有的企业资金链出现问题想贷款，感觉自己规模挺大，拿点东西抵押就能融来很多钱，其实情况远非如此，相反还觉得银行“欺负”人。

有的企业管理者不明白，认为抵押物很值钱，但全部抵押了没拿到多少资金，最后造成“小马拉大车”。如果没有正确的金融思维，反而有错误认知，企业出现危机，最后怎么倒的都不知道。

2008 年时，李赶坡去北京参加全国“两会”，发现位于北京西南四环的企业总部基地适合做敬业集团的办事处，于是便租了房子，将融资部、贸易公司等职能部门迁往北京。随后，敬业集团干脆投资买下一栋 7000 平方米的小楼，作为集团驻北京的总部。自从敬业集团在北京有了自己的不动产，继而有了常设机构后，融资工作不再被动，甚至有了一定的主动权，可以选择额度高、利率优惠的金融机构合作。

进军 1000 万吨规模的融资难题，最终迎刃而解，敬业集团的融资工作也终于告别了“四处化缘”的时代。

联想到创业初期筹钱时跑断腿、说破嘴、笑僵脸的经历，李赶坡事后分析说:“为什么2009年后融资效果有了天翻地覆般的变化？一是企业大了，有抗风险能力，各银行纷纷看好；二是融资部设在北京，各家银行直接在北京就能洽谈工作，加上北京的不动产价值水涨船高——这说明区域的选择太重要了！”

万事俱备后，扩产能工程全面铺开。同时开工的烧结机就有五台，高炉六座，炼钢炉三座，轧线三条，卷板线一条，可谓浩浩荡荡，气势恢宏。2010年的一天，李赶坡来到热火朝天的施工现场，看到各项工程每天都有新变化，他突然想到，敬业集团已不是十余年前无奈建“瘦身高炉”的小公司了，此时做任何事情，必须以最高的标准来要求自己。同时，此次扩产能工程规模宏大，如果不能一步到位，后面再小修小补，就会造成极大的浪费，且后患无穷。

随即，李赶坡创造性地提出工程建设“四个一流”的原则——“一流的设计队伍，一流的施工队伍，一流的设备制作厂家，一流的试产队伍”。此原则也成为敬业集团各项工作始终坚持的一个默认守则。

2011年7月，敬业集团1250mm热轧卷板生产线投产，可生产冷轧基料、普板、低合金高强度钢、管线钢和优质碳素结构钢等优质产品。至此，敬业集团的钢铁规模触达了1000万吨。

从2010年到2012年，在短短的两年多时间里，敬业集团新增的500万吨钢铁产能全部建成投产，他们一个猛然发力，就逆袭到了“千万吨产能俱乐部”——当时敬业集团共有18座高炉、7座转炉、6条螺纹钢生产线、1条盘圆、1条中厚板、1条热卷板，实际上已达到1200万吨钢铁规模。

2009年12月，李赶坡在谈及发展愿景时就谈道，“计划四年再建400万吨，每年增100万吨是不吃力的，也可能两三年完成，每年增200万吨。”同时，他提议公司每增加100万吨钢产量，给每位员工一次性发放奖金1000元。

果不其然，能闯敢拼的敬业员工，再一次超常规提前完成了任务。以下一组数据，足可以看出敬业集团的加速度、跨越式发展：从创业到产值1个亿，敬业集团用了10年；从进军钢铁到500万吨规模，用了13年；从500万吨到1000万吨规模，仅仅用了两年多的时间！

时间来到 2017 年 4 月，李赶坡在“增效降本、改革创新表彰大会”上，对于敬业集团冲刺 1000 万吨钢铁规模，做了回顾和总结，他当时说：“‘打出去，冲上去，永远争第一’是敬业的灵魂。如果不具备‘打出去、冲上去、永远争第一’的精神，没有这个灵魂在心里，就不是合格的敬业人。人的行为是由思想决定的，什么样的思想决定成就什么样的事业，积极的思想决定事业的成功，消极的思想决定一事无成。如果当初没有建设 1000 万吨钢铁企业的想法，那么能达到现在的企业规模吗？当初建设的时候，很多人都说这地方不适合建钢厂，因为敬业首先不在沿海，第二没有铁路，第三没有铁矿，怎么能建 1000 万吨规模，就是 500 万吨都不行，但是我们下定决心要建 1000 万吨规模。有了建设 1000 万吨规模的目标，就开始全方位地努力。但如果连想法都没有，根本做不出这样的事业。”

李赶坡还创造性地提出，敬业集团的任何工作都必须坚持结果导向论、反对条件决定论。“敬业就是要结果，为了达到好的结果，只要不违法、不违规，就努力往前干。反对条件决定论，说条件不具备干不成。敬业每走一步都没有条件，但是最终都成功了。所以，今后任何人做事都不能讲条件，讲客观，没有条件要创造条件。”

事实上，很多时候，做企业就是在不确定、没有路的时候找到路，如果轻易地说这样不行，那样不行，那就什么也干不了。而对于创造过多个“不可思议”的敬业集团来说，他们自然不会轻言“不可能”或“不行”，李赶坡的这“两论”，就是最好的注解。

## 敬业产能史，就是一部董事长激励史

务实求精，永远争第一是敬业集团的宗旨。在敬业的发展道路上，始终瞄准国内最好指标，定位为国内效益领先的钢铁企业集团。为使干部员工树立把企业做大做强的信心，李赶坡不断地在各个时期以各种方式激励全体员工，让员工时刻警醒，必须强大，而敬业其实一直很渺小。

纵观敬业集团的产能史，就是一部董事长激励史。

2006年，敬业集团已经达到200万吨的钢铁规模，完成210万吨产量，发展速度让人惊叹。2007年，李赶坡提出了争上300万吨产量，建设500万吨规模的宏伟目标。为了激励广大员工的信心，2007年4月6日，敬业集团组织科段级以上干部及师傅（敬业员工对于外聘技术人员的尊称）300余人，首次集体攀登了平山县天台山。

小憩时，李赶坡指引大家极目远眺敬业集团厂区。平时看起来规模挺大的厂区，现在看来就像是一个沙盘，在广袤的大地上显得极为渺小。李赶坡当时说："有人以为我们现在发展很大了，那是因为他站的高度不够。站在山上看我们的敬业，还是很渺小。所以我们要继续树立干大事业的信心，把敬业再做大做强！"

2007年10月6日，李赶坡在工作总结大会上，向与会人员推荐了一本书——《大国崛起》。敬业集团人力资源部将此书摘编成内部材料，供所有员工学习，李赶坡在扉页上作序：

"几经沧桑，几经变迁，茫茫世界，谁主沉浮？近代史上一国崛起，一国衰落，流星般成为过眼烟云。探其兴起秘诀，不是技术，便是制度。偶有他因，也总有一个闪亮点，这个'点'就是支撑一国兴起之点。这个'点'既不神秘更不莫测，只因它适应了需求，适应了时代。所以，哪个国家能提前适应需求、顺应时代，哪个国家便能称雄于世。管理企业与治国、兴国乃一道理。敬业要兴起，我们靠什么？敬业兴起的支撑点在哪里？随着时代的发展，我们应找到不同的支撑点，只有找到这个'点'，企业才会永远发展。点！点！这个'点'是我们管理企业要探究的永恒主题，是决定企业兴衰的关键因素。让我们共同努力，来寻求这个决定企业兴衰之'点'吧！"

在李赶坡的不断激励下，敬业员工戒骄戒躁，不负众望，共同努力让敬业集团在2007年具备了350万吨钢铁规模。

2011年，敬业集团正处在向800万吨钢铁规模迈进的关键阶段，为使全员有“发展是硬道理”“实力决定一切”的统一认识，李赶坡安排敬业企业文化科专门制作了短片《实力决定一切》，并在半年总结会上给全体干部观看。

9分钟的短片里，主要是以下镜头：洪洞通背拳和陈式太极拳正在激烈搏斗，为捍卫自己拳法的荣誉，搏斗者使出浑身解数，被击倒后立即起来再战，双方互有胜负。最终，还是陈氏太极更胜一筹，以实力取胜。接下来外国拳手的拳击比赛更是血腥，强者把弱者打得头破血流，最终躺在了地上不能再动。最后，雄浑的男中音响起：“在武术竞技场上战胜对手靠的是绝对实力。在激烈的搏击中强者可以对弱者任意攻打，肆意凌辱。落后就要被动，落后就要挨打，落后就没有你生存的空间，实力决定一切！”

富有冲击力的画面，深深印刻在每位干部的脑海里。彼时，2011年已经过半，为了冲击年底达到800万吨钢铁规模目标，每位员工都要像武师一样，充满战斗力，充满狼性——李赶坡正是用这种方式激发广大干部，在敬业，就别想着四平八稳的过日子，更别想着混日子，而是每天都奋力奔向好日子。

后来，敬业职工大学对入职新员工的培训中，这段视频成为“必修课”，每一位员工的思想都要经历过一番洗礼，方可加入激情燃烧的敬业团队。

1000万吨钢铁规模的实现，是敬业集团发展史上重要的里程碑。著名经济学家、北京大学国家发展研究院教授周其仁在评价2008年到2018年的中国经济时，用一个词予以概括：水大鱼大。

急速扩容的经济规模和不断升级的消费能力，让很多公司“如鱼得水”，得以借势发展壮大。而敬业集团显然就是其中的一条大鱼，1000万吨的体量，已足以让它与更大的鱼共同游弋。

世界上也有很多聪明人见风使舵，容易被利益所诱惑。见什么挣钱马上转移目标，转来转去什么也干不成。敬业瞄准的目标就是超1000万吨的钢铁规模，不论遇到金融危机还是短期市场波动，敬业认定中国近几十年内是需要钢铁的，只要成本低，质量好，扩大规模就是方向。2000年河北的钢铁企业发展势头迅猛，敬业算是起步晚的，但最终单体企业在河北省是规模最大的，河北钢铁 4000 万吨规模，是河北省五个钢铁企业合并而成的。

2012 年底，对于刚刚具备的 1000 万吨的钢铁规模，敬业集团专门召开“2013 年工作部署大会”，进行总结复盘，更重要的是，对于如何充分利用好“1000 万吨平台”进行工作部署。

事实上，敬业集团 1000 万吨钢铁规模的形成，的确比别的企业多了几分艰辛，更多了几分悲壮。

回首过往，李赶坡深情地总结说，“自 1995 年 6 月 9 日敬业集团第一座高炉出铁，到 2002 年 11 月 19 日炼钢项目的投产，经过了七个年头，由铁变成了钢；再由第一炉钢的炼出到 1000 万吨钢铁规模的形成，用了整整十年的时间！前后十七年是敬业人艰苦奋斗、前赴后继的峥嵘岁月！”

“创业伊始，由于资金的匮乏，高炉从 100 立方到 400 立方，再到现在的 1000 立方。烧结由土烧、环烧再到现在的 260 平方米带烧。上料从工人手推车过地磅到现在的自动化。炼钢由第一座转炉年产钢坯 50 万吨开始，逐年扩展，2009 年开始冲刺 1000 万吨，经过三年努力，2012 年 11 月 26 日 1000 万吨的目标终于实现。”

同时，李赶坡认为，1000 万吨钢铁规模是敬业集团超常规发展的结果。由于我国钢铁产业对于海外铁矿石的依赖，在沿海建钢厂，显然更“随大流”，更具天时、地利、人和。但敬业集团坚持致富当地百姓，发展当地经济，仍坚持在内地发展。尽管海外铁矿石运输较远，但也充分利用了周边的煤炭资源和充足的劳动力。不久，国家相继出台了西部大开发、振兴中部的发展战略，敬业集团也顺势把握住了这一历史机遇。

“1000 万吨钢铁规模，管理好了是盈利的机器，管理不好是洪水，是猛兽，要吞食敬业人。所以我们要治理 1000 万吨这个大平台，搞好管理，挖掘潜力。”紧接着，李赶坡居安思危地指出，1000 万吨钢铁规模是优势也是极大的风险。

“久久期望的 1000 万吨使我们很兴奋，很激动，但建成 1000 万吨的目的又是什么？ 1000 万吨不是欣赏品，不是装饰物，不是让世人称赞的，也不是自己拿来炫耀的，1000万吨只是为盈利而创造的一个平台。为建1000万吨我们耗费了极大的人力、财力和物力，对我们原有的产能也有很大的影响，我们付出很多。但是付出多了不一定回报多，只是有了回报的条件，要想得到回报还要付出巨大的努力。”

当时李赶坡要求，要利用1000万吨平台干好钢铁主业和非钢产业。在钢铁主业方面，则要争创全国第一。关于这一点，李赶坡早已算好了账，并且想好了策略。回看当时李赶坡制定的环环相扣、严丝合缝的步骤和措施，我们就能反证出敬业集团为何在具备1000万吨钢铁规模后，得以一飞冲天。

第一，环环紧抓钢铁生产，使每个环节降成本出效益。日产钢材3万吨，每天要购进一个亿的原辅材料。一个亿的原辅材料要经过采购、运输、烧结、炼铁、炼钢、轧钢、销售、运输八个环节，每个环节分别使用的资金是一个亿，每天集团在使用着8个亿的资金周转。而每个环节占有的资金是集团每天的总投入，那么每个环节就是敬业集团。所以每个环节要责任明确，分工清晰，要环环紧抓，环环出效益。

第二，系统理顺、资源科学调配是抓好生产的头等大事。要加强系统理顺，合理调配所有资源。要精细地平衡球团、烧结矿、铁、钢、材等各种产品，要合理地调配水、电、煤气、氧气等各种资源，争创全国第一的前提是系统的理顺。

第三，铁前原料的性价比选择和科学搭配是降成本的最主要环节。根据市场价格变化，选择性价比合适的矿种进行合理搭配，对降低炼铁成本有极大的潜力，要有得力领导去抓。

第四，继续打好节煤炭、节煤气、节电、节备件及物料消耗的四大战役。要从系统上抓，从全局抓，单抓局部是不行的。比如节电，是一个大系统，其中又有很多小系统。首先抓节约用电系统，生产厂要抓科学开机停机，抓变频改造；然后要抓提高自发电比例系统，抓煤气的多收少用多发电；还要抓电价系统，抓好高峰、低谷用电，还要区分生产、生活、农用电价不同等等。大系统里面有小系统，只有抓好了系统才能达到节电目的，如果只抓及时开机停机是远远不够的。所以，无论任何工作必须从系统上、全局上去抓，一把手亲自抓。

“人生一世，草木一秋，几年后虚度了年华会后悔，没有努力会留下遗憾。建成 1000 万吨钢铁规模不算什么，使 1000 万吨产生效益才是真功夫。钢铁业的竞争在激烈地进行中，市场依然非常残酷，而且越来越残酷。敬业人有能力把企业从小做大就有能力做强，我们务必达到全国最好效益的目标，在竞争中取胜！”李赶坡如此鼓舞全体员工。

# 第七章 创造“世界纪录”

“管工程就需要点‘军阀作风’！”/“主观不倒、目标必达”/何以从“外行”逆袭成专家？/纪录仍将增长：高炉升级、产能置换

2020年11月13日15：00，敬业集团办公楼广场人山人海，一群人在一个铺在地面的巨大“横幅”上，紧张着忙碌着什么。

大约40分钟后，人群开始欢呼，掌声经久不息。从空中看，一个“敬业集团焦保贵副总一生主持建设18座高炉创纪录”的句子，完美地显现出来。

原来，这是敬业集团为感谢焦保贵为集团发展所作贡献，更好地激励全体敬业人发扬老一辈敬业人艰苦奋斗、无私奉献的精神，特别举办的挑战吉尼斯世界纪录活动。

刚才那个“句子”，是用9077张贺卡通过人工摆放一一组成的，纪录挑战人员为敬业集团的高炉重要参建者焦保贵、刘更更、张青海、吴国琴、杜成刚、王金虎、武白虎、焦晋会、郝东英等人。经世界权威纪录认证机构吉尼斯世界纪录认证官罗琼女士现场认证，用最大贺卡拼成的句子“敬业集团焦保贵副总一生主持建设18座高炉创纪录”成功挑战吉尼斯世界纪录。

吉尼斯认证官罗琼女士为焦保贵颁发了挑战成功证书，焦保贵高高举起证书，与李赶坡一起高高举起双臂，留了下一张珍贵的历史画面。

挑战活动开始前，敬业集团总经理李慧明发言说，焦宝贵为敬业集团作出

的贡献是巨大的，他身上浓缩了老一辈敬业人艰苦奋斗、无私奉献的优秀品格和打出去、冲上去、百折不挠的敬业精神，用实际行动给敬业文化注入了丰富内涵，是敬业集团老一辈创业者的敬业精神和高尚品格的缩影，更是全体敬业员工的楷模。

“可以说，焦保贵副总是敬业精神的杰出典范。建设5号高炉时，焦保贵的父亲生病，当时正值施工关键阶段，他回家探望了一下，就把父亲委托给妻子，匆忙返回工地；7号高炉施工时，他在办公室边输液边工作；2012年6月，他在北区工地上巡视时，不慎从高处台阶摔下，造成多处骨折，伤愈出院后仅仅两天，就迫不及待地来到日夜惦记的工地。”李慧明颇为动情地说，“为了牢记焦保贵的功绩，敬业集团特别申请吉尼斯世界纪录，用约9000张贺卡，把‘焦保贵副总一生主持建设18座高炉创纪录’的壮举表现出来。9000，代表了焦保贵副总从入厂到今25年中每一个日日夜夜，代表他为敬业忠诚奉献的每一天。贺卡代表了全体敬业人对焦保贵副总的祝福和爱戴，代表了社会各界对民营企业杰出人才的肯定和赞誉。”

拿着吉尼斯世界纪录的证书，焦保贵的发言就像他一贯的工作风格，简朴而务实：“我要干到80岁，干到80岁不下岗。”

这场精心策划的盛大活动引发了无数人的关注和转发，敬业集团以这样新颖、独特的方式给予贡献者、创业者最高荣誉，让焦保贵的功绩为更多人知晓。

截至2021年底，焦保贵已建设了20座高炉，在全世界估计也再找不到第二个人。焦保贵不仅创下了建设高炉数量之最，而且建设的高炉都成为精品工程，为敬业集团的快速发展做出卓越贡献。

## “管工程就需要点‘军阀作风’！”

敬业集团从无到有，从小到大，从弱到强，从最初一个小化工厂，发展到世界 500 强，这份闪耀着荣光的成绩离不开每一位敬业员工的努力和汗水，更离不开敬业集团创业者的无私奉献。

焦保贵就是典型的创业者代表，他是河北平山县古月镇人，生于 1949 年，与共和国同龄。1995 年 7 月，焦保贵进入敬业集团开始建设高炉，一直以来兢兢业业、任劳任怨。在李赶坡提出的“四个一流”（一流的设计队伍、一流的设备制作厂家、一流的安装队伍、一流的试产技术人员）理念指导下，焦保贵用一套独特的方法，高标准管理队伍，严格把控工期，保证工程质量——这位没有“高级工程师”职称的“高炉之王”，究竟是如何创造这一奇迹的？又是什么让悟性极高的他，结合敬业集团自身实际情况，摸索出了一套建设高炉的独特方法，让“科班出身”的人望其项背的？

笔者采访时，年逾七十的焦保贵依旧在集团南区产能置换项目建设中发光发热。用李赶坡的话说就是“敬业有需要，马上又赴任产能置换总指挥”。

2019 年，敬业集团对南区产能进行置换升级改造。此时的焦保贵正好 70 岁，本应该是含饴弄孙、享受天伦之乐的年纪，当得知敬业集团还需要他发挥余热时，焦保贵二话不说果断接下重担，担任了南区项目总指挥。

在焦保贵的办公室里，笔者看到办公桌的前后左三侧的墙壁上，分别挂着敬业集团 B 号高炉及运送原料、钢材等大宗货物的铁路专用线建设等图纸。他把这些正在建设的工程图纸挂在墙上，是为了随时可看，随时可研究，随时可欣赏。

“每座高炉都不一样，有些设计也不一定合理，所以有的可能还要进行一些调整。”焦保贵说。

而焦保贵的办公桌上，除了摆放整齐的大量文件外，还有一堆药品，因为长年有慢性病，这是他每天都要服用的。而跟笔者交流过程中，焦保贵的声音很洪亮，时不时发出爽朗的笑声，完全不像一个 70 多岁的老人。

虽然年龄大了，但是焦保贵依然是每天到项目部最早的人，到了之后，他依然像以前的每天一样，拿上安全帽和小包，到各工地查看进度和现场问题，然后到会议室做开会准备。下班后，人们在工地上总能看到焦保贵的身影，把所有工地“巡视”一圈，安排、协调好夜班的工作，他才放心回家。

高炉建设工程实物量大、单体设备重、设备安装复杂、涉及专业多，施工过程中存在大量立体交叉作业及大型设备吊装，机械及电气设备种类及数量较多，需要组织者提前谋划，在施工中精心组织协调，尤其对项目总指挥的综合协调能力要求极高。

而数十年间，焦保贵就是在如此巨大的压力下走过来的。

2007 年 8 月 15 日，敬业集团 9 号炼铁高炉开工建设。9 号、10 号高炉是敬业集团达到 500 万吨钢铁规模的关键项目，也是敬业集团有史以来建设的容积最大的高炉。本着“四个一流”的建设原则，两座高炉大胆采用新技术，上料系统采用雷达射线技术；炉前设计了双出铁场，有利于协调出铁，提高炉龄；采用双预热顶热风炉，迅速提高温度，降低焦比。同时对环保提出更高要求，出铁场的二次除尘保证了烟气不外排。

正因为标准极高，其工程建设难度也将加大：1080$m^3$ 的高炉高度达 31 米，炉体及辅助工程占地面积就有 15.1 公顷。

2008 年 6 月，这两个高炉的建设进入了关键时期，然而当时天气极不稳定，时而阴雨绵绵，时而烈日暴晒，给施工增加了很大的难度。作为项目总指挥的焦保贵，每天都准时在早晨 7 点 30 分和傍晚 6 点 30 分召开项目协调会，雷打不动。到了工期关键节点，为了确保高炉顺利投产，在每晚 10 点又专门增加一次协调会。

焦保贵要求项目全体人员、工程监理、施工单位项目经理全部参加，而施工单位必须吃住在工地，寸步不得离开，直到项目投产。每次协调会，焦保贵都亲自主持，对每项工程、每个节点、每个设备进行认真检查，对存在的问题、遗漏的事项、工程的难点进行分析研究，通力协调解决。

而 10 点的那场协调会，每次开完都将近半夜 12 点，有时甚至到了凌晨 1 点。很多年轻人都感觉挺不住了，但当时年近 60 岁的焦保贵却很淡然，同样因熬夜而布满红血丝的双眼依然目光敏锐。年轻人看着老前辈都这么拼，都像是一只不知疲倦、不停旋转的陀螺，也就给自己打气：再困再累也要挺下去！

不论协调会开到凌晨几点，人们总能在大清早看到精神抖擞的焦保贵，又准时出现在施工现场。

敬业集团销售总公司副总马利江刚入职敬业集团时，也是在“建设口”，并在焦保贵手下工作。对于焦保贵，他的评价是两个字：“传奇”。“2008 年金融危机时，李董事长说金融危机之前必须得把焦化炉投产，不然就成烂尾工程了，所以工期特别紧的时候，焦总（焦保贵）每天晚上 10 点开会，早上 7：30 又开例会，所有外协单位的项目经理也都不能睡觉，必须统一参会。如果工程进度没有达标，是要当场交罚款的，非常雷厉风行，所以才能确保工程按计划甚至超前完工。”

寒来暑往，经过整整一年不间歇的奋战，2008 年 8 月 3 日，9 号高炉终于顺利投产。彼时，在投产仪式上，李赶坡动情地说：“项目部面对人员少、战线长、工程大、时间短的情况，还是按集团要求按时完成了建设任务。炼铁厂的同志们为了开好炉，精细地检查着每件设备，待命在各自岗位。你们辛苦了！你们为集团项目建设付出了极大的努力，你们是敬业集团的功臣！”

笔者采访时，一脸和蔼的焦保贵直言脾气不好，让笔者觉得有些违和感，而细问之后，才知道了答案。

笔者：“您跟人发过火吗？什么情况下跟人发火？”

焦保贵：“搞工程期间每天都发火。工期完不成，质量上不去，都会发火。”

笔者：“有没有人家不干跟您急了？”

焦保贵：“急了你就走，离了我，你也能生存。在我这里就是这么严！”

回答就是这么强硬而坚决。

焦保贵牵头的项目，招标告知书上明确写着“我们要以排山倒海之势去做这个工程”，并且明确告知工期没有按照节点完成要进行处罚。这大有“我很严，你敢来，就来吧”的豪迈。

而对于督促、监督施工单位，焦保贵也有着自己的独特办法：“一个工程要按照进度完成，需要多少施工人员是一定的，所以每个工程我都会计算，每天的施工人员必须至少要多少人。如果哪天一看，人数比这个标准少，就会按照每人每天500元的数额进行罚款。施工单位雇佣一位施工人员一天也差不多是500元，我正好就罚你500元，你就不能为了省点钱而误了工期，要保证工期必须达到一定的人数。任何施工单位也别想着先接了敬业集团的工程，然后再去接别家的慢慢干——在我们这里是行不通的。”

同时，假如施工单位延期，罚款是5万元起。但这相当于黄牌警告，焦保贵会与施工单位重新设计一个新的节点，如果还是完不成，那就要真处罚了。

在焦保贵的强势管理下，他经手的所有项目无一延期，都按约定时间完成了。甚至，在2020年新冠肺炎疫情的非常时期也不例外。

非常时期，焦保贵就采用了非常手段。

“外面的宾馆不让施工队伍住，那就吃住在敬业集团自己的宾馆，但停工耽误的进度，必须补回来！这么大的工程，拖一天就会带来不小的损失，不按时完成绝对不行。”焦保贵说。

当时，为了“早一天完工，早一天创效”，焦保贵每晚11点组织球团相关单位现场开会，查看夜班施工情况，督促施工进度。外网煤气管道施工时，因外网通廊和管道施工条件差、复杂，又赶上雨季施工，焦保贵也每天穿上雨鞋，拿着雨伞到工地转。甚至凌晨时分送煤气时，焦保贵依然坚守在现场。

最终，这一非常时期建设的高炉项目也照样按计划完工，按时投入使用，正赶上了钢铁价格的上升期，如果因故再推迟几个月，敬业集团会损失数亿元的营收。

而在焦保贵主持的工程协调会上，所有人不能随便说话，更不能低头玩手机，否则将有手机被摔的风险，所以整个协调会上所有人都会竖起耳朵听，要发言也必须站起来发言。同时，开会时，焦保贵要求点名必须大声喊“到”。在他看来，讲话、汇报是一个人精神面貌的重要表现，声音要洪亮，不响亮没有精气神。焦保贵笑言：“管工程跟带军队一样，管工程就需要点‘军阀作风’！”

焦保贵做起事来雷厉风行，确实透着一股军人作风，在他看来，集团交给的任务就是军令状，必须想尽一切办法完成。“施工单位一看见焦保贵副总来开会，就特别害怕，能镇得住他们。”敬业集团企业文化科科长胡新海说。

2014年，敬业集团收购了内蒙古乌兰浩特钢铁公司，时年66岁的焦保贵已经退休，但是在敬业集团需要他时，焦保贵没有丝毫犹豫，再度出马，远赴乌兰浩特建设高炉及配套设备。

“我们敬业集团的精神就是打出去、冲上去，对于新收购来的企业，集团非常重视，此时不过去把关，更待何时？”焦保贵说。

乌兰浩特地处内蒙古自治区东北部，冬季十分寒冷，白天最低温度都在零下20多度，凛冽的寒风和刺骨的寒气深入骨髓，但焦保贵依然坚持每天巡视工地，工作强度和节奏与在敬业集团总部没有任何差异。

2016年临近春节，天寒地冻，正在建设中的项目无法进行土建工作，大部分施工人员已经回家过年，但是为了早日完工，焦保贵还坚持在工地监督钢结构制作和设备安装。直到腊月二十八，工地上一个施工人员也没有了，焦保贵才回家过年。

可以说，焦保贵建设的每一座高炉，几乎都存在图纸设计滞后、资金紧张、施工单位进度滞后等问题，但他敢于承担压力，不讲任何客观条件，可谓敢打敢冲、愈挫愈勇，总是无条件完成敬业集团交给的任务——并不按部就班，而是赶前不赶后，利用好一切碎片化时间以加快工程进度，杜绝任何有可能延误工期的风险，这可能就是焦保贵在精神层面之外，总能克服各类艰难险阻、圆满甚至超前完成任务的奥秘。

焦保贵的果敢，还表现在一次“强制拆除”上。2008年9月，敬业集团按照规划，要拆除北区的施工“临建”。项目部成立了专门小组，对施工单位下发了拆除通知。但第二天早上检查进度时，项目部发现只有寥寥无几的数名施工人员在搬运工具。这样磨洋工，显然是一种推诿和对抗。焦保贵当机立断，迅速下达命令，安排铲车进入现场。随后，一排排临建房在铲车的轰鸣声中倒下。施工单位看焦保贵如此强硬，只好全力执行拆除工作。随后，焦保贵给施工单位逐一耐心解释并进行安抚，各个施工单位心服口服，感慨焦保贵的超强执行力，并在规定时间内将各类设备、工具转移至指定地点。在焦保贵面前千万不可敷衍了事的故事，开始在施工单位间“流传”起来。

## “主观不倒，目标必达”

李赶坡曾经提过一个理念：“主观不倒，目标必达”，这一理念已然成为敬业集团的信念。

围绕“主观不倒、目标必达”，李赶坡说：“要达到人生设定的目标或阶段性目标，有上百种方法可以选择，有千百条道路可以走，总有达到目的的途径。所以说，目标达不到不是无路可走，而是没有用心去找办法、选道路，是主观上出了问题。人生、企业无论选择什么目标，只要主观意志坚强、百折不挠，就会去积极选择各种道路、寻找各种办法，千方百计达到设定的终点。”

“敬业集团面临很多新的课题，对我们来说都是困难，影响我们达到原来设定的目标。在新的、复杂的形势面前，只要我们主观意志坚定，任何困难都会迎刃而解。国际在动荡，国内形势在变化，敬业集团已定的目标也会增加难度，但是困难在我们的面前是渺小的，敬业人坚强的内心世界是强大的，可以战胜一切困难，达到预定的目标。主观不倒，目标必达！”

而焦保贵这里，“主观不倒，目标必达”可谓践行得淋漓尽致。

焦保贵不仅在高炉建设方面是专业好手，其敬业精神、工作能力令所有敬业集团员工钦佩，他为人处世的原则和高尚的品德更是让人望其项背。

焦保贵经常夙兴夜寐、废寝忘食，“扎根”在施工现场，所以身体自然受到了损害，他患有高血压、高血脂，医生叮嘱他多休息，但为了不耽误工程进度，他却将此抛在脑后，经常带病上阵。

在建设敬业集团5号高炉时，焦保贵的父亲生病，家人劝他回去，当时正值施工关键阶段，他回家探望了一下，就把父亲委托给妻子，匆忙返回了工地；在7号高炉施工时，焦保贵患了严重的感冒，怕耽误工作，不想去医院看病，实在坚持不住时，就让医生在他办公室里挂上吊瓶，一边输液，一边工作。

焦保贵在儿子结婚时，只请了一天假，还没有告诉公司里任何人。“我告诉大家，施工方给我上礼怎么办，这不影响工作嘛！”焦保贵说。

2012年6月12日早6点50分，一场不幸降临在焦保贵身上。这一天清晨，焦保贵在敬业集团北区工地上巡视时，不慎从高处摔下，造成肋骨多处骨折、肩胛骨摔裂、肺部挫伤，被紧急送到河北医科大学第三附属医院。

“当时早上起得早，光线有些暗，血压也有些高，结果一脚踩空了，从10来米高的地方摔了下来。本来骨折不是太大的事，但一根骨头插到肺里，引发了肺炎，这就很危险了，还是命大。”焦保贵淡然而乐观地向笔者回忆起那段让人后怕的经历。

焦保贵摔伤的消息传来，李赶坡心急如焚，马上赶到医院看望，对焦保贵的住院安排、治疗方案及医生、护理人员做了详细了解，并再三叮嘱焦保贵身边的工作人员，一定要精心照顾。直到夜深了，李赶坡才离开。当时，李慧明正在外地出差，得知消息后，也连夜返回石家庄直奔医院。

第二天清早，惦记焦保贵病情的李赶坡又早早来到了医院探望。就在当天晚上，焦保贵病情突然加重，被送进了重症监护室。这让李赶坡更加揪心了。由于重症监护室不允许任何人进去，他就在门前不停踱来踱去，焦急地等待着消息。直到晚上12点，在众人的极力劝说下，李赶坡才离开医院。而李慧明则在重症监护室外的楼道里整整守候了一夜，时刻关注着焦保贵的病情。

李赶坡回到平山后，仍牵挂焦保贵的病情，紧急召集身边的工作人员，安排他们分为三班，轮流去医院照顾焦保贵，并事无巨细地做了各项工作的安排和交代。又过了一天，焦保贵的病情总算稳定下来，出了重症监护室。工作人员把这个消息短信告诉李赶坡后，李赶坡揪着的心才放松下来。在之后的治疗、恢复阶段，焦保贵每天的身体状况、吃了多少饭、喝了多少水、起了几次夜等，工作人员都通过短信向李赶坡汇报，而他每次也在短信中回复注意事项。当每次接到焦保贵病情稳定的短信时，李赶坡的喜悦心情也是溢于言表，欣喜地回复“很好！”

只要一有空闲，李赶坡就赶紧跑来医院看望焦保贵，陪他聊聊天，嘱咐他好好养病。为了让焦保贵能够吃上健康、营养的饭菜，李赶坡专门安排敬业大酒店负责他住院期间的饮食，担心他在病房感到乏味无聊，甚至让工作人员在病房里配备了电视机。

面对李赶坡、李慧明的多次看望和无微不至的贴心照顾，焦保贵关心的重点却不在自己的病情上，而是说：“集团工作要紧，不要总惦记我。”待焦保贵病情稍有好转，就向照顾他的敬业集团员工询问工程进展情况，还电话遥控指挥规划建设部的各项工作。俗话说伤筋动骨一百天，但当年 8 月 2 日，在焦保贵重伤后的第 50 天，他执意不肯在家休养，迫不及待地来到他日夜惦记的工地，拖着虚弱的身体组织人员召开会议，布置各项工作。

“我也说不清干劲从哪里来的，不觉得累，也不叫苦，因为数李赶坡董事长最辛苦。”焦保贵笑着说。

在敬业集团工作的数十年间，焦保贵还主持建设了南区的机械化料场、竖炉、烧结、煤气柜等项目，以及北区的机械化料场、80 万吨球团、两个 230 平方米烧结机、2—3 期煤气发电、两座 5 万立方米煤气柜、一座 10 万立方米煤气柜、矿渣微粉和钢渣生产线等项目，还在 2008 年金融危机期间主持建设了 200 万吨棒线材生产线……类似的项目不胜枚举，可以说，炼钢前期的每一道工序，似乎都有着焦保贵的血汗。

## 何以从“外行”逆袭成专家？

有敬业集团员工评价说：“焦保贵副总朴实无华、低调内敛，就像一头辛勤耕耘的老黄牛，用勤勤恳恳、无私奉献以及良好的品行和操守，将老一辈创业者的高尚品格诠释得淋漓尽致。焦宝贵副总为敬业集团作出的贡献是巨大的，他身上浓缩了老一辈创业者艰苦奋斗、无私奉献的优秀品格和打出去、冲上去、百折不挠的敬业精神，用实际行动给敬业文化注入了丰富内涵，是老一辈创业者的敬业精神和高尚品格的缩影，更是全体敬业人的楷模。”

而对于外界的评价，焦保贵不置可否，在他的记忆中，失败的教训才是印象最深刻的。敬业集团的 5 号高炉，就永远是他心中的一个遗憾。当时，敬业集团需要为新建高炉采购炉顶设备。一个之前有过合作关系的厂家提供了一款新兴设备，经过现场测试，焦保贵觉得没问题可以使用。

时任厂长张永海得知这是一款全新设备后，做了提醒：“咱们这是第一个吃螃蟹，一定要万无一失。”

焦保贵又让厂家反复测试了好几遍，发现没有问题后便决定采购。但没想到，5 号高炉刚刚投产的第二天，设备就出现了问题。刚刚点火投产的高炉，不得不采取“闷炉”措施。

原来，之前测试设备时，都是在常温下进行的，但高炉上的温度很高，此设备采用的是液压装置，“冷试”没问题，但“热试”就有问题了：油管的油供应不上去，导致油管卡死。

无奈之下，焦保贵只好将设备全部打开，重新改油路，修理、调整了 7 天，方才确保没有任何问题。深深自责的焦保贵，竟然连续 7 天没有睡觉，就是想着尽快修整好设备，以降低损失——多闷炉一天，就会多一天的损失。

焦保贵给李赶坡说，自己要做深刻书面检查，李赶坡却说：“不用做了，孰能无过，能认识到问题在哪里就行。”

“当时就感觉无地自容，这下才知道，‘冷试’和‘热试’是不一样的，这个设备当时也没有任何厂家投入使用，确实有风险，很大的教训！”焦保贵说，“这件事深深印在我的脑海里，不要总说我做了多大贡献，其实也有过‘损失’。永远记着这件事，教训太大了，选厂家、设备必须慎重，如果出现问题那就是大问题，以后绝不允许出现类似的问题。”

后期，焦保贵在施工过程中也与德国的施工单位打过交道，他觉得从他们身上学到了不少优秀做法。比如，德国人从不做赶工期的事，基本不加班，即便你给他们加多少钱也不会做。但是，德国人做事很严谨，每天的工作量是一定的，做计划时甚至将圣诞节休假那几天的工作量都考虑进去。比如说好的三个月工期，德国人能保证按时按点完成，甚至一天也不差地完成任务，“并且人家每一项工艺都完成得特别漂亮，我们在这方面好像有些欠缺，做事比较粗糙，不像德国人任何细节都不放过，能一次性完成，实现零缺陷。”

的确，德国人的严谨是举世闻名的，去德国旅游可以发现，大巴司机每天的开车时间都是详细计算的，超过一定时间，必须换人，否则就将被视作疲劳驾驶。

而焦保贵就善于发现和总结，善于“择其善者而从之”，这也就难怪别人会评价他“理解和领悟能力超强”。

“理解能力还可以吧，大部分设备我看一看，就大体知道怎么回事了。其实就是干得多了，看看也就会了，大致什么情况也就摸清楚了，就能把原理搞懂了。”焦保贵笑着说。

“您的理解能力是天生的吗？”面对笔者的这一问题，焦保贵摇了摇头，“不是，管理、技术都学无止境，一些工艺以前我都不清楚，就是多看多学吧！”

而现在的高炉技术和以前的技术有着天翻地覆般的变化，焦保贵又是如何学习掌握的？

焦保贵的“秘诀”是：“现在的高炉确实很复杂，都是自动化的技术，过去高炉一个立方的造价在二三十万，而现在一立方至少在60万，设备也越来越智能化。现在重视环保，除尘等环保设备就占到了总成本的20%。比如一个14个亿的工程，将近3个亿就用在了环保方面，这在以前是不可想象的。就是一步一步慢慢学，高炉技术也不是一天就飞跃的，整天想着，整天摸索，慢慢也就掌握了。以前，我根本也不会想到高炉可以‘密不透风’，几乎什么污染都没有，但就是一年一个台阶，一年一个进步，新技术不断涌现。多去看，多去交流，到处走访，边学边干。我们为建A号高炉，专门到江苏去学习最新的高炉技术，但学习回来后，反而就要博采众长，超过他们。”

看来，焦保贵从“外行”逆袭成专家，靠的就是处处留心、终生学习，靠的是“一万小时定律”。

“一万小时定律”是著名作家格拉德威尔在《异类》一书中指出的定律：人们眼中的天才之所以卓越非凡，并非天资超人一等，而是付出了持续不断的努力。一万小时的锤炼是任何人从平凡变成世界级大师的必要条件。

焦保贵在无形中，其实一直在践行着这个定律。事实上，“如果拥有强烈的热情和激情，那么不管是睡着还是醒着，从早到晚，整天都会冥思苦想。这样一来，愿望就会渗透到潜意识，在不知不觉中朝着实现这个愿望的方向前进，让一个人走向成功”——性格果敢、内心朴实的焦保贵，其实就是稻盛和夫所描绘的这一类人。

而关于热爱自己的工作，甚至迷恋上自己的工作，焦保贵有着非常朴实的逻辑：“在任何一家企业，老板叫你来干什么，你做好是应该的，做不好才是不应该的。老板也在起早贪黑地忙碌着，你干好了就是合格的员工，干不好就是‘垃圾员工’。”

笔者：“您说要在敬业集团工作到 80 岁，这是出于什么样的初心？”

焦保贵：“就是喜欢做这个事业，跟着李赶坡董事长，我也要坚守。另外，我们也培养了一个后备梯队，将心得和经验传授下去。”

笔者：“您觉得您最大的优点是什么呢？”

焦保贵：“实在，敢于挑重担，别人不敢干的活，我敢干。只要领导发话我就敢干。”

笔者：“每个项目建好之后，您是什么心情？”

焦保贵：“一投产心情非常好！非常高兴！”

笔者：“建了这么多座高炉，您感觉哪座最难建？”

焦保贵：“我感觉 4 号高炉是最难建的，因为这是敬业集团第一次建规模较大的高炉。”

笔者：“别人评价您不服输，可否讲讲您不服输的故事？”

焦保贵：“建大高炉的人多数都是高级工程师，我没有职称，但别人能做我为什么不能做？从 120 立方开始，直到 1200 立方、1500 立方，虽然高炉的技术和装备都在提高，但其底层逻辑还不是一样的？炼铁炉、烧结我是懂的，炼钢、轧钢之前我不太懂，但我也要拿下，所以可以说我是不服输的。”

李赶坡曾经这样评价焦保贵：“做事干净利索，说到做到。”他也把焦保贵视作“国宝级”的专家，每次有活动合影时，都先把焦保贵叫到身边。

而在焦保贵心目中，李赶坡是最伟大的企业家，从初次见面后就打心底佩服。“把这些小高炉升级完毕，我就要 75 岁了。我跟李赶坡董事长同龄，他都坚守在岗位上，我怎么能轻易退下来？”

对于“共事这么多年，从李赶坡身上学到了什么”的问题，焦保贵说：“实际上我也是敬业集团锻炼出来的，我们虽然是同龄人，但李赶坡董事长做的事情我都做不了，所以打心底十分佩服。关键学的是他的精神和管理模式。有教科书上的管理，也有一些自己独创的土办法，不拘泥于模式、形式，能把员工的积极性带动起来。比如上炼钢项目之前的那次户外集体喝啤酒，之后大家都异常兴奋，非常团结。”

## 纪录仍将增长：高炉升级、产能置换

2021 年 3 月 24 日，敬业集团 A 号高炉正式点火开炉。

这是焦保贵任总指挥的产业升级项目，该项目总投资 54.6 亿元，是敬业集团顺应国家供给侧结构性改革要求，主动淘汰落后产能、化解过剩产能，开展产能减量置换，提升装备和节能环保水平的重点项目工程，将压减铁产能 99.75 万吨、钢产能 40 万吨，为河北省钢铁行业化解过剩产能做出应有贡献。

其中，A 号高炉投资 16.06 亿元，包括 1500m$^3$ 高炉及 4 座热风炉、BPRT 鼓风机等配套设施。项目采用目前冶金行业最先进的技术，严格按照敬业集团“四个一流”方针，高标准进行施工建设。

敬业集团副总经理康雪元在开炉仪式上表示，A 号高炉按时、按质投运，是完成 2021 年任务指标的关键，要产量、成本双达标，管理上做到精益求精，实现清洁生产、绿色生产、高效生产，坚决实现当月投产、当月达产，各项指标达到全国最好水平。

李赶坡发言说，A 号高炉历经千辛万苦，克服疫情等重重困难，终于建设成功，对高炉的建设者和试产者表示衷心的感谢和热烈的祝贺！李赶坡同时提出三个要求：第一，确保安全生产，按照方案一点一点去做，做到实处才能安全，提醒有关人员切记不要麻痹大意；第二，面对敬业史上最大高炉，一定要科学开炉，千万不要经验主义，否则后果严重；第三，高炉出铁不是试产标准，试产成功的标准是同装备最低成本、最高产量。

A 号高炉背后其实写满了不易。自 2020 年 4 月份破土动工到点火开炉，A 号高炉历经 10 个月建成投产。高炉建设经历了施工困难的冬季和人员难以聚集的春节，更经历了前所未有的新冠肺炎疫情，面临封路断交、设备无法运送、人员食宿无着落等重重困难，但在焦保贵的牵头下，敬业集团全体参建人员还是凝心聚力，昼夜奋战，赶工期、保节点，以饱满的热情、昂扬的斗志、务实的作风，保障了 A 号高炉按时按质顺利投产。

在 A 号高炉现场，笔者看不见一丝白烟冒出，感受不到任何粉尘，也闻不到任何异味。如果不是感觉到温度较高，根本想不到就站在高炉的旁边。这座高炉的环保技术，放在全世界也是领先的。而在控制中心，笔者看到技术人员紧盯着眼前的电脑和大屏幕上不同监控位置的画面，只需动一动鼠标，用对讲机说说话，便可以完全监测、控制整个高炉的运转——笔者没有想到，钢铁生产，也可以做到黑灯工厂一般，而大部分敬业集团的创业者们，此前也都没有想到。

“这个 A 号高炉就相当于以前好几个，建也是我建的，拆也是我拆的。”焦保贵笑言。

焦保贵所说的产能置换，是利用市场化和法制化手段推动钢铁工业供给侧结构性改革、化解过剩产能的有效手段。《钢铁行业产能置换实施办法》（工信部原〔2017〕337 号）自 2017 年底发布实施以来，有效遏制了钢铁产能无序扩张，在化解过剩产能、调整产业布局、推动兼并重组、提升技术装备水平、节能减排等方面起到了积极推动作用。

而为适应钢铁行业发展新形势，贯彻新发展理念，构建新发展格局，更好地推动高质量发展，工信部对原产能置换实施办法进行修订，出台了《钢铁行业产能置换实施办法》，自 2021 年 6 月 1 日起实施。无论建设项目属新建、改建、扩建还是“异地大修”等何种性质，只要建设内容涉及炼铁、炼钢冶炼设备地点、型号、规模等任一变化的，须实施产能置换。

笔者采访时，焦保贵就一直在忙高炉升级、产能置换的事情。为了建设 A 号高炉，焦保贵曾带领团队到承德、赤峰等地实地调研。“不少地方的粉尘排放浓度都很高，而我们这里不超过 5 毫克 / 立方米，环保厅都在实时监测。”焦保贵说。

A 号高炉顺利投入使用，提升了敬业集团整体装备水平，标志着敬业钢铁主业迈上新台阶，为敬业集团加快转型升级和高质量发展奠定坚实基础。

近年来，敬业集团积极响应国家政策，对厂区装备进行升级改造，截至 2021 年底实际投资已超 55 亿元。通过减量置换，淘汰 $450m^3$ 高炉一座、$588m^3$ 高炉两座、$1080m^3$ 高炉三座及 80 吨转炉两座，新建设备一流的 $1500m^3$ 高炉三座、150 吨转炉一座及配套 150 吨精炼炉一座。铁产能由 499 万吨置换为 399 万吨，压减 100 万吨，钢产能由 200 万吨置换为 160 万吨，压减 40 万吨。B 号高炉于 2021 年 4 月份开工建设，2021 年 12 月底完工，C 号高炉已完成规划设计，计划 2022 年 6 月底完工。

到时，这些高炉投产后，焦保贵建设的高炉数量将突破新高。“B 号高炉我们 7 个月投产，而在其他企业，至少得一年多，相差将近一倍时间。”焦保贵颇为自豪地说。

而通过产能置换，敬业集团不仅实现生产智能化管理，各项能耗指标均大幅降低，而且二氧化碳排放量降低 180 万吨 / 年、综合能源消费量降低 52 万吨标煤 / 年、颗粒物降低 1028 万吨 / 年、二氧化硫降低 946 万吨 / 年、氮氧化物降低 1825 万吨 / 年，经济、环保效益明显。

铁路专用线建设是敬业集团落实国家“公转铁”运输方针政策，响应国家绿色运输要求，降低粉尘排放，于2020年11月份开工建设，投资37.44亿元建设的铁路专用线及配套设施项目。线路全长22.5km，接轨朔黄铁路西柏坡站，途经5个乡镇26个村庄，并配套建设铁路站点卸车堆存及物料转运设施。建成后年可完成货物发运3542万吨。项目建成后，可实现朔黄铁路干线运输与敬业集团物流之间的无缝衔接，敬业集团的矿粉等原料及钢材等大宗货物运输可实现“公转铁”“门到门”。同时，每年可减少130万辆重型货车通行，降低二氧化碳排放量40万吨，为大气治理做出贡献——建设自用铁路，解决运输问题，敬业集团治标治本的大手笔，在国内显然也不多见。

# 第四篇

# 第三次反危机：突围“白菜价”时代

# 第八章 逼出国际化

国际化战略：不断地灌输，不断地‘唤醒”／“特种部队”：集结、培训、出征／敬业海外战狼如何打开局面？／拥有全球视野，知未来，才能有所成

笔者发现，敬业集团的营销理念里，至少有三条与“全球”和“国际化”有关：

敬业螺纹钢全力打造全球第一品牌；

做全球钢材和金属制品供应服务商，做全球小矿种及各种能源的贸易商；

敬业人有国际化的大胸怀，干的是国际化的大事业，这就是敬业打出去、冲上去，彻底改革、拼搏奉献的精神。

如今，敬业集团已经成为名副其实的跨国集团，他们成功开拓了亚太、中东、东盟及南亚、非洲、美洲、欧洲等市场，在全球22个国家设立了分公司和办事机构，产品出口到80多个国家和地区，并参建文莱跨海大桥等世界级重点工程，海外知名度迅速提升。但肯定令很多人都想不到的是，敬业集团的国际化，也是情急之下被逼出来的。

## 国际化战略：不断地灌输，不断地“唤醒”

曾国藩有云，“天下事无所为而成者极少，有所激有所逼而成者居其半”。敬业集团的国际化，与一段非常时期有关。

2010年4月，国务院下发《关于进一步加强淘汰落后产能工作的通知》，钢铁产业被划入淘汰产业。而就在此前，“4万亿”政策让钢铁行业在流动性极大的“资金泳池”里过着滋润的日子。“反向调控”突然来袭，谁都措手不及。

随后，令人胆寒的钢贸黑洞也旋风般来袭，钢贸圈空单质押、重复质押、虚假骗贷等猫腻被爆出。随着中国经济增速放缓，钢铁行业颓势明显，产能严重过剩、供给严重大于需求的问题更强烈地凸显出来，上游钢铁企业出现大面积亏损；下游用钢企业开始拖欠钢贸商货款，应收账款被无限放大；钢贸商自己被彻底关在了银行信贷业务大门之外。

三种不利因素交织下，钢铁行业迅速掉头急转直下。到了2014年，4万亿的“药劲”过去了，钢材生意越来越难做，大宗生产资料价格持续下跌，一斤钢材没有白菜贵的新闻屡见报端。

部分钢铁企业此前疯狂借贷而藐视风险，深陷资金链断裂泥潭而难以自拔，甚至彻底倒下。一些产品没有特色的钢铁企业也亏得一塌糊涂，每吨钢亏损达1000元以上。重庆某钢厂约500万吨产能，亏损达80多个亿。而鞍钢、武钢等也是亏损大户，亏损额也在50个亿以上。

在大环境下，敬业集团账面上也出现了巨额亏损。因为售价太低，产品刚生产出来，就知道要亏损了。当时，螺纹钢最低价跌到1550元/吨，在生产成本不变的情况下，1550元的价格只够敬业集团生产成本的2/3，产品刚一下线，就亏损了1/3！“2014年和2015年市场低迷，几乎亏损了20多年所有的本钱，2015年亏损了16个亿，其中一个月亏了2.8个亿，每天亏1000万。”李赶坡说的每一个数字，都很触目惊心。

此前，李赶坡并不主张敬业集团的钢材出口，因为敬业地处内陆，离港口很远，把钢材运到港口的运费每吨高达100元，而进口矿石运到敬业每吨60元，相当于每生产一吨铁要增加100元的成本。而如果钢材出口，相当于进出两头都要增加成本——这些先天条件远远低于沿海钢铁企业。

在国内钢材市场形势异常严峻，全行业出现严重亏损的情况下，李赶坡发现，国内的钢材价格跌成了白菜价，但国际市场的钢价还相对稳定，两者之间有一定的差价，如果将钢材销到海外去，还能保证一些利润空间。“那个时候，我就发现企业小的时候，可以一条腿走路，但企业大了必须两条腿走路。”李赶坡说。

在“两无经营”理念下，李赶坡最反对的就是产品积压、现金积压，销售到海外，即便利润暂时不高，但至少能形成良性循环。

反复思考后，李赶坡决定在国际市场蹚路试水，这样至少多了一条资金回笼之路。不过，对于身处内陆山区的敬业集团来说，员工们的底层思维里，其实是缺少走向海外的冲动的。

“国际化战略方面，我们管理层是非常坚定的，但小富即安的思想还是有的，有些员工可能在国际化方面略显保守，这就需要不断地灌输，不断地‘唤醒’。”李慧明说。

事实上，李赶坡曾经在多个场合强调国际化的重要性，不断给所有敬业员工灌输国际化的理念。

2014年4月，刚刚从德国考察归来的李赶坡，组织敬业集团高管召开了“消除销售障碍提升营销竞争力”专题会，他说，“本次考察收获很大，感触颇深，德国企业栽植的树木涵盖了世界各国的树种，大众汽车公司办公楼楼顶吊着地球模型、办公楼玻璃地板下边全部都是地球仪，充分说明他们设想占领全球市场，因此我们今后干工作也要放眼全球，用全球思维、国际思维去想问题，抓工作。”李赶坡确实是带着“求知若渴”的心态去考察的，以至于连树木都观察得如此详细。

2014年6月5日，敬业集团在国际化方面，迈出了组织建设的重要一步：设立全球营销中心。这一机构被充分放权，并且开始自主经营。

“我们好比是条大鱼，不能老养在鱼缸里，一定要走出去，走向世界。”李赶坡生动地比喻说，“国际化是敬业集团发展的必然之路。原来之所以不太注重国际化，主要是因为国内市场很好，但现在国内市场非常残酷，国际市场这么大，所以敬业必须要走出去发展国际市场。”

彼时，已成功冲刺千万吨产能数年的敬业集团，已然排在全国钢铁民营企业前列，当国内出现天花板时，国际化自然是最好的选择。

李赶坡觉得，国际上有丰富的资源，只有走出去才能发现并利用这些资源。而国际化其实就是一种未雨绸缪，数十年后中国城镇化建设就要完成，所以要立即去国外找市场，为将来做准备。毕竟国际市场上总有洼地，可谓一片蓝海。

值得注意的是，李赶坡在当时就意识到，钢材出口只是国际化的第一步。出口产品是为走向国际化试水，但不是最终目的，最终目的是通过出口产品发展国际贸易与国际物流，因为最终整个世界会被物流垄断，各生产厂只是物流的生产车间。“所以不要认为我们只做钢材出口，而是通过出口钢材把我们的贸易做大。”

可以说，一开始，李赶坡就想清楚了敬业集团国际化的总体战略部署。

李赶坡同时要求，敬业集团上下要坚定信心，扫除思想障碍，保证钢材出口。“敬业集团要想实现国际化，就要做到国际需求什么就生产什么，现在就要从思想上彻底转变过来。生产系统要拿出保证出口的措施。全球营销中心需要生产上怎么做就怎么做，时间、质量必须要保证。产品越难做越要敢于接单。有难度就试着做，因为难度大的产品肯定效益好，通过出口把敬业的产品质量提升一个档次。”

随后的一件事，让李赶坡下定了决心，他要在敬业集团力推国际化，并且还是用独特的直销方式，占领全球市场。

2015 年 8 月 6 日，中钢中冠公司相关负责人到敬业集团调研，当得知中钢在钢材“白菜价”时代，2012、2013、2014 连续三年每年依然有 40 多亿人民币的收益，甚至比韩国浦项、日本新日铁的效益都要好时，李赶坡强推国际化的决心开始燃起，他立即要求，在未来的一段时间，敬业集团各单位一把手将日常工作交给二把手，一把手则要学习中钢，搞创新，找新的增长点。“我们是内陆企业，从2004年开始探索海外市场，但仅出口十几万吨，今年出口也没有太大进展。而中钢总部在中国台湾地区，却在马来西亚、越南、印尼建厂，在大陆各大城市建立加工厂，现在世界经济已经一体化，只在国内是不行的，有效的市场不能利用，所以要向中钢学习提升我们的国际化水平。”

紧接着，在深入学习之后，2015年9月16日，敬业集团对于国际化业务进一步展开布局，李赶坡提出，走向国际化是敬业的战略转移，必须树立国际化思想，先敢于走向国际化市场，直至善于走向国际化市场。

于是，既出于形势所迫，又出于战略考虑，国际化开始被敬业集团提升至当时最重要的企业战略。

2015年9月25日，敬业集团召开全体干部大会，宣贯国际化战略。在这场名为“做大做强敬业事业实现敬业国际化”的会议上，李赶坡特意亲自撰写了讲话稿，明确指出“敬业国际化是敬业二次创业、转型升级的重要组成部分，是一场任务艰巨的攻坚战”——因为这关乎生死存亡。

李赶坡写道：“敬业国际化是非走不可的道路，否则就得死。国际化是我们度过危机的主要措施之一，两万敬业人辛辛苦苦创建的1200万吨钢铁企业必须要生存下去，而且要永存下去，除了成本控制、循环经济、品种开发、多元化发展外，一条主要的道路就是实现敬业国际化，为敬业找出一条活路。”

李赶坡认为，应该充分看到敬业国际化的优势，坚定不移走出去：“第一，中国过剩的产品，在落后国家还很紧缺。全球发展很不平衡，先进国家钢材用量在20世纪70年代已到顶峰，现在已经大大缩减。而中国钢材用量刚到顶峰，在逐年减少。南美、非洲、中东等国家的钢材用量还在上升，是我们寻找占领的市场。第二，占有市场范围越大，销量和价格的稳定性越强。中国钢材价格受政府政策影响太大，忽高忽低。走向国际市场，占有市场范围大了，销量和价格都会稳定许多。第三，产品销售范围越大，价格挑选余地越大，容易卖上好价钱。第四，要积极地去看待敬业产品出口的劣势。敬业离港口距离远，陆地运费大是敬业产品出口的唯一劣势。在全球远距离销售，运费大了会淡化敬业的劣势。第五，如果敬业的产品不出口，只坚守国内一块阵地，市场萎缩，用量减少，我们只能拼个鱼死网破，永远不会是胜者。”

“我们要以最大的决心动员各种力量，利用社会各种资源，实现敬业国际化，使敬业占有国内国际两个市场，增加利润空间，永续发展。”在李赶坡的动员下，敬业集团高管团队经过周密谋划，提出了扬长避短的“一近一远”战略，即出口国际市场挑选“运距远、运费高”的国家，加大运费占比，减弱敬业到港口陆地运费的比例。

李赶坡当时要求，对海外市场进行一次全面调查，找出敬业的优势区域，然后定点布局。他直觉地认为，东南亚是敬业的劣势区域，要选择美洲、非洲这些远的地方出口，这样 100 元的陆地运费差距就会淡化。他觉得，美洲应该是首选，因为国家大、人口多，并且经济发展比较快，其次是非洲。

## “特种部队”：集结、培训、出征

李赶坡总是想好了策略才会出击，并且出击了就是“大干一场”，也就是众多敬业员工口中的“排山倒海之势”。

要想转型，首先人要有变化。招兵买马组建出口队伍的工作随即展开，从内挑选业务骨干，从外招收语言专业人才。

当时，李赶坡对出口团队提出三点“不近人情”的要求：第一，销售总公司高管带头走向海外市场，去了解和掌握国际市场；第二，人人要学会全套国际生意流程，迅速学会做外贸货单；第三，迅速学会所在国日常用语，学会基础常用英语，三个月后考试。

“真是雷厉风行！那时候执行的是‘一远一近’战略，所以我们要到最艰苦的地方去，到别人不愿意去的地方，直接去非洲、去南美进行布局。”李慧明承担起了组建、培训出口团队的重任。他印象中很多人连护照都没有，就被紧急抽调到北京去培训。“因为当时直销业务已经很成功了，就把销售公司里边表现最好的业务人员抽调出来，先不管会不会英语，但必须要懂业务，必须是销售尖子。然后就进行分组，开始布局，进行区域分配。”

外贸团队在组织架构上，就像一个“特种部队”，不隶属于敬业集团销售公司，直接由李慧明进行管理，由此可见李赶坡当时对于外贸业务的重视。

在北京总部基地敬业集团的驻京办事处，在等待护照办理、签证等手续期间，敬业集团对外贸团队进行了各式各样的“集训”。“喊各种口号，然后进行体能集训，在山顶上开会，搞各种各样的活动，就是让大家亢奋起来，让大家意志坚定，让大家对去施展抱负。”李慧明说，除了精神激励，敬业集团加大了对外贸团队的物质奖励，将团队员工的底薪大幅提升。

马利江作为“直销精英”，也被抽调到了这一“特种部队”，他自此有了一个被经常称呼的英文名字“JASON”。“在北京总部基地，每个人起一个英文名字，互相称呼。大家就是自由组队，商量谁和谁去哪里，不满意的再协调。其实之前也不知道海外市场到底哪个国家的需求量大，就在网上查。每个人还发了一本厚厚的《国际贸易基础知识》学习。”。

“当时所有业务人员几乎都不懂国际贸易知识，于是紧急找来专业人员进行培训，同时也补充了一定的专业人才。当时做国际化，挺像‘土老帽’进城的。”李慧明话锋一转，接着说，“但每位员工都很努力，自学能力也强，很快就能上手。敬业员工就是有着超强的执行力，国际化目标锁定后，我们就能采取各种办法让它变成现实。初心所向，使命必达。”

经过短期集训，70人的外贸队伍开始“出征”，他们分别被派往南美、南非、中东、东南亚等国家。

“外贸团队如此大范围的铺开，我们肯定是第一家。别的企业有的是去国外出差，或者零星设置一个办事处，没有这么大范围，这么大气势的。”马利江说，“当时网络也不发达，到了国外都不会订酒店，好多人是第一次坐飞机。我去了越南发现当地会英语的人也不多，打出租车给司机看地址，到了地方后他们不看计价器，要好几倍的钱，要不然他就不给你行李。当时大家第一次出门，几乎都吃过这样的亏。”马利江说。

困难可以想象。饮食不适应，水土不服，语言不通，非洲等地的疾病也不少，这都考验着每一位外贸人员。很多员工都没有出过国，甚至找不到吃饭的地方，下了飞机都不知道去哪里住宿。在国外机场也不会办手续……

果然，畏难情绪开始零星出现。

当时因为情况紧急办理不了商务签证，多数员工只能隔几个月就回来，而部分员工一旦回国就不情愿再出去了，毕竟去的都是艰苦的地方，远没有家乡生活安逸。

此时，李赶坡首次提出了“打出去，冲上去，永争第一”的口号，这一口号一直延续至今，并被所有敬业员工反复提及。“当时推进的难度很大，然后通过各种各样的措施来帮助大家转变思想，录制了很多视频，让大家感到参加这个团队就跟光荣参军一样。”李慧明说。

刚开始，碰壁是必然的，仅外贸团队的负责人，就换了好几任，第一任总经理英语也不熟练，开展工作自然阻力重重。直至李慧明从日钢挖来了现任敬业集团副总王耀申，情况才有所好转。

一段时间后，外贸团队都办理了商务签证，敬业集团也制定了很多人性化的政策，确保外贸人员在外专心努力打拼。比如，可以带一名家属同去海外，同时可以每半年回国休假一次。

李慧明当时要求，每次必须统计有多少员工在国外，哪怕暂时不开展工作，也必须在国外待着。

在敬业集团全球营销中心，笔者就看到一个展板上摆满了印有外贸员工照片和姓名的卡片，正面显示是在岗，翻过去则意思目前在海外，整个工作状态一目了然。

## 敬业海外战狼如何打开局面？

众所周知，中国企业出海最常见的问题，就是地域文化难融入、语言交流不畅、销售渠道全无、商业环境和贸易流程完全不同等。

这些问题，全凭外贸业务员们自己去一一克服。事实上，这些外派员工，都在毫无基础的直销工作中打开了局面，所以在海外工作，其实“原理”是相通的，就是在一片空白的情况下，去开垦，去深挖。

外贸团队到了海外之后，第一步并不是卖货，而是调研市场，写调研材料，反馈整个市场里中国钢铁的销售情况。经过一段时间的适应后，外派团队通过当地大使馆和华人组织，逐渐摸出了一些门路。

“甚至有人刚开始找不着吃饭的地方，就厚着脸皮去敲当地华人的家门，人家也很热情，给煮了饺子吃，然后一来二去就熟悉了。通过各种方式，大家逐渐融入当地华人圈，同时主动与众多中资机构建立了联系，继而切开了当地市场。”李慧明回忆说。

刚开始去，没有任何认识的人，马利江还是选择从华人圈突破。“当时就在当地华人的QQ群里寻找机会，打探需求，了解当地钢材市场。国外都讲究预约，但我们发几次邮件对方也没回，就直接去登门拜访，保安拦着不让进，想尽一切办法硬着头皮也要见着人。就这样慢慢有了突破，开始有了订单。”

随后，马利江就辗转联系到了国内钢铁贸易商天津物资和钢企日照钢铁在越南的工作人员。“当时对于报关报检、信用证都不懂，一些专业术语也不太懂，所以就向天津物资的同行请教。刚开始他们还笑话我们，说我们英语不过关，国际贸易知识也不懂，都敢来做外贸。不过我们虚心请教，他们也就手把手地教我们做外贸单。”

不过，让马利江至今有些后怕的是，信用证支付其实是有风险的，当时如果单据上出现什么漏洞，就会造成损失。“信用支付都是先发货，如果单据上有什么问题，比如小写字母写成了大写字母的，可能这笔钱就不能及时收回来了。幸亏我们那时候没有出现什么漏洞，没有给公司造成损失。”

虽然之前是“小白”，但马利江等人很快就掌握了整个外贸业务的流程。随着日钢原销售副总王耀申等专业外贸人才的加盟，整个外贸团队的分工也日趋合理。外贸单据也有专人负责把控，即便有些环节业务员不懂，“外贸总部”也可以随时提供专业的智慧支持。

被派往哥斯达黎加的敬业销售总公司欧美区域业务员李琼，通过当地贸促会了解到，哥斯达黎加的32号公路项目由中国港湾工程有限责任公司承建，李琼立即查询相关资料，了解到此项目当时处于设计阶段，初步预计螺纹钢用量为1.5万吨，其他钢材用量约4万吨，合计钢材总用量约5.5万吨。

随后，李琼通过当地华人辗转联系到了中港湾哥斯达黎加分公司总经理。当得知敬业集团获得了哥斯达黎加相关的认证文件，并且是国内唯一一家获得此认证的公司，对方表示出极大的兴趣。

有心的李琼，在2016年8月底，又通过贸促会获得了一个重要情报：哥斯达黎加将举办“第十届中国—拉美企业家产业合作对接洽谈会”，而主办方正是河北省政府。于是，李琼及时将相关信息汇报至敬业总部。李赶坡对此高度重视，先后就此事拜访了河北省发改委负责人和中交集团有关领导。随后，时任敬业销售总公司总经理陈利杰赶赴圣何塞参加洽谈会，敬业集团与中港湾哥斯达黎加分公司成功签署了《框架合作意向书》，双方拉开了合作的序幕。

刚到哥斯达黎加时，李琼就通过拜访商务处、贸促会及当地中资企业等工作人员，了解了当地的治安情况、租房价格、周围生活设施等情况，一来二去就逐渐熟悉了。既在较短时间内获得了大量的可靠信息，又增进了与他们的感情联络，为下一步开发市场奠定了基础——这就是找到关键人，快速、高效、经济的解决基本问题。

接下来，李琼制定了科学的学习方案，解决语言障碍。拉丁美洲各个国家普遍通行西班牙语，企业中高层管理人员的英文水平都不错。但关键问题是：如何在西班牙语网站上找到潜在的客户信息？如何和不会说英语的前台交流，从而接触到客户的中高层？

李琼首先学习了有关企业产品的西班牙语，可以通过这些关键词在网上更精准地查找到潜在客户；其次，熟练掌握了 10 句以内的集团介绍和公司介绍，以及基本信息的表述；再次是学会询问对方邮箱等信息。如此，用“十句话”公关术，李琼就解决了关键矛盾。

而敬业销售总公司东南亚、非洲区域业务员齐蛟蛟，在 2014 年就通过查看央企网站，收集了中铁、中铁建、中水电等大型国际建筑集团公司的海外负责人联系方式，逐个电话沟通并介绍了敬业集团的螺纹钢优势。同时，在发现中国水电十一局在非洲莫桑比克及南美玻利维亚有钢材需求后，齐蛟蛟及时与对方联系并签下了订单。

除了将产品推介给出海的央企，搭上“一带一路”的“顺风车”外，齐蛟蛟还在海外完成了一次颇为传奇的直销推介。

2015 年 10 月，齐蛟蛟加入了外贸“特种部队”，在分配区域时，她主动请缨前往治安混乱、发展落后、物资匮乏的非洲。因为，她觉得非洲的基建市场潜力巨大，而非洲的钢铁产能严重落后，大部分钢材依赖进口，这些都是机会。

“我向父母表达了想去非洲的想法，一开始，父母坚决反对我去离家远、战乱不断、瘟疫横行的非洲，但我认为我还年轻，需要多出去学习、历练，集团给了我们一个这么好的机会，我不想放弃，父母见我如此坚决，最终支持了我的决定。”齐蛟蛟说。

但首次出国到了安哥拉，齐蛟蛟才知道当地绑匪猖獗，专门针对中国人实施抢劫，绑架索要赎金，以至于她的住处要安装 4 个防盗门。

2016 年 3 月，齐蛟蛟到埃塞俄比亚开展业务，了解到当地有两家中国人开的钢厂，但都无炼钢能力，生产用原料全部进口，并且所用的钢坯正是敬业集团的。齐蛟蛟去登门拜访，对方十分警觉，觉得是来正面竞争的，便闭门不见。

齐蛟蛟和同事只好在这家企业附近蹲守、踩点，终于辗转联系到了钢厂负责人。在蹲点时，齐蛟蛟已了解到这家企业的原料库存所剩无几，必须尽快采购补货。知己知彼，百战不殆，齐蛟蛟和钢厂负责人的沟通极为顺畅。随后，齐蛟蛟还邀请了钢厂负责人前往敬业集团实地参观，对方百闻不如一见，对敬业集团的强大实力深表钦佩。齐蛟蛟趁势说服这位客户去掉中间商直接在敬业集团采购，在没有中间商赚取差价的基础上，客户也切实感觉到了实惠，随即订下 1 万吨方钢。

就这样，直销业务开拓到了海外，可谓一石二鸟。

这支不畏险阻的特种部队，在海外受尽了各种苦。前文所述的两位业务员都是女性，其中不易可想而知。

2016 年 4 月，李琼与另一位同事去秘鲁首都利马调查市场情况，结果刚到一周，他们就遭遇了入室持枪抢劫，身上所有的现金和能变现的物品全部被抢走。

“在那种危急时刻，我和同事坚持从劫匪手里要回了我们的护照。劫匪走后，我们马上报了警，又想办法给商务处打电话，通过商务处的电话联系上了国内的领导和同事。销售总公司领导知道我们遭遇抢劫后立即想办法给我们汇款，做我们坚强的后盾，让我们内心感到无比的温暖，更加坚定我们继续开展工作的决心。”李琼说。

后来，李琼没有立即回国，而继续完成了利马市场的调查，直到完成任务方才回国。

齐蛟蛟所去的安哥拉，当地主食基本就是烤玉米或者用高粱糊、玉米糊加上牛奶烙成的饼子，配上高粱糊、玉米糊煮成的稠粥，加上当地人做饭不讲究卫生，齐蛟蛟和同事都有过发烧、腹泻的状况——后来，李赶坡就经常拿这件事举例，说明努力工作的重要性：“今后各部门领导，如果感觉自己工作困难，那就到国际上去卖钢材，可以到埃塞俄比亚试试。那里的主食就是咱们说的粗玉米面。条件好的可以加点糖、牛奶拌着吃，条件不好的就是开水拌玉米面，用手抓着吃，吃不上蔬菜也没有水果，还经常被黑人绑架。敬业销售人员就是在这样的条件下开展业务，相对比我们的困难还算困难吗？”

2015 年 10 月，时任销售总公司缅甸组负责人曹晓光到孟加拉国考察、开发市场，结果被检查出感染了“登革热病毒”。当地感染这种病毒的死亡率高达 20%，在巨大的心理压力下，再加上不习惯当地饮食，曹晓光连续 7 天未能进食。但为了不让家人担心，曹晓光选择了隐瞒，在生死未卜、备受煎熬下，他只能给自己的表姐打电话获得一些安慰，而在电话中，他哭了半个小时。幸运的是，曹晓光最终康复了，在与死神擦肩而过后，他立即又投入到联系客户的工作中。在锁定客户后，曹晓光经常是在客户的办公室一坐就是一天，了解客户需求，和客户建立感情。不论是生活上还是工作上的问题，只要在自己的能力范围内，他都会想尽办法去帮客户解决。曹晓光的第一个客户，是在他拜访了 30 多次后才实现的，签订了 1700 吨的中厚板合同。2017 年，曹晓光所负责的缅甸区完成创效任务的 160%，出口创效额占敬业销售总公司外贸出口的 47%。

随后，敬业的外贸团队愈战愈勇，版图越扩越大。“到了 2016 年，我们在越南的销量就超过了天津物资和日钢，甚至也把日钢在当地的同行挖了过来。起初笑话我们，最后变成佩服我们。”第一次出国就在越南驻扎了半年的马利江笑着说，“当时外贸团队的第一批人都不容易，不像现在有完整的后勤保障，去哪个国家，行政人员会把机票和酒店都订好，甚至还有当地朋友或者客户接机。但在刚开始，只能凭一己之力闯荡。”

面对一个目标，努力和勤奋固然重要，但还有一个更为重要的引擎，那就是全心的热爱。从古至今，没有一人仅仅是凭努力和勤奋就能成功的，而更重要的是对于事业的“热爱”。这是实现目标的不竭源泉。

## 拥有全球视野，知未来，才能有所成

外贸的订单结算，与国内并不相同，往往采用信用证结算，敬业外贸团队就专门设计出了一个“时间差”的销售模式。因为信用证结算实际交货会滞后两个月，而当时国内钢铁价格“跌跌不休”，外贸订单就可以先锁定一个高位价格，然后在低位价格时交付，中间会有不少差价。如此，外贸相比于国内销售的优势愈发明显。“当时做外贸肯定能带来一些利润，弥补一些亏损。签单时是以当天的价格为准，但交货期往往比较长，可能一两个月之后才交货，国内价格一直在降，中间自然就有差价，不过外贸肯定比内贸繁琐，流程也很多，还得把海运考虑进去。”马利江说。

在李慧明看来，这就需要有非常敏锐的市场嗅觉，不然算不准的话，出口反而会亏得很多。

同时，外贸订单是一个系统管理工作，当时敬业团队优先生产外贸订单所需的钢材。而在组织管理上，继续保持着特种兵在外奋战，指挥部各项支援的做法，敬业集团每个月都会召开高管参加的连线会议，解决各类棘手难题。

“大家就提问题，然后我们就现场解答，现场解决。”李慧明说，海外攻坚战，打的就是粮草，打的就是后勤保障，指挥部在后方全盘指挥，这一点很关键，不能让任何一个人感觉是在孤军奋战，后方强大的炮火支援很重要。

2016 年 12 月，李赶坡深入多个敬业集团的海外办事处考察，他走访了敬业集团在东南亚国家的所有办事处，如越南、菲律宾、马来西亚、印尼等。后来，已是花甲之年的李赶坡成了空中飞人，他几乎去遍了海外的每一个办事处，他笑称这是督战。为深入了解南美洲市场情况，李赶坡曾在半月时间内，考察了巴西、阿根廷、秘鲁等五个国家，除去飞行时间，有效工作时间仅 10 天，马不停蹄拜访客户 30 多家，最多时一上午要见三四位客户。

对于李赶坡的此次考察，马利江印象深刻：“董事长跟我们一起去走访市场，因为天气炎热，我们还考虑走路慢点，别让董事长太累。结果董事长走路特别快，年轻人都追不上他，甚至要小跑才能跟上。跑了好几家钢材市场，我们都觉得累了，董事长还感觉不累，最后他的衣服都湿透了。当时董事长带着我们白天看市场、拜访客户，晚上开会，第二天又去另一个国家，几乎是连轴转。”

考察完缅甸市场后，当晚 7 点李赶坡在缅甸办事处连夜召开会议，主题是“做大国际贸易”。李赶坡直言：“今年集团提出国际化战略‘做全球钢材及金属制品供应服务商’这个大课题，不是简单的一句话，而是一次重新创业，如果光提出来不努力去做，就落实不了。落实这个战略关键是人才素质的提高，如果我们培养不出国际化人才，招聘不上国际化人才，战略就会落空。”

对于海外办事处的两大职能，李赶坡进一步做了明确，“海外办事处有两大任务：一是做全球钢材及金属制品供应服务商，这里面有两层意思，第一是销售集团的钢材，第二是利用全球的资源为客户服务；二是为集团国际化战略提供各种信息和商机。所有驻外人员要想完成以上两大任务，就必须树立在国外扎根的思想，如果仅浮在表面上对社会不深入研究，就不可能有生意可做。”

为了配合这两大任务，李赶坡要求外贸团队要做到四个“尽快掌握”：尽快掌握各种钢材和金属制品的性能、用途和价格；尽快掌握所在国家大宗商品的价格，从中找到商机；尽快掌握各国与业务有关的政策和法律；尽快掌握本国的政治经济发展趋势。

调查市场，发现问题，找到症结，制定办法，立即落地，这就是李赶坡此行的目的，在外贸团队完成“从 0 到 1”的工作后，如何“从 1 到 100”是最为困难的攻坚阶段。

后期，敬业集团还专门要求外贸团队掌握全球各国的钢材和金属制品的价格变化规律，一方面研究中国钢材价格变化对各国价格拉动的幅度，另一方面掌握拉动的时间差——以便更好地制订销售策略。

2016 年，敬业集团出口各类钢材 150 万吨，分担了国内 15% 的市场压力，并成为当年石家庄最大的出口创汇企业。

随后，敬业集团继续开拓国际市场，紧跟国家“一带一路”倡议，根据敬业集团的产品特点，大力推行并升级国际化战略，出口中国制造，进口国际资源——这就是“做全球钢材和金属制品供应服务商、做全球小矿种及各种能源的贸易商”的含义。

在马利江看来，敬业高层决策在海外铺开团队，并非单纯的考虑利润，更大的目的还在于开拓国际市场，培养外贸人才。事实上，这支队伍在敬业集团后期收购英钢时，也发挥了不可替代的作用。

“包括到后面收购英钢，最初的团队还都是这些做过外贸的同事，做翻译也好，交流也好，都有一些优势。还在考察时，就安排部分外贸人员作为‘先遣部队’赶赴英国，他们也帮助敬业高管团队做一些翻译交流工作。可以说，没有之前外贸团队打下的基础，后面收购英钢也不会那么顺利，主要还是董事长有战略眼光。”

直销队伍——外贸精英——收购英钢团队成员，在李赶坡的人才培养计划下，这些员工通过自身的成长，完成了“一条龙”式的使命。而李赶坡的超前布局，也收到了成效。“做外贸，一为跑市场，二为培养人才。出口团队经过多年水与火般的考验，已经具备国际化视野，掌握了大量国际资源，具有丰富的国际贸易经验和国际物流经验。这些知识、能力的积淀，是难能可贵、得天独厚的。这个团队打下了坚实的国际化基础，后来在收购英钢过程中也起到了很大的作用。”李赶坡告诉笔者，“他们太厉害了，重点战略基本都能落实。”

2016 年 11 月 11 日，敬业集团隆重召开了“打出去、冲上去，彻底改革、拼搏奉献”经验分享大会，对于拓展国际化业务中的典型代表，予以了高度表扬。

“2015 年 9 月份集团大力推行国际化战略，销售总公司主要领导带头组成一支 70 人团队开拓国际业务，骁勇善战、攻坚克难，走向东南亚、中东、非洲、南美等全球各地，涌现出张国江、曹晓光、李琼、齐蛟蛟等典型人物。”李赶坡在总结发言中说。

“敬业人有国际化的大胸怀，干的是国际化的大事业，这就是敬业打出去、冲上去，彻底改革、拼搏奉献的精神。敬业的发展要选择优势区域，优势区域绝不会在家门口，也不会在河北省，可能在国家东北地区，可能在国家西南地区，也可能在非洲或美洲。不打出去行吗？敬业要兼并收购，做强做大，不打出去何以完成使命？敬业要实现国际化，在全球找资源，在全球找市场，在全球找人才。敬业的所在地是全球，不是石家庄，也不是河北省，不打出去行吗？”在发言的最后，李赶坡连用了三个问句，表达了敬业集团进一步国际化的决心。

2017 年，市场形势发生了变化，国内钢价上涨，与国外价格形成了倒挂。此时，敬业集团销售总公司及时实施了“做好三方贸易，养活出口团队，保留出口火种”的策略。李赶坡认为，这种做法是一种长远的战略决策，中国钢材市场价格高是暂时的，低迷是长期的，随时做好应对中国的残酷市场，做好出口准备是千正万确的。

因此，敬业集团在 2018 年制定了做大做强国际贸易的战略部署，紧紧围绕钢铁和全球钢铁企业服务做贸易。

“李赶坡董事长经常说，营销工作必须站得高看得远。要站到国际高度，看全球市场。只有站得高、看得全、看得远，才能形成正确决策。只有当你有了全球视野，才能更清晰地看出整个行业的发展脉络。我们的危机意识很强的，中国的钢铁行业一直在发展，但国外的钢铁行业一直在没落，西方钢铁行业的现状，就是未来中国钢铁行业的趋势。所以我们一直在探索为什么他们会没落，然后中国的钢铁行业什么时候会进入那个阶段，知未来，才能有所成。”李慧明意味深长地告诉笔者。

## “走出去”秘籍：瞄准目标、全程督办

像华为一样，敬业的文化基因中有着明显的“虎狼精神”。敬业集团的“直销铁军”到了海外，继续变为一支强大的军团，实现了既定的目标，完成了国际化的夙愿。

当年，敬业集团的外贸团队以雷霆万钧之势冲向全球各地，他们只派出区区 70 人，便将一只脚迈到了海外，完成了国际化升级。

这种看似不可完成的奇迹，让很多人都很震惊并好奇，在“卖钢材不如卖白菜”的年代，在企业腹背受敌的情况下，敬业集团是如何逆势开拓 20 多个海外市场，做到利润不减反增的？

对于敬业集团迅速转型国际化的成功，李慧明觉得，主要在以下三个方面：“第一，瞄准目标，不断地想办法，不断地去开拓，市场总是越开越多。同时选对人，在国内异地开拓有成绩的员工，在海外也定能闯出一片天地。第二，负责人要全程督办，一个环节一个环节地督办，为团队解决各类问题和后顾之忧。任何一个环节出了问题，局面都会打不开。李赶坡董事长几乎把所有的海外办公地点都考察过一遍。第三，高薪聘请专业人才。比如做外贸单据的员工，当时我们定的方案就是你觉得工资应该是多少就给多少，同时挖到北京后及时解决各类后勤问题。”

笔者与曾经在越南、南非、韩国等地工作过的敬业集团外贸团队员工进行了交流，发现他们总结出的经验，与中国中小企业协会副会长、国际经贸摩擦预防及应对工作委员会主任尤灿的观点不谋而合。

尤灿在接受笔者采访时，给“走出去”的中国企业提了几点建议：

第一，对当地的文明、文化要尽可能脚踏实地做深层次了解。有些国家和地区，种族、宗教、文化众多，因此文化非常多元化。要进入某个国家，就要有针对性地研究它，即使同属中东地区的国家，不少经验也较难照搬套用。同时，要学会使用当地的官方语言和英语去进行信息搜集和检索，因为很多地方的信息资源还未打通。

第二，一定要牢牢与中国“国家队”进行绑定。政府已经把“一带一路”的政策明确阐述，并且方向也很明晰。“一带一路”沿线国家的贸易需求旺盛，文化阻力相对较小。既然如此，何不去“一带一路”的沿线国家创造自己的价值？同时，对于进入政治风险较高的市场，一定要特别了解该国是否有被经济制裁的协议、法令。预防与应对远比事后补救要重要得多，因此中国企业要在战略上有全盘规划，并且一定要让国企先行，经营安全才更有保障。

正所谓“跟着狮子去狩猎”，事实上，敬业集团已基本完成对“一带一路”沿线国家的布局，而钢铁作为基础设施建设的重要材料，也会有更大的市场空间。

第三，一定要重视当地的商业协会，以及中国在当地的非政府组织的作用。

中国企业经常会犯的一个错误，就是不爱和协会打交道。事实上，海外很多国家的商业协会都非常强大，它们是真正给纳税者代言的组织。和这些协会搞好关系，中国企业将提前得到很多信息。

敬业外贸团队的业务员们对此深有感触。在海外时，他们与当地的行业协会组织、企业组织、贸促会等保持着密切的沟通和联系，积极参加他们组织的活动，获取了很多信息和商业机会。同时，遇到一些商业规则、法律文书之类的问题，可以去找大使馆，那里有非常专业的律师、顾问，可以帮助中国企业解决一些问题。“所以，在海外做业务，更要讲究借力、借助资源，不少地方通过华人组织都可以购买到企业黄页，这是很便捷的信息搜集渠道。”敬业集团一位在韩国工作多年的员工说。

第九章

# 一套组合拳

拨云见日的刚性定价 / 深耕本土：石家庄“保卫战”/ 与金融机构博弈 / 星光闪耀的“敬业蓝”/“与其坐以待毙，不如拼死一搏”

2011 年，钢铁大环境开始发生逆转，产能过剩，需求减弱，内需不振，可谓疲态尽显。但在李赶坡看来，敬业集团不仅要突围还要发展。为此，他们制定了为期三年的二次创业目标，剑指 1000 亿营收。

“敬业人也曾度过 1998、2008 年两次全球性的金融危机，并从危机中发展壮大。敬业人还曾跳跃式发展，2008 年达到销售收入 288.2 亿元，比 2007 年增 36.62%，2011 年销售收入 343.8 亿元，比 2010 年增 24%。敬业人创过奇迹，敬业人有过光荣，但那只是过去。面对新的形势，敬业人要勇往直前，再创佳绩，再登高峰，完成二次创业的各项目标。拭目三年期满，以利润论英雄！”李赶坡当时气势十足地说。

到了 2014 年，目标提前完成。而由于中国钢铁产能急剧扩张，当时钢铁业出现了严重危机。一些钢铁企业吨钢亏损 1000 元，不少大型钢企亏损均达 50~100 亿元之巨。针对当时持续低迷的钢铁市场，李赶坡再次提出了“二次创业”“三年再造一个敬业”的集团战略。

李赶坡始终认为，无论干什么事情战略问题很重要，定对就可以打胜仗，否则就必然失败。后期，敬业集团再次升级了二次创业战略，将 2017~2020 年作为第一阶段，2021~2023年作为第二阶段。按照李赶坡的规划，“敬业要坚定做强做优的信心，完成二次创业规划。第一阶段到2020年，销售收入突破1000亿元。第二阶段到2023年或提前，争取进入世界500强。为中国争光，为中国民企争光！”

一家企业能走多远，取决于是否拥有一个永远处于上升期、希望开拓创新的团队。在笔者看来，“二次创业”在敬业集团已成为常态，敬业集团之所以在发展到一定体量之后，依然能高速前进，就是因为李赶坡始终强调怀有危机意识，不忘初心，永远以创业的姿态投入到各项工作，以变化应对风云突变，以创业激情促进转型升级。

显然，敬业集团就是以三年为周期，完成了多次蜕变，步步为营，由大变强，并提前完成了冲击世界500强的目标。

但二次创业不是简单说说而已，提到二次创业，很多企业就是想找到自己的“第二曲线”，不少企业也做成了多元化战略。在成长底线牢固的情况下，再去做增长性的尝试，这才是可进可退的布局。而在第一曲线还没有巩固的前提下，盲目追求第二曲线，往往会出现转型失足的困境。

所以，敬业集团的二次创业，并不是追寻第二曲线，而是反求诸己，提升自身内功，优化管理，从而倒逼出经营效益。

在“白菜价”这一非常时期，敬业集团激发出了“二次创业”的顽强斗志，使出了一系列组合拳，如狠降成本、刚性定价、深耕本土市场、发力研发、与银行博弈等，顺利度过又一劫难，同时利用危机让自己变得更加“壮实”。

## 拨云见日的刚性定价

在2014年首提“二次创业”后，敬业集团将“成本开支最小化、销售收入最大化”作为实现二次创业战略目标的重要策略。而达到“销售收入最大化”

的一大法宝，就是从那时起力推并延续至今的一个特色做法：“刚性定价”。

随着敬业集团直销业务的深入开展，一个有意思的现象开始出现，敬业钢材的销售终端价，还不如卖给经销商的价格高。因为卖给终端，销售难度是很大的，卖给经销商是批发，业务人员的工作难度远不如直销大。因此，为了更多地达成直销订单，业务人员就压低了产品售价，纷纷开始低价促销。

以往，低价促销在敬业化工厂垄断全国水杨酸市场的过程中发挥了巨大作用，但显然，这一做法已不符合敬业集团的发展阶段。

敬业集团在2014年6月进行了一项调查，发现敬业钢材在各区域的价格普遍低于当地一线钢企的价格，在石家庄区域，跟一线钢企钢厂的差距竟达100元。

“销售员是以成单论结果的，所以他们并不在意最终售价，价格哪怕低点只要好卖。当时我们的出厂价已经比一些知名企业高了，但是市场价却比知名企业低了不少。”李慧明向笔者阐释了这一现象出现的本质原因。

“作为全球最大的螺纹钢生产基地，卖出如此低价是不是自砸品牌？是否感到羞愧？”当李赶坡发现敬业钢材的直销售价往往低于出厂价时，觉得必须下力气走出这个误区，他一针见血地指出，敬业产品售价基本偏低，而且有的产品低得使人无地自容，无法面对敬业的制造员工和服务员工。敬业的产品是员工的血汗，低价出售简直是一种对员工付出的侵占，是一种变相的“犯罪行为”。可以说，低价销售极大地损失了敬业的利润，丢掉了敬业人的尊严。

“钢材产品的业务员和客户谈生意，客户稍微一不满意，就赶紧降价格，而不是去向客户展示产品的价值。他们认为，卖不出去货就是客户嫌价高，赶紧主动降价，留住客户。殊不知，在钢铁市场极度萎靡的情况下，薄薄的利润就在这随意降价中白白流失了。而且，流失的不仅仅是眼前的利润，还是维系企业生命的血液，是广大敬业人夜以继日心血的结晶。不仅如此，还流失了营销人员对自己产品的信心。”

李赶坡坚定地认为：此风不可长！

呕心沥血巨额投资建设出的高水平装备，生产出的一流产品能低价销售吗？在根治低价销售顽疾时，李赶坡不留任何情面：“市场就是战场，同行业之间的竞争，买卖双方的谈判都需要勇气和智慧，勇者智者胜。清政府不是打不过侵略者，而是不打、不敢打，得了软骨病！敬业的某些人得了清政府一样的软骨病，在市场博弈中挺不起腰，在与对方谈判中一下子瘫到了地上。”

彼时，能否提升企业利润已关乎敬业集团二次创业的成败。为了扫除影响利润的绊脚石，让敬业全体员工认识到低价销售的种种弊端，彻底扭转根深蒂固的低价营销观念，李赶坡经过深思熟虑，洋洋洒洒写出了一篇有理有据的文章：《敬业的任何产品都是精心打造的，决不允许任何人卖低价》。

李赶坡将产品定价的重要性娓娓道来：企业生产出产品，首先要合理地定价。产品定价是最主要的经营手段之一，经营者要首先研究产品的定价。定价就决定了生产此产品的盈亏，决定了全体生产经营者劳动价值的实现，决定了员工收入的高低，同时也决定了企业生存的命运。从定价能看出经营决策人的智慧和愚钝，勇气和怯懦。睿智的经营者总是对自己的产品充满信心，对客户勇于承诺敢于负责，因此也敢于自信地给自己的产品定价，使自己的产品卖个好价钱。愚钝、怯懦的经营者不能大胆地宣传自己产品的优势，把高端产品当低端卖，把优质产品当劣质卖。结果是什么呢？企业从采购到生产各环节到物流运输，长长链条中员工艰辛的努力产生的增值利润，被最后的销售环节葬送了！

紧接着，李赶坡深刻剖析了敬业产品低价销售的原因，他用两个“不能”予以概括：不能充分认识敬业的生产装备是全国一流水平，是生产高端产品的设备；不能充分认识敬业员工在产品制造中精益求精的精神。“敬业的钢材从对原料的检测入厂到烧结、炼铁、炼钢、轧材各环节的生产，每个环节都有非常严格的工艺和非常认真的检测手段，产品出厂还要经过严格的检测，决不允许任何不合格产品流向市场。既然我们能够如此认真地设计产品、制造产品，为什么不能认真地销售我们的产品呢？既然我们如此用心地投入巨大成本为客户服务，为什么不把我们的产品卖出好价钱呢？”

李赶坡认为，一个产品不是为生产而生产，而是为销售出去而生产，销售是一家企业最崇高的环节，而完成产品的定价销售有两种态度：一种是产品定了价卖不上去就主动降价，由于降价形成亏损，又降低产品质量，降低服务标准，形成恶性循环，最后使产品进入低档系列，选择了低层次的客户群体。由于低价销售就没有费用去宣传产品优势，没有去下功夫使客户对敬业产品形成认知度，形不成认知度的客户是不稳定的。另一种态度是产品定了价，不是急于去销售，而是首先开展营销工作，扩大产品知名度，宣传产品的优势，召开产品推介会，使客户对敬业产品形成认知度，然后采取操作手段，让客户不感到产品价高而感到物有所值，再配备及时便捷的售后服务。营销阶段工作做好了，产品价格自然卖上去了，最后要使客户对产品由认知度达到依赖度。所以能不能把价格卖到合理，能不能把产品卖出去的关键是营销中的“营”字要做好，没有“营”就去“销”肯定失败。

“敬业产品由敬业员工精心打造，决不允许任何人卖低价，卖不到合理价位是营销不力，让我们疯狂地开展营销工作吧！”李赶坡就像一位在足球场边大声给球员们鼓劲的教练，在加油鼓气的同时，也给出了明确的战术指导，让每一位球员都能充满战斗力地迎难而上。

于是，敬业集团开始在“营”字上大做文章。彼时，在中欧商学院学习的李慧明，也充分借鉴了其他企业的优秀做法。“谁做得好借鉴谁的，不论是什么行业的，综合吸收然后再自己摸索，比如每位业务员有 5000 元工资，5000 元销售费用，然后通过各种方式进行宣传，发宣传单，做纪念品，把高速公路关键位置的广告牌位都买下来，甚至在大宗商品领域也玩起了软文推广，铺天盖地地提升品牌知名度，为刚性定价打牢基础。”

随后，敬业集团将全国市场分为若干个区域，每个区域都有统一的价格，并在组织层面成立销售价格委员会。这个机构由敬业集团各个系统的负责人组成，他们根据产品品质、市场行情及对标钢企售价定出各个区域最合理的价格。任何人不得随意降价，如果要调节价格，由价格委员会商议决定。

“刚性定价也是相对的，不是不可变动，只是价格变动有相应规定，比如定出变动范围，在范围内调整价格。价格可以每天、每月在职权范围内变动，但不能随意调整。”李慧明介绍说。

而要做到强势的“刚性定价”，显然一要确保产品质量可靠稳定，二要确保快速到位的服务。李赶坡当时也多次在敬业集团销售会议上强调，定价是目标，定了就要努力达到，把产品卖出去。同时还要送服务，一要送客户对产品质量认知度的宣传，使客户既买了产品又感到物有所值；二要送客户不同要求的服务。“比如满足客户对送货时间、送货地点的要求，使客户一百个放心，以各种形式回报、答谢客户。功夫到了，产品自然就销售出去了。”

同时，李慧明定下了可量化的目标：在不同的区域，敬业要比当地一流的钢企，每吨钢材至少多卖 10 元钱。

“坚决不讲价，一口价，不给任何降价的机会，每位客户对应一位销售员来负责，这是为了避免反复询价——其实这种做法在快消品领域里已经很流行了，但钢材领域刚开始都有些接受不了，随着我们的强势推进，逐渐就成为一个规则。这种一对一的服务，也决定了产品价格的严肃性。”李慧明回忆说。

敬业销售团队也调整了主攻方向，开始展开重点工程的攻关。李慧明解释了这其中的逻辑：“就是做区域标志性工程，这些工程决定了你在市场的地位，同样是螺纹钢，卖给一般建筑和卖给标志性建筑，它的意义是不一样的。”

越来越多的标志性工程开始认可敬业的产品，敬业产品的口碑也越来越好，刚性定价的威力开始显现。

从那时起，敬业集团的营销人员必须把产品卖出比对标钢企更高的售价，才有可能获得奖金。“我们经营上的奖金都要考核对标利润，采购上找成本最低的钢厂作原材料的对标，销售上与本区域一流的厂家进行对标，作为提取奖金的基准。”李慧明说。

“刚性定价”策略下，敬业集团的营销人员不必再把精力放在琐碎的讨价还价上，而是可以腾出手来做更重要的事情：推广敬业品牌。品牌和价格显然有着双向促进的作用，敬业集团的营销自此进入了良性循环。而对于客户来说，也不必纠结于报价到底是不是“实价”，不必耗费时间去“博弈”，合理的刚性高价对他们来说，意味着长期稳定的产品质量和方便快捷的服务。显然，“刚性定价”带了多赢的局面。

没过多久，销售人员们发现，在坚守定价的情况下，订单并没有因此而减少，反而越来越多的客户认可了敬业品牌，认准了敬业产品的品质。到了2014年11月，敬业集团各区域钢材价格已经赶上或超过当地一线钢企的价格，在市场价格方面，从跟随、贴紧已然变为引领、主导。

此后，越来越多的同行，需要参比敬业的销售价格，对自己的售价做调整。比如，敬业的销售价格委员会在每天晚上定下第二天的产品售价，第二天早8点，价格已通过各个渠道发至终端客户。而不少钢铁网络销售平台，如“我的钢铁网”等是每天上午10点方才发布当天的“开市”价格，最早发布的“敬业价”，已然在行业内有了举足轻重的地位，甚至会影响某个产品的价格走势——而这，正是“刚性定价”的力量。

随后，敬业集团将“刚性定价”策略推广至酒店等产业板块。李赶坡也不断地给各个团队灌输全新理念，改变既有认知：“二次创业要紧紧围绕‘成本开支最小化、销售收入最大化’进行大规模的改革，不改不出效益。敬业的销售工作以提高价格卖出产品为第一要务，我们卖的不只是产品，而是带价格的产品。刚性定价是敬业销售的定价原则，价格混乱是内部的错误制度造成的，品牌是在卖高价的基础上形成的。敬业的所有产品必须在当地市场卖出最高价，这是考核销售工作的重要标准，各单位要紧紧围绕销售收入最大化定出制度。”

敬业集团作为全国最大的螺纹钢生产基地，有规模化的优势，有先进的生产线，有全国领先的技术，有高端的质检设备，有快捷的发货流程，有尽心尽责的服务，其实早已具备了刚性定价的资本，缺少的只是既有认知和惯性思维的改变。李赶坡在降本增效的同时，通过一个精妙的落子，点石成金般地盘活了整盘棋，根治了既有顽疾，催生出了更多的变革红利。

管理企业有时就像下棋，关键的落子不在于补救，而在于逆转，将劣势变为优势，这就要求注重细节但永远不能陷入其中，而是跳出棋局，观察整体，再看透本质，“妙招”此时才会出现。就如定价之“刚”，看似一个定价机制的改变，却有着非同凡响的战略意义，拨云见日般地让敬业集团收获了品牌自信，博取了更多合理的利润，迈向了更高的台阶。

## 深耕本土：石家庄“保卫战”

此前，为了应对 2014 年钢铁业危机，敬业集团制定了“一近一远”战略，即国内销售深耕本土市场，缩近距离减少运费；出口则越远越好，减少陆运占比，弱化劣势。

按照既定规划，敬业要在周边 300 公里内没有同等产品的优势区域，深耕到县，占有率达到 80% 以上。

事实上，早在 2009 年，李赶坡在动员全体员工鼓足干劲冲刺千万吨产能时，提到了敬业集团的“六大优势”，其中一项优势就是：石家庄钢材价格是全国最高的，而敬业集团距离石家庄及周边市场较近，在运费上有绝对的优势。此前，敬业销售团队根据李赶坡的要求，将市场细分为本土市场、优势市场、机会市场，石家庄被确定为“本土市场 + 优势市场”。李赶坡始终认为，谁也无法取代敬业集团在石家庄区域内的优势，有些市场只是机遇优势，是一时的，而区域优势是长期的。他还要求将优势区域分为一类、二类、三类，而石家庄地区就是第一类优势区域。

但随着刚性定价战略实施后，一个“奇特”的现象开始出现，在全国其他区域，敬业钢材的售价都超过了一线钢企，但近在咫尺的石家庄，竟然成为了价格洼地。

敬业集团的大批钢材，可以穿过石家庄送到天津，但就是挤不进近在咫尺的本土。而远在石家庄 200 公里外的邯钢、承钢、宝钢的产品，却充斥于石家庄市场。

面对这“灯下黑”的局面，李赶坡要求立即着手解决：“长期以来，部分外地钢企的钢材占据了石家庄及周边区域大部分市场，敬业虽然离得近，但并没有发挥距离优势，没能占据石家庄及周边市场的主导地位，使较高的利润白白流失。深耕本土的战略，就是要充分利用自身优势，抢回石家庄市场，逐步加大敬业钢材产品在石家庄的市场份额，直至 100%！”

按理来说，售价高、距离近，拿下家门口的市场应该不在话下。但事实并非如此，由于石家庄地区的经销商大多生意体量较小，在市场上话语权不够，所以导致销量和售价都没有突破窘境。

2014 年 5 月，李赶坡前往敬业石家庄直销处及当地钢材市场进行调研，击中了问题的要害：“我们深耕本土市场走的是低端的客户、低端的项目、低端的人脉，由于这三个低端，决定了敬业的钢材卖不上好价格。”

根据调研情况，李赶坡开出了三大“药方”。

第一，由弱势宣传变为强势宣传。现有的广告冲击远远不够，必须彻底扭转局势。除了在石家庄显眼的地方设立广告牌外，还要在电视、报纸、车体广告等所有媒介上进行推广，并且要不厌其烦地进行宣传。同时还要制作宣传折页，印刷 5 万 ~10 万份，让广告宣传铺天盖地。还要设计出朗朗上口的广告词，最终宣传效果要达到一提螺纹钢、中厚板就是“敬业”牌的，就好像果冻就是喜之郎一样，让品牌深入到客户心中，形成一种固定认知。

第二，由低端的客户、低端的项目、低端的人脉向高端转移。目标是所有石家庄的重点工程都有敬业集团参与，否则就是失职。

激发员工的“进攻能力”。“首先培训销售理念，敬业的销售目标是什么，如何为客户服务，质量意识是什么等，要提炼出来反复记忆；其次各个直销处每周都要进行相关培训，不光培训业务知识，天南海北的知识都要学，这些对谈业务都是有帮助的，要列出大纲进行培训。还要为每位销售人员设置一个办公点，便于他们学习、总结工作，只有不断补充能量才能更好地去冲锋。总之要激发出销售人员的虎狼精神和‘进攻能力’。”

李赶坡同时要求，要摸清石家庄地区的市场状况，如螺纹钢和中厚板每年销量是多少，具体流向是哪里。同时，要根据历史状况、国家政策、房地产形势等去分析确定相关数据，比如石家庄地区需要多少吨螺纹钢等。

由于石家庄区域原负责人工作不得力，敬业集团进行了“换将”。

新负责人上任后，带领业务人员在石家庄及周边市场展开了一次地毯式摸排，对整个市场格局有了充分了解。同时，敬业销售总公司的相关负责人在石家庄设立现场指挥部，对于开发市场中遇到的各类问题，现场予以解决，大大提升了工作效率。

石家庄直销团队把“火力”转向了石家庄地区的重点工程，有了认知的改变，有了势必拿下的雄心，有了科学的决策，他们果然找到了突破口，几项重点工程陆续拿下。

随后，敬业集团在调整产品结构时，首要考虑的就是周边市场。“销售半径越短运费越低，缩短销售距离，每吨降20元运费，效益就是两个亿。要摸索出合理的产品结构，在周边地区密布敬业的钢材。产品结构调整前要坚持深耕近距离区域，丢掉近距离市场是敬业的无能！”在李赶坡的不断鞭策下，石家庄直销团队愈战愈勇，先后打入了石家庄—正定高架桥、石家庄新火车站、南水北调石家庄段、石家庄城中村改造等项目。一些知名房产商也对敬业钢材产生了浓厚兴趣，越来越多的石家庄知名楼盘用上了敬业的产品。

为了实现大规模直供，敬业集团还与中铁物资建立战略合作伙伴关系，将敬业螺纹钢成功打入石家庄地铁系统，该工程累计供货约50万吨，成为深耕本土市场的会战式胜利。

为了服务好石家庄地铁工程，2014年4月，敬业销售总公司专门成立了地铁项目服务小组——轨道工程组，跟踪服务地铁工程，确保随时可供，并提供超乎合作方想象的售后服务。

合作过程中，地铁项目相关单位对敬业集团的产品和服务极为认可，认为他们既保证了工程质量，又保障了工程进度。口碑传开后，多家央企先后与敬业集团展开合作，于是，敬业钢材完成了对石家庄地铁一号线、三号线所有开工站点的全覆盖。

石家庄及周边优势区域的市场，就这样被敬业集团逐一拿下，灯下的黑影终于被彻底照亮。

后期，敬业销售团队又把目光瞄向了同样运输距离近、价格相对较高的山西市场。山西本地的钢铁企业本身数量就很多，而且当地市场较为排外，在这种情况下，敬业销售总公司相关负责人就驻扎在太原，并将全国各地直销处的销售精英抽调过来，形成了 150 多人的销售队伍——大有火力强攻、志在必得的气势。

最终，敬业集团的螺纹钢以加工能力强、规格齐全、质量可靠、售后服务细心周到等优势，多次在太原市政府采购中心的招标中顺利中标。敬业钢材在山西市场的占有率也逐年提高。

“原来一年在石家庄就卖 2 万吨螺纹钢，现在估计七八十万吨了，加上附近的山西市场，深耕本土的策略见了成效。终端直供，深耕本土，当时敬业的两大销售模式转型相继顺利地付诸实践，为度过那段非常时期，打下了坚实的基础。”李慧明说。

## 与金融机构博弈

2014 年的钢铁市场是历史上的冰点，银行往往是“晴天打伞，雨天收伞”，其抽贷行为，比 2008 年时更为凶猛，不少民营钢铁企业因为资金链断裂而倒闭。

敬业集团也面临着银行的强势抽贷，但因为在 2008 年时吃过亏，他们这次用了更智慧的方法，让自己维持在了“贫血”状态，但没有陷入类似于其他钢企的“失血”状态。

2008 年时，某家银行承诺敬业集团提前还贷 5000 万，就可以再贷一笔巨款，但当敬业集团将钢材以最低价格抛售凑齐 5000 万时，银行相关人员却再也闭门不见。

2014年时，有银行继续如法炮制这一业内惯用做法。卢增元当时觉得，不能再轻信银行的说法，而是要将这一过程控制好。“大家都讲信用，既然你说还要增加贷款，甚至拿来了批复，我们就先还贷，但不是一次性还完。比如先还3000万，那银行就得贷出3000万，如果贷不出，就是不守信用。直至将这个过程把控好。”卢增元详解了当时迫不得已采取的办法。

这可谓逼出来的一记妙招，先还3000万，如果做出承诺的银行不放款，那就是银行违约。而即便银行不再放贷，损失也控制在3000万以内。“我们损失了3000万，企业还能生存下去，但银行因为3000万违约，就太不值了，毕竟后面还有数亿的贷款等着还。你答应放款，我们也相信你，现在我们还了，甚至可以提前陆续还完贷款，看你是不是兑现承诺？”卢增元说。

而李赶坡也对这一做法印象深刻：“如果按银行的要求，企业必垮无疑。怎么办？那就一家一家谈判，既然双方守信用，那企业还了就必须重新放贷，因为我们有额度，不能不管企业死活。为了防止银行只收不贷，一个亿的贷款，先还几千万，放贷出来后接着再还。大部分银行还是深明大义，支持敬业的。办企业困难是必然的，关键是不被困难压倒，要敢于突破，敢于向危机亮剑。”

卢增元对于当时灵光一现而想出的办法，也感触颇深：“2008年提前还贷5000万的教训太大，不能在同一个地方摔两次跟头。这样的要求双方都觉得合情合理，所以要想达到目标，就必须把过程控制住，不光是财务管理，企业所有的经营过程和生产过程都要控制，如果控制不了过程，掌握不好节奏，往往事与愿违。”

敬业集团采用巧妙的过程控制办法，大大缓解了资金压力，最终渡过了难关。这些办法都是怎么想出来的？卢增元说，“我感觉只要你热爱公司，坚定信心，有了这种精神，一切办法都可以想出来的。人的潜力是很大的，定能找到破解之道。”

而在回答笔者“在敬业集团工作30余年感到最自豪的事情是什么”的问题时，卢增元说，“我感到最成功的地方，应该是在主管物料采购10年和主管财务 20 年期间，不管市场形势多么恶劣，经营形势多么困难，项目上马多么密集，资金占用多么大，从未向董事长申请要过钱。我们经历过这么多次危机，也从未因为资金短缺，给生产经营造成影响和损失，就是带领团队想尽一切办法，调剂所有资源，经过各方不懈的努力，渡过了难关。”

李赶坡发现，在“钢材白菜价”时代能够盈利的少数企业，都是自有资金巨大，几乎没有银行贷款的企业。所以他也觉得，银行贷款是一把双刃剑，尤其当市场不好时，银行抽贷会加剧企业的经营风险，到时银行只会自保，不会给企业重振雄风的机会。

在这种观念下，李赶坡选择了宁愿放慢企业的发展节奏，也要控制银行贷款，杜绝盲目扩张、盲目求大。2016 年 7 月，他在一次讲话中说，“敬业集团三年内的目标就是勒紧腰带，减少项目投资，降本增效，打造品牌，增加利润，利用三年时间还清所有贷款和债务，根治企业倒闭的病源。”

李赶坡告诉笔者，他的“爱好”是制造业是实体经济，所以一直坚持企业不上市。同时，敬业集团坚持不盲目扩张、不盲目多元化，目前所做的产业都是围绕钢铁主业展开。

由此可见，善于总结经验，善于吸取教训，善于调整航向，是李赶坡让敬业集团这艘航母行稳致远的奥秘所在。

## 星光闪耀的“敬业蓝”

在刚性定价的基础上，敬业集团又升级了自己的品牌战略：“制造精品”。生产低附加值的产品，即便品质过硬，也永远没有前途，只有打造精品，打造钢材中的“奢侈品”，才有丰厚的利润和可预期的未来。

敬业集团 2015 年工作总结大会上，李赶坡并没有过多提及成绩，而是反思如何前进，甚至一开场就让整个会场气氛变得严肃凝重：“2015 年是市场残酷的一年，但 2016 年会更残酷；2015 年是改革的一年，2016 年更要改革；2015 年是狠降成本的一年，2016 年要再降成本。中国经济到了转型期，就是要把不适应市场的企业，把产品成本高的企业，把粗制滥造、产品质量不好的企业，把服务不好、客户不方便的企业通过市场统统淘汰掉。目前正在淘汰而且不断淘汰，直至大批企业垮掉，最优秀企业胜出。敬业的任务就是通过改变观念，改革管理机制，制造出适应新市场的高质量、优质服务的产品，以保敬业在中国经济转型期生存发展，并不断壮大。”

就在这次总结会上，李赶坡提出敬业要围绕制造精品进行改革，必须制造符合客户需求的精品。他认为，社会转型期的特点就是一切工业产品过剩，客户的需求在提升。一般产品是卖不出去的，只有制造适应客户的精品才可能有市场。甚至，对待精品也要在各个环节予以呵护：“对产品储存要像爱护自己的眼睛一样去重视，运输过程也要倍加珍惜，送到客户手里还要说明如何存放。”

时值经济转型期，李赶坡觉得，转型期的主要特点就是工业产品、传统产品全部过剩，低劣产品是卖不出去的，卖出去也是没有利润的。为了顺应形势，敬业集团生产系统必须由制造一般产品转变为制造精品。“一块普通手表最多卖几百元，而瑞士高端手表卖几万、几十万元，不都是手表吗？日本螺纹钢在韩国比敬业产品每吨多卖 200 元，不都是螺纹钢吗？所以制造精品来满足客户的需求很重要。客户不只是使用需求，还有欣赏需求和心理满足。”

所以，敬业全员要转型，转到生产精品上来！

而打造精品，必须首先搞清楚什么是精品，只有认识到已有产品和精品之间的差距，才能找到努力的方向。为此，敬业高管团队想到，只有强烈的对比感才能震撼人们的固有思维。

2016 年 1 月 9 日，几捆打包得整整齐齐的螺纹钢，摆放在了敬业集团轧钢事业部棒材六车间的场地上。

这些高品质的螺纹钢来自日本，正是李赶坡所说的一直比敬业产品价格卖得高的精品。此前，李赶坡在总结大会上指出，日本的螺纹钢采用的是“强穿水工艺”，但仍然可以做到长期不生锈。“强穿水工艺”成本低，但依然不易生锈，所以售价高。“敬业产品与之相比就有很大的差距。各产品、各工序必须有专门的工艺研究人员，还要到大学及科研单位去引进技术。”

李慧明邀请敬业集团中高管团队前来“品鉴”，大家都聚集在这几捆螺纹钢旁，轻轻地触摸，仔细地端详。有人开始感慨：这些螺纹钢仅看外观就让人觉得赏心悦目，光泽和质感甚至让人联想到工艺品，即便是看似不起眼的打捆，也十分考究，整齐划一的打捆带也让人感受到了日本企业的匠心。

而反观敬业当时的产品，在细节方面的确存在较大的差距，打捆、标牌等更显随意，还远不能用精品来形容。

随后，李慧明和敬业中高管团队开会研讨，目的在于谈感受，找差距，想对策。

“这次做对比的目的就是让大家深刻认识到敬业产品与优质产品存在的差距，如何消除差距，以最低成本制造出高质量、优质服务的产品，提升敬业产品的本土市场占有率，力保敬业在中国经济转型期的生存壮大。螺纹钢作为敬业拳头产品，在敬业钢材总产量中所占比重最大，所以必须把螺纹钢的产品质量和服务大幅度提升起来。”李慧明开门见山地说。

李慧明直言，日本螺纹钢之所以可以卖到高价格，主要是因为产品本身质量好，深受客户认可，同时产品服务好，打捆包装好。敬业的产品及服务存在较大差距，原因是此前不重视，没有树立“敬业钢材必须是精品”的产品理念。“为扭转这一现状，我们必须狠下决心，彻底改革，对产品质量异议零容忍，对服务缺陷零容忍。”

“当时就是为了敲响警钟，让大家充分认识到所存在的差距。如果思想继续麻木，势必会毁了敬业。我们还定下了目标，敬业要在所有同类产品中达到质量最好，服务质量达到最优。”李慧明告诉笔者。

随后，李慧明又安排专人，把国内几大品牌的螺纹钢都买了回来，放到露天场地，经受太阳暴晒和风吹雨淋，然后观察这些产品表面质量的变化和内在成分的变化。“好的产品好在哪里，不好的产品问题又在哪里，敬业的螺纹钢在哪些方面技不如人，又在哪些方面值得发扬和坚守？当时就是全面作比较，目的是为了全面做提升。”李慧明说。

一经比较，孰轻孰重，谁好谁坏，肉眼可辨，敬业中高管团队对于日本产品为何能够卖高价，也了然于心。

为了让干部队伍有更加深刻的认识，敬业集团要求每位干部到石家庄高端商场和低端批发市场分别买回同样的物品。大家纷纷行动起来，到石家庄一些高端商场买回知名品牌的物品，再到低端批发市场买回其他品牌的类似物品。随后，一场名为“一流的产品、一流的价格”的思想转变会召开，琳琅满目的物品摆满了桌面。以刀具为例，从商场买回的德国名牌“双立人”菜刀采用特制钢材，碳和硌的比例达到了完美平衡，有出众的硬度和锋利度，同时兼具韧性和抗腐蚀性，再加上精密锻造、智能化抛光，德国资深技师完成最后的开刃，饱含匠心的一流刀具售价不菲，但物有所值。而从批发市场买来的廉价菜刀，毫无质感，与品牌刀具毫无可比性。类似鲜明的对比，让所有人都感受到了高端品牌与杂牌之间的巨大差距，这还仅仅是品质上的对比，购物体验、售后服务的差距更无需多言。

李赶坡在现场对所有人说：“我们就是用这种方式，来唤醒大家的质量意识和品牌意识。我们要进一步转变观念，打造一流产品，提供一流服务，造敬业精品，创世界名牌。”

有了精品概念之后，大家开始反思：精品螺纹钢，日本企业能做，难道中国企业就制造不出来吗？于是，2016 年 1 月，敬业集团决定改进生产工艺，在螺纹钢利润抵不过白菜的艰难时期，不惜成本打造精品加钒阻锈螺纹钢。此项工艺将使生产成本增加 47 元 / 吨，每年增加成本 4 亿元。

“生产上的阻力很大，因为要提高合金的含量，生产成本陡增，有人说你每年增加 4 个亿的成本，到时价格高没人买怎么办，纯属浪费，但我们还是坚持下来了。还是董事长力排众议，在价格低迷的时期，依然坚持投入巨大成本打造精品。”李慧明说。

经过努力，精品螺纹钢产品终于下线。参与评审的专家表示，热轧螺纹钢表面氧化皮结构、组织和阻锈能力主要取决于终轧后的冷却过程。氧化温度、氧化时间、冷却速度是影响其组成和结构的主要因素。敬业螺纹钢采用新轧制工艺可有效促进阻锈氧化铁皮的形成。工艺优化后的敬业螺纹钢微合金得到强化，轧制温度得到优化。

敬业集团采用螺纹钢不穿水工艺，通过提高钒、锰合金含量，使得螺纹钢具有耐腐蚀、不生锈、外观精美、性能稳定、韧性好、易焊接等优点。正因为在产品中添加了钒，敬业集团生产的螺纹钢有着独有的金属蓝色，被客户亲切地称为“敬业蓝”。

为了打开市场，敬业集团继续延展产品系列，相继开发了精轧螺纹钢、韩标、美标、澳标、英标、马来西亚标、新西兰标等外标螺纹钢，从而，敬业集团成为中国第一个通过韩标 SD600KS 认证的企业。

产品具备了高品质，外包装也需要向标准最高的日本和韩国看齐，敬业集团随即全面彻底整改螺纹钢包装，提升仓库管理水平。为做好产品防护，敬业集团根据产品属性、客户存放形式及环境条件等因素，为每件产品配上了《敬业钢材产品存放保管说明书》，提醒客户在运输、吊装、仓储、使用过程中妥善、合理存放产品。为了让敬业螺纹钢迈入国际一流，变得更加“高大上”，敬业集团还下大力气提高了螺纹钢的打捆质量，他们制定了提高螺纹钢打包整体质量的详细措施和具体标准，并严格执行。

在“敬业蓝”的制造过程中，还出现了一个小插曲。其中必须添加的钒钛合金的价格在 2018 年出现了猛涨，最高涨到了每吨 80 万元，使得生产成本大增，但产品价格又不能相应的坐地看涨。好在敬业集团副总张觉灵带领团队之前反复研究过，他们发现价格巨高的钒钛，可以用成本较低的铌铁替代。

螺纹钢的生产工艺至少有十几种，此前，敬业集团的研发团队就反复地做实验，应对各种变化，在保证产品品质的同时，争取最大利润。“最后发现两者的性能是完全一样的，还能节省近一半成本，于是我们抓紧大量进口铌铁，进行了工艺的微调，确保了生产成本和产品品质的稳定。”张觉灵说，“当时我们就反复实验，铌铁工艺最后获得了国家的相关认证。所以说这些技术只要研究出来，它总有机会发光的，因为物料价格总是有起伏的。”

李赶坡在一次谈及新科技的应用时，就以此举例：“如钒钛合金价格高的时候，我们用铌铁代替。我们外出对标学习时，某个对标企业还不知道使用铌铁。所以要加强对新科技的应用。”

笔者在敬业集团看到，泛着淡蓝色的螺纹钢被整齐有序、纵横交叉地摆放在车间里，捆扎也十分科学美观，真的不像是工业品，而是工艺品。

张觉灵告诉笔者，敬业集团一直以深入研发高附加值产品为使命，敬业很早就成为高强钢筋示范企业，2012年已实现100%高强钢筋生产。“很多方面我们都走在了前面，比如螺纹钢新国标里的部分指标，我们早已实施多年。”

张觉灵所说的“螺纹钢新国标”，正是2018年11月正式实施的《钢筋混凝土用钢第2部分：热轧带肋钢筋》新国标。

为提高热轧带肋钢筋产品的质量、促进节能减排、淘汰落后产能，并能更好地满足房屋建筑、桥梁、铁路、公路等领域对热轧带肋钢筋的需求，2018年11月1日，《钢筋混凝土用钢第2部分：热轧带肋钢筋》新国标正式实施。新行业标准重点在于新增金相组织检验规定、宏观金相、截面维氏硬度、微观组织及检验方法，旨在从行业标准上硬性禁止穿水钢筋的市场流通。

而敬业集团正是新国标《钢筋混凝土用钢第2部分：热轧带肋钢筋（螺纹钢）》的主要起草编撰单位，在不穿水工艺应用方面，敬业集团比国标先行了33个月。

随着社会发展，高强度钢筋未来应用广泛，建筑钢材的升级换代也是必然趋势，钢铁行业实施螺纹钢新标准后，“穿水工艺”生产的螺纹钢将逐步失去市场空间，成为历史。此前，高强度钢筋的生产，既可以通过添加钒合金来提高钢筋强度，也可通过“穿水工艺”生产高强度钢筋。“穿水工艺”是钢坯通过轧制后穿水来提高钢筋性能，这样可以降低合金元素含量，以达到降低生产成本、增加经济效益的目的。尽管穿水工艺钢筋在强度上可以达标，但容易生锈，且强度容易衰竭，品质也无法与“不穿水螺纹钢”相提并论。

新国标实施后，“敬业蓝”的优势更加凸显，敬业集团还引领开启了螺纹钢的定制生产时代，提供“规格 + 材质 + 包装”定制生产服务。

2019 年 9 月 25 日，一架南方航空 A380 客机从跑道腾空而起，北京大兴国际机场迎来首航。被外媒称为“新世界七大奇迹”之首的北京大兴国际机场正式投入使用。

北京大兴国际机场是首都的重大标志性工程，是推动京津冀协同发展的骨干工程。这只“大凤凰”是世界最大单体航站楼，以其独特的造型设计、精湛的施工工艺、便捷的交通组织、先进的技术应用，创造了许多世界之最。

北京大兴国际机场拥有世界规模最大的单体机场航站楼，航站楼核心区一共只有 8 个 C 型柱，“无柱感”的设计为旅客提供了最大化的通透公共空间。相应地，其工程建设难度世界少有。大兴机场航站楼也是世界最大的减隔震建筑，建设了世界最大单块混凝土板。

2016 年 4 月，敬业集团的“敬业蓝”螺纹钢成功应用到北京大兴国际机场项目。工程建设中，“敬业蓝”凭着过硬的产品质量与优质的服务，在北京大兴国际机场项目中的使用量达到了 54.78 万吨。

可以说，敬业蓝在北京大兴国际机场无处不在：航站楼主体地基和五个指廊供货占比 85% 以上；南航基地建设占比 70% 以上；机场管廊占比 70% 以上；国检大楼、边检大楼和信息中心大楼供货占比达到 100%；机场高速直采 60% 以上。

敬业集团为大兴机场专门提供了“一站式”配送服务，“敬业专门在附近设立了仓库，客户需要产品发出指令后，我们可以最快速度将产品配送过去，这也是其他企业不具备的优势。”敬业集团销售总公司副总马利江说，“每个规格的钢材都配齐全，假如其他钢厂出现断货，供应不上了，我们这里有货，即便晚上需要，我们‘三班倒’为你提供服务。所以建设方逐步地开始使用我们的产品，最终大兴机场使用的螺纹钢里，大部分都是敬业的。”

“前置仓”的方法再次发挥了独特优势，再加上“敬业蓝”过硬的品质，敬业集团的产品也让大兴机场多次“复购”。

2020 年 6 月，一则《“敬业蓝”螺纹钢独家保供北京大兴机场卫星厅项目》的新闻在网络上广为流传。彼时，北京大兴国际机场航站楼卫星厅跨隧道施工进入关键阶段，正稳步朝着节点目标迈进，受到主流媒体的广泛关注。而此工程项目自2019年10月由敬业螺纹钢产品独家保供。

“敬业蓝”螺纹钢独家保供北京大兴国际机场的消息在业内传开后，敬业品牌更加有了知名度。“敬业蓝”螺纹钢比普通螺纹钢每吨售价高100元，但依然畅销。后来，甚至市场上出现了假冒“敬业蓝”。“我们准备攻下一个工程项目，结果销售人员在工地竟然发现了‘敬业蓝’螺纹钢，后来一调查发现是冒牌的，我们为此专门成立了打假办，最后顺着线索追到唐山的一家钢厂，把他们的假冒产品全部查封了。螺纹钢做好了，也有人假冒，辩证地看，敬业的品牌价值已经越来越高了。”

“敬业蓝”螺纹钢凭借其过硬的品质，先后应用于北京大兴国际机场、北京城市副中心、京雄高铁、京唐城际铁路、三峡工程、南水北调、世博会中国馆、柬埔寨奥林匹克中心、安哥拉国际卡宾达机场、文莱淡布隆跨海大桥、韩国济州岛梦想大厦等国内外重点项目工程建设中，敬业集团也被中国中铁、中国电建、中国路桥、中国中建等众多单位列为优秀供应商——越来越多的品质工程上，开始闪耀“敬业蓝”。

“可以自豪地说，‘敬业蓝’是全世界品质领先的螺纹钢。”李慧明说，在钢铁行业竞争日益激烈的形势下，敬业集团将坚持贯彻客户中心化理念，不仅要把钢材送到客户手中，还要帮助客户使用好钢材，同时充分发挥集团装备先进、规格齐全的优势，继续发扬坚持不懈、百折不挠的销售精神，为重点工程打造专业“量身定制”服务，创新重点工程服务模式，让优质的“敬业蓝”产品助力全球重点工程建设。

敬业集团已成为全球大型螺纹钢生产基地、国家高强钢筋生产示范企业、国家高新技术企业，在环境保护、节能减排、循环经济方面的投入超80亿元，所有指标提前达到国家超低排放标准。2022年1月，为促进全产业链和产品全生命周期绿色发展，以企业为建设主体，建立高效、清洁、低碳、循环的绿色制造体系，工业和信息化部优先在钢铁、有色金属、化工、建材、机械等重点行业选择一批工作基础好、代表性强的企业开展绿色工厂创建，敬业集团热轧带肋钢筋成功入选国家工业和信息化部2021年度绿色设计产品。

一流的产品、一流的服务成就一流的品牌。敬业品牌在声誉不断提升的同时，用于量化品牌的“品牌价值”也在一路攀升，2021年，敬业集团品牌价值584.25亿元，较2020年增加78.57亿元，在《中国500最具价值品牌》中排名第125位，较上年提升12位，位列民营钢企第一位。

## “与其坐以待毙，不如拼死一搏”

2011年到2015年，尤其是2014、2015年，估计大多数钢铁行业从业者都不愿回首这段“悲惨岁月”，国有钢企巨亏，亏损额以数十亿计，而民营钢企举步维艰，直至倒下。年产600万吨的山西海鑫集团、吉林四平红嘴钢铁、河北唐山鑫达钢铁、淞汀钢铁、邢台龙海钢铁等“庞然大物”相继在2014年宣告破产或停产，这些风光一时的民营钢企，都没有挺过那个漫长的寒冬。

反观敬业集团，由于此前在两年时间内举债增加了600万吨产能，当时也面临银行强势抽贷，成本倒挂、生产一吨亏损一吨的两难局面。钢价收不回成本，银行又催命还贷，用李赶坡的话说，“两项灾难形成一把剪刀，紧紧地绞着敬业集团的脖子，与其坐以待毙，不如拼死一搏。”

2014年4月，李赶坡在敬业集团再次吹响了反危机的号角，当时他说：“现在所有的钢铁企业都举步维艰，那么大家想一想敬业怎么办？我感觉摆在敬业面前有三条路：第一，垮掉；第二，生存；第三，利用市场不好的机遇大发展。究竟敬业的结果是什么，那要看我们的信心和措施，我们的信心是不但不垮，还要利用危机大发展，因为危机中有良机！”

万般危急之下，敬业集团提出“一近一远”战略，并通过狠降成本、刚性定价、深耕周边市场、在市场低谷期奋力研发、与金融机构博弈确保流动资金等举措，终于度过了这一劫，迎来了 2016 年的市场转机。

多年过去，钢材出口圈里仍流传着敬业出口团队打出去、冲上去抢占国际市场脍炙人口的佳话。这种精神不仅激励了敬业员工，也激励了中国钢铁行业的国际贸易商，形成了一股强大的正能量冲击波。

敬业集团不但在又一场“反危机”中取胜，反而拥有了一支骁勇善战、敢拼敢闯的外贸团队，一款世界一流的精品加钒阻锈螺纹钢，一片广袤的海外市场和肥沃的本土市场……这似乎不可想象，但却是眼前事实，这些危机中锻造出的优势，就像一根根无比结实的支柱，让“敬业大厦”越盖越高。

# 第五篇

# 第四次反危机：非常之年，逆势布局

# 第十章 收购英钢

“双 11”的最大订单 / 命运多舛的英国钢铁公司 / 决定收购：有着“打锦州”般的战略意义 / 创造世界并购史奇迹：半个月完成尽调、谈判 / “双 11”签约：盛赞之下有杂音 / 引来全球钢铁龙头反思和对标 / 告全体英钢人：救命要紧，救命要紧！ / “键盘侠”再次看不懂：名不见经传的敬业集团能行吗？ / 饮食关和语言关砍下 1700 万镑！ / 正式交割：“惊涛骇浪方显水手本色” / 员工“想不到”，外界“没想到” / 迎战疫情：走出去，就得赢！ / 点燃北冰洋 / 文化融合：“别顶牛，让一让再做” / “四板斧”激活休克鱼 /“营销变法”：理顺经销商关系 / 左推介，右布局 / 把世界钢铁形势看得“亮亮的” / 扭亏为盈：再振英钢雄风 / 英钢未来：“KeepRunning！”

2019 年，敬业集团定下了冲击世界 500 强的目标。当然，冲击不是喊喊口号，而是有具体的策略，当时李赶坡在谈及进军世界 500 强的路径时，对敬业员工们说：第一，投资 47 亿元建设冷轧项目，年销售收入达到 200 亿元左右。手续已齐全，马上开工建设；第二，投资 10 亿元建设 350 万吨焊管项目，年销售收入 150 亿元左右，第三，做大短流程铸轧及增材制造项目，年销售收入达到 100 亿元左右；第四，适当时机兼并收购 300~500 万吨钢铁产能，年销售收入达到150亿~200亿元左右。

前三条，敬业集团凭借自身努力就可完成，但第四条，则要看时机。显然，李赶坡是想通过并购重组之路，进一步扩大集团体量，同时形成合理的产能布局。

李赶坡设计这条路径时，新冠肺炎疫情还没有来袭，但没想到的是，疫情突然到来之后，敬业集团无惧危机反而借助危机，兼并重组大动作不断，加快国际国内市场布局，再次让自己有了飞跃般的发展。

## “双11”的最大订单

“当大家还在血拼‘双11’网购时，一家中国民营企业在英国初步谈成了一笔大买卖。”

“在这个全国人民都在疯狂‘买买买’的节日里，有公司甚至将目光放到了海外，并计划以7000万英镑的大手笔签下‘双11’最大的一单。”

“就在国人沉浸在‘双11’网购大战的时候，一家中国公司在英国成就了一笔大买卖。”

“‘双11’最大订单！敬业集团7000万英镑收购英国第二大钢铁公司。”

……

2019年11月11日，英国广播公司（BBC）的一段报道，从不同渠道传至国内，引发各路媒体争相关注，并纷纷将之与“双11”的最大订单联系起来：英国第二大钢铁公司——英国钢铁公司将与中国河北的敬业集团达成收购协议，原则上同意这家中国民营企业以7000万英镑（约合人民币6.3亿元）收购英国钢铁公司，这将为英国保住最多可达4000个工作岗位。

不少自媒体对于敬业集团知之甚少，开始在网络上搜索这4个字，搞清这家公司到底是何方“神圣”，能够在国际贸易低迷时期，逆势出击。而不少海外媒体，也在问敬业集团是谁，他们称之为东方的“神秘”买家，并在中国地图上查看敬业集团到底在哪里。

务实低调的敬业集团，第一次如此高强度的被媒体聚焦，甚至不少媒体将之与福耀集团曹德旺的“美国工厂”相提并论——这是要拍《英国工厂》？

此前，中国钢铁企业在海外布局，多集中在东南亚或非发达地区。此次敬业集团并购英钢，是河钢集团收购塞尔维亚钢铁厂后，中国向西方收购的第二家钢铁厂。而作为身处内陆的民营企业，敬业集团的国际化显然不具先天优势，而他们却成为首个在英国有了生产基地的中国钢铁公司，自然令业内外、海内外充满敬意地刮目相看。

“一夜之间，敬业集团的名气就更大了。前来咨询的客户猛增了一倍。”敬业集团的市场营销人员对笔者说。

有业内人士说，作为一家民营钢铁企业，敬业集团走出国门收购英国第二大钢厂，气魄着实惊人，这就像是一场跨国大探险。

而收购英钢的这一过程，显然充满了艰辛。

## 命运多舛的英国钢铁公司

作为工业革命的发源地，钢铁行业曾一度为英国向海外扩张打下深厚的工业和军事基础，在世界上有着举足轻重的地位。在过去相当长的时间内，英国钢铁一直被视为英国重工业的骄傲。

英国钢铁公司是英国第二大钢铁公司，已有一百多年的历史，由当时14家英国钢铁企业合并重组为英国钢铁公司前身，包括英联钢铁公司、康斯特钢铁公司、柏门钢铁公司、威尔士钢铁公司等。鼎盛时期，英国钢铁公司占全英钢铁产能的90%以上，并在英国和英联邦各国雇佣有超过26万名员工，是名副其实的英国钢铁“老大哥”。

1988年，英国首相撒切尔对英国很多企业进行私有化改革，包括英国钢铁公司等在内的企业被私有化。1999年，英国钢铁公司与荷兰钢铁生产商霍戈文工程技术公司合并成立了康力斯集团，康力斯集团是当时欧洲第一、世界第三的大型钢铁企业，仅次于浦项和新日铁。彼时，敬业集团刚刚组建不久，才有两三座高炉。

新成立的康力斯集团在经历了大规模裁员和成本削减计划之后，于2007年被当时世界第五大钢企印度塔塔钢铁公司以43亿英镑的价格收购，成为塔塔欧洲钢铁公司的一部分。2009年受全球金融危机影响，英国钢铁公司连年亏损，负债累累。

2016年3月份，印度塔塔钢铁公司董事会发布声明说，公司对过去一年英国业务不断恶化感到担忧，考虑从塔塔英国钢铁公司部分或全部撤资。随后，经常收购经营不善企业的英国格雷布尔资本管理公司，象征性地以1英镑的价格，从塔塔钢铁公司手中购买了康力斯公司，并更名为英国钢铁公司。但格雷布尔资本管理公司未能获得继续维持经营的资金。

彼时，英国钢铁产业依然在加速衰落。英国钢铁行业由原本的中央集权管理，下放到由地区政府各自管理。2017年，英国钢铁公司曾短暂获得盈利，但由于英国脱欧带来的各种不确定性给英国钢铁公司的订单带来严重的负面影响，更多具有价格竞争力的亚洲钢材涌入英国和欧洲市场，给英国钢铁公司的生产经营带来严重打击，导致公司经营举步维艰。

2018年3月，特朗普宣布对欧盟的钢铁加征25%关税。受欧盟市场规则的约束，英国无法通过增加进口钢铁的关税来保护本国钢铁行业，由此也造成英国钢铁产业的竞争力进一步下降。攀升的能源价格和营业税，以及来自海外更具价格优势的钢铁，更令英国钢铁行业日薄西山。2018年，英钢裁员约400人，格雷伯尔资本管理公司当时表示，公司尽全力拯救这家濒临倒闭的企业，努力让它重新振作，但脱欧相关问题构成了额外打击，困难已无法逾越。

2019年5月22日，陷入严重经营和财务危机的英国钢铁公司不得不申请破产。英国政府曾试图救助英国钢铁公司，在2019年初向其提供1.2亿英镑贷款，帮助工厂满足新的欧洲大气排放要求，但由于市场不景气，最终未能扭转亏损局面。

尽管英国钢铁公司恢复了代表其辉煌时期的原名，但经营陷入困境的它，最终还是走上了破产清算的道路。2019 年 5 月，英国钢铁公司向英国政府申请 7500 万英镑救助贷款，随后又调整为申请 3000 万英镑，但双方未能达成一致，英国钢铁公司被迫破产清算——如此，该公司直接雇佣的 5000 个工作岗位及其供应链上相关的至少 2 万个工作岗位都面临失业威胁。更糟糕的是，如果英国钢铁公司关闭，那么一部分关乎英国国计民生的钢材，就要完全依赖于进口了。随后，英国政府破产管理署接管了该公司日常运营，并委托安永会计事务所作为特别管理人协助清算事务，面向全球寻求买家——英国政府希望能有海外资金注入英国钢铁公司，使其起死回生，并继续留在英国，也就是说，在出售英钢的同时还能保留工厂产能和工作岗位。

正因为英国钢铁公司不仅涉及规模庞大的就业，而且涉及复杂的资产价值和产业链生态的保护，所以，英国政府不会轻易让这样的公司垮掉。英国钢铁公司尽管申请了破产清算程序，但官方接管人按照英国破产法的程序对其实施接管后，并没有按照一般的清算程序将其资产挂牌零售，即将企业资产变卖了之，而是积极促成企业在经营状态下的资产出售——这已经不是传统意义上的破产清算，而是一种破产保护与拯救。

这个代表英国工业往昔荣耀的“巨无霸”，自 2019 年 5 月进入破产清算程序后，每天需花费 100 万英镑维持运转。当时，英国钢铁公司仍有员工 5000 余名，其中 3000 人工作于距离伦敦以北 290 公里的“工业花园城”斯肯索普，另有 1600 名员工分散在英格兰东北部的各大工业区。

钢铁产业是斯肯索普最重要的经济支柱，工厂面积占到了整个城镇的四分之一。当时，历代都靠钢铁厂工作维持生计的斯肯索普人都对未来表示了担忧，毕竟这座工厂对他们的生活来说太重要了。这一点，从当地足球俱乐部斯肯索普联队的队徽上也能窥豹一斑：一个有力的手臂握着巨大的钢梁，上面还印着“IRON”（铁）的字样。

英媒《卫报》当时报道说，“斯肯索普大多数的工业和贸易都是随着钢铁厂发展起来的，公司破产对该地区影响很大，人们如果穷困潦倒，其他产业也会受到连带影响。”《格里姆斯比电讯报》则报道称，当地人想都不敢想，工厂倒闭之后的斯肯索普会是什么样。“如果钢厂关闭，斯肯索普将成为一座鬼城。很多人离开学校后就一直住在那里，现在他们可能快退休了，他们只懂炼钢。”

“车间里堆满了生产好的钢材，但我们不知道给谁发货。政府救助是我们唯一的希望，不过我想，这次他们不会救我们了。”当时一位英钢的工作人员在接受 BBC 采访时悲观地说。

实际上，英国钢铁公司并非“鸡肋”，他们拥有先进的技术和领先的市场地位，在英国、法国和荷兰均有生产基地，其主营产品型钢、钢轨、异型钢和品种线材市场覆盖英国和欧洲、北非、中东等国家和地区，在亚洲、大洋洲和美洲也占有一定的市场。同时，英国钢铁公司是英国铁路公司 Network Rail 的主要供应商，供应了英国国内 96% 的铁路轨道。

只是，它暂时成为了一只“休克鱼”。

## 决定收购：有着“打锦州”般的战略意义

敬业集团的国际化，有着从海外销售到全球贸易，再到建海外基地的逻辑脉络。

从大环境上来看，传统行业里的中资企业海外并购本身就是一个方向，在贸易保护环境下，海外产能也是一个市场突破口。同时，受到国内钢铁业去产能的影响，不少钢铁企业都在往国外转移产能。

此前，李赶坡曾在一次行业会议上分析了国内和国际钢铁行业形势，他认为，从整体看，中国 GDP 的降速、国内城镇化率的提升，以及政策引导下的产能腾挪，都使得国内钢材的产量增速将大于钢材消费的增速，钢铁产能过剩的趋势也由此可以推导得出。

在这一背景下，从 2015 年开始，伴随着国际钢材贸易，敬业集团就开始有了收购海外钢企建立海外基地的计划。此后，敬业集团专门组建了海外投资团队，由敬业集团副总经理、现英钢总裁曹喜军负责。

2019 年，怀揣着海外布局设点的设想，李赶坡带着众多高管，先后考察过马来西亚、印尼、泰国、柬埔寨、越南、巴西、阿根廷等 10 多个国家，考察当地钢材需求和市场环境。当时，敬业集团甚至和马来西亚东钢已形成了收购意向，但最后因为价格没谈拢，最后马来西亚东钢被国内另一家钢铁巨头建龙集团收入囊中。

“当时跑遍了东南亚各国，跑遍了南美洲各国，跑了中东许多国家，咨询公司也给我们提供了 30 多个国家的备选标的。最后决定在埃及上项目，地块看好，可行性报告也递交给了政府，在北京还见了埃及总统。埃及高层官员也到敬业厂区参观，见敬业管理如此整洁，自动化程度很高，就问：‘你们怎么安排埃及 3000 人就业？’对敬业表现出极大兴趣。”李赶坡回忆说。

李赶坡所说的埃及项目，是 2019 年时敬业集团准备在当地一个“中国工业企业园区”建设年产 300 万吨的钢厂，但因为当地投资流程推进较慢而暂缓。

2018 年，李慧明曾经在美国哥伦比亚大学留学，他当时专门通过朋友联系，去参观了福耀集团在美国俄亥俄州代顿市的“美国工厂”。“我是有意去的，专门跟美国福耀总经理约好的，就想去看看在美国的中国企业到底做得怎么样，是怎么做的，看了之后感觉挺好的，受益匪浅。”李慧明说。

显然，这也是在为建立海外基地做铺垫。

所以说，敬业集团的海外布局工作，一直在全力推进着，“拿下”英钢，也绝非“一时兴起”。正如李赶坡所说，敬业集团的国际化是必然，收购英钢则属于偶然中的必然。

了解以上“背景信息”后，我们就可以更好地理解，在得知英国钢铁公司破产清算的消息后，敬业集团高层的第一反应。

当时，李赶坡直觉上认为，这是一个继续拓展海外战略的千载难逢的好机会，但到英国这样的老牌工业强国收购钢厂，无疑阻力更大、难度更高。李赶坡立即召开集团高层会议，研究是否介入。当时，所有高管都表示应该积极参与。敬业集团随即聘请国际知名咨询公司麦肯锡管理公司作为顾问，进行了相关调研及并购前景分析，同时发出了收购要约。

彼时，知名投行摩根大通集团正在协助英国钢铁公司寻找接盘人。摩根大通集团是按照不良资产进行处置的，当他们听说来自中国的敬业集团主动发出收购要约，颇为吃惊，因为此前对敬业集团毫不了解。

“当时得知英国钢铁公司有上百年的历史，拥有450万吨产能的装备和产线，他们擅长制造钢轨、高端线材、型钢，有着丰富的冶金技术积累，并在欧洲市场占有相当份额，是国际知名品牌，在英国、法国和荷兰均有生产基地。如果能完成收购，将给敬业集团带来新的产品、新的技术和新的市场。所以，我们觉得这家公司的资产其实是很优质的。”李慧明告诉笔者，“而敬业集团的基因就是国际化的，骨子里就是国际化的，水杨酸产品60%都是用于出口的，而铁矿石原料现在90%是进口而来的，所以我们很早就组建了国际化团队，在世界各地布局了钢材的销售点，目的还是通过贸易的国际化来带动实体的国际化。既然国际化是我们必然的发展方向，那么自然就要找各种机会去实现、去促进。”

“实体国际化”的机会来了。2019年6月18日（巧合的是，这又是一个“大促”的购物节），李慧明带领团队前往英国考察、调研，紧接着，敬业集团副总经理曹喜军等人也飞赴英国，他们对英钢地理位置、原料采购、销售市场、厂内设备、员工状况、社会环境等情况进行充分的了解和调查。

从第一次的调查结果来看，情况并不理想。调查团队们初步认为，尽管英钢资产规模庞大，但设备非常陈旧，需要投入巨资进行改造。此外，文化不同、语言不同、社会制度不同等也是影响经营的因素。而此时英国正处在脱欧的关键时期，时局不稳，政府领导更换频繁。

不过，英国方面对敬业集团产生了浓厚的兴趣。随后，英国时任商业、能源及工业大臣雷格·克拉克专程来到敬业集团考察，看了敬业的环保治理和现代化管理，非常支持敬业对英钢的收购。“他们参观了敬业后很惊讶，开玩笑说：‘你们不是因为我们来才管理得如此整洁吧！’”李赶坡说。

“我们之前在英国跟雷格·克拉克会面过三次，来敬业集团参观后，他对敬业的经营管理水平很满意，唯一关心的问题是英钢的员工怎么办。”李慧明回忆说。因为看到敬业集团有着高度自动化的生产线，雷格·克拉克担心英钢的就业人数将会减少，就问员工能不能保住。李慧明当时回答：“能够确保 3000 人的就业。”实际上，在最后“接手”时，这一数字达到了 4600 多人。

虽然双方沟通得十分愉快，但因当时英国脱欧形势极不明朗，为确保万无一失，敬业集团还是决定暂时退出收购，先行观望。

不过，在此期间，敬业集团海外投资团队的“功课”并没有停下来，在专业机构的指导下，他们对英钢各项基础资料、历史遗留问题、财税法律制度、用工制度、碳排放指标等信息，依然在不断地关注和学习。

时间到了 2019 年 9 月，李赶坡随一家机构组织的学习团队赴英国游学，既然到了英国，他决定趁机再深入了解一下英国的发展状况和英钢的现实情况。游学期间，李赶坡分别到英国企业管理学会、剑桥大学、英国皇家大学等地学习，此后又专程赶到中国驻英大使馆，与时任驻英大使刘晓明进行了深入交谈。政治局势对于跨国收购，是非常重要的因素。而刘晓明大使的指点，让李赶坡放下了政治因素的顾虑。

通过此次走访和交流，李赶坡了解到，英国首相虽然频繁更换，但经济发展较为稳定，并且英国有着完整的法律体系，也比较讲商业信用。随后，李赶坡又到英钢总部所在地斯肯索普实地查看，他发现英钢具备极佳的地理位置优势：距离码头非常近，还有铁路专用线，厂区周边地广人稀，条件极为优越。

对于脱欧可能带来的关税问题，李赶坡也想明白了：“脱欧这个事没有什么可怕的，因为英国进口钢材多，大概有 800 万吨，出口钢材少，最多 400 万吨。所以如果欧盟设置出口关税，那么相应的，英国进口钢材时欧盟也就不合算了。当时我就对英国工业部相关人士说，脱欧后你们其实不用在钢铁产业上担心，他们听了之后很感谢我的提醒。”

经过综合考察之后，李赶坡当时就认为，不能只盯着难点和劣势不放，而是要通盘考虑。回国后，李赶坡再次召集高管开会，将所见所闻一一道来，并且给出了自己的看法：不要把目光总放在困难上，要往长远考虑，不要仅仅从短期利益上看，而是要从更高维度的战略角度上去看，英钢的自身优势将给敬业集团带来很多无形的价值。

任何事情的价值，往往都不在于它本身，而在于它的影响。之前，调查团队主要考虑的是“算账”的问题，感觉投资比较大，成本有些高，但李赶坡的战略眼光显然点破了问题的本质，敬业集团的高层也都坚定了收购英钢的信心。

显然，任何重大决策，都应该先“钻进去”然后再“跳出来”，从哲学角度看，重大决策更应强调系统性，考虑全局，而不是热衷于局部分析。这就好比当年打赢辽沈战役对于解放全国的战略意义，以及党中央决定攻打锦州，对于整个辽沈战役和东北解放的战略意义。风险当然很大，困难固然很多，但是一旦实现，它的战略意义更大！

一时间，敬业高管团队就像东北野战军一样心中有了底，开始全力执行既定策略。

## 创造世界并购史奇迹：半个月完成尽调、谈判

随即，敬业集团派人去英国工业部，表达了继续收购的意向。而就在敬业集团对这笔交易再度表示兴趣之前，英国政府接管方于 2019 年 8 月，与土耳其军方养老基金旗下子公司阿塔尔控股进行了独家谈判，因此敬业集团的收购提议暂时搁置。

其实，英国政府曾经对阿塔尔控股寄予厚望，后者曾声称将会注入巨额投

资。据媒体报道，当时不少英国政治家、经济学家都认为，土耳其阿塔尔控股公司的投标毫无疑问是“最好的”。

而土耳其阿塔尔控股公司在全面考察了英国钢铁公司的工厂，随即又进行了 10 周的财务信息审查后，他们的投标却停滞了。2019 年 10 月底，英国政府接管方表示，与土耳其阿塔尔控股公司的独家谈判最终未能达成协议，将重启与其他潜在收购者的接洽，其中包括敬业集团。

“通知我们对敬业集团开放数据库，可到英钢尽调。我们的机会来了，英钢和印度资本、土耳其资本都谈判失败了，敬业也有了许多主动权。”李赶坡对笔者描述着当时的情景。

“我们大概等了 20 多天，为什么英钢最后由敬业集团收购了，也是因为之前别人不看好，而很多国内同行都集中到东南亚去发展了。”李慧明笑着说。

李慧明此言不虚，仅从河北省的钢铁企业来看，包括河钢集团、国丰钢铁、德龙钢铁、新武安钢铁集团等都在境外开展了一系列钢铁产能合作，不过都未将目光直接瞄向发达国家的钢铁企业。

2019 年 10 月 23 日，敬业集团再次召开高管会议，研究赴英钢尽调事宜。所谓“尽调”，就是“尽职调查”，又称谨慎性调查，往往是收购者对目标公司的资产和负债情况、经营和财务情况、法律关系以及目标企业所面临的机会与潜在的风险进行的一系列调查。尽职调查的目的是使买方尽可能地发现有关他们要购买的股份或资产的全部情况。从买方的角度来说，尽职调查也就是风险管理。因为并购本身存在着各种各样的风险，买方有必要通过实施尽职调查来补救买卖双方在信息获知上的不平衡、不对称。

而要抹平这些不平衡、不对称，往往需要大量的时间，短则数月，长则半年。比如，英国政府接管方就给了土耳其阿塔尔控股公司 10 周的时间。但留给敬业集团的时间，满打满算，只有 17 天！

彼时，英国大选在即，各党派都在紧锣密鼓地争取选票，而英国钢铁公司破产导致的大量失业威胁很可能会成为竞选活动中的焦点之一，所以英钢的处置是一个敏感的大问题，处置效果如何直接关系到保守党能否继续连任。为此，英国首相鲍里斯·约翰逊在2019年竞选首相时，就特别提到英国钢铁公司的出售情况，并对当地选民作出承诺：“一旦赢下大选，将继续支持英国钢铁公司的出售，直到找到最终买家，力求保住工人们的工作。”

当然，鲍里斯·约翰逊之所以如此关心英国钢铁公司的收购，还有一部分原因是因为英钢总部所在地斯肯索普是支持脱欧的工党票仓，也是他希望重点夺取的选区。在当时英国举国上下被脱欧搞得筋疲力尽的背景下，本来就缺少就业机会的英国北部地区在即将到来的大选中有着极其敏感的地位。

另一方面，英国钢铁公司破产清算以来，一直由英国政府临时接手，每天要花将近100万英镑来维持运营。据媒体透露，英国钢铁公司所带来的财政负担，已经让英国政府花了超过2亿英镑。因此，英国政府希望尽快完成这笔交易，他们要求收购方必须在2019年11月10日前签订并购协议，否则将强行关闭工厂。

留给敬业集团团队的，是迫在眉睫的节点。

时间不等人，敬业集团立即决定，第二天（2019年10月24日）即陆续派出李慧明、曹喜军及钢铁板块各单位一把手组成的70多人的“超强战队”赶赴英国，准备进驻英钢，对原料、设备、生产、环保、营销等进行全方位尽调。

敬业集团当时几乎把所有核心高管和业务骨干都派到了英国，但他们除了尽调任务，集团本部的工作也不能放下，任务之繁重，可想而知。不少高管都已年过六旬，面对如此之高的工作强度，他们也毫无怨言，都拿出了创业阶段的那股拼劲。这些“创业元老”们对于这种急迫任务早已习惯，敬业集团所有的项目几乎都是“赶”出来的，都似乎是非“常人”所为。这一次，只不过地点换到了英国。

其实，那些最艰巨、看似最不可能的工作，恰恰最能锻炼和验证组织的硬实力。而啃硬骨头的最大成果，既不是肉也不是骨头，而是自信于自己有最好的钢牙。自信到能把攻坚当作习惯的组织，就是最强的组织。

为了充分利用时间，加速尽调进程，敬业集团聘请了全球知名的咨询公司麦肯锡、律师事务所年利达、会计事务所普华永道、环保咨询公司伊尔姆协助进行尽调——这一阵容也极为“豪华”，用李赶坡的话说，“是用全球顶端的资源在推进此事”。

不过，这些“外脑”在资产管理上经验丰富，对于炼钢可就不懂了，所以还得敬业集团的团队亲力亲为。

一架白色专机由中国出发，在抵达英国后降落在了位于英格兰北林肯郡的亨伯赛德机场。加上路上的时间，敬业集团团队整体到达英钢，已经是 2019 年 10 月 26 日。根本没有时间去倒时差，时不我待，必须分秒必争。

敬业集团计划收购英国钢铁公司的举动，受到了当地议员以及工会负责人的欢迎。他们希望这笔收购能够成功，从而保住 5000 个直接工作岗位和产业链上约 2 万个就业岗位。到达后，敬业集团的尽调团队第一时间与英国钢铁公司所在地的议员、工会，以及专业服务机构安永会计师事务所等举行了一连串会议。

而敬业集团高管团队的到来，在整个英国都引发了轰动，加上英国钢铁公司也是舆论焦点，英国各大媒体纷纷进行了动态报道。

英国广播公司（BBC）当时报道说：敬业集团董事长李赶坡上周已带领一批高管飞抵英国，考察了英国钢铁公司的厂区，并会见了厂区所在的斯肯索普市的相关议员。议员安德鲁·珀西表示，敬业集团已表态称，“如果此次收购取得进展，他们将全力投资扩大生产，为英国和欧洲市场服务。”

英国《金融时报》在 2019 年 11 月 4 日报道：中国河北的敬业集团令人对英国钢铁公司达成纾困协议再燃希望。整个英国钢铁以及数千个工作岗位可能得到挽救。在提到敬业集团董事长李赶坡一行在斯肯索普钢厂发表的致辞时，斯肯索普联合工会委员会主席保罗·麦克比恩表示：“敬业集团主席同我们进行了会面，并发表了演说。我们员工的职业精神和专业技能给他留下了深刻的印象。”

英国《卫报》则这样报道：多家公司对此项收购表达了兴趣，但敬业集团在众多竞标者中处于领先地位。11 月 4 日，敬业集团高层专程考察了英国钢铁公司在林肯郡的主要厂区，并向英国钢铁公司表态，若收购能取得进展，他们将全力投资扩大生产，并为英国和欧洲市场服务。敬业集团对英国钢铁公司的收购，不仅可以保住当地工人宝贵的工作，更是在挽救当地的经济。

还有英国媒体报道说，此前，潜在买家如走马灯般换了又换，到头来都是竹篮打水。而这口气，似乎能缓一缓了，因为中国敬业集团的出现，当地人又看到了希望。当来自中国的飞机降落在亨伯赛德机场的时候，当地人发现他们并没有花多少时间与破产管理署署长交谈，而是亲自到来到了斯肯索普，实地考察。这一刻开始，一切似乎变得真实起来。

在尽调期间，敬业集团尽调团队人人耗尽心力，与时间赛跑，团队成员基本每天都只睡四五个小时。在英国，尽职调查往往是独立进行的，有点像“盲测”，如果尽调发现了问题，可以提出来商量解决，如果没有发现，则不会主动告知。这就需要敬业团队耳听八方、眼观六路，任何一个细节或者环节出问题，都会“埋雷”，给收购工作带来巨大损失，且后患无穷。因此，需要不断地实地查看，需要无休止地高速思考，需要背负巨大的心理压力。所以，身心俱疲是难免的。

彼时，除了敬业集团，英国印裔富豪桑吉·古普塔掌管的 Liberty Steel 也是有竞争力的竞标者。不过，该公司计划在收购英国钢铁公司后，将其改建成一个规模巨大的钢铁回收中心，同时关掉一半的生产线，裁掉一半的工人，这意味着英钢工厂劳动强度降低并导致雇佣人员减少，显然不是英国政府所乐见的。

与英方会谈期间，李赶坡特别提到了此次收购英国钢铁公司的意图，以及长期战略规划：敬业集团不仅希望增加英国钢铁公司的产量，还承诺会对厂区进行大量投资，升级、改造主要生产设备。此外，敬业集团还确定，英国钢铁公司将主要生产全球钢铁市场的高端产品，因此将会与敬业集团的既有产品形成区隔。更重要的是，由于中国在全球钢铁市场上拥有巨大的影响力，敬业集团还能帮助英国钢铁公司的产品找到利润更丰厚的销售渠道。

优衣库创始人柳井正在对中外管理传媒谈及“企业全球化”问题时，直截了当提出了三个他认为将决定全球化成败的设问命题：第一，我究竟是谁？第二，我的公司相比当地同行有什么差别？第三，我的公司能为当地社会做出什么贡献？

但不少企业在走出去、走进去时，从没有认真思考过这三个问题，特别是第三个问题。甚至考虑的也许正好相反："我的公司能够从当地社会获得什么？"——去美国，我们会想获得当地的税收优惠；去欧洲，我们会想获得当地的技术专利；去东南亚，我们想获得当地的廉价劳力。为此，有人可以分析得头头是道，双目放光，但从没认真思考过：我的到来，对于当地，究竟意味着什么？

柳井正很明确地提出了自己的全球化理念："做企业，不能光想着自己的利润，而必须追求大家共同更好。我在中国发展的最大收获，就是我们与中国伙伴共同走向了繁荣。很多大公司在第三世界都是为了实现成本最低，而我关注的是未来共同的发展。关键是对未来，我们是否有远见。"在柳井正看来："全球化就是本土化，本土化就是全球化。"因为世界永远彼此关联，没有人能独善其身。而李赶坡此次收购英国钢铁公司的意图，以及拟定的长期战略规划，可以说与柳井正不谋而合——换位思考而非"赢者通吃"，利他互惠而非"为我所用"。

彼时，英国当地官员听说李赶坡的想法和规划后都大加赞赏，更加对敬业集团多了几分敬意。蒂斯河谷市市长豪森（Ben Houchen）当时接受媒体采访时说："敬业集团在几周前只是竞标者之一，但现在是收购该业务的领跑者。听到李赶坡董事长谈他对英国钢铁公司的未来计划以及我们可以一起在本地展开的工作计划，真是太好了！"

It's great！李赶坡定下的基调，让敬业集团尽调团队开展工作减少了很多阻力。"李董事长在收购过程当中起决定性作用。"李慧明说。

因为时间紧张，很多事情就不能再按部就班、循序渐进，而敬业团队的工作方式，也让众多"外脑"们大为佩服。

"我们的收购顾问麦肯锡就说，敬业是另辟蹊径地把收购做成功了，因为我们不按章法出牌，他们从来没有经历过这样的事情。"李慧明说，而双方思考问题的方式确实也不太一样，正好形成互补。“我们在做英钢未来的规划，想未来的事情，他们在一项一项落实收购的细节，想当下的事情，所以双方其实没有在一个节拍上，套路不一样。”

当被问及此次收购最大的难点是什么时，李慧明直言：“时间不够用，我们10月26日到，11月10日签合同，前后其实就两个星期，只能连轴转，没日没夜地工作，一边做尽调，一边进行合同谈判。有的时候就谈崩了，价格谈不拢。前后经历过几次拉锯战。”

还需要“拉锯”的，是收购的节奏和方式。

“这个资产包里最优质的资产其实是法国的Hayange钢厂，主要为法国铁路生产铁轨，是当时英钢旗下为数不多盈利的钢厂。不过，当时法国政府方面还在商讨是否出售Hayange钢厂。当时就得考虑是分步实施收购还是一揽子收购，如果一揽子收购，就又不知道什么时候了。所以我们决定分步收购，先申购英国和荷兰的资产，法国的再说。”李慧明说。

事后证明，敬业集团选择的分步收购方式是极为明智的，后来，法国当局认为这家工厂具有战略重要性，没有同意中资企业的收购。

敬业团队还智慧地选择了先谈大方向，小问题可以搁置再谈的策略，节省了大量时间，让一些“争议问题”后置到了交割阶段。

最艰难的自然是价格谈判，双方数次陷入僵持阶段，互不相让。最后为了达到多赢，挽救英钢于生死一线，双方都做了适当的让步，终于初步达成了一致。

时针在一圈一圈地转动，时间在滴答作响，堪称在世界并购史上利用效率最高的15天里，通过“白加黑”“五加二”的连轴运转，敬业集团尽调团队终于与各方达成了初步意向。

如此，敬业团队只用了短短2周，就完成了平时需要半年时间的尽调工作，并顺利完成了艰难的谈判。半个月内完成资产收购的尽调和谈判，这无疑在世界并购史上都创造了纪录，创造了奇迹。

## “双 11”签约：盛赞之下有杂音

2019 年 11 月 11 日前夕，负责协助“破产管理署”处理该收购案的安永特别经理萨姆·伍德沃德开始给媒体透露消息，他在一封给英钢员工的邮件中写道：过去半个月，中国敬业集团一直在加紧展开合规审查，我很愉快地通知各位，交易进展顺利！邮件还透露，中英双方很快就会交换合同、达成交易。

载入史册的时刻终于到来。北京时间 2019 年 11 月 11 日零点，李赶坡一丝不苟地在收购协议上签上了自己的名字，之后眉头轻轻舒展，微微一笑。

根据合约，敬业集团将斥资 7000 万英镑（约 6.2 亿人民币）买下英国钢铁公司，并从英国政府处获得 3 亿英镑的贷款以及其他财政支持。敬业集团计划在未来 10 年投资 12 亿英镑，用于工厂和机械的升级改造，改善新公司的环境绩效，提高能源效率，从而使公司的运营更具竞争力和可持续性。敬业集团承诺，在收购英国钢铁集团之后，会将其生产率提高 10% 以上，即从每年 250 万吨提升至超过 300 万吨，同时还会削减生产成本。

《英国钢铁公司将被中国企业挽救》——英国广播公司（BBC）在第一时间进行了报道，并称收购协议关系着 4000 个英国就业岗位的命运。英国《金融时报》报道说，中国企业将陷入困境的英国钢铁公司解救出来，它打造的新愿景将为这家钢企的员工、供应商及其所在城市带来希望。英国《每日电讯报》报道说，敬业集团完成收购后将扩大产能，关注对英国以及欧盟市场的开拓。法新社当日报道说，敬业集团计划提高生产效率，确保英国钢铁公司“可持续发展的未来”……

敬业集团一夜之间就在海内外各大媒体出了名。“在收购期间，英国先后换了 5 任商务大臣，但即便他们那里如何变化，每一任商务大臣都很支持敬业。英钢所在地斯肯索普历来是工党的地盘，因为英钢收购相当成功，成了保守党的一大政绩，随后保守党占了上风，以压倒性的优势拿下了斯肯索普。”李慧明笑着说。

对于敬业集团的收购，英国钢厂工会表示了热情的欢迎，其发言人说道:“他们不仅仅是在收购英国的钢铁企业，还在拯救我们工人的工作，在中方的帮助下，英国这支富有奉献精神的钢铁工人队伍，终于可以继续存活下去了！”

当然，不能奢望所有媒体都能客观评价，一些“杂音”开始显现。当时，据《环球时报》报道，针对敬业集团收购英国钢铁公司，个别媒体和西方政客像往常一样，炒作中国收购“国家战略资产”的风险，并称这有可能惹恼美国。美国前驻阿塞拜疆大使马修·布里扎撰文称，英国钢铁是“国家战略资产”，因投入中国怀抱而惹恼美国，这种做法对英国来说“在时间和空间上都不合适”。他声称，英国钢铁的救星应该是“可靠的投资者，既高瞻远瞩，有能力管理和实现钢铁行业的现代化，又在世界舞台上拥有竞争力”，但这家中国企业并非如此。英国“ThisisMoney”网站报道，英国保守党议员路易斯曾将敬业集团接手英国钢铁与华为参与英国5G建设做比较，称这样做“虽然危险性不如华为高，但把与国防相关的钢铁产业交给一个政治自由度与我们不同的国家接管，仍然不是人们乐见的”。英国上议院议员阿多尼斯在社交媒体上则称，导致英国钢铁倒闭的关键原因是中国向国际市场输出廉价钢铁。

显然，上述杂音并非主流，大部分海外主流媒体仍将报道的重点放在“挽救4000个就业岗位”上。

正因为有一些“杂音”存在，所以敬业集团与英钢在“双11”初步签约仅一个月后，“杂音”开始演变为谣言。包括英国《镜报》《星期日电讯报》在内的多家媒体报道称，这桩收购交易已经“处于失败的边缘”，甚至用上了《拯救英国钢铁计划岌岌可危，25000名在职员工的恐惧爆发》这样危言耸听的标题。

还有媒体对于交易的进一步推进评论说:“距离敬业集团同意收购英国钢铁公司已经过去1个月的时间，被拉长的战线让人们疑心四起，收购协议是否将会难产？而如果协议泡汤，任何进一步的拖延都将降低英国钢铁公司对其他买家的吸引力。”

本来协议的细化谈判就很伤脑筋，加上部分英国媒体的“火上浇油”，敬业集团的收购团队更加身心俱疲。风口浪尖上，敬业集团对收购进度进行了表态，“仍在按计划进行”。

“继11月10日签署协议之后，敬业集团和相关部门已经在获得达成协议所需要的批准上有了进展，而且我们有信心在新年实现目标。”敬业集团一位发言人告诉英国当地媒体《卫报》，“任何相反的观点都是完全错误的。”

因为事关重大，参与其中的英国各方纷纷接受媒体采访对谣言予以回击。

英国工人工会GMB第一时间回应说，“敬业集团承诺了这笔交易，他们的商业计划足够稳健，能够承受外部压力。政府必须确保这笔交易，如果做不到，就将英国钢铁公司收归国有。”英国政府方面也出面进行了稀释，称虽然维持公司运转需要付出一定代价，但对这桩交易没有“设下严格的最后期限”。

英国钢铁公司所在地斯肯索普自1983年以来的首位保守党议员霍莉·曼比·克罗夫特说，“我是土生土长的斯肯索普人，我的家人在钢铁厂工作，我知道这个产业对当地工人和经济有多重要。我已经在为确保钢铁厂的未来而努力。”

斯肯索普联合工会委员会主席保罗·麦克比恩也站出来辟谣：“我们和敬业集团、英国政府接管人都已经沟通过了，收购仍在进行中，那些新闻都是错误的，他们不会离开，他们充满热情。”

## 引来全球钢铁龙头反思和对标

敬业集团与英钢签订收购协议半个月后，2019年11月25日，全球钢铁龙头企业宝武集团的公众号专门刊发了评论文章《国际化，我们缺的不是能力而是精气神！——从李赶坡收购英国钢铁公司说起》。文章称：“最近，钢铁行业的新闻热点，莫过于中国民营企业家李赶坡旗下的河北敬业集团达成了收购英国钢铁公司的临时协议。看到这个消息，既觉得欣慰，又感到深深的遗憾。欣慰的是，英国钢铁公司是被中国钢企收购的。英国是近代工业的发祥地。凭借钢铁业的发达，英国国力大为增强，19 世纪成就了‘日不落帝国’。新中国成立后，国家就曾提出了钢铁行业要‘超英赶美’的目标。经过多年的努力，中国钢铁业强大了，中国的钢企有能力收购英国的钢厂了。”

“遗憾的是，我们宝武在哪里？作为中国钢铁行业的龙头企业，按理说，中国宝武应该最有条件、最有能力成为海外并购的主角，然而现在却只是成了看客。河北民营企业家李赶坡年届七十，已是古稀之年，但他的敬业集团创办仅 30 年，规模目前已居国内钢企第 18 位，这次并购英国钢铁公司，无论最终能否顺利交割，都已充分体现了民营企业的开拓意识和企业家的敬业精神；而我们说了多年，还没迈出这一步。‘起个大早赶了个晚集’，在国际化方面被别人赶超，是不是值得反思？”

“这样的话，李赶坡赶着上坡，而我们就只能下坡了！因此，我们国际化的落后，根本不是能力的落后，而是精神的落后！意志的落后！”

宝武集团的反思，确实极为认真，也让后来者敬业集团诚惶诚恐。作为全球最大的钢铁企业和央企制造业巨头，宝武在技术、智能制造、环保、品牌打造等多个领域位于行业领先地位，但是放下身段来进行反思，对敬业集团来说，显然是极大的激励和鼓舞，

近一年后，中国宝武集团董事长陈德荣专程带队莅临敬业集团考察交流。“不怕做不到，就怕想不到！”“要学习李赶坡在钢铁行业‘赶坡上山’的这种精神！”2020 年 9 月，陈德荣在敬业集团考察交流完毕后如是说。

考察过程中，陈德荣就相关指标对标等话题与敬业集团进行了热烈交流。他表示，中国宝武从规模上已经成为全球老大，但“老大”要变“强大”，中国宝武提出通过技术引领做强、效益引领做优、规模引领做大。要成为全球钢铁业的引领者，中国宝武在效益、效率等方面需要加大赶超力度，向敬业集团这样的优秀企业学习。近年来中国宝武不断推进联合重组，主要是重组国企，

而敬业集团在民营企业中的联合重组做得非常好，特别是在“一带一路”和国际化领域，走在了前头。中国宝武希望在内部管理和国际化等领域向敬业集团加强学习。

陈德荣表示，敬业集团发展历程中强烈的危机意识、走兼并重组之路都符合中央“化危机为良机”，构建国内循环为主、国内国际互促双循环新格局精神，且做得要更超前。平山县有西柏坡，还有李赶坡，宝武既要学习党的路线方针政策，也要学习李赶坡在钢铁行业赶坡上山的这种精神。

李赶坡当时说，宝武集团是钢铁行业的引领者，是敬业集团景仰、学习的榜样。“第一，央企中最大的制造业企业宝武集团来到民营企业考察，这本身就非常值得敬业集团学习；第二，考察阵容非常强大，可见宝武做事决心之大；另外对标提纲详细，对标财务、销售这些硬碰硬的指标，非常接地气。这次行动非常值得敬业学习，对我们是极大的促进鼓舞。”

在交流活动中，双方就总部和多基地管理模式、收购兼并企业治理方式、产销研人员的激励机制等进行了深入探讨。彼时，李慧明的一席话，讲出了敬业集团并购企业后迅速融合的精髓和奥秘：敬业集团坚持“不断地发展、不断地变革”理念，坚持“打出去、冲上去、永争第一”的创业精神，敬业是真心实意地做实业，不是把收购单位作为盈利工具，而是拿出真金白银规划装备、提升环保，改善厂区环境和员工福利待遇，让员工看到未来的希望。同时，本着相互理解、坦诚沟通的原则，协商解决各类矛盾和冲突。

显然，依然是利他带来了多赢。

## “键盘侠”再次看不懂：名不见经传的敬业集团能行吗？

在一番热闹的舆论过后，又有媒体开始分析，敬业集团为什么要在此时收购英钢？

有业内人士认为，敬业集团收购英国钢铁公司，意在实现产品、市场、技术的互补。首先，两家公司的业务确实是互补的，因此英钢能给敬业集团带来新的产品和新的市场。而更重要的是，改敬业集团的钢铁产品“中国制造”为“英国制造”，应该是敬业集团做出收购决定的真正原因。此前，欧盟采取强硬的反倾销措施，对从中国进口的钢铁征收关税，给欧盟的钢铁制造产业以一定程度的保护，导致中国钢铁产品进入欧洲面临极高门槛。一些欧洲的产业观察者建议，英钢应该允许敬业集团将中国的原钢出口至英国，将它加工成更高价值的产品，然后注上“英国制造”或者“法国制造”的标识。

与此同时，英钢擅长制造钢轨、型材等产品，有着全球最大螺纹钢生产基地的敬业集团不但丰富了产品线，提高了产品的品质和附加值，还将获得相应的技术能力。英钢其实有一个非常不错的底子，表面上看英钢成立于 1967 年，但其前身的 14 家英国钢铁企业很多成立于 19 世纪，至今有超过一百年的冶金技术。在重视专利与技术研发的欧洲，这样一家有着百多年悠久历史的钢铁公司，也储备了数量惊人的专利技术，这对于敬业集团来说，当然是一笔不菲的无形资产。

也有分析认为，从商业的角度，英国钢铁近年来饱受各种因素的困扰，市场价格已近谷底，给破产收购的收购方提供了很好的报价地位。从英国钢铁近年来的生产经营状况以及之前的交易状况分析，敬业集团在收购谈判的博弈中应该处于有利的位置。敬业集团将首期支付 7000 万英镑。然后，在十年内出资 12 亿英镑，用于更新设施和机器，改善环境保护，提升能耗效率，确保被收购方长期稳定发展。从收购交易整体分析，这是一个不错的报价。

不过，敬业集团收购背后的逻辑，再次体现出了“危机中有良机”的特点，个别媒体因不理解而产生了质疑。有海外媒体说，在其他全球知名的有兴趣的公司都无法确定能够拯救英国钢铁公司的情况下，事前毫不知名的中国敬业集团为什么认为自己能够成功？而国内也有不明就里的媒体以《25000 个英国人的饭碗要保住，敬业这步棋赌对了吗？》做了报道，文中称，作为一个命运几度垂危的钢企，英国人自身都最终未能挽救这家公司，中国企业接收了之后，能否令它起死回生？

由于敬业集团做事低调，很少接受媒体采访，加上彼时所有团队成员依然忙碌着与英钢方面落实协议，根本没有时间去发声，所以一些媒体、自媒体自行揣测，继续抱着看热闹的心态，做出一些“键盘侠”式的评论。

“得知来自中国的敬业集团要收购英钢时，国际舆论一片哗然，有鼓励、有担心、有嘲讽，但更多的是质疑：世界第一的钢铁公司塔塔在 2007 年以 36 亿英镑收购英钢，至 2016 年以 1 英镑出售，在此期间英钢一直亏损。英国知名投资公司格雷布尔资本接手英钢，经营三年依旧亏损严重，到了无法挽救，只能破产出售的地步。中国这个名不见经传的敬业集团能行吗？”李赶坡说，这是对中国钢铁企业管理能力的挑战，是对敬业能否实现实体国际化的考验。

当时，一些不解和质疑，无非集中在三个方面。

第一，英国钢铁市场有限——“英国举国上下在脱欧问题上反反复复，弄得人心惶惶，脱欧正在拖垮英国，经济 7 年来首次负增长，彻底了断更是难上加难。更为严峻的是，英国及其周边市场的钢铁需求已十分疲软。当下，英国这个老牌工业国家发展已经到头了，需求没有增量，只有波动，上下起伏。加之英国经济在全球影响力相对有限，一旦脱欧，更失去欧盟市场保护，直接影响该国钢铁的竞争力。”

彼时，兰格钢铁相关业内人士的观点，间接回应了这一误读：敬业集团收购英钢，应该是其基于提升国际竞争力的一个突围方向。按照英国钢铁公司官网披露的消息，敬业入主之后，还将重新确立新的产品和市场，这意味着敬业集团未来将对英钢的业务体系进行重新梳理和改造。敬业集团收购后，面临将英国钢铁从破产状态调整为正常经营，需要将原有企业的经营问题找出来，管理、技术、设备等方面进行升级优化，同时注入资金盘活企业的现金流，确保企业生产经营走上正常轨道。尽管欧洲目前因为经济下行压力加大，钢铁需求低迷，但欧洲各国基础设施建设方面仍存在很大的投资机会，特别是“一带一路”的建设，未来将构建一条横贯东西、连接南北的欧亚海陆立体交通大通道，欧洲地区的基础设施建设将带动钢铁需求的释放，足以支撑重组后英钢的成长。

事实上，根据英国政府发布的 2020 年预算文件，英国计划在 2025 年之前为英国的公路、铁路、通讯、学校、医院和电网提供 6400 亿英镑的总资本投资，以弥补基础设施部门的投资不足。有分析说，英国这项基础设施投资计划，是 1955 年以来金额最高的。在政府承诺采购更多当地生产的钢材产品的情况下，新的预算显然将使英国钢铁生产商受益，英国钢铁公司自然也在其中。

第二，英国工会难对付，人力成本高——“不可小觑英国公司工会的法律地位，海外市场的工会力量强大，能直接左右收购的关键条款。事实上，英国和欧盟收购钢厂，除去高昂的固定资产投资之外，第一难题很可能就是沉重的雇员负担，而新买家的‘第一敌手’可能就是工会。5000 名钢铁工人，以及供应链中至少 2 万多名工人的就业和收入保障，将是敬业集团必须面对的现实问题。习惯享受高福利待遇的欧洲企业员工，稍不如意，则通过工会的力量组织罢工。”

第三，中英企业文化难磨合——“收购容易磨合难，收购一家欧洲企业，其企业文化与中国迥异，甚至有许多碰撞的地方。欧洲工人，八小时多一分钟也不会多干。更主要的，是市场理念、企业管理、经营作风、用人观念等，中英都有很大的差别。敬业集团可能会遇到企业文化方面的诸多麻烦，一时半会难以磨合，甚至会因两种文化的碰撞而产生副作用，影响公司的决策和市场机遇。”

2020 年 10 月，李赶坡在参加某论坛时发表了对外演讲，似乎对一些媒体的上述疑问做了侧面的回应。他谈及了英钢收购过程中遇到三大困难：第一，英国闹得沸沸扬扬的脱欧，为收购英钢带来极大不确定性。第二，英国工会实力强大，更倾向于员工利益，有了分歧谈不妥怎么办？第三，东西方文化及思维方式有巨大差异。同时，李赶坡比谁都清楚，这三大困难，任何一项解决不好都会全军覆没。

但在执行力极强的敬业团队看来，表面看似很大的困难，仔细解剖、分析后其实都有突破口。

李赶坡说：“敬业集团对面临的三大问题，通过各种渠道进行了认真的调研和分析。英国即使脱欧，欧盟也不会给英国钢材出口设关税壁垒，因为英国进口钢材大于出口；我们通过接触工会感受到，工会不是只片面考虑工人眼前利益，同时也考虑企业的生存和发展，目的也是为了安排更多的就业岗位——这就有了共同点，可以谈；至于东西方文化差异则需要双方加强沟通，互相包容，逐步融合。实践证明当初的分析是正确的，三大问题解决得很好！”

李赶坡继续谈道，敬业集团收购英钢有很大的收获：一是开阔了敬业团队的视野，对全球钢铁形势看得更透，有利于更好决策。无论做什么行业，必须站到行业最顶端去观察，才能掌握大势。二是实现了优势互补。敬业集团的产品是螺纹钢、中厚板、热卷板，英钢的产品是钢轨、汽车件用钢、高品质大规格H型钢，都是敬业没有的产品。三是学习了英国人制造产品精益求精、追求品质的精神，这种精神正是中国温饱解决后，产业转型升级、产品更新换代的需要。

“目前英国钢厂在生产的同时，正在进行全方位的设备大检修。敬业80人的团队正在和当地英钢人一起努力恢复正常生产，争取早日重振英钢雄风！”李赶坡当时掷地有声地说。

“键盘侠”好当，遍地都是，“实干家”难做，没有几个，有媒体还称敬业集团收购英钢是“逆势而为”，那是因为他们不知道敬业集团就是在“逆势”中发展起来的。敬业集团驻英钢的团队成员们顾不得这些闲言碎语——就像面对当年建化工厂时背后的流言蜚语一样，心无旁骛做好工作，做出成绩，就是最有力的回应！

## 告全体英钢人：救命要紧，救命要紧！

虽然签署了协议，但完成最后的交割还需要达到多个附加条件，比如收购还须经英国监管机构批准和某些员工咨询程序，包括在出售完成前与该公司工会代表和员工接洽。这都并非易事。而根据协议条款，如果这些条件在交割前未完成，双方均有终止交易的权利。所以，尽快落实各项细节，完成交割继而使英钢迅速走上正轨，是驻英团队们眼前的另一座大山。

事实上，李赶坡已经带领团队制定好了改造英钢的策略，针对英钢的关键症结，他们早已进行了“把脉”。就在签订收购协议的第二天，2019 年 11 月 12 日，李赶坡就向全体英钢员工发出了《告全体英钢人书》，显然，这是给所有英钢员工看的。

李赶坡在信中的措辞，依然有不成功便成仁的意味：“接手英钢敬业责任如山，只许成功不许失败。建好英钢尚需大家努力，提高产量降低成本夺回市场，先保命后发展。最最要紧的是吨钢成本降 100 英镑，让客户接受英钢产品占领市场，这是唯一的一条生路。”

接下来，李赶坡分析了敬业集团此次收购英钢的目的：“我们看准的是英钢高素质、高技术的优秀工人，是英钢高品质的产品和高端客户群体，是英钢成熟的管理团队，这些都是宝贵的财产。敬业要利用这些优势通过各项改造把英钢做强做大，而绝不会把企业卖掉。以我的价值观这样的宝贝谁也买不起，叫金不换。现在我们被捆在一起，企业搞不好，你们可以跳槽，而我投了巨资企业搞不好，就只有跳楼了。”李赶坡用了一句看似玩笑实则真理的话，表明了他和所有英钢员工都同处一个战壕里，并且他毫无退路。

李赶坡又用一段有理有据的文字，点破了英钢亏损的症结所在，这也从侧面印证了敬业团队所做的功课之深，所下的功夫之久：“目前英钢面临的最严重问题是什么？英钢的市场被别人一块一块吃掉，丢了市场英钢就丢了命。英钢本部的型钢最高年产 60 多万吨，目前年产只有 34 万吨，市场份额原占英国 60% 多，目前只剩 38.6%。英钢的钢轨最高时占英国市场 98%，目前降到 79%，英钢法国工厂原占法国钢轨市场 89%，目前降到 69%。西班牙、德国的钢轨已侵占了英钢的市场。为什么会是这样？英钢钢材价格高，客户不接受，拿不到订单。成本高—订单少—产量低—成本更高—产量更少—工厂关门。所以英钢是命悬一线，救命要紧，救命要紧！”

连续两个“救命要紧”，可见李赶坡心情之急迫，随后，他画龙点睛，指出了英钢扭亏为盈的关键：谁救英钢？如何救英钢？世界上没有救世主，只有英钢人自救，自己是自己的救世主。救英钢只有一个办法，把成本降下来，使客户接受英钢产品。目前英钢卖一吨产品亏85英镑，还拿不到订单。所以英钢必须吨钢降100英镑才能拿到订单，重新夺回被别人占领的市场，并且扩大自己的市场。

改变了认知，统一了意识之后，李赶坡给出了具体措施，并且在后面用了省略号，显然意味着措施远非仅此而已：①必须提高产量。只有提高产量才能降低成本。②和供应商要成本。各路供应商降一些成本让英钢活下来，英钢产量高了，他们才有钱赚。③从生产全流程要成本，减去一切浪费。④从运输物流、内部搬倒降成本。⑤减少一切非生产性开支……

同时，李赶坡还制订了英钢未来的几项工作原则。投资原则：不花钱要办事，花少钱办大事，投资前算回报，得不偿失不投资；生产销售原则：满产满销，以销售促生产，以生产促销售，特种钢靠订单生产，普通材以低成本取胜；经营原则：采购原料合理库存，中间产品零库存，产成品满足客户无库存；服务原则：采购服务生产，上游服务下游，后勤职能部室服务生产，全员服务客户。

可以说，敬业集团就是把英钢存在的问题，结合自己在国内已然成熟的做法，有的放矢地进行了改造。比如，采购原料方面，敬业集团一直要求任何原料和半成品，绝对不允许积压3个月以上，并且只能购买一个月所需的量，不能一次购买太多占用资金。而英钢的原料堆积十分严重，如果加以改进马上就能见到成效。

“企业管理别无他法，制定措施，把措施落地。全体英钢人共同努力，吨钢降低成本100英镑，争取客户，开拓市场，先保命后发展，做大做强英钢。”李赶坡最后总结道。

# 饮食关和语言关

笔者注意到，李赶坡对于英钢的关注点细致入微，他觉得复制经验和做法到英钢，应该是灵活的增减，而不是生硬的照搬。甚至连《敬业之歌》的歌词，他都注意到了。“《敬业之歌》中唱到‘脚踏着一方贫瘠的土地’，这个歌词在敬业本部适用，但是在英钢是不适用的。”

另一个细致的关注点，则在饮食上。

国人出国，待得久了，最难受的不是承受“思乡之情”的大脑，而是人体的另一个“大脑”——肠胃。当年，万科创始人王石在英国剑桥大学游学，直言“中国人顽固的不是头脑，而是我们的胃，基本上出国的人三天不吃中餐就抓耳挠腮。”

这个问题，也成为当时敬业集团收购团队生活中最大的难题，时间一长，大家对当地的饮食非常不习惯。他们试过很多办法，去斯肯索普中国人出租的房屋里自己做饭吃，但发现虽然厨房很大，厨具却很小，当地也根本买不到大锅，一口直径十几公分的小锅，熬一锅粥仅够两三个人吃。李慧明也经常带着大家去当地中餐馆“改善”，但发现不但不地道，而且一碗面条就折合人民币80多元，实在性价比太低。

身在国内的李赶坡，每天一个电话询问收购团队的工作进展和生活情况，当得知大家吃饭成了大问题后，他立即采取了“行动”：几天之后，李赶坡也来到了英国，带来了4口国内市面上能买到的最大直径的锅，还带了50斤挂面、50斤小米、200个馒头和20斤咸菜。即便不是什么山珍海味，但能在千里之外的英国品尝到家乡味道，团队成员们觉得真是幸福无比。

而这显然也是“治标不治本”，李赶坡随后要求敬业集团办公室立即派一名专业厨师、一名后勤人员飞赴英钢，并要求：远在异国他乡，一定要解决好大家的吃饭问题，必须科学制定每周食谱，日日不重样。

如此，“中国胃”的问题终于解决了。而下一步，是更难的语言问题。

敬业集团派驻英钢的管理运营团队有 80 余人，除了李慧明和个别有国际销售经验的同事外，其余人员的英语水平根本达不到与外国人交流的程度。虽说翻译随时都在身边，但因为书面文件及现场沟通时会涉及到很多陌生的钢铁行业专业术语，翻译有时也不太明白，因此常常在翻译过程中丢失很多关键信息，不能很好地传达双方所表达的意思，导致误解——这已影响到了工作的进一步开展。有一次，敬业集团生产系统一位员工同英钢同事沟通某个细节，连比划带猜，也用上了翻译软件，但一个上午仅仅沟通了两个问题，还没完全说明白——因语言而导致的工作效率低下，显然不能再等闲视之。而沟通问题，正是不少“看空者”眼中敬业集团将难以逾越的障碍。真的没办法解决吗？

对于敬业集团员工来说，最不缺的就是执行力。收购团队的平均年龄也只有二十八九岁，学习正当时，为了尽快克服语言难关，他们抓紧一切机会，通过各种途径疯狂学习英语。每个团队成员都下载了专门的学习软件，利用一切时间与英钢员工沟通，闲暇时就在大街上与陌生人聊天，同时互相请教、取长补短。在“恶补”的情况下，有的人说梦话甚至用的都是英语。两个月后，所有团队成员的英语水平都有了不小的进步。

2019 年 12 月 27 日，敬业集团召开“驻英钢收购团队答谢晚宴”，为了展示，也为了检验，每位收购团队成员依次用英语发言，秀出了近两个月的学习成果。负责英钢物流事务的霍国伟发言说，初到英国时，用 APP 测试单词量最多有 1000 个，两个月后再次测试，竟然达到了 5000 多个。当时，年近 70 岁的敬业集团副总卢增元，也在庆功宴上用英语向大家表达了问候。为了彻底跨过语言鸿沟，敬业集团还设置了“目标导向”，规定 6 个月后不再配备专职翻译，所有沟通工作全凭自己完成，以此倒逼收购团队成员在实践中反复练习英语。

## 砍下 1700 万镑！

相对于普通的收购，破产收购涉及方方面面的谈判。因此，敬业集团与英方在签订协议前搁置的一些问题，需要逐一开始破解。

谈及交割前期的谈判难点时，李慧明说，“收购过程中我们面临着很多挑战，比如中西方文化的差异、理念的不同，协调不同厂区的调研工作等。”而在双方进一步细化谈判过程中，敬业集团收购团队也充分利用了谈判智慧，据理力争，为自己赢得未来的增长空间。

英方在谈判时使用的是“计划价格”，所谓“计划价格”，就是一个货物的价格是标准的、固定的，比如铁矿石的“计划价格”定的是每吨 100 英镑，但其实市场价每天都是波动的——这显然不合理。

“完成收购的时候，铁矿石的价格都降到了每吨 87 英镑，100 万吨铁矿就相差 1300 万英镑。最后一计算，所有的货物标准价和市场价中间有 8000 万英镑的差距。我们坚持要按市场价来谈，因为在收购过程当中，这是在库存保管过程中发生的减值。”李慧明回忆说。

同时，敬业集团在推进收购法国 Hayange 钢厂时遇到困难。此前，李赶坡专程赶赴 Hayange 钢厂，并对钢厂员工发表了热情洋溢的讲话，“敬业钢铁是做实体经济的，发展的方向是做大做强实体企业。收购 Hayange 钢厂的目的是要进行设备改造、技术改革，并加强管理，使企业发展得更好、更健康，而绝不是收购后等待机会卖出去……让我们共同努力，使火车在我们建造的钢轨上跑得更稳更快！”

但法国当局的一意孤行，让敬业集团拿下 Hayange 钢厂变得极为渺茫。

值得一提的是，笔者采访时，李赶坡的办公桌上放了一本《胜利的幕后：一位记者眼中的法国总统马克龙》。“不光我看，我让每位副总都得看这本书，搞国际化，我们得搞明白欧洲人是怎么想的。”李赶坡说。

当时，就法国 Hayange 钢厂及“计划价格”等复杂因素，双方进行了二次谈判，敬业集团方面要求，收购价格必须下调 2300 万英镑，英方谈判代表显然没有心理准备，当时情绪激动地跳了起来。

但敬业团队很强硬，双方一时没有谈拢。随后，敬业团队的所有人没有再去英钢的工厂，并做好了返航的“准备”。对方得知了敬业团队订机票的消息，摸不清真假，立马就着急了，主动找敬业团队再次谈判。

随后，敬业团队让麦肯锡相关负责人和英方去沟通。几轮交锋后，敬业团队做了适当让步，下调 2300 万英镑变为了下调 1700 万英镑，所以最终收购价格定在了 5300 万英镑。

尽调是为了消除不对称，而谈判就是为了利益最大化，这一博弈过程，需要智慧，需要毅力，也需要恰到好处的强硬。

此外，谈判还涉及英钢旗下的多个港口，有的港口其他公司有优先收购权，就被“抢”走了，有的则因无限期长期租赁，需要重新拿回租赁权。

而英钢的不少供应商此时也趁机坐地涨价，给谈判带来困难。“没有办法，就是受制于人，当时最大的问题就是和 13 个具有垄断性质的供应商逐一进行合同谈判，而且必须得谈下来，必须争取到最理想的结果。”李慧明说。

另一方面，收购团队与英钢工会沟通得极为顺畅。英钢工会的确像李赶坡在某论坛上总结的那样，并非只盯眼前利益，也并非总是站在管理方的对立面，动之以情晓之以理，他们也是会换位思考的，双方也总能找到一个平衡点，去推进工作。“在英国，敬业其实是很受优待的。我和英国工会主席在伦敦进行了交流，对方先问我们到底能保住多少就业岗位，然后就义无反顾地帮助我们做工作。客户层面，英国铁路公司是英钢最大的客户，他们就发声明，支持敬业收购。随后，93% 的英钢员工接受了我们发的聘书，所以说算是皆大圆满，处处多赢。”李慧明告诉笔者。

就这样，经过漫长的 4 个月的细化谈判，双方终于把各个事项都理顺捋清了，正式交割的时机已经到来。

## 正式交割:“惊涛骇浪方显水手本色”

英国当地时间2020年3月9日15时，敬业集团收购英国钢铁公司交割仪式，在英国斯肯索普英钢会议中心举行。参加本次交割仪式的有时任中国驻英国大使刘晓明，英国商务、能源和产业战略大臣夏尔马、敬业集团董事长李赶坡（远程视频）、英国议会下院议员霍莉·芒比—克罗夫特，英钢破产管理人、工会、本地政府代表，英钢全体高管团队及员工代表，敬业集团英钢收购团队，媒体代表等。

敬业集团总经理李慧明全程用英文宣布，敬业集团如期完成了对英国钢铁公司的收购。这标志着敬业集团正式成为英国钢铁公司资产的所有者和运营方，同时，敬业集团自此成为跨国企业。

此次交割的是英国钢铁公司在英国与荷兰的资产，包括斯肯索普钢铁厂、提赛德钢梁轧机厂和斯金宁格罗夫钢铁厂，以及英国钢铁公司旗下的FN钢铁厂和TSP工程公司。

李慧明表示，敬业集团的主要产品有螺纹钢、中板、卷板、圆钢等，收购英国钢铁公司正好弥补了钢轨、型材产品的缺失，使钢材种类更加全面。敬业集团将保证英国钢铁公司约3200个工作岗位，并在未来十年对英国钢铁公司注资12亿英镑，用于提升英国钢铁公司的竞争力和可持续发展能力，并将对工厂进行现代化改造，提升能源效率和环保成效，以推进英钢转型发展。

具体来说，敬业集团计划在提赛德钢梁轧机厂安装一个电弧炉，在斯肯索普钢铁厂建设一个效率更高的新发电厂，同时新建一条螺纹钢生产线并优化铁路轧机。

在谈到收购历程时，李慧明说:“自从2019年11月我们首次宣布我们的计划以来，这段旅程并不轻松，但我在斯肯索普待的时间越长，我就越相信钢铁厂的成功未来以及那些让它闻名于世的员工。通过共同努力，我们可以建立一种新的伙伴关系，这将标志着英国钢铁制造历史上一个光辉新篇章的开始。”

李慧明在致辞中表示，本次收购受到了英国商务大臣的大力支持，英国首相约翰逊的幕僚长多次接见，此次成功交割也是英钢破产管理人安永会计师事务所、麦肯锡管理咨询公司、普华永道会计师事务所、伊尔姆环境资源管理咨询公司共同努力的结果。中英双方团队为收购成功付出了巨大的心血，在此表示诚挚感谢。

同时，李慧明阐释了此次收购的多赢性：本次收购对于敬业集团来说受益匪浅。敬业集团主要产品以螺纹钢、中板、卷板、圆钢为主，完成收购后，依托英国钢铁公司的优势产品和先进技术，可以弥补钢轨、型材等产品的缺失，进一步完善产品结构，提升企业科技研发水平，为提升企业核心竞争力、拓展海外市场注入新动力。这是敬业集团走向国际化、在 22 个国家设有办事处以后迈出的收购实体经济的重要步伐，也是敬业集团落实“做全球钢材和金属制品的供应服务商”的关键一步。本次交割对于英钢来说，同样意义非凡。敬业集团成功收购，挽救了英钢 3200 多个工作岗位，未来 10 年内将投资 12 亿英镑对厂内设备进行升级改造，使原有古老的设备焕发活力，提升英国钢铁的竞争力和可持续发展能力。对英国来说，英国脱欧过程中大量投资商撤离，但敬业集团却看中英国脱欧以后光明的前途。敬业集团的到来，不仅会带来更多的资金、就业机会，还会带动英国本地经济的复苏，深度合作也有利于加深中英之间的交流。

做全球钢材和金属制品的供应服务商——这是敬业集团早在 2016 年就提出的国际化战略，其中包含两个含义，一是利用全球的资源为客户服务，二是为集团国际化战略提供各种信息和商机。

李慧明对英钢的未来充满信心，“这些钢铁厂员工曾让企业闻名世界。我在这些钢铁厂待的时间越长，就越相信这些钢铁厂及其员工将拥有成功的未来”。

由于正值新冠肺炎疫情暴发期，北京时间 3 月 9 日晚 11 点，李赶坡带领集团高管在敬业集团总部通过视频远程参加了此次交割仪式，他坦言，“这一刻的到来，使我感到肩上的担子突然重了许多，因为从此刻开始，敬业集团与英钢结为命运共同体。敬业要担负起和英钢人共同努力工作，从而使英钢走出低谷，走向正常经营发展的使命。”

“自进入斯肯索普这块具有工业历史的土地后，我便喜欢上了英国钢厂和英钢的干部员工。在国际经济热衷于金融领域、过度追捧互联网的年代，英钢人保持定力，坚守自己的岗位，为英国的经济建设默默地奉献自己，生产出市场需要的各种钢材，他们的精神是高尚的。”李赶坡深情地说，“当我看到英钢的高炉，仿佛看到300年前英国人主导的轰轰烈烈的第一次工业革命；当我看到英钢生产的钢轨，仿佛看到英国特里维西克发明的第一列火车在徐徐行驶……”

李赶坡再次着重强调，敬业收购英钢的目的是发展英钢，而不是卖出去。敬业是搞实体经济的，不是搞资本运作的，敬业收购英钢不是经过包装后等待时机卖出去，而是要通过适当投资、精细管理，把英钢做大做强。同时，敬业集团有能力管理好英钢。敬业本部有1500万吨钢铁生产能力，有丰富的实体经济管理经验，敬业有能力和英钢人一起把英钢管理好，使英钢发展壮大。

“英钢要及早扭亏为盈，走出低谷。敬业和英钢合作，通过东西方文化融合，要在短期内使英钢产生利润。只有产生利润，英钢才能持续发展，才能强大自己，才能立于不败之地！英钢有光荣的历史，有先进的技术，有高素质的工人，有高水平的管理团队，敬业人和英钢人组成的新英钢团队，一定能使英钢焕发青春，重振英钢雄风！”即便已年逾七十，李赶坡的语气中依然充满了斗志。

“收购英国钢铁公司，成为敬业国际化的重要里程碑，加快了企业国际化的步伐。”李赶坡还说，以此次收购为契机，敬业集团将不断提升企业在技术研发、产品销售等方面的能力，增强企业整体实力，努力打造全国龙头、世界一流的钢铁企业。

时任中国驻英大使刘晓明参加了此次交割仪式，并发表了题为《共坚信心，共克时艰，共赢发展》的讲话。当刘晓明大使得知中外管理传媒正在为敬业集团撰写此书时，立即传来了当时的发言稿WORD版，足见刘晓明大使对于此次收购的重视，对于此次交割仪式印象之深刻。

刘晓明大使当时发言说：

很高兴来到享有“工业花园城”美誉的斯肯索普市，出席中国河北敬业集团收购英国钢铁公司交割仪式。这项收购历时近一年，终于水到渠成、瓜熟蒂落，为中英关系“黄金时代”喜添“黄金成果”！我谨向敬业集团和英钢公司表示热烈祝贺！向为此付出辛勤与汗水的中英各界人士表示衷心感谢！

在当前中英两国人民共抗疫情、共克时艰的关键时刻，这个项目的交割尤显珍贵、尤为难得。我认为，这份沉甸甸的“黄金成果”彰显了“三个坚定信心”：

一是对中英关系“黄金时代”行稳致远的坚定信心。这次收购为中英关系和“一带一路”合作注入了新动力。

二是对中英互利共赢、共同发展的坚定信心。2020年是中英双方发展进程中的重要一年。中国将全面建成小康社会，彻底消除绝对贫困，实现第一个百年奋斗目标，英国已正式脱欧并积极打造“全球化英国”。在此过程中，中英两国发展战略契合，经贸合作互补性强，合作前景十分广阔。中英可进一步深化在贸易投资、基础设施、绿色金融、公共卫生等领域合作，挖掘人工智能、金融科技等领域合作新潜力。本次收购不仅保留3200个本地工作岗位，推动英国钢铁公司转型升级，促进英国钢铁工业高质量发展，更是对“后脱欧时代”中英互利合作投下的“信任票”。我希望并相信，在双方共同努力下，该项目一定能打造成中英优势互补、互利共赢、共同发展的典范。

三是对中英同舟共济、共克时艰的坚定信心。病毒没有国界，需要全球共同应对，需要各国同舟共济、共克时艰，共同构建人类命运共同体。越是面对困难和挑战，越要坚持以开放促合作、以合作促发展。这次成功收购，充分体现了人类命运共同体意识，也生动诠释了开放合作、开放创新、开放共享的时代潮流。我期待，这一项目既能为中英携手合作、共迎挑战提供重要助力，也能为构建开放型世界经济提供更多信心。

中国有句古语：“疾风知劲草，板荡识诚臣。”英国也有句谚语：“惊涛骇浪方显水手本色”。我衷心祝愿敬业集团与英钢公司合作愉快、相携共进、共赢发展。祝愿中英双方以此次收购为新起点，继续加强互利合作，打造更多精品项目，为中英关系“黄金时代”新的十年再出发谱写更加辉煌的篇章！

显然，刘晓明大使引用的两句谚语，是在激励敬业集团直面困难和挑战，勇于突破，共赢发展。

随后，刘晓明大使接受了中国国际电视台（CGTN）的采访，他表示，敬业集团成功收购英国钢铁公司彰显了四方面重要意义：第一，这是中英“黄金时代”的“黄金成果”。本次收购为中英关系“黄金时代”五周年贡献了新的“黄金成果”。第二，“黄金成果”凝聚了比黄金更宝贵的坚定信心。“黄金成果”孕育于中英合作的广阔天地，成熟于两国人民共同战“疫”之际，凝聚了两国人民携手同心、共克时艰的信心。这一成果体现出中国经济的强劲韧性，也为“后脱欧时代”中英互利合作投下一张“信任票”。第三，对中英地区发展与地方合作具有重要推动作用。我们重视中英地区合作，英钢所在地位于英国中部地区——北林肯郡的斯肯索普。本次收购有利于推进英国钢铁公司的转型发展，与英国“中部引擎”战略高度契合，将为中英地方合作发挥引领和示范作用。第四，为中英未来合作带来更多机遇。此次收购保留了本地 3200 个工作岗位，敬业集团更承诺未来 10 年投入 12 亿英镑，推动英国钢铁公司转型升级，促进英国钢铁工业高质量发展。相信在双方共同努力下，该项目一定能打造成中英优势互补、互利共赢、共同发展的典范，为中英未来合作带来更多机遇。

刘晓明大使当时说，“代表斯肯索普选区的英国议会议员芒比－克罗夫特告诉我，她的父亲和祖父两代都曾在英钢工作，这说明当地民众对该公司有很深的情感。作为扎根斯肯索普多年的企业，英钢承载着当地民众的情感寄托，具有重要的象征意义与文化意涵。”最后，刘晓明大使提出两点“希望”：“希望中英管理层能跨越语言障碍，架起心灵沟通的桥梁；同时希望敬业集团履行好社会责任，与当地民众加强沟通交流，增进彼此信任与了解”，同时，他表达了自己的祝福："我衷心祝愿英钢拥有光明的未来。我相信，伴随着英钢的蓬勃发展，斯肯索普这个有着辉煌历史的城市将为越来越多的中国人所熟悉，中英两国人民之间的友谊与合作将迈上一个新台阶。"

英国商务大臣夏尔马在发言中指出，这次交割顺利完成是敬业集团对英国经济的巨大信任，也是对英国钢铁的巨大信任。此次收购保留了数千个本地工作岗位，对于那些以工业钢铁生产为生计的地区来说，这也标志着一个新时代的开始。同时，此次收购标志中英两国企业合作持续深入发展，为中英两国"黄金时代"书写了新的篇章。

英钢时任CEO罗恩·戴仑说道："今天对英国钢铁来说是历史的一刻，我们会抓住敬业集团给我们带来的巨大机遇，延续英国钢铁150年的传统，进一步提升英国钢铁作为世界级钢铁制造商的地位。"

收购完成后，英钢也在第一时间确认了这笔交易已顺利交割，并在官网配上了敬业集团总经理兼英国钢铁公司新任董事长李慧明的照片。

在世人惊叹的目光中，持续4个多月的跨洋收购，终于落下帷幕。一个代表英国工业往昔荣耀的欧洲老牌钢铁企业，就这样投入了中国民营钢铁新秀的怀抱。这一消息迅速传回国内，《中国日报》的官方视频号将李慧明用英文致辞的精彩片段剪辑成短视频，传遍了中国的财经界和钢铁圈。

## 员工"想不到"，外界"没想到"

在全球经济低迷时刻，一家中国企业成功收购了一家英国的百年企业，这条火爆消息迅速"出圈"，海内外媒体竞相报道，敬业集团再次成为万众瞩目的舆论焦点。用李赶坡的话说，就是"敬业是低调收购，结果暴得满世界都是新闻"。

甚至，还有海外媒体分析了敬业集团是如何"算账"的："对于这家中国公司来说，现在是一个在英国市场上站稳脚跟的良机，因为收购价格相对较低。中国敬业集团计划投资12亿英镑用于升级生产和基础设施，包括建设一座新的炼钢电弧炉和更现代更高效的发电厂，启动一条建筑配件的生产线。英国政府也表示欢迎，将对钢铁行业提供优惠。据报道，英国提供的电费优惠总额有可能达到3亿英镑，而国家基础设施项目的钢管订单未来10年内将达到5亿英镑。”

彼时，面对媒体关于“走出去收购对企业来说是否有风险”的提问，刚刚上任的英钢总裁曹喜军说，“英钢在生产装备上投入比较少，是一个短板，其他方面没有太大问题。敬业集团将对厂内设备进行升级改造，使原有古老的设备焕发活力，提升英国钢铁的竞争力和可持续发展能力。”经过数月的深入接触，曹喜军也看到了西方钢铁企业的优势，“英钢有很强的计划性，重视生产规则和安全。接下来，我们将与英钢团队在文化理念上做进一步的沟通融合，达到强强联合。”

将近20年前，曹喜军带队在承钢学习时，估计怎么也不会想到，自己有一天会在英国长期驻扎，指导、管理老牌工业国家的钢铁公司。而敬业集团的迅速发展，就是经常让内部员工这么“想不到”，让外界“没想到”。

国内多家党报当时报道说，敬业集团并购英钢具有重大战略意义和现实意义。此举开拓了本土钢铁产品在欧洲的销售市场，提升了中国企业在全球价值链、产业链、物流链的地位。同时，敬业集团收购英钢可实现产品、市场、技术互补，双方各取所需，优势互补，未来可期。这是积极响应国家“一带一路”倡议、开展国际产能合作的重要成果，是推动自身高质量发展和国际化战略迈出的重要步伐，向世界钢铁行业展现了中国钢铁的影响力和竞争力，为中英关系和“一带一路”注入新动力。

敬集团业收购英钢时，正是全球疫情最严重的时候，也是全球经济疲软的时候，李赶坡在一次总结中就说：“这成为当时全球疫情期间最提升人气的经济活动。”有媒体报道说，在这个关键节点，敬业集团还能在严峻的形势下，寻求发展的良机，而且一举成功，实属不易，给正忙于一手抓疫情防控、一手抓复工生产的人们一丝振奋，也提振了世界经济的信心，无异于为跌入低谷的世界经济打了一剂强心针。收购英钢，不仅是敬业集团的大手笔，也是中国企业践行国家“一带一路”倡议的重要成果，表明中国钢铁有能力走向世界，与世界先进钢铁国家共融、共舞。

有业内人士认为，中国钢铁业能够成为世界上发展最快、盈利能力最强的行业，与民营钢企高度适应市场的经营能力、持续增效的生产管理和降本增效能力分不开。敬业集团的一小步是行业的一大步，标志着中国民营钢铁企业正式走上国际舞台。未来，中国钢铁企业“走出去”，尤其是在欧美参与并购和投资会方兴未艾，敬业集团此举的意义在于启发、示范和提供经验。

有法学专家当时撰文评论说，众所周知，在跨国收购中，尤其是中国企业到海外实施跨国收购，往往面临反垄断调查、国家安全调查、工会的质疑和掣肘等一系列经济、政治、法律和文化的障碍。这些障碍给跨国收购带来高昂的成本，甚至导致收购失败。而敬业集团此次的破产收购在很大程度上可以缓解这些障碍，降低收购成本。如果英国钢铁公司不是恰好处于破产困境，敬业集团的收购肯定也会遭遇苛刻的反垄断调查，而且通过调查的概率恐怕不大。敬业集团收购英国钢铁案给我们提供了一个鲜活的案例，使我们有机会通过一家中国公司收购英国公司的交易，观察破产收购的制度优势以及其中的法律与商业智慧。

交割仪式举行时，正值新冠肺炎疫情在石家庄点状爆发，石家庄面临极大的疫情压力。石家庄市政府在得知消息后，第一时间给敬业集团发来了贺信：“这次跨国合作，必将推动敬业集团加快转型升级、高质量发展，必将引领和带动全市企业加快走出去步伐，全力向世界500强冲刺，在全球钢铁行业叫响‘敬业’品牌，在新时代现代省会、经济强市建设中作出新的更大贡献！必将为全市夺取疫情防控和经济社会发展双胜利增添强大动力！”

有平山县的诗词组织，也在其微信公众号上发起了《今为赶坡歌一曲——山魂诗社热烈祝贺敬业集团收购英国钢铁企业》的诗词征集。有诗如此诙谐写道：“遥忆高炉烧僻村，砸锅炼铁赶英伦。而今滹北雄狮吼，钢佬臣服敬业人。”有的诗气势豪迈：“横刀立马气如虹，地北天南任我行。先占中原根据地，再收海外乱兵营。乘风已跃千重浪，借势还攀万仞峰。最是功成不忘本，家国总系热心中！”还有一篇，点中了敬业集团气势磅礴的国际化布局：“敬业鸿篇举世惊，钢花飞溅玉龙腾。全球着眼格局大，看我平山别样红。”

当然，在大多数媒体和业内人士为敬业集团此次收购叫好的同时，一些质疑的声音也开始出现，说敬业集团收购英钢的结局是“勇敢走出去，灰溜溜撤回来”，甚至有人说：还真有不怕死的！

也有替敬业集团“担忧”的，其中也不乏中肯的建议。有评论称，在中国钢铁产业普遍产能过剩的情况下，敬业集团率先走出去，到英国去收购，不失为一条破局之路。但值得注意的是，敬业集团能否复制在国内成功的经验，并且在英国钢铁公司开启“新篇章”，需要的不仅是生产效率和工厂升级，还要学会适应英国规则和英国市场。

面对外界的质疑，敬业团队无暇回应，因为有好多正事等着他们去做。事实上，一些问题，敬业集团在收购前就预估到了，如何逐一应对和突破，如何在接手后迅速导入“敬业经验”，如何迅速磨合产生向好的化学反应，都考验着平均年龄仅为 29 岁的驻英钢团队 80 余人中每一个人的智慧。

## 迎战疫情：走出去，就得赢！

没想到的是，就在英钢团队正准备撸起袖子大干一场时，双方刚交割完不久，疫情在英国就大面积暴发了，并且英国迅速成为欧洲的疫情重灾区。

本来就是困难重重，疫情又来添乱，这无疑让英钢各项转型升级工作难上加难。

收购前，谁也没有料到改变全球人类生活方式和全球经济格局的新冠肺炎疫情突然来袭，这完全打乱了原本的既定节奏。“英钢团队过的第一关正是疫情，其实可以延迟交割的，但是我一直要求提前。本来按照计划，没有疫情的话半年就能盈利。”李赶坡回忆说。

“我们要求所有员工戴口罩，要求部分员工隔离在家办公，但有的本土员工不同意，就是按照英国的办法防疫，正常上下班，只是增加了一个现场清洁消毒。双方对于疫情的认知截然不同，中方员工就全部居家隔离了。他们就感觉到有些失落，没有中方员工在工厂显然也不行，我和曹喜军总裁商量后，就每天安排十几个中方员工戴着口罩和手套，去现场交流沟通，稳定军心。”李慧明回忆说，“随后，敬业集团决定，给英钢员工发放疫情补贴，标准是月工资的一半，总共发放了 400 万英镑。当时英国工会就说，这是从来没有过的先例。”

因为疫情来势凶猛，英国又没有太多防控经验，还实行“群体免疫”策略，导致疫情愈演愈烈。虽然在驻英钢团队的统筹管理下，英钢的疫情防控工作做得很好，但团队成员的工作、生活显然受到了极大影响。驻英钢团队人员的家属们，难免开始担心他们的安危。甚至有的家属还闹起了离婚。开线上视频会议时，有团队成员感到压力很大，甚至抹起了眼泪。

彼时，英国不少企业停工停产，严重泛滥的疫情、不断低迷的市场、各种怀疑和担忧，给敬业集团带来巨大的挑战，英钢处境变得极其艰难，冷到了极点。敬业集团派驻英钢的高管团队也承受着巨大的精神和心理压力，中西方文化和思维方式差异很大，英钢的生产经营举步维艰。

是撤回来，还是继续坚守，成为一个迫在眉睫的棘手问题。李赶坡觉得必须尽快做出决断。

2020 年 3 月 17 日 21：00，李赶坡召集所有高管，同驻英钢团队召开视频会议，他开门见山地说：“目前英国新冠肺炎疫情比较严重，大家看了媒体相关报道，个别员工有了恐惧心理，加之家庭压力较大，想回国。这些想法可以理解，因为健康是最大的事情。”

随后，李赶坡展开了分析，撤回来是最简单的选择。但如果全员撤回会有什么问题？敬业集团收购了英钢就承担了英钢全部的社会责任，包括财产管理的责任，生产运营的责任，更重要的是 3500 多名员工生命安全的责任。此外，敬业集团在海外，代表的就是中国，撤回来难道不会给中国人丢脸吗？

“大家开始讨论，明确判断出，如果敬业英钢团队撤回，至少会产生四个主要问题：一、放弃了3500多名人员生命安全的责任。英钢3500多人的生命安全责任在敬业人的肩上，如果我们不管谁管？二、英钢必定大乱。我们刚接管英钢人心本就不稳，敬业团队如果撤回，英钢马上会出现骚动。三、敬业员工撤回，英钢很可能出现煤气泄漏、爆炸等重大安全事故。四、敬业团队如撤出，英钢会彻底毁掉。现在就是长期不去厂区与员工沟通，都会出现一些问题，如果我们撤出，英钢会被彻底毁掉。”李赶坡回忆道，这四个主要问题自然就可以得出两个“不允许”：第一，敬业集团的责任、敬业人的良心不允许。在重大事件中，不能弃3500多名员工于不顾。第二，法律责任不允许。如果撤回，英钢出现重大安全、环保事故，那么敬业集团要负担相应的法律责任。

另一个现实情况是，当时大量新冠肺炎感染者在扎堆回国，在飞机上及路上发生感染的概率也很大。所以，坚守英钢其实比回国要安全。

在得出推断后，李赶坡要求英钢加强疫情防范措施，保证全体员工的安全，同时细化到每一个环节：不与任何14天以内活动范围不明白的人接触；不用肉体接触公共区域的设施和用品；如果必须与人见面，确保相隔2米以上距离；疫情期间，驻英钢团队不得外出，如外出要报告、请假，评估是否有风险；英钢全面拒绝接触外来人员，如卸货，司机不能下车。

与此同时，对于3500多名英钢本土员工，李赶坡要求中方团队有什么样的防疫条件，本土员工也必须同样具备。同时，英国本土员工在疫情期间有了困难，要积极解决。

“全体英钢人应保持乐观的心态，心态好更能防控疫情，更能抵抗病毒。现在病毒没有任何特效药，就是提高自身的免疫力，那么就必须保持乐观的心态，无论你心态好坏病毒照样发展。心态好是防疫的手段，所以全体英钢人必须保持乐观的心态。要保证敬业员工不能有一人感染，疫情后要保证所有人安全回家。对英钢的本地人要严格管理，要全方位把英钢打造成一个安全岛，使人人放心。”李赶坡一直在给这支年轻的“特种部队”加油打气：“要乐观，也要有信心！走出去，就得赢，这已不单单是敬业的事，也是中国的事。如果困难是块铁板，我们要拿出定力、观察力、爆发力，用更大的力量来掀翻它！”

“敬业人不怕任何困难，困难越大，我们的双肩越挺。我们要扛过现在的困难，扛出敬业集团美好的明天。”听了李赶坡的鼓劲后，英钢团队的士气被激发了，一些怨言和担忧也随之消散。英钢不能散，必须活下去，在这种坚定信念下，团队成员们觉得，既然是在有危险的环境中工作代价很大，那么在残酷的环境中就必须更加努力工作，没有什么比生命安全更重要，既然付出了这么巨大的成本，只有更加努力工作，才对得起这么长时间的付出。

同时，李赶坡也不忘提醒英钢团队在日益加重的危机中抓良机。“在保证做好疫情防控的前提下，我们要在危机中抓良机。采购上，机会将增多；销售上，市场会变化，也要抓住机会。”

在这个决定去留的关键会议之后，所有英钢团队成员没有一人退缩回国。即便疫情愈演愈烈，斯肯索普人都看到，英钢的高炉没有停，中国的团队没有撤，同时也比以前更加忙碌。

李赶坡也时刻关注着英国疫情的发展，每天都召开远程会议询问员工健康安全和公司生产经营情况。在得知英国本土抗疫物资紧缺的情况下，他要求必须立即解决这个核心问题，不惜任何代价。于是，敬业集团办公室克服国际物流限制医疗物资运送类别、数量等重重困难，汇集了英国多个收件地址，于2020年3月17日发出第一批共计1500个口罩，为英钢员工送来了抗击疫情的“保护伞”和战胜疫情的“定心丸”。

历经9个日夜，这1500个口罩成功运至英国斯肯索普英钢厂区。这看似为数不多的小小口罩，却承载了敬业集团总部对于所有英钢员工尤其是外籍员工的关爱。救援物资到达后，李慧明要将其全部发放给英钢本土员工，发放给奋斗在生产一线的员工，因为他们的工作环境最艰苦，是最需要保护的人。

曹喜军随后将1500个口罩全部交给英钢健康安全环境总监Matthew Taylor，由其根据各生产单位需要进行分配，并告知员工：“李赶坡董事长心系大家的安危，会继续从中国为大家运送救援物资，确保疫情期间英钢全员的健康。”

这一个举动，无疑让英钢员工倍感温暖。“英钢本土员工还是很感动的。当时集团办公室每天的工作就是买口罩、买手套快递，一开始 20 多天收不到，后来陆续每天都能收到了。”李慧明说。

随后，敬业集团每周陆续邮寄防疫物资，如医用口罩、测温枪、体温计、常备药品以及米面等食品。甚至，敬业集团也派专机运送了大批量抗疫物资。他们还向英国斯肯索普一线医务人员捐赠超过 4 万件个人防护用品，为全员发放疫情补贴 401 万镑，防疫专项资金支出 173 万镑，并将中国防疫的成功经验应用到英钢，通过制定科学严密的防控措施，保证了英钢正常生产经营。

到了 2020 年 3 月底，英国疫情愈发严重，甚至连英国首相都感染了新冠病毒。李赶坡对于驻英钢团队成员的健康状况越来越操心，他开始每天必做两件事，一是和高层通话，询问他们的身体状况和情绪，二是将英国疫情的数据每天截图做比较，期待英国疫情尽快好转。

坚定信心，保持乐观，加上成熟有效的防疫办法，英钢成为英国为数不多能在疫情期间照常生产的企业，甚至成为了“标杆”。英国工业部当时每周都会派员和李慧明开会沟通，他们就很好奇，英钢究竟是怎么做防疫的，别的企业都停产了，英钢的生产怎么还能正常运转，甚至专程多次到英钢学习经验。英钢真成了一个安全岛！

2020 年 5 月，疫情形势有所好转，敬业集团包机接回部分驻英钢团队成员，让他们短暂回国休整。在石家庄正定机场，李赶坡带领敬业集团所有高管前去迎接，他穿着防护服，大声向回国员工们喊道：“北京时间 3 月 17 日晚九点，敬业高层召开了会议，决定敬业驻英钢团队 81 人留守英钢，坚守工作岗位，和英钢本部员工一同战疫情、保安全，维持生产经营。实践证明，敬业驻英钢团队个个是英雄，坚守阵地，执行敬业‘打出去，冲上去’的大无畏精神，和英钢员工一起采取疫情防控措施，建立了英钢防疫情安全岛，把疫情控制到了最小范围，保证了英钢员工的生命安全。同时克服重重困难，保生产线不停，保英钢人就业。更为困难的是在钢铁下游客户半停产状态中，营销人员在全球范围内找销路，回笼资金维持正常生产。说心里话，你们在疫情严重的英国坚守岗位，我的心情也非常沉重，默默地为你们祈祷。各位归国休整待战的勇士们，各位继续战斗在英钢的勇士们，你们的英勇精神和模范行动在敬业发展史上、在英钢发展史上是浓墨重彩的一笔！你们是全体敬业人学习的榜样，也为中国增光添彩！”

## 点燃北冰洋

彼时，面对钢铁行业残酷的市场竞争，面对国内外如此巨大的疫情压力，面对语言不同、文化不同、思维方式不同、产品不同、销售模式不同等局面，英钢的销售团队不但没有退缩，而是知难而上，在新形势下，克服重重困难，深入各领域调查研究，积极开拓国际市场，全力以赴研究营销策略，充分发扬了“打出去、冲出去”的敬业虎狼精神。

在敬业集团销售总公司总经理陈利杰的带领下，英钢销售团队工作严谨务实，通过“每日销售转型提升备忘”形式将每天的市场、各产品销售进展情况、每天遇到的问题进行认真讨论总结、深刻分析，深入调查研究，提出解决方法及次日从销售副总到每个品种经理每人的工作计划进行详细记录，工作思路明确、任务分工明确、问题措施到位。

敬业集团“打出去、冲上去”创业精神的火种，在英钢彻底点燃，驻英钢团队主动出击，在南北美洲大范围筛选客户，在全球疫情较弱的东南亚市场寻找销路。他们打听到马来西亚有一家企业需要610吨型钢，虽然数量不大，可他们依然紧抓不放，从业务经理到销售副总，全面与客户对接，顺利拿下了收购英钢后的出口第一单——这发生在英钢交割仅一个月后，极大激励了整个团队扩大销量的信心和积极性。

“敬业的销售团队牛劲冲天，陈利杰带出的是敢打必胜的队伍，是无私奉献的队伍，因为陈利杰的特点就是敢打必胜、无私奉献。一个好的带队人，对下级有无限的影响力。”李赶坡对此评价说。

打响“第一炮”后，驻英团队继续梳理信息，挖掘用户，深耕市场，捷报随即频频传来：菲律宾700吨、香港1000吨、上海200吨……疫情笼罩下的欧洲钢铁业，被英钢的多个订单吹散了阴霾。

随后，英钢团队又制定了2020年4月份生产经营计划，同时推进了繁重的降本任务。2020年4月13日，李赶坡得知此事后，特别给英钢团队致信。一些互联网公司的CEO写信颇为风行，在传统制造企业里，用信件来激励员工，并不多见。

在信中，李赶坡称呼英钢团队为“本部驻英钢全体英豪”，他首先肯定了英钢团队自我加压的决心：“看了英钢4月份经营生产计划，你们自我加压降本任务繁重，但如果完成任务英钢就会不亏损，甚至微利，这是非常振奋世人的好消息！你们在新冠疫情重重包围之中，有如此雄心大志，定出常态中都难以完成的任务，真是精神可嘉！”

接下来，李赶坡道出了敬业集团数十年来得以快速发展的核心：“敬业人历来迎战的是他人无法比拟的困难。”同时，李赶坡很清楚收购英钢的举动外人暂时是看不懂的，疫情的爆发也让形势变得更为严峻。“敬业收购英钢，备受国内外质疑，在这样的情况下，敬业收购英钢法国的资产——海阳格钢轨加工厂受阻，影响英钢每月4万吨的钢材销路，增加了英钢销售困难，真是雪上加霜！就在敬业面临重重困难举步维艰之际，突发了全球性的新冠疫情，英国及欧盟各国疫情泛滥，国国封关，户户闭门，所有钢材用户停工停产，断了英钢钢材的销路，使敬业收购英钢后的工作冷到极点，简直是被抛进了北冰洋。”

在“至冷”之后，李赶坡用炽热的文字点燃了每位员工的心：“此类困难谁敢迎战？唯我敬业人！困难多，市场冷，但敬业人的心是热的，是炽热的，热到能融化所有冰山雪海，再大的困难都将被敬业人的热情冲得粉碎！”随后，李赶坡点破了英钢发展的关键所在：要冲破的难点很多，最大难点是销售——这也正是李赶坡的“两无经营”理论。

接下来，就是方法，李赶坡给英钢团队在恶劣市场环境下的各种做法予以了充分肯定:“钢材下游客户停产了，市场不动了，所有人在防疫保命了，每月近 30 万吨钢材销往何处？有人敢想吗？敬业的营销团队不但敢想，而且要做。他们在全球疫情较弱的东南亚市场找销路，而且有了订单；他们在美洲大范围筛选客户；他们在英国、欧盟继续深耕本土市场，挖掘用户；他们在多方搜集信息，捡起停产钢厂的客户。他们简直是无所不能，突破销售难关志在必得！”

的确，这些做法——不，我们应该称之为行动，肯定是“键盘侠”和质疑者们之前所想不到的。敬业集团的营销团队，在欧洲本土“吃干榨净”，在低洼地带寻求机会，在受疫情影响的厂商处摸排商机，确实无所不想，无所不为——做任何事，困难固然是存在的，但大方向上的决策，一定是藐视困难的。带头人的战略眼光和战略判断力，是解决困难的重要驱动力。战略动力有了，执行潜力往往是无限的。

最后，李赶坡点睛写道:“英钢必胜，英钢销售必然成功！”

禅宗说:“一花一世界，一叶一菩提。”存在就是合理的，成功背后必然有着趋向成功的逻辑。优秀企业的成长，总能看得到，摸得着，听得见，有迹可循，有道可依！仔细品读这封信，我们其实就能悟出敬业集团从一个无资金、无人才、无市场、无技术的小厂发展到世界 500 强的成功方法论。

## 文化融合:“别顶牛，让一让再做”

销售在突破，文化融合也在同步进行。

2019 年，反映福耀集团董事长曹德旺在美国投资建厂的纪录片《美国工厂》引发全球瞩目，影片讲述了福耀集团接手美国俄亥俄州一座废弃的通用汽车工厂，将其改为玻璃制作工厂并雇请上千位蓝领美国员工的故事。

自然，英国方面也将敬业集团收购英钢与福耀集团的“美国工厂”做比较。“英国方面还专门让我们去看《美国工厂》，经常也拿福耀集团的美国工厂给我们举例，说我们应该学习哪些做法，改变哪些做法，其实两者行业不同，是没有可比性的。英方希望我们能按照他们的方式来进行生产管理，但我们的套路是截然不同的。”李慧明笑着说。

最初，中方管理团队设置了一个英钢体外的转型办公室，随后所有的人都全部入职盯岗，成为英钢的员工。

“我们先对所有英钢员工进行盘点，随后定岗、定编、定责，进行了人员的梳理和优化，他们就很紧张，是不是要大幅度削减人员了？我当时就解释说，我们的人才战略是要符合企业发展战略的，所以不会养闲人，不会让岗位上有冗余人员，但也不会无故地削减人员。”李慧明说。

同时，敬业集团给了英钢极大的经营自主权，除了英钢总裁由敬业集团常务副总曹喜军担任、销售负责人由敬业集团销售总公司总经理陈利杰担任外，英钢生产副总、采购经营副总、财务总监、人事总监等都由英钢本土员工担任。

敬业团队尽量从原有本土员工中提拔管理层，现任COO、CTO都是从原有团队中提上来的，财务总监和人事总监则没有发生变化。如此，几乎完全保留了原英钢管理层，减少了人事动荡，确保了各项工作的延续性。

敬业集团下一步还计划继续减少中方管理层的人数，即便英方给了敬业集团300人的工作签名额，但敬业团队还是坚持管理本地化，用当地人管理当地人。

在李慧明看来，输入敬业的管理理念，逐步“引上路”，中方管理层在完成任务和使命，找到合适的继任者后，也将逐步收缩。“如果发现中方管理层做的某个事情还不如本土干部做得更游刃有余，那么就可以有序地收缩了。”

李慧明对于英钢团队中的外籍高管，也赞赏有加。“比如COO在米塔尔钢铁集团工作过，有着国际化的视野。人事总监也在很多跨国公司里任过职，所以他对多文化的工作环境融合，很有心得。负责采购、销售的高管，则是一位土生土长的斯肯索普人，对英钢非常有感情。财务总监也在英钢工作八九年了，他对英钢的历史数据了如指掌，整理数据时，很快能发现哪些指标是下滑的，哪些指标比以前更好，对做决策非常有帮助。总之，我们与本土管理层融合得非常好，他们也非常优秀。”

英国员工都加班吗？笔者感兴趣地问。“管理层也是加班的，晚上11点给他们发邮件也都会立即回复，工作还是很努力的。我们和本土管理层融合得也比较好，没有经历太大的波折。”李慧明说。

在具体的人事管理上，李慧明也特别注意与本土高管去沟通，主动征求他们的意见。“一开始最大的问题，就是他们没有参与感，好像我们在下命令，他们在执行。所以为了减少这样的误会，我们就会主动去和他们沟通。”李慧明说，“这种参与感是双向的，就得用沟通来打通。之前我们发现一位高管涨过一次工资，但此前我并不知情，我就对人事总监说，涨工资是有道理的，不过这件事在流程上是不对的，但我还是尊重你的决定。”

管理即沟通，即便有文化和语言差异，但沟通还是消除差异的唯一手段。

在这方面，李赶坡有极深的心得体会，他曾在敬业集团干部会议上提出：一个好的管理者必须是一个好的沟通者。李赶坡认为，高压是不行的，被管理者非但不接受，一气之下还可能走人。所以，只有通过沟通，统一思想才能取得领导的支持、同事的协助和下级的拥护。

同时，一个管理者首先要明白以下几个方面的问题：管辖的员工现在在想什么，对他们最重要的是什么，工作任务完成到什么程度，有什么困难需要领导帮助解决；自己的上级对自己的工作有什么要求，有什么新的精神；自己的协作部门能对自己提供多少工作条件、多大帮助，需要自己为对方如何服务。一个生产单位还要明白有多少原料可用、原料质量如何，生产的产品客户有什么反映等——这是一个管理者最起码要弄明白的。如何弄明白这些问题呢？就是沟通！通过沟通获得各种信息，再综合整理做出选择，所以说，管理就是沟通，不分场合，不分人种，不分文化。

为了更好地沟通、融合，李赶坡对英钢团队强调，“工作做不通就换个方向，别顶牛，做不通可以让一让再做，毕竟一些历史上形成的观念，不能让人家迅速改变、彻底打破。”

这一点，李慧明深有体会，他举例说:“英钢本土员工对工作特别严谨，特别认真，工作方法也很灵活，进行沟通时，他们也会换很多思路。有时候我们的想法也是不对的，但是他们会循序渐进地进行沟通。比如说招学徒工，起初我们觉得没必要，他们就反复解释，后来我们发现这是对的，在后备人才上进行提前布局。招聘一些初级工程师在岗位上边学边锻炼，政府也有补贴。所以双方就是不断磨合，朝着最好的方向走。”

与“美国工厂”相似，英钢的一线员工年纪普遍都比较大，业务熟练度也较高。在评价英钢本土一线员工时，李慧明连用了两个“真是吃苦耐劳”。“说实话，他们的工作环境没有中国钢厂的工作环境好。英国在环保方面只看重碳排放，料场都是露天的，整体环保水平也没有中国的钢厂做得好。”

敬业团队还在英钢引入了“表彰机制”，每两周评选一次“先进”，获奖的都是英钢的本土员工，奖励是代金券和荣誉证书，正所谓物质激励和精神激励“两手一起抓”——而英钢此前在激励方面，显然是有些缺失的。“他们以前没有这种激励机制，同一个岗位的工资都是一样的，如果工资不一样，工会就会干涉，为什么我的工资低，他的工资高？而我们一直都是通过业绩来核算工资。所以我们逐步引入了激励机制，员工们也愿意也很高兴。”李慧明说。

随后，“敬业人报海外版”也创建了，报道的都是英钢本土的事情，本土员工们对于这一新鲜事物十分感兴趣，这份报纸也成为中西方文化的融合平台。

英国政府和工会组织，显然也一直在关注着英钢的发展，他们一方面在关注投资的落地，另一方面关注着本土员工的就业人数。每个月，敬业驻英钢团队还和英国工业部定期开着沟通例会。“我们就是从长期发展的角度考虑，将英钢作为敬业的一个海外基地，实打实地做事情。”李慧明说，“英国的工会还是一股非常强大的力量，也会施展他们的影响力，从骨子里他们是很支持我们的，会定期跟我们沟通。英钢的员工队伍当中如果有一些意见，比如说加班，比如说人们对减员有担心，我们就会和工会充分地交流。还有比如说脱碳目标，我们的理想状态是不要高炉，但是不要高炉，就得减员，所以双方可以探讨一个比较中性的方案。”

而在李赶坡看来，不要把海外的工会想得过于可怕，他们也是会为企业着想的，这就是皮之不存、毛将焉附的道理。“所以工会在保障员工利益的同时，也会考虑企业的发展。我们跟英国的工会沟通时，他们就说，你们别总认为我们是你们的敌人，你们有什么诉求如果政府不答应，我们可以去协调，我们提出来比你们还要有力度。”

这方面，善于借力、处处利他的敬业集团，显然不会存在任何障碍。

## “四板斧”激活休克鱼

各项机制理顺后，改造工作可以推进了。在李慧明看来，英钢之前亏损的根本原因，在于英钢就像一个资本投资公司，所有者是不参与英钢管理的，采用的都是职业经理人的模式。同时，钢铁行业在英国是夕阳行业，所以这么多年来形成了各种各样的陋习，管理逐渐弱化，导致每况愈下。

敬业驻英钢团队，经过三个多月的摸索，对亏损已久的英钢已经捋出了头绪，找到了症结，并通过“四板斧”的改造，让其步入了减亏的轨道，逐步朝好的方向发展。

“英钢的设备其实很不错的，转炉是300万吨的，而且有3个，敬业总部才是150万吨的，正因为管理不善，可以说一直在带病服役。智能化水平方面，虽然系统有些落后，但也是比较健全的。所以只要对症下药，调养好了，就能步入正轨。”李慧明告诉笔者。

李慧明带领团队改造英钢的第一板斧，就是改变“外包”。

“当时谈判时，我们就接手了1600名临时工，那全是外包公司给我们派的劳工。比如有的工作正式员工不想做，就可以给外包公司提交一个订单，他们就来干活。”李慧明说，“2020年上半年的主要工作就是收回外包，从烧结到轧钢，所有生产线的关键设备都是外包公司投资的，所以在外包的回收方面一开始是有分歧的。但我们在收购前都是有规划的，最后还是坚持回收，收回来之后再进行资源的整合。这方面虽然花了较大成本，但相当于根除了顽疾，一步做到位，要不然以后的生产成本会更大。”

第二板斧，就是改变生产模式，进行满负荷生产。

英钢最高的钢铁年产量是 460 万吨，敬业集团接管时，已大幅降至 220 万吨。如何迅速提高产量，进而降低成本，成为必须直面的第一个问题。

“这一方面，经营理念还是不一样的，我们坚持满负荷生产，通过满负荷生产降低成本。过去，英钢周一到周五上班，周末双休。我们就额外招聘员工，满足一周 21 个班的生产。”李慧明说，“最明显的一个例子就是型钢，原来 1 吨的生产成本是 180 镑，敬业接管之后，通过满负荷生产，将其降到了 76 镑。而敬业的目标，也就是最好的一个成本控制水平是 50 镑每吨。”

敬业集团的生产理念就是，大宗物料生产是资源密集型、劳动力密集型、资金密集型、技术密集型的产业，利润薄如刀片，所以只有满负荷生产才能摊薄成本，坚持满产满销，才能让企业良性循环。所以，他们也将这一做法复制到了英钢。

第三板斧，就是改革采购模式，坚持通过招标在全球引进供应商。

此前，英钢的部分采购竟然交给了一家公司代理，在国内大部分公司看来，估计都会觉得这是不可思议的事情。

李慧明觉得，这就像一个人，丧失了部分技能，相当于从一个健康的人变成了一个残疾人。“没有采购技能，没有销售技能，没有物流技能，等于这个人的生理技能就非常的不健全，他不具备独立生存的能力，所以我们坚持让他们把这些技能都‘长’出来。”

第四板斧，是成本意识的改变。

此前，英钢基本没有成本意识，而敬业坚持从费用削减、成本控制方面下手，他们实现了像总部一样的成本利润每天核算，而此前英钢方面认为这是不可能实现的事情。

“之前，英钢一年的成本费用大概是 6000 万英镑，我们经过仔细测算，做预算时改成了 4000 万英镑。当时 CEO 就跳起来了，他们很激动，说怎么能一下减这么多？后来当年实现了 3500 万镑，等于是减掉了 2500 万镑。他们自己也深深地感受到这些做法的有效性。”李慧明生动地还原了降成本的历程。

而敬业集团也把成熟的财务管理经验，复制到了英钢。“英钢之前的财务管理非常粗放，产品销售出去 45 天后才能回款，原料也是先付款，一个月后才会给你运过来。同时物料堆积严重，成本无限制地增大，不像敬业总部这里最多只购买一个月的原料。”卢增元说，“我们一看这里面就有问题，所以就把敬业总部的财务部部长和成本科科长派过去狠抓成本。”

在敬业集团财务部门两员大将的努力下，英钢团队规范了英钢的资金审批制度。“资金审批坚持预算制度，同时也规范了用人制度。副厂部级以下的干部，主管副总说了算，副厂部级以上的干部，总裁说了算。预算之内的事情，主管副总说了算，预算之外则总裁说了算。”李慧明说。

同时，李慧明要求，必须坚持无亏损接单，坚持核算净利润后再接单。此前，英钢在这方面没有任何要求，有的订单看毛利是能赚钱的，结果最后还是亏损了。

此外，坚持无逾期欠款这么简单的问题，之前在英钢都不能有力执行。“这是最简单的事情，应该是默认的，但英钢此前就会觉得这些客户资金现在有点问题，为了帮助他渡过难关逾期很正常。”李慧明说，随后他们就压缩或收回了这些所谓的信用额度。

接下来，敬业集团在英钢引入了预付款销售制度——预付款并非定金，实际上就是“款到发货”，这在英钢又是破天荒的事情，以至于他们的财务系统根本不支持。于是敬业集团重新改造了原有的财务系统。

在敬业集团总部，几乎全面执行“款到发货”，加上各方面得力措施，敬业的资金周转速度一年可达 12 到 13 次。

“我们在英钢的目标是，将账期控制在一个月以内，资金周转速度是 1 年 4 次。”李慧明说，“就是这样方方面面的改进，最后有了全系统的颠覆。这些改进只要做到位，自然能就类似于做到了精益管理，从而把‘利润’都给挤出来。”

事实上，英国三大钢厂的经营状况都很差，敬业接管英钢后经过一系列的改革，英钢才逐步走上了正轨。正因为英钢属于破产并购，所以才有机会抛掉了很多历史性的包袱，这也为后期盈利奠定了基础。李慧明就一直给英钢本土管理层灌输这种理念：随着投资的增大，财务成本会继续增加，所以在投资的过程当中必须把经济账算清楚，现在要是赚不了钱，未来也永远赚不了钱。

时间不等人，面对英钢这位“危重病人”，做个形象比喻的话，敬业团队需要先用“西医疗法”将之抢救过来，再用“中医疗法”让其充分调理。

在敬业集团收购英钢的消息刚刚传出时，有人在网上发起议论：“敬业集团想通过收购英钢走国际化道路，以弥补国内市场的欠缺，是拣了一只下蛋母鸡，还是烫手的山芋，真不好说。在这种情势下，这样的钢厂，换谁来收购经营，恐怕都充满了变数。敬业集团会比英国钢铁集团更有本事？”

敬业团队不会去回应这种言论，他们只会努力把此言论最后一句话的问号去掉，变成陈述句。

敬业集团就是将自己已经烂熟于心的管理制度和管理经验，搬到了英钢，并结合当地实际，改造为一套行之有效的做法，强管理、降成本、拓市场，促使英钢的方方面面进行转型和提升。

但显然，不是每一项变革，英钢员工都能适应和配合。

比如，在敬业集团总部已经贯彻执行很多年的“日事日毕、日清日高”，在英钢就遇到了较大的阻力。

“能看出来英钢员工是很愿意配合的，他们很有激情，但他们的理解是变革需要时间。双方在交流时，我们着眼于数据分析，比如成本、利润、人效等数据，而他们着眼于未来的规划。他们说你们说很长一段时间就是两周，同时还要求今天的事必须今天干完，这太草率了，难道不需要好好地做一个方案吗？”李慧明说，“后来我们就不断地沟通打消顾虑，我说中国有句话叫‘积小胜为大胜’，眼前的‘小胜’多了，‘大胜’就会来了！”

于是，驻英钢团队通过一个个鲜活的案例，让本土员工们认识到敬业在成本控制和精细管理方面的优势。比如，一个采购合同，驻英钢团队将其从 100 万镑压缩到了 20 万镑，这让本土员工颇为吃惊。

原来，在英国和许多西方国家，谈合同都是用“成本加利润合同”。也就是出售货物或供应劳务的一方，把自己的成本先算出来，然后在成本的基础上，制订出利润的比例，以“成本 + 利润”的方式来和客户签约。因此，供货商就会把成本算得非常高，表面上看他们赚的是利润部分，但其实所谓的成本里往往有猫腻——这也是英钢此前成本意识较差的原因之一，别人都给你“算”好了，自己似乎就不用太操心了。

李慧明觉得这极不合理，“我们追求通过成本控制和管理水平来提升利润，在国内都采用对标最低价的方法进行采购，所以这就是理念的不同。”

随后，敬业团队把在国内摸索多年的采购模式引入英钢，同样品质的产品或服务，谁的价格最低，就采购谁的。而此前，英钢通常是不会轻易更换供货商的——就像一个池子，如果没有活水引进来，就容易滋生各类问题。

经过“四板斧”的变革，以及通过一个个“小胜”，让英钢在方方面面都有了脱胎换骨般的改变。

说起收购英钢后的改造经验，李慧明用了两个“实打实”来概括：敬业集团就是实打实的抓，盯着存在的问题，实打实的一步一步落实。“在一个全新的环境下，你能看到它和你所熟悉的企业不一样的地方，这些不一样的地方，有的是优点，有的则是缺点，那么就把缺点拎出来进行‘诊治’。”

2020 年 1 月，李赶坡在一次谈及“建立完善基础管理制度”时，说了如下一段话：“好的制度能使坏人变好，差的制度能使好人变坏。由此可见制度的重要性。一个企业能否盈利、能否发展关键看制度。国航一新上任老总，定了两项制度，解决了两个问题，使国航扭亏为盈。一是乘客用餐减少浪费：100 人的餐由原来 105 份改为 95 份，照样够用。二是使因飞行员不够用飞不起来的飞机飞起来，所有已经进入管理层的飞行员可以上机，挣飞行员和干部两份工资，于是飞机全都飞了起来，产生了效益。稻盛和夫接管日航盈利的故事，戈恩管理日产公司盈利的故事都是定了好制度。还有敬业接管乌钢，原来

2000 人产 50 万吨钢，不减人增产量，2000 人产 150 万吨钢。大家准备听英钢改变制度盈利的故事吧！”

可以说，李赶坡一直对英钢盈利充满信心，而改变经营状况，管理先行，制度是定盘星，敬业集团把企业文化、管理模式、经营方式乃至奖励机制都复制到了英钢，而这几个方面正是英钢所欠缺的。

2020 年 6 月 30 日，李赶坡在敬业集团科级以上干部会上，对驻英钢团队 3 个多月来进行的变革，做了系统性的总结：“要重点抓好三项工作：一要下大力去掉外包，去掉多年遗留下来影响成本的各项顽疾，做得要彻底，不留后患。二是理顺采购、物流及生产各环节，形成产品高质量低成本、流畅的生产体系。三是理顺英钢各产品销售渠道，开发优质客户，扩大市场范围，建立起稳定优价的销售体系。”

显然，敬业集团之前通过对标同行的做法，汲取了国内所有优秀钢铁企业的先进经验，这是“独善其身”，现在他们要做的，只是将英钢同敬业总部对标，对症下药，补足短板，这是“兼济天下”。

敬业集团整合、改造英钢的历程，让笔者想到了“海尔激活休克鱼”的故事。

从 1991 年起，海尔就在实施资产扩张战略，先后兼并了青岛空调器厂、青岛冰柜厂、武汉希岛、红星电器公司等 18 家大中型企业，盘活存量资产达 15 亿元之多，成为中国第一家家电巨头。

在兼并过程中，海尔始终把管理和文化放在核心地位。用张瑞敏的话说，就是“活的鱼不让吃，死的鱼不能吃，那么就吃休克的鱼”，即兼并那些硬件尚好，但管理不善，企业文化脆弱的处于休克状态的企业，用海尔的企业文化和管理经验去激活这些“休克鱼”。

张瑞敏说：“所谓‘休克鱼’就是把这个企业比作一条鱼的话，它可能还没有死掉，也就是说硬件很好，或者比较好，但是软件不行，管理不行，它处于一种休克状态。如果输入这种文化，改变这种观念，要它接受这种理念，可以把这条鱼救活。红星电器原来是生产洗衣机的工厂，被我们兼并的时候净资产只有1个亿，但亏损两亿五千万元！兼并后我们只派了三个人去，人还是原来的人，设备还是原来的设备，兼并第一个月当月亏损700万元，第二个月减亏，第三个月减亏，到第四个月盈利100万元。为什么呢？靠的是我们利用企业文化贯彻组织创新的结果！”

英钢的产品品质和技术，都是国际一流的，分管研发的敬业集团副总张觉灵就说：“英钢毕竟是老企业了，设备虽然有些老旧，但保养得非常好。他们产品的一大特点就是质量特别稳定，这与国内钢厂是有区别的，咱们也可以做得很好，但在稳定性上还需努力。”

在这一基础上，敬业集团就是将自己的文化、管理理念、生产经验注入英钢，从而将产品质量、技术设备、员工素质都很不错的英钢，彻底激活。

## “营销变法”：理顺经销商关系

在经营模式方面，敬业集团也对英钢外围进行了大刀阔斧的改革，用敬业集团销售总公司总经理陈利杰的话说，英钢团队正在和英国的钢铁贸易商“作斗争”。

因为钢铁产业在欧洲已经变为夕阳产业，英国的制造业只占GDP的15%，所以其钢铁需求远没有中国如此旺盛。

在此背景下，英国的钢铁制造商变得有些“弱势”，他们和经销商谈判时几乎没有话语权，极力讨好经销商，以维护双方的关系。所以，一些“不平等条约”便出现了，再苛刻的条件也都答应了。

“经销商在行业里的话语权越来越重，他们不参与钢厂管理，管理是你们的，大头利润却是他们的。但经销商有资本，钢铁制造商有时不得不低头。我们觉得这个局面必须改变。”李慧明的语气中，带着一丝强硬。

经销商此前与英钢签订的合同，还是“计划价格”那个套路，合同一年一签，价格半年不变，市场一波动，英钢就亏得很厉害。这种定价模式的最大弊端，就在于期限太长，而市场起伏却很大。钢铁市场好似变成了资本市场，产品就像期货一样买卖。“经销商可以随时下单，今天价格合适了，他们就下单或者提货。我们可能给他们存了好长时间的货，却期待着投机的经销商到来。制造商完全没有自主权，和他们的地位完全不对等。”因此，李慧明要给英钢争取到对等的地位，他创造性地制定了“三个确定”策略：确定价格、确定时间、确定数量，以此限制经销商的选择权。“你要多少产品，我给你满足多少产品，但你必须要在规定的时间把它拉走——这是很简单的事情。如果做不到，我们就断供！”

英国维持多年的钢铁“生态”，因敬业集团的强势到来而发生了巨大变化。既得利益者是最忌恨变化的，因为变化就意味着失去温床，失去暴利。所以，各路经销商也纷纷找各种渠道给敬业施压，英国政府、各个工会组织纷纷给李慧明写信，质问为什么要给经销商断供。

李慧明的回复是，这是正常的商业买卖，英钢要争取一个对等的地位，不能让居心不良的经销商牟取暴利。

2020 年上半年，敬业团队决定先维持这个营销局面，先在采购和成本控制方面发力。到了下半年，他们发现市场变革也必不可少，因为英钢始终处于被动局面，可选择的余地很少。“我们发现陷入了一个僵局，就是永远有交不完的订单，但交付价格永远在市场低位——经销商有单方面下单的权利，他们想什么时候下单就什么时候下单。”李慧明说。

所以，敬业方面先是设定了一个订单审批权限，规定一个订单必须盈利，系统才能予以通过。但有的销售人员仍然有“里应外合”的现象，也出现了 CMO 觉得不应该通过，CEO 却通过的情况，几位高管还因为此事产生了争执。

“这是一个促使我下决心的事件。”李慧明说，“一个发往土耳其的 3 万吨订单，我们认为应该卖到 370 镑每吨，结果当时的 CEO 以 325 镑每吨审批通过了，每吨差价近 50 镑。CMO 认为这给公司带来了损失，但 CEO 已经批了。我就对当时的 CEO 说，显然不应该以这个价格审批通过，但事已至此，即便公司损失了 100 多万镑，但我维护你作为 CEO 的权威。”

随后，李慧明决定将订单审批权直接收回到最高层级——也就是由自己直接把关，执行最严格的审批。

有一种说法是，一个企业最核心、最稀缺的资源不是钱，而是 CEO 的注意力。而李慧明当时宁愿把注意力放在订单审批上，要不然再控制成本，再优化采购，在最关键的销售环节还是前功尽弃。

有的高管不理解，为什么公司一把手还直接管这个事情。李慧明就通过邮件给各位高管阐明利害，该安抚的则进行安抚，直至对方完全理解。“我 2020 年发的电子邮件，几乎都是在做管理层的工作，要么解释，要么安抚，有的邮件也挺有意思。”

除了安抚和解释，更重要还是从机制上解决问题。李赶坡从另一个角度，谈及了他对此事的看法：“原来他们的销售策略是宁愿价格降一些，这样毕竟好卖。我们的销售人员觉得价格必须卖高点，否则就会亏。最后也就设立了一个机制，定一个标杆价格，比这个价格卖的高的部分可以有额外奖励，这样也就慢慢扭转了方向。”

这样的做法会不会把经销商得罪了？“不会，我们其实就是想要一个对等的合同地位，因为他们也能从国外进口，不一定非要选择我们。我们的理念就是维护所有不同类型的客户，但双方要就关键条款达成一致，不能给他们自由裁量权，不能给一个很大的订货额度让他们随便用。”李慧明说。

那么，英国的钢铁经销商们都接受了吗？在李慧明看来，每个经销商对于英钢都很重要，但是反过头来想一想，英钢对他们也同样重要。经销商占英钢 10% 的市场份额，而英钢占他们 90% 的市场份额，所以英钢不强求去主导这个市场，但要求平等的市场地位。“我们坚信经销商离不开英钢，所以就敢推进改革。而且经销商最终还是以利润为目的，我们的定价只要低于进口，再加上优质的服务和便捷的物流，还有小批量订单也能供货的优势，他们也还是会选择和英钢合作的。”

可见，英钢的谈判筹码就在于，英国钢铁资源的匮乏。同时，李慧明改变市场格局的决心也是很大的。“我就说哪怕停产，我们也绝不再接受不平等的市场地位，我们要站着把钱赚了！”

英钢坦然推行的“营销变法”也完全符合合同的规定，之前的采购合同只是意向合同，宽泛而没有约束力。所以，在英钢断供两周后，经销商就叫苦不迭，同意了英钢的“三确定”原则。

2021 年 5 月，英钢与所有经销商达成一致，大获全胜。于是，通过严把订单审批权，更改以往极不合理的定价模式，英钢的盈利能力进一步增强。

英钢的产品很有特点，钢轨占英国 90% 的市场份额，型钢占最高时占到 70% 的份额，异型钢和卡特彼勒合作，还有汽车件用钢，市场份额都很高。在英国及欧洲本土市场有限的情况下，英钢的销售团队就想尽各种办法，将之推广到全球。

敬业集团在对外销售时，仍然保留了英钢品牌，既彰显英钢是敬业的一部分，同时又保证英钢的品牌影响力。“在这个事情上我们还是很慎重的，英钢的品牌在当地还是很有影响力的，它毕竟是 100 多年的老品牌，用户在情感上也是有依赖的。我们应该换位思考。”李慧明说。

## 左推介，右布局

2020 年 7 月 16 日 15 时，浙江杭州，西子湖畔，一场别开生面的钢材产品推介会在这里举行。

“我们是谁？”在大洋彼岸的英国林肯郡，敬业集团英国钢铁公司时任 CEO 罗恩 · 戴仑通过视频连线，向参会的国内外 239 家知名企业的代表介绍公司的主打产品和技术优势。

这是敬业集团在杭州举行的英国钢铁公司产品推介会，英钢的系列钢材产品逐一亮相。

此次推介会的“阵容”不可谓不强大，英国钢铁协会CEO Gareth Stace、中国特钢企业协会秘书长王怀世、中国钢结构协会常务会长刘毅、中国轴承工业协会秘书长周宇、中国重型机械工业协会秘书长王继生分别致辞，中国铁道科学研究院首席科学家周清跃院士、中科院自然科学史研究所方一兵博士、宏观经济专家宋逸之、上海大学材料学院院长董瀚等专家学者也参加了此次推介会。

敬业集团副总经理张觉灵详细介绍了英国钢铁公司的工艺装备水平及钢轨、型钢、异型钢、线材、半成品五大类主要产品的产品性能和工业应用情况。“英国钢铁公司是欧洲领先的钢铁制造商之一，具有450万吨产能的装备和产线，在英国、法国、荷兰均有生产基地。钢轨生产能力30万吨，型钢生产能力70万吨，异型钢生产能力20万吨，线材生产能力100万吨，半成品生产能力80万吨，可以生产1450种不同的钢种，五大类高品质产品广泛应用于铁路、汽车、建筑、造船等全球高端工业领域。”在张觉灵的介绍下，参会代表对于英钢的实力有了清晰的认识。

“通过此次会议，我们对英钢公司在原材料和生产技术方面的优势有了全新认识。目前，中国对高品质钢材及初加工半成品的需求不断上升，已经重新焕发生机的英钢公司，一定能享受到中国快速发展的红利，重振品牌雄风。”中国特钢企业协会秘书长王怀世在致辞中说。

敬业集团副总经理陈利杰说：“作为此次会议的主办方，希望国内企业对英钢的产品有一个全面的认识，希望英钢的高品质产品早日融入国内市场。多方共同携手，搭建一个互利互惠、共赢发展的金属制品供应链平台。”

随后，包含球扁钢、弹簧钢、履带板等产品的多个项目在现场完成了签约。“与上海中船国际贸易有限公司签订每年2万吨的球扁钢合作协议，与天津市创利科技发展有限公司签订每年25万吨方坯的合作协议，与邹城市瑞龙工程机械有限公司签订每年3万吨履带钢的合作协议及600吨履带板订单，与山东聚宁机械有限公司签订履带板订单200吨，与中联物产有限公司签订弹簧钢品种线材战略协议，与成都宁兴汽车弹簧有限公司签订30吨弹簧钢订单……”一年后，张觉灵给笔者回忆起那场收获颇丰的推介会，如数家珍地说出这些数据。

敬业集团的推介团队考虑得也极为细致，为帮助客户解决生产经营过程中的疑惑和难题，他们还提供了产品定制服务，以助力客户降低生产成本、提高市场竞争力。推介会现场还进行了“点对点”的互动交流，敬业集团的推介团队为各家企业答疑解惑，并承诺将提供驻厂研发服务——谁说B2B的企业不能搞定制化开发，不能像小米手机那样充分听取粉丝意见调整产品？在敬业这里，一切都有可能。

面对丰硕的推介成果，罗恩·戴仑信心满满，“有了敬业管理团队的加入，英钢的明天必定更美好。”

一方面是“眼见为实”的推介会，另一方面，敬业集团开始布局英国在国内的“前置仓”。2020年7月26日，近200吨英钢精品弹簧钢线材到达天津港，吹响了英钢高端产品进驻中国市场的号角。同时，这也标志着英钢产品在中国北方设立的第一个现货库正式启用。此前，敬业集团在组织架构上，专门设置了“销售总公司英钢国内开发部”，目的就是拉动英钢高端产品在国内市场的销售。

敬业集团天津区域的业务人员通过整合客户资源、精准宣传，使得英钢产品“未到先售”，已有客户订下了部分产品。在天津港，现场作业人员随即将远道而来的英钢产品，增加垫木及泡沫防震后进行装车，完成封箱。随后，装载着英钢产品的大卡车缓速前行驶出天津港，英钢在国内的弹簧钢线材第一单就此发出。

李赶坡在一次集团干部会议上，对于英钢营销团队不屈不挠的突围精神，予以了高度表扬：“英钢营销团队在一片狼藉的市场中利用敏锐的嗅觉，不屈不挠，步步为营，反复寻找客户的精神是我们全体敬业人学习的榜样。敬业营销精神在，还有克服不了的困难吗？敬业的创业者们在连人进出都不便的偏远山区，在既无港口又无铁路，仅有六米宽人车混行小路的闭塞小镇建起了千亿级敬业集团。建厂初期敬业集团除了成功的信念什么都没有。所以敬业人要继续发扬‘打出去冲上去’的精神，派出一支队伍便可打出一片天地，无往而不胜。”

## 把世界钢铁形势看得“亮亮的”

敬业集团一方面在改造英钢的既有设备，另一方面也在利用英钢的生产线研发新型的产品。2020 年 12 月 18 日，经过 9 个月的艰苦奋战，敬业英钢最新研发的高强结构钢 S460M 试轧成功。

“该新产品是敬业集团接手英钢以来推出的第一款新产品，是敬业英钢脱胎换骨、全面升级的产物，是敬业英钢发挥技术优势、做强做精英钢产品的重要里程碑。敬业英钢致力于高端工业钢材研发，不断推出更符合建筑需求、更节约建筑成本的型钢产品，期待满足您精确的技术要求并为您提供优质出色的服务。”敬业集团这样向外界宣布并推介了这一“全新力作”。

这一产品面世后就被英国建筑报等媒体争相报道，英钢时任 CEO 罗恩·戴仑表示：“S460M 在成本与重量之间提供了最佳平衡，具有更高的拉伸强度和屈服强度。”S460M 是热机械轧制可焊接细晶粒非合金结构钢，厚度不大于 120mm 的扁平轧材，主要应用于多层和高层建筑，以及广泛的商业和工业用途。而敬业英钢研发出的 S460M 通过了各项严格的认证，在五个方面明显优于同类产品：产品重量更轻，使地基更轻，可进一步降低建筑成本；较轻的型钢可增加建筑内的整体空间；与减轻重量成正比地减少碳含量；重量更轻意味着运输要求更低、原材料消耗更少，更加绿色环保。

就在敬业集团正式接管英钢一周年之际，2021 年 4 月，敬业英钢宣布已向欧洲交付第一条平底钢轨，他们成功向芬兰交通基础设施局交付了首批 5000 吨的平底钢轨，这是敬业英钢向世界钢铁市场提交的一份出色答卷，敬业集团再一次向世界证明了中国企业的实力。

彼时，美国最大的工业金属研究刊物 MetalMiner 对此进行了报道，英国钢铁公司商务总监克雷格·哈维在新闻稿中表示："在如今激烈的市场竞争中，与芬兰的平底钢轨合同对我们来说是一份极为重要的合同。尽管我们以前已经提供了芬兰的营销网络，但这次是欧洲国家铁路运营商第一次直接与英钢斯肯索普公司签订的钢轨合同。"

敬业集团收购英钢时的产品、市场、技术互补设想，已然实现。英钢钢轨生产始于 2006 年，工厂设在斯肯索普，拥有世界一流的创新技术，包括钢铁生产的 Bessemer 转换方法、钢轨的连续铸造以及无损检测技术。敬业英钢可提供各种长度、最长 120 米（或焊接长度为 216 米）的高性能钢轨，以满足国际高速、重型运输、混合交通、地铁和有轨电车铁路网的需求——这些高性能的产品，在国内也很罕见。

"敬业英钢与下游钢轨客户合作，联合研发超长寿命且低维护率的钢轨产品，助力国际轨道交通行业应对更高的交通量、更大的承载能力和更快的列车速度。英钢铁轨产品的等级可以与铁轨条件、铁轨类型、环境条件及其他变量完美匹配，以确保交付的每一条铁轨都能在其使用寿命内提供最佳性能。"

显然，敬业英钢作为欧洲领先的钢铁制造商之一，能严格按照国际标准坚持研发高精尖产品，助力全球高端工业领域高速发展。李赶坡曾对敬业集团的中高层干部说，"我感觉敬业就应该走向国际，开阔敬业人的视野，把世界钢铁形势看得亮亮的，今后怎么走能够有好的决策。"显然，他们已经站在"会当凌绝顶"的高处，把世界钢铁形势看得"亮亮的"了。

时间转眼来到了 2021 的农历新年，在万家团圆的日子，驻英钢团队因为事业舍小家顾大家，无法回国团聚，自然很想家。为此，在 2021 年 2 月 11 日（农历大年三十）晚上 11 点，李赶坡专门为驻英钢团队举办了远程的迎新年团拜会。

彼时，英钢各项工作已步入正轨，各项财务数据显示，即将有历史性的突破——扭亏为盈。因此，李赶坡在致辞中说，"英钢团队的团拜会是穹顶之下是餐厅，地球之上是餐桌，非常浩瀚广大，敬业集团收购英钢是个壮举，驻英钢团队成员不辱使命，做出了非常突出的成绩，英国政府对我们非常满意，最近两个月我们就要盈利，所以这些成绩值得我们祝贺！”

团拜会上，李慧明也发表了新春贺词，“2020年3月9日我们完成并购，英钢、FN和TSPE成为敬业大家庭的海外成员，疫情蔓延丝毫没有减缓敬业的发展步伐。回顾2020，世界格局风云变幻、惊心动魄，并购庆功宴上的欢乐还没散去，新冠疫情就在全球铺天盖地、席卷而来。疫情之下，董事长最关心的是大家的生命安全，一包包带着温度的口罩和爱心包裹漂洋过海来到我们身边；英钢的防疫物资充足、措施到位，病毒得到有效遏制；集团包专机先后接大家回国短暂休整，在聆听董事长饱含深情的讲话时，我相信大家的信念是一样的：英钢在敬业人的手中，必须盈利。”

“我们的管理理念和实干精神逐渐鼓舞起英钢全员改革降本、提产增效的热情，多项生产经营指标赶超历史最好水平；经过近一年不分昼夜的忘我工作，我们终于看到盈利的曙光。瑞雪兆丰年，斯肯索普的大雪预示着敬业英钢即将走出阴霾笼罩，迎来新的生机。2021年是辛丑牛年，牛，代表着勤劳、踏实和一往无前，我们将身携巍巍太行的雄霸之势，胸怀直冲霄汉的斗牛之气，与4000多名英钢同事一道继续颠覆性深化改革，通过严格管理和系统整合，实现产量、效益步步攀升，月月盈利、持续盈利。”

李慧明的发言，其实总结了驻英钢团队将近一年的辛苦工作，同时也预测了英钢即将“扭转乾坤”。正如他所说的，英钢即将走出阴霾笼罩，迎来新的生机。

团拜会上，敬业集团副总经理李刚别出心裁地送上一副对联，对敬业集团非同凡响的2020年做了生动总结：“上联：辞旧岁，战疫情，众志成城降成本，收购乌英云广钢，同行赞赏；下联：迎新年，扭乾坤，同心协力增效益，进军世界五百强，美名远扬。横批：越来越好。”

2020年，又是一个危机四伏、四面楚歌的年份，而敬业集团再次用对了“危机中有良机”的逻辑，再次向前飞跃了一大步。

## 扭亏为盈：再振英钢雄风

2020年春节过后，很快就迎来了敬业集团收购英钢一周年的日子。经过计算，英钢在2月份已经扭亏为盈！这成为英钢的重要历史转折点，也证明敬业集团兑现了在收购时的承诺，同时给敬业集团收购英钢一周年送上一份大礼。在疫情带来的全球经济持续低迷下，敬业集团引领英钢逆势而上、起死回生，创造了令人惊讶的奇迹，不仅证明了中国钢铁业的实力，也给了海内外的广大支持者一个肯定的回答，同时也给了部分"看空者"一个有力的回应。

每个月亏损数百万英镑的英钢，收购一年后就盈利了。敬业团队看得非常准，哪有问题，就用自己的一套方法去"治病"，终于见到了成效。

2020年3月9日，敬业集团在本部和英钢举行了"收购英钢一周年暨敬业英钢盈利庆祝大会"。李慧明回顾了敬业集团收购英钢一年来的发展历程及取得的成绩，聆听了高管们的感悟和祝福，曹喜军、英钢CEO、英钢COO、工会代表先后发言。

在庆祝大会上，李赶坡作了题为《中西合璧再振英钢雄风》的讲话，高度赞扬了敬业英钢团队不屈不挠挽救英钢、无所畏惧振兴英钢的精神，对敬业驻英钢的精英们舍小家为大家、坚守英钢的精神和步步为营、可圈可点的业绩表示钦佩。

李赶坡说，"当前的胜利是初步的，只是万里长征的第一步。英钢盈利模式还没有稳固，更大的困难等着我们去迎战，全员要继续保持高昂的斗志，凝心聚力为敬业英钢长期盈利、稳固发展做出更大贡献！"

在一年的时间里，敬业英钢团队攻克了一个又一个难关，围绕挖潜降本、节能增效，在英钢深入推进了多项改革，对生产和工作流程进行了优化，开发出了世界顶级的S460高强品种钢、天车轨1100材质等一系列新产品。同时，提赛德和斯金诺夫的轧钢厂改为全天候运营，极大地降低了生产成本，英钢也恢复了对伊明汉姆散货码头的运营控制。英钢销售团队积极拓展海外市场和英国本土市场，不断扩大敬业英钢的竞争力和影响力，为扭亏为盈打下了良好基础。

李赶坡在一次内部会议上，谈及了收购英钢的感受，折射出他看问题的不同视角和独特逻辑："我们这次收购英钢我感觉收获很大。原来我们说的国际化实际上只是销售上的国际化，参与英钢收购后，我们得到了很多国外钢铁行业的信息。在中国买一吨钢铁产能是 1500 元，如果要建 100 万吨产能的钢铁需要 15 个亿。而且在国内今天黄色预警限产量，明天红色预警停高炉，钢铁产业的发展很艰难。走出去后发现海外的发展空间还很大，走到全球就是全球的视野，走出去我们才知道世界的空间是无限的。"

## 英钢未来："Keep Running！"

可以说，英钢团队是敬业集团的精锐部队，战斗力极强，敢打敢拼，工作起来十分"玩命"。

李慧明这样描述："我们的英钢团队，基本上每天工作到晚上一两点，又得忙国内的事又得忙国外的事，每天每个人都要做总结。有一次我说你们也不看看新闻，他们说没有时间看新闻。整个团队的执行力很强，同时我们也践行海尔"日事日毕，日清日高"的文化，所以大家都非常有战斗力。"

接下来，这支精锐部队还有大量的工作要去做，比如对英钢部分老旧的设备进行更换，进行智能化、自动化的更新迭代。

按照李慧明的规划，英钢的整体发展应该是一个"三步走"的态势：第一步扭亏为盈，让英钢实现自我造血的能力。第二步进行必要的投资，同时理顺产业链；第三步就是实现减碳目标，向绿色转型。

"现在英钢的发展还处在第二个阶段，它的产线配套还是有一定的问题，所以我们也在改造配套的连铸机，以进一步提升产量。同时，我们也在抓'自发电’，不断提升‘自发电’的比例，将电力成本进一步压缩。”在李慧明的眼中，前期做的工作主要针对的都是英钢多年来留下来的一些弊端，英钢还有很多工作要做，比如设备的更新迭代，比如充分利用废钢减少碳排放，减少铁矿石的使用，最终建立起英钢的废钢产业链。“一开始英钢只能利用 9 种废钢，经过提升已经能利用 27 种了，这些都是很有效的变革。”

也就是说，敬业团队已让英钢从一个病人变成了一个健康的人，接下来，他们要让其变成一个强壮的人。

李慧明觉得，英钢的理想状态应该是年产量接近 500 万吨，生产线配置合理，人才结构实现年轻化，通过管理和投资，实现绿色生产，完成脱碳目标。

而敬业集团也将英钢的发展规划到了 2035 年，也就是说，用 15 年的时间，让英钢脱胎换骨，成为世界级的效益领先的钢铁企业——不追求规模，而追求利润率，在细分市场上有所作为。

自称高考时英语考得最不好的李慧明，在英钢已完全使用英语交流，除了谈判需要精准翻译外，平时听说读写已无大碍。“还是得天天学，不断地学。”李慧明笑着说，2019 年 5 月，他结束了美国的留学深造生涯，本以为海外经历已经到头了，没想到这才刚刚开始，2019 年 10 月就飞赴英国对英钢做尽调了。

对于英钢在敬业集团未来整体战略中应该扮演的角色，李慧明认为，英钢应该是敬业集团很牢固的一个海外生产基地，是敬业集团国际化坚固的堡垒，也是敬业国际化人才源源不断的培养和供应基地。敬业集团将通过英钢继续海外版图的扩张。“以后再走国际化道路，不会受语言的制约了，不会受人才的制约了。现在的驻英钢团队，待在英国已没有出差的感觉，就像在敬业总部一样。我们申请世界 500 强的资料，英钢的同事也在帮忙翻译、整理，可以说优势已经显现。”

李慧明说，未来敬业英钢将继续深度融合、挖潜降本，重振英钢雄风，努力将其打造成中企收购海外企业的成功典范和亮丽名片。

未来，敬业集团的海外收购显然还会继续发力。“我们的战略是一近一远，往往是同行的触角到不了的地方，利用差异化竞争，另辟蹊径。同行主要在东南亚，我们算是走得最远的一个。我们是真正介入了西方的钢铁业。”李慧明告诉笔者。

在收购英钢的执行阶段，敬业集团没有在聘请任何“外脑”，他们打算自己摸索出一套做法，为我所用，为长远所用。笔者采访时，敬业集团正在布局直接还原炼铁项目，已经对十几个国家进行了调研。

在接受笔者采访时，李慧明说起钢铁价格，会不经意地说成“镑”，可见他已完全融入了当地文化，并且全身心投入到了英钢的管理之中。面对笔者“未来会不会也拍一个‘英国工厂’”的问题，李慧明说，“我感觉还不算成功，还得需要几年的调整，找到了方向后，我觉得会继续好转，我们会做得更好！”

笔者注意到，李慧明的微信封面图，上面写着十分显眼的“Keep Running”（不停奔跑）字样，可见，肩负敬业集团国际化重任的他，将永远在路上。

# 第十一章 攻城略地

挽救乌钢："三板斧"赋能 / 布局广东借力大湾区 / 逆势发展：让自己反弹得更高！

2020 年，肯定是人类历史上，会被反复提及的一年。新冠肺炎疫情的黑天鹅，持续影响着中国经济和全球经济，不少民营企业在前所未有的"逆全球化"冲击下，举步维艰，甚至面临全面停摆的灭顶之灾。

疫情来袭后，李赶坡就对敬业集团的管理层说："敬业的干部要保持定力，登高望远，大变局中寻找良机。全球的政治动荡和经济变化再没有现在这样翻天覆地。敬业人习惯了逆境，也习惯了动荡和变化。我们不但阵脚不乱，还要继续保持定力，冷眼观察世界。现在的全球经济大危机是敬业再次发展的大好时机。全体干部要站到全球的高度去观察问题、分析问题，寻找敬业发展的机会，一是为当前的经营寻找良机，降成本增效益；二是为敬业的未来寻找机会。敬业人要经常提醒自己：我的良机在哪里，找到了吗？抓住了吗？"

康雪元告诉笔者，"2020 年疫情来袭，其实一开始有点蒙。李董事长还是强调逆势思维：危机中有良机。别的钢铁企业不供货了，我们的业务员还是主动出击。所以 2020 年一季度省里领导老来，很好奇敬业一季度业绩怎么还大涨了不少。"

在找良机、抓良机的战略下，敬业集团在做好疫情防护的同时，坚定发展信心，不断走出去寻找发展机会。面临全球钢铁产业链的不断整合，业已壮大的敬业集团已经意识到，想要基业长青，全球化和头部化是未来企业发展的必经之路，于是他们坚决地在全球范围内增大规模、扩充体量。即便是在全球疫情和全球贸易摩擦愈演愈烈的 2020 年，敬业集团依然以 5300 万英镑收购了英国第二大钢铁企业、拥有 450 万吨产能和 150 年历史的英国钢铁，并在同年收购广东泰都钢铁公司，将敬业集团的钢铁产能翻番，奠定了进入《财富》世界 500 强的基础，又一次在危机中找到了发展的良机，总结来说就是：国际化发展取得新突破，延伸产业链有了新进展，产品竞争力获得新提高。

## 挽救乌钢："三板斧"赋能

在国内钢企的并购方面，敬业集团早在 2014 年就北上并购了因经营困难濒临停产的乌兰浩特钢铁有限责任公司，投资 20 亿元，仅仅用了 6 年时间，便将乌钢年产能从 50 万吨发展为 200 万吨，这颗昔日的草原明珠焕发出新的生机和活力。

乌钢有着悠久的历史，1958 年 5 月建厂。它的建成，改变了内蒙古自治区兴安盟工业经济发展"一穷二白"的面貌，以兴安盟"工业长子"的角色，奠定了兴安盟工业经济发展的基础。

然而，后期乌钢却命运多舛，相继经历过蒙西集团、香港保兴、方大集团等多次转制，2014 年因经营困难濒临停产时，年产能仅 50 万吨。

谈及收购乌钢，李赶坡说过程特别简单，"乌兰浩特市领导找到我，说贫困地区 50 万吨的钢厂交给你吧，我去看了看，地方很穷，需要发展经济，我说好！接管了我就要负责任，当初是 2200 名员工，却只有 50 万吨产能，需要往下裁员，但贫困地区找个工作不容易，我能裁谁？但确实也养不起，怎么办，我就扩大产能，50 万吨扩到 100 万吨，又扩到 200 万吨。加大生产不就有岗位了吗？所以乌钢一直是 2000 多名员工。"

显然，当时乌钢濒临破产，挽救乌钢最好的办法就是减员增效。但李赶坡始终觉得敬业是来挽救乌钢的，是来挽救乌钢员工的，让员工失业岂不是失去了收购的意义？

“我们可能损失一些，要多发些工资。但濒临失业的员工都是弱势群体，人家的幸福攥在你的手里，你要给人家幸福。其实，并购之后一定是要赋能的。很多企业并购是纯粹为了自己发展，并不是为了赋能。我们并购是先考虑员工利益，再考虑当地政府的利益，最后考虑我们企业的利益，别给政府找麻烦，比如环保搞不好政府也没法交代。”李赶坡对笔者说。

2014 年 9 月，在乌钢谈判转让协议尚未达成时，李赶坡了解到乌钢当时所有原料只能勉强维持高炉两天后，当即决定为乌钢提供 4000 万元，保证乌钢的正常生产，并表示：如果敬业集团与方大集团在转让谈判中最后达不成协议，那么这 4000 万元就无偿支援给乌钢。

2014 年的 9 月 28 日，敬业集团正式接手乌钢。为了让乌钢员工感觉自己是乌钢的主人，李赶坡没有采纳公司改名字的提议，而是保留了乌钢的名称。

同时，他不远千里赶赴乌兰浩特，给乌钢员工进行培训，讲述“致富员工、回报社会”的创业初心，以凝心聚力。

李赶坡停下了回忆，对笔者说，“我经常一讲就是三个小时，包括现在新员工入职我都经常去讲，这是与员工之间的一个沟通渠道，同时让他们感受到敬业的文化。”

李赶坡当时是这样“讲课”的：“乌钢的历史是光荣的，它是 1958 年建厂的，风风雨雨经历了很多挫折，但我们竟然能生存下来，这是多么的不容易！如果没有乌钢，兴安盟及乌兰浩特市也不会发展成今天的样子，所以乌钢的历史是光荣的，我们每位乌钢人也是光荣的！”“改革要承诺两点：第一，一线员工、普通员工的工资不能降低；第二，任何一位员工不能下岗。改革的目的是把售价提上来，成本降下去，中间环节的浪费去掉，最后让乌钢能够盈利。”

对此，担任过敬业乌钢事业部党委书记的包志刚回忆说，“乌钢 10 多年频繁的变迁、易主，使乌钢人感到麻木与迷茫，员工的思想工作难做。但李董事长平易近人和朴实的话语，句句都打在了乌钢干部员工的心坎上。一下子就拉近在场所有人与敬业的距离。”

敬业集团党委副书记刘保庆当时被委任为乌钢事业部总经理，他已年过六十，仅带一人到乌兰浩特接管乌钢。多年后，李赶坡如此评价：“历史上传说的穆桂英50岁挂帅出征，远远逊色于60岁出任乌钢总经理的刘保庆。其难自不必说，可从不讲难。”

刘保庆接到这项重任时，其实压力也很大，一是因为没有思想准备，二是非常清楚这是一份不轻的担子，同时他对“蒙古人”的印象还是成吉思汗的铁骑队伍，查看地图才搞明白“乌兰浩特”到底在哪里。当时，刚刚有其他钢铁企业去东北收购钢厂结果发生恶性事件的新闻，所以刘保庆的内心更加忐忑：“如此艰巨的任务，我有能力完成吗？我能把敬业的文化、敬业的制度、敬业的管理模式根植于乌钢吗？”

李赶坡有句话：“主观不倒，目标必达。”人生、企业无论选择什么目标，只要主观意志坚强、百折不挠，就会去积极选择各种道路、寻找各种办法，千方百计达到设定的终点。

于是，熟悉情况后，刘保庆在乌钢进行了大刀阔斧的改革。用刘保庆的话说就是：“看惯了敬业，再看乌钢，真是到处都需要改变。”

第一板斧，让文化先行，让思想先行。如何让乌钢干部员工从沉睡中醒来，跟上外边的世界，跟上敬业的步伐？刘保庆决定在保持员工思想稳定、生产稳定、厂区秩序稳定的前提下，让敬业文化渗透到乌钢的每一个角落。乌钢自上而下开始了敬业文化的学习，比如学唱《敬业之歌》，还开展了不同层次各种形式的考试，同时赶制悬挂了企业文化理念牌，大力复制和营造敬业集团的文化氛围。

第二板斧，围绕人力资源进行改革。刘保庆觉得，乌钢要生存下去，必须全方位实行改革，其中人的改革是所有改革的中心。随即，乌钢的作息时间由原来的“机关模式”改为和敬业总部完全一样。乌钢生产线也由“四班三倒”改为“三班三倒”，同时大量“闲置人员”被推至生产一线，以满足新产能投产的需要。此外，刘保庆也将食堂、运输车队等成本部门改为承包制，自负盈亏，激发活力。

第三板斧，广开渠道打开乌钢经营的新局面。乌钢是一个“两头在外”的企业，即原料在外地，销售在外地。有限的资源被中间商控制，加上经营方式落后单一，处在十分被动受制于人的状态。为了打破僵局，突出重围，刘保庆采取了采购上开辟新客源、新资源的办法，多渠道、跨区域采购，如购进了俄罗斯原矿石等，打破了当地资源对乌钢的垄断。销售方面，乌钢充分开发当地市场，增加了优势区域的销量，同时通过设立直销点等方式，逐渐打开了局面。甚至，乌钢还大胆开发南方市场，将钢材投放在了广东市场，结果每吨钢材的售价比东北市场还高出了 300 元。

通过这三板斧，乌钢各项工作都有了明显的起色，刘保庆也功成身退回到了敬业总部。

从刘保庆变革乌钢的过程里，我们也能看出“激活休克鱼”的手法，看到敬业集团改造英钢的影子。敬业对乌钢的变革可谓雷厉风行，难怪，当敬业收购了乌钢，乌钢所在地的兴安盟领导询问石家庄市领导敬业集团怎么样时，回答是：做事速度非常快！

在后来的生产经营中，敬业集团通过投资提升乌钢产能的办法，不但没有裁减一名员工，还增加了 300 多人就业。敬业集团还投入 5 亿元专项资金，做好乌钢环保治理，实现绿色发展。如今的乌钢是兴安盟最大的纳税大户，乌钢也从濒临倒闭的老企业一跃成为内蒙古的民企新星。

可以说，敬业始终把目光聚焦在乌钢的重大切身利益上，把各项支持用在乌钢最急需的地方和环节，敢于投资，敢于发力，用“利他”方式获得了双赢。

## 布局广东借力大湾区

在疫情之下乘胜追击，2020 年 9 月 11 日，敬业集团正式接管广东泰都钢铁实业股份有限公司，这是敬业集团继收购乌钢、英钢后，钢铁产业战略布局上又一重大举措。

交接仪式上，敬业集团副董事长卢增元表示，敬业集团与泰都钢铁已经结为命运共同体，敬业集团将充分发挥优势，实施资本与产业整合，促进泰都钢铁产品结构和生产经营的多元化发展，实现企业技术、规模双创新。“敬业有能力把泰都钢铁管理好，使其不断发展壮大！”卢增元说。

泰都钢铁地处广东省揭阳市空港经济区，占地面积1000亩，员工1300人，是揭阳市一家重点民营钢铁企业和纳税大户，拥有烧结、高炉、转炉、连铸机18机架连续轧钢生产线及发电、制氧等配套设施。泰都钢铁地处榕江黄金水道，水陆交通方便，自有2个5000吨级的专业钢铁货运码头，年吞吐量超200万吨，钢铁物流便捷流畅有保障，能为用户降低库存备料与实现“精确生产”提供服务。

此次收购是实现双方共赢的重要战略举措，为敬业集团立足广东、辐射华南，将“敬业蓝”螺纹钢及其他产品打入粤东区、大湾区市场提供了坚实基础。

广东省年需求棒线材在4000万吨左右，本省产量不足，有市场潜力，同时广东揭阳临海，出口产品、进口原料便利——这是敬业集团布局广东的重要原因。

## 逆势发展：让自己反弹得更高！

加上英钢，即便疫情肆虐，但敬业集团在2020年通过这两次收购重组，积极开拓海内外市场，走向欧洲，成为跨国企业集团，向世界钢铁业展现了中国钢铁的竞争力和影响力。

可以看出，敬业集团在国内钢铁产业的布局上是有规律的：往边缘布局，往边境、港口处布局。

李赶坡算过一笔“账”：敬业集团1995年第一座高炉投产，到2011年建了16座高炉，产能达1300万吨。后来国家压减过剩产能，拆掉6座高炉，剩余10座，产能1100万吨；内蒙古乌兰浩特钢铁有限公司，产能200万吨；

敬业泰都钢铁，产能 100 万吨；英钢，产能 450 万吨——以上产能已然接近 2000 万吨。

“疫情期间我们收购了英钢、广东泰都，投资了 20 亿的冷轧项目，投资 50 亿进行决定敬业钢铁半壁江山的产能置换，同时还投资 20 个亿建铁路专用线，能在疫情期间做这么多事，使敬业集团在社会上的知名度大幅提升。”李赶坡在 2020 年半年总结会上如是说。

2020 年，在海内外收购数家钢企后，敬业集团的管理格局其实已经发生了巨大变化，由一地管理变为多地管理，由领导的直接现场管理变为间接管理，这都要求管理风格和决策方式做出相应的调整。

在李赶坡看来，这种局面的改变要求每位干部的思维方式、管理方式要随之改变，如果想改变成功必须在人才使用和考核机制上下功夫。他在一次讲话中说，“2020 年的工作主要是拔高、补短、增效益。企业在不断扩大，但是千万不能只顾扩张，忘了抓效益。做大的同时必须脚踏实地，把现在的事情做好。强调拔高有效强项、有效短板，能创效的项目要作为主要工作来抓，提高效益；不能创效的项目可以放到次要位置。”

的确，在多基地管理模式、收购兼并企业治理方式方面，敬业集团管理团队还需不断磨练，他们也有意识地在这方面加强培训，甚至向前来交流经验的宝武钢铁集团高管团队取经。

敬业集团的兼并重组之路显然还将继续，而他们又是如何将风险最小化的？李赶坡的经验是并购不能伤筋动骨：“实体经济和金融结合这一块，其实我也不太懂，但我就是知道企业的价值在哪里。我对李慧明说过，书本上说并购失败率挺高的，假如我们哪个并购项目不小心失败了，绝对不能影响敬业本部，不能伤筋动骨，必须在这个前提下才能进行并购，否则宁愿放弃。河北省相关机构研究过敬业，说这么多年来战略上没有失误，我们还是很幸运的。”

新冠肺炎疫情冲击下的全球经济一片萧条，贸易保护主义和单边主义抬头，当今的中国正面临世界百年未有之大变局，危机中育新机、变局中开新局。钢铁行业供给侧结构性改革深入推进，从量变到质变，竞争力增强、抗风险能力明显提升的钢铁业正在加速兼并重组步伐，钢铁行业集中度有望进一步提高。可以说，中国经济进入转型换挡期，中国钢铁业也在进入调整升级期。

2016 年，国务院下发的《关于推进钢铁产业兼并重组处置僵尸企业的指导意见》中明确，从 2020 至 2025 年，全国进入大规模推进钢铁产业兼并重组实施阶段。到 2025 年，中国钢铁产业 60%~70% 的产量将集中在 10 家左右的大集团内。

从全球看，目前欧美日韩等发达国家和地区产量排名前 4 位的钢铁企业集中度均超过 60%。产业集中度低已经成为限制我国钢铁行业健康可持续发展的关键问题，它导致钢铁工业在资源掌控能力、市场有序竞争、淘汰落后产能、技术研发创新、节能降耗减排等重大问题上缺乏行业约束力和自律能力。

敬业集团近年来的一系列兼并重组、收购合作，正是在这一战略政策下实现的，高度契合国家重大战略方针政策，深度吻合世界钢铁业发展趋势，方向明确、思路清晰、决策对路、成果显著，抓住了发展的战略机遇，可谓天时、地利、人和、业兴，产生了越来越大的影响力和辐射力。

这种逆势发展，来源于敬业集团几十年积淀的雄厚发展实力，来源于李赶坡对中国以及世界经济形势的准确判断，来源于对中国钢铁乃至世界钢铁行业发展脉搏的敏锐把握。

转型升级任重道远，发展蓝图已经绘就。人们正把鼓励和欣赏的目光投向敬业集团，希望它在不远的将来，再造一个又一个新的奇迹！

# 第六篇

# 未来可期

# 第十二章 “新兴”向荣

转型：由钢铁主业扩编出四大系统 / 钢材深加工：从产钢到“吃钢” /3D 打印：“结硬寨，打呆仗”

1996 年，我国钢铁产量突破 1 亿吨大关，成为世界第一钢铁产量大国。而后我国的钢铁产量一路猛增，把之前的竞争者远远甩在身后。而从 2013 年我国钢铁产量超过 10 亿吨以来，年产量一直保持在 10 亿吨以上，占全球钢铁产量的一半。2021 年我国全年钢铁产量为 10.3 亿吨，比上年减少约 3500 万吨。之所以维持在 10 亿吨左右，是因为国家在宏观调控，压缩过剩产能。

数年来，有关部门先压减落后产能，敬业集团拆掉三座小高炉。后又压减过剩产能，敬业集团共拆除高炉两座、转炉两座，合计压减产能数百万吨，且这一数字还在增长。

显然，向来目光长远的敬业集团需要未雨绸缪，有所改变。

## 转型：由钢铁主业扩编出四大系统

2019 年 3 月，李赶坡对外发声：中国钢铁市场隐藏着极大的危机。他认为，综合来看，国内、国际的钢铁产能在增加，而且在强劲增加，但中国经济增速在减缓，用钢需求在减少，这一矛盾一旦爆发，将造成钢铁市场断崖式下跌。2016~2018 年钢铁行业已连续三年盈利，各路钢企基本在以三年盈利的经验来看待钢铁行业的未来。2014、2015 年吨钢亏损 500~1000 元，一些企业一年亏损几十亿元的市场惨淡情形早已忘却。“入市有风险，惨淡的市场还是会有的。当这种市场再次来临，我们钢铁企业怎么办？我们做好准备了没有？”

可见，有些人是好了伤疤忘了疼，而李赶坡却一直有着强烈的危机意识，他觉得看待中国钢铁市场，需要以更长远的目光去看，而非短期盈利几年就又“大干快上”，这样只能陷入低端竞争的恶性循环。

事实上，在钢铁行业最低迷的 2015 年，李赶坡就有转型升级的意识，他在第二届中国钢铁产业企业家年会上说，目前钢铁行业产能严重过剩，需求逐年减少，到了非转型升级不可的阶段。这是中国经济发展到一定程度的必经之路。这个阶段将打破过去的发展格局，建立新的发展模式。打破和建立之中有广泛的发展空间，现在处处是良机，所以这是一个施展才华、英雄辈出的时代。

敬业集团位于京津冀地区，处于钢铁产业聚集地，产能共计 2 亿多吨的河北省，也是全国去产能的主战场。李赶坡研究发现，2017 年中国的城镇化率达到 58.5%，发展速度减缓，步入工业化后期，整个社会处于转型升级期，钢铁用量逐步减少。对比参照美国、日本、德国、英国等国家发展情况，这些国家钢铁产量无一不随着城镇化进程结束而大幅下滑。自然，敬业集团也将面临钢铁规模越做越小的局面。

“美国、德国之前的钢铁产能都在 1 亿吨以上，现在大幅缩减，钢材在这些国家都是夕阳工业、没落产业，在这方面，发达国家走过的路就是我们未来要走的路。因此，国内的钢材需求量会逐步减少。”李赶坡意识到，敬业集团面临转型升级的艰巨任务，长此以往，一个庞大的敬业集团规模会越来越小，甚至消失。所以，敬业必须转型升级，以获得新的生机和活力。

于是，李赶坡开始了出国探索之旅，跑遍全球探寻发达国家走过的钢铁企业转型升级之路。他带领敬业高管团队先后到韩国浦项钢铁公司、日本新日本制铁公司、丰田汽车公司、德国蒂森克虏伯、美国西部硅谷、以色列创新中心特拉维夫等地，摸寻规律，借鉴经验。

“想在产能过剩的情况下杀出一条血路，其实探索了很长时间，也走了很多弯路。”李赶坡告诉笔者。

考察期间，李赶坡就有了全新的思考：世界正处于互联网、信息化、大数据、人工智能快速发展的大动荡、大变革时期，对制造业来说是巨大的挑战和机遇。从传统制造业来看，中国与美国、德国等先进国家有较大差距，其中，工业基础、航空航天技术、发动机研发相差几十年。如果按照传统的思路，十年、二十年也未必赶上西方先进国家。但随着互联网、信息化、大数据、人工智能的发展，产生了大量工业新技术，如数控设备、3D 打印等。在这些新技术制造产业方面，我们与美国、德国等先进国家基本是同步的，或稍有差距。机遇千载难逢，应该紧紧抓住机会，充分利用新技术努力提高我国制造业水平，由过去的跟着跑，发展到并排跑，再到领跑，使中国由制造大国变为制造强国。

考察完毕后，李赶坡感觉茅塞顿开，回国后，他立即告诉全体员工：“作为钢铁企业，蒂森克虏伯不仅仅生产钢铁，而是把钢材作为机械加工的原料，他们的产品范围涉及钢铁、汽车技术、机械制造等多个领域。所以我们不能把钢材加工作为副产品而要作为主产品，也要发力钢材深加工，比如做螺纹钢的加工配送，做消费钢材的机械加工，还要建立钢材加工园区。”

在开阔了眼界，拓宽了思路后，敬业集团最终确定了钢材深加工、短流程铸轧与 3D 打印等项目作为突破口，接力敬业集团后续发展。

产能的压缩也带来了下岗员工增多的问题。“这些年共下岗 4000 余人，这些员工都是山区村民，下岗就会返贫，所以必须确保他们在敬业有新工作。”因此，李赶坡决定把敬业集团由钢铁主业一个板块，扩编出机械装备、高科技、物流贸易、康养旅游四个板块，安排所有下岗员工，同时确保企业的规模和效益。

可以说，这五大板块各有侧重，但又互相联结，互相融合。

机械装备板块方面，敬业集团学习德国蒂森克虏伯的经验，由钢铁生产转型钢材制造业，成立了敬业精密制管有限公司、敬业汽车改装有限公司、敬业钢构科技有限公司、敬业冷轧等八个子公司，消化敬业集团钢材，相当于延伸产业链，再造一个敬业。

高科技板块方面，敬业集团引进了北京机械研究总院陈蕴博院士科研成果，建立全球唯一一家全流程增材制造公司，自制科技含量高的金属粉末，代替部分进口，利用自制粉末进行 3D 打印、激光熔覆。同时，他们与中国工程院院士王国栋团队合作建设国内首套高品质薄带铸轧生产线，开发电工钢，主用于电机、变压器制造。

物流贸易板块方面，“出口中国制造、进口国际资源”是敬业集团国际化的定位，敬业要做全球钢材和金属制品的供应服务商，做全球小矿种和各种能源的贸易商。目前敬业集团已开拓亚太、中东及南亚、非洲、美洲、欧洲等市场，在全球 22 个国家设立了分公司和办事机构，产品出口到 80 多个国家和地区。敬业将紧紧围绕供应链上下游，加大贸易额，使国际化成为敬业绿色发展、持续增长的新引擎。

康养旅游板块方面，敬业集团依托平山空气好、水质佳、环境好的优质天然旅游资源，收储了 10 万亩荒山，投资 120 亿元开发黄金寨、王母山、迪山云顶、民族风情园四个旅游景区，打造华北大型康养基地。

“敬业集团的转型升级是由低级认识到高级认识，由思想混乱到逐步条理的探索过程。”李赶坡说，敬业集团还在用“四化”提升传统产业，“四化”分别是：全方位智能化、客户中心化、国际化、资产轻量化。

全方位智能化方面，敬业集团大力推行采购、生产、销售、运输、财务等全链条的智能化管控。采购引进欧冶电商平台，实现备件网上采购；生产各岗位逐步加大机器人的使用；研发敬业钢材电商平台，实现产品全流程网上销售；物流车辆进行智能化管控，财务实现收付款网上办理。

在敬业集团的大部分车间里，几乎看不到什么人，他们在数字化和智能化方面，已然做到了全国前列。

客户中心化方面，敬业不是为建设品牌而努力，而是为做好客户服务而努力。因此，从产品设计、制造、出厂到客户使用，各环节首先明确自己的客户是谁、客户需要什么样的服务，在此基础上为客户提供超值服务。通过客户中心化，敬业努力由卖产品转变为为客户提供解决问题的方案，由制造业变为制造服务业。

对此，李赶坡有着深深的感触："敬业集团是搞制造业的，但我们尤其重视服务。我们一直认为，产品和服务方面，1% 的缺陷是客户 100% 的灾难，是企业自身被客户抛弃的开始。制造业不只是卖产品，而是卖解决问题的办法，给客户解决问题，那就要产品加服务。比如，只将空调卖出去是不够的，要能达到为客户解决夏天炎热、冬天寒冷问题的目的；卖冰箱也不是目的，而是要帮助客户储存食物，同时做到节电。"

国际化方面，敬业集团特别指出，实现全面国际化——从原料进口、产品销售到人才引进、战略合作都要国际化。

资产轻量化方面，敬业集团通过管理、品牌、技术改进、设备改造等手段，将集团发展由重资产转为轻量化，通过对现有资产的有效利用提升效益。

## 钢材深加工：从产钢到"吃钢"

在"双碳"政策背景下，钢铁行业面临巨大的低碳转型压力，企业加速布局低能耗产业转型升级已经成为重要发展战略。

新时期的中国钢铁工业，已经从规模速度型向质量效益型转变。优化产品结构、升级产品品质、装备和生产高端智能信息化、融合科技创新、打造可持续发展产业生态链，成为钢铁工业实现高质量发展的共识。而敬业集团用新时代新的发展理念，在钢铁产业转型升级、延伸钢铁产业链、钢铁产品深加工等方面，进行了一系列创新实践，在实现钢铁产业高质量发展的征程上取得了业界瞩目的成就。

此前，在提及敬业集团为什么要做大钢材加工板块时，李赶坡说出了这一转型背后的逻辑思考：第一，国家层面在反复压减产能，不允许新增一吨钢铁产能，任何钢铁企业都无法再扩张产能，而且要逐年减量。第二，敬业生产的是钢材，终端客户不经加工是不能使用的。螺纹钢不折弯捆绑不能用，中厚板不切割不能用，热卷板不开平不能用，所以敬业要想做到客户中心化，为客户服务好，就必须继续加工，做成客户能使用的成品。第三，钢材加工是钢铁生产的延伸，就好比由铁做成钢、由钢做成材。进一步要做的是，由材做成成品、半成品，延伸产业链。“敬业要进入世界 500 强，只有在钢材加工板块下工夫。敬业现有产品全部加工就会再造一个敬业，所有产品深加工做成精品就可以再造两个敬业。敬业的最终目标是把敬业的钢材 80% 甚至 100% 都加工成成品、半成品，满足客户需求。”

2019 年时，敬业集团已定下了冲击世界 500 强的目标，按照李赶坡的设想，依托敬业千万吨钢铁优势，组建北方最大的钢材深加工园区，便可增加 500 亿元的年营收，同时还可以内部消化敬业钢材。因此一张宏大蓝图开始设计：投资 47 亿元，建设 260 万吨冷轧项目，瞄准高端汽车板和家电板，投产后年销售收入达到 200 亿元；投资 25 亿元，建设 350 万吨焊管项目，项目全部投产后年销售收入达到 150 亿元；以敬业中板为依托做钢构项目，主要服务于高层建筑和桥梁用钢结构；以敬业 700 万吨螺纹钢为原材料，开展钢筋工厂化加工配送服务……

按照既定规划，敬业集团积极推进钢铁行业转型，以壮士断腕的决心、除旧布新的勇气，坚持走“转型升级、多元发展”之路，依托千万吨钢铁主业，打造年产值 500 亿元的钢铁深加工产业园，大力发展冷轧、制管、钢结构、汽车改装、机加工、钢筋加工配送等产业，有力支撑钢铁主业的发展，成为钢铁企业发展多元产业的中坚力量。而在 2014 年，敬业集团设立钢材深加工园区时，特意把新修的通往园区的路命名为“二次创业路”，由此可见决心之大，布局之超前。

为了配合敬业集团钢材深加工板块的发展，部分敬业员工由钢铁主业抽调到这些全新生产线上，展开了名副其实的二次创业。2020年2月，李赶坡专门对他们做了动员讲话："这次抽调的转岗员工在钢铁主业是立下功劳的，有的在敬业钢铁二三百万吨时就入厂，有的在敬业五百万吨前就入厂，见证敬业钢铁发展的历程。转岗是一种正常的工作调动，转岗到新的岗位为敬业发展再立新功。各位转岗员工已经为敬业钢铁发展做出了巨大贡献，由一座炼铁炉干到钢铁产量1000万吨以上，现在集团又开始新的征程，需要抽调大量人员去参战，你们就是其中一部分，敬业需要你们。"

李赶坡继续给转岗员工们鼓劲："要与进入敬业工作十几年、二十几年的岗位分别，学到的技术暂时不能再用，而要去学习新的技术，既是残酷的又是艰巨的。学习新技术不是件容易的事，要从头学起，要刻苦学，对转岗的每位员工都是次新的考验。我坚信每位员工不怕艰苦、不怕困难，一定能把新技术学到手，这对你的人生也具有深刻的意义。成功的大门向每位奋进者敞开，奋进者处处是通途，事事可成功！"

如果说海外收购是敬业做强钢铁主业的大手笔，设立钢材深加工园区，则是敬业在不增加一吨产能的前提下，从产钢到"吃钢"、延伸钢铁链条的大动作。

为延伸钢铁产业链，促进转型升级，敬业集团斥资47亿元兴建260万吨涂镀板项目，产品主要覆盖高端建材、家电板、汽车板等。项目分两期进行建设：一期1450mm系列生产线、二期1800mm系列生产线，其中一期1450冷轧工程项目整体设计产能为每年120万吨。

2020年5月31日，敬业集团钢材深加工园区传来喜讯，作为河北省重点项目的敬业集团1450冷轧工程酸轧机组第一卷产品顺利下线，标志着敬业集团延伸钢铁产业链再添新成果、再上新台阶。120万吨的冷轧生产线采用国内领先工艺技术，实现了装备大型化、生产智能化、产品高端化、服务信息化，目的在于依托敬业钢铁主业高技术优势，形成冷轧产品全流程产业链。建设冷轧项目是敬业集团坚持高质量发展，“做大钢材深加工，做全球钢材和金属制品的供应服务商”这一发展战略的重要一步。作为敬业集团钢材深加工系统最大的项目，冷轧项目投资大、科技领先、产值高，建成后能消化敬业20%~30%的热轧产品，为敬业集团可持续发展增添了后劲。

彼时，正处于新冠疫情防控形势严峻时期，而敬业冷轧酸轧机组仅用13个月建成投产，创造了世界冷轧行业建设周期最短的纪录，堪称一个伟大的奇迹。

这一战果，自然来之不易。

李赶坡在冷轧项目投产仪式上说，冷轧项目在敬业集团的发展史上有着重大的意义。敬业集团的冷轧项目是一个伟大的婴儿，这个婴儿产生在特殊的时代。世界上从来没有如此持久的疫情，从来没有如此深入到各国范围影响大的疫情，在如此严重的疫情下，敬业冷轧项目投产了，所以敬业冷轧项目这个婴儿非常的伟大。在项目建设过程中，很多设备制作厂家停产，物流断供，设备、项目建设用料不能正常运输。正是在疫情影响如此严重的情况下，冷轧项目的建设团队只争朝夕，不分昼夜连轴工作，最后按时投产，这是一个伟大的奇迹。

与单体冷轧企业需要外采热卷不同，敬业集团全流程产业链使用自产热卷作为原料，工艺性能要更好控制、更稳定。敬业的这条冷轧线除生产0.2mm~2.5mm厚度冷轧产品，还可定制生产其他规格的冷轧产品，显示出了全流程产业链在满足个性化需求、成本更低等方面优势。

冷轧项目施工秉承敬业集团“四个一流”的理念，从工厂设计、设备制作、安装调试和试产人员四个方面精益求精，确保项目稳步实施。尽管受到疫情影响，但参建各方不畏艰难，战疫情、争工期，为保障项目按时投产，他们打破常规，工程施工、设备安装交叉进行。

面对施工人员受疫情防控管理不能就位、外地设备无法发货等困难，敬业冷轧项目部科学合理安排工作，决定先由本地施工队对简单的工程施工，及时调整设备安装顺序，先安装到货设备，绝不让工程停工。

酸轧设备调试常规是 3 个月，最长的能达半年左右，但敬业冷轧项目部在机械安装、公用辅助设施建设等前期准备中精密安排，为创下调试最短纪录打下基础。最终，酸轧机组仅用 1 个半月就完成了调试，而冲洗液压管路的时间，也由常规的 20 天压缩到 7 天。

由于冲洗时间短得不可思议，设备安装厂家对这么短时间冲出的液压油清洁度产生了质疑，要求敬业集团拿出专业测评报告。但报告结果显示合格，设备厂家直呼不可思议。而这些“不可思议”，恰恰是敬业员工突破定式、习以为常的事情。

为确保各项工序一次成功不返工，敬业冷轧项目部聘请行业内 7 名关键岗位冷轧专业技术人员，做好质量把控。同时，在做好疫情防护的前提下，敬业冷轧项目部人员轮番坚守阵地，一天也不耽误、不懈怠。敬业集团冷轧项目部总经理刘军川经常忙到深夜，第二天又准时上班，后期调试更是大大小小的问题都会反复确认。

“敬业跟我以前遇到的客户不一样，以往的客户要求的时间也很紧，但一般都做不到真正严格按时间节点完成。冷轧团队真是干活拼命，刘军川部长每天都会到现场查看，每天走得很晚，这种实干精神也感染了我的团队，调动了我们的积极性，所以这次调试进行得非常顺利，结果让我很惊喜。”敬业冷轧项目合作方的一位经理如是说。

“敬业冷轧项目填补了石家庄及太原周边区域高端冷轧产品的空白，也是敬业集团进一步提高市场竞争力、延伸产业链、发展服务型钢铁的重大举措。我们要做精做专创新产品，做优做特转型产业，不断提高核心竞争力，当好行业高质量发展标杆。”刘军川说道。

2020 年 11 月 24 日，敬业集团“1450 冷轧工程”连续退火生产线正式投产，这是继冷轧项目酸轧机组投产后的又一重要成果。随后，连续镀锌机组和彩涂机组相继投产，敬业冷轧产品全流程产业链完全形成。

彼时，李赶坡以贺信形式表示了祝贺：喜闻冷轧连退项目成功投产，在国际疫情几乎刹不住车，中国艰难启动双循环的局势下，真是振奋人心！连退项目成功投产凝结了冷轧项目全体成员不被人知的心血和汗水，凝结了各协作单位努力奋战、互相配合的团队精神。连退项目投产，使冷轧产品更接近客户，为镀锌彩涂项目打下坚实的基础，意义重大！

2021年5月，敬业高品钢科技公司彩涂产品推介会在敬业集团旗下野生原度假村举行，大会以“品质保障持久光鲜敬业高端彩涂板”为主题，吸引了来自金刚化工、上海钢联、北京钢结构协会等60多家国内外知名企业和行业协会共计160多名代表参会。“敬业彩涂机组采用国内外成熟先进的二涂二烘生产工艺，主要生产高端建筑板和家电板。敬业彩涂板采用经镀锌光整毛化后热镀锌或镀铝锌硅板作为基板，涂料使用阿克苏、立邦、KCC等品牌油漆，保证了彩涂板涂层的耐候性，耐腐蚀性，颜色光彩鲜艳。”刘军川当时介绍说。

在疫情反复的情况下，敬业集团冷轧项目捷报频传，在很短的时间里，他们相继建成了多条生产线：1条120万吨酸联轧生产线、1条60万吨的连续退火线、2条30万吨的镀锌生产线、1条20万吨的彩涂生产线——这都极大鼓舞了整个集团再度创业的士气。

面对钢铁产能过剩问题，钢铁企业必须转型，可转向哪里？敬业集团将目光投向了钢材深加工。他们算过一笔账，在不增加一吨产能的前提下，敬业目前的自产钢材经过精深加工，销售收入可增加一倍，利润大幅攀升，而且不增加污染物排放。

“钢铁行业产业链长、关联度广，每个环节利润各有不同。”刘军川拿冷轧生产线举例，酸轧产品比热轧产品每吨利润高四五百元，连续退火钢板比热轧钢板每吨高七八百元，彩涂板则比热轧板每吨高上千元。

从小批量进行钢构件、管件等的生产，到大批量进行冷轧延伸产业链，敬业集团的钢铁深加工之路越走越宽。由于敬业冷轧产品针对质量异议提供一对一服务，做到24小时现场处理，凭借优质的产品和服务，他们的冷轧产品很受客户青睐，订单接连不断。

笔者采访时，在刘军川的办公室等了很久，他才从冷轧车间匆匆赶回，时值酷暑，他脱下安全帽，头发已然浸湿。“我们要求走动管理，所以每天都要在车间待很长时间。”刘军川擦着汗说。

早在2004年，李赶坡就提出敬业干部要走动管理、现场管理，和广大员工多沟通，这样工作才会有成效。稻盛和夫曾说，答案在现场，一线有神灵，企业的经营者必须详细掌握生产一线的具体状况，这样才能追根溯源，找出症结。而任正非也说，“华为下一步变革的方向，就是让听得到炮声的人来做决策。”所谓“听得到炮声的人”，指的就是在一线工作的人。

显然，决策者必须要走动式管理，将与员工的沟通渗透到管理的每一个环节和细节。“你在办公室坐着听汇报，反映的情况往往不真实，不如自己去看，在现场解决问题效率也高。”刘军川说，“另外走动管理也是为了充分沟通，镀锌板项目每天早上都要开晨会，主要就是沟通和寻找问题，我就对大家说，都要说问题和发表意见，不怕你提的错，就怕你不提，只要脑子动起来，沟通起来，那么就有做好的可能性，如果不沟通，就永远也做不好。”

的确，管理中70%的错误是因为沟通不充分造成的。通用电气公司前CEO伊梅尔特在谈及怎样支配自己的有效工作时间时说：“我差不多有40%的时间跟人打交道，进行交流、沟通。”

冷轧项目能克服种种困难顺利上马，显然与此有关。

有一次，刘军川在车间“走动”时就发现了一个棘手的问题，并且顺利地当场解决：“冷轧机要用一个3000W的大电机，后面有一个进口的编码器，需要安装到电机主轴上面，但电机上的螺栓口，电机厂打得不正，怎么也安不上，最后厂家也承认是他们生产精度有问题。工程人员急坏了，说进口的编码器不能轻易改，电机上的孔位也不好改，这要耽误工程进度，如何是好？我就突然想到，两个产品都不能改动，但螺丝是自己买的，这是可以改动的。于是我就出主意，把螺丝帽那里加工一下，往上提一个毫米。工程人员就按这个办法去加工，结果还真就给安上去了。电机厂最后打电话来说，还是你们办法多！”

有些问题看似无解，但只要动脑筋定会找到解决办法。但如果此事再经“层层汇报”到刘军川这里，刘军川如果不是在现场亲眼看到，工程进度显然就会耽搁。

笔者在刘军川的办公桌上看到，他正在看一本与镀锌技术有关的泛黄的旧书，“新版的书有的内容没有，就从网上买了一本二手书，系统地学习一下。”刘军川笑着说。

这位1998年主动请缨来敬业工作的20世纪80年代机电专业毕业的大学生，已然在此奋斗了20多个春秋，还在实践中不断学习，甚至还要学习“最全”的内容，也难怪敬业的冷轧项目可以搞得风生水起。

此外，敬业钢材深加工园区还培育了汽车改装、精密制管、报废汽车拆解等项目，在钢铁产能整体逐步压减的大背景下，敬业集团走出了一条适合自己的绿色、健康、持续发展之路。

## 3D打印：“结硬寨，打呆仗”

一个精致的金属杯子，映入笔者的眼前。“这不是锻造出来的，而是3D打印出来的。”分管研发的敬业集团副总张觉灵笑着说。

而在敬业集团的增材制造车间，十几台世界先进的设备正在有条不紊地用金属粉末打印出各式各样的立体产品。

这些都是敬业集团与机械科学研究总院合作引进的项目，总投资规模23.4亿元，已建成原材料生产、激光熔覆修复、3D打印产品、粉末工具钢生产等多条智能制造生产线，涵盖工艺设计研发、原材料生产、产品生产以及定制化服务等，构建了较为完整的金属3D打印产业生态链——全球唯一一家全流程增材制造公司已然诞生。

“2015年，钢铁产业十分低迷，产能也受到压缩，当时李董事长就让我们发力转型，所以就延展出了深加工产业和增材制造产业。3D打印技术刚刚诞生时，因为速度慢、成本高，还不能大批量的生产，因此不能代替铸造，但现在速度越来越快，未来的前景将越来越广阔。”张觉灵告诉笔者。

为配合集团战略，李慧明直接主抓钢材深加工和新科技板块。“新兴领域我分管的比较多，转型就是为了培养多个增长极，我们准备发力高科技板块时，发现增材制造是一个很好的项目，非常有发展前景。”

高性能金属粉末是3D打印、高速激光熔覆、高端粉末冶金工具钢的直接原材料，随着3D打印等增材制造技术的深化应用，国内对高性能金属粉末的需求潜力巨大，但该技术长期被国外垄断。

敬业增材于2016年2月开始粉末项目的建设，他们与机械科学研究总院陈蕴博院士合作，根据其多年研究成果进行实验，成为第一个吃螃蟹的人——敬业人敢拼敢闯的特性再一次淋漓尽致地体现出来。

“陈蕴博院士研究成功了，完成了‘中试’，但是他没有车间进行常规的生产，我们就进行了合作。第一个吃螃蟹显然是有风险的，但所有创新都有风险，在这方面必须舍得投资。”李赶坡告诉笔者。

“在其尖端技术支撑基础上，我们经过不懈努力，终于实验成功。先后研制了200公斤及500公斤级雾化炉，打破国外垄断。”李慧明说，

2016年7月，敬业增材制成一台200公斤级气雾化制粉设备，打破了国外技术壁垒和市场垄断，随后又制成500公斤级真空气雾化成套生产技术装备，年产能800吨。其中500公斤级设备被工信部列入国内“首台”装备，也是国内最大的真空气雾化设备。

“国内的增材制造企业我们也都考察过，因为增材制造是一个全新领域，所以说在探索过程中也是走了不少弯路，产品质量也有一些反复。比如如何提高金属粉末的出粉率就是一个问题。”李慧明说。

于是，敬业集团决定采取收购行业内优质公司的方式解决这一难题。

2019年8月，敬业增材制造科技有限公司收购了石家庄利德粉末材料有限责任公司大部分股权，利德公司是国内生产高压水雾化金属与合金粉末的厂家之一，拥有多项实用新型专利。

“利德公司产品主要应用在注射成型行业，特别适合体积小、批量大的精

密件，跟敬业很互补。通过收购，我们把增材制造的两个生产工艺结合在了一起，可以提高产品附加值，增加产值，同时推进粉末后期研发，提升粉末品质及市场占有率，迅速占领注射成型粉末市场。”李慧明说，“敬业自主研发的金属粉末已应用于苹果手机、华为手机等产品，用于手机的边框，占市场86%的份额。目前是我们提供原料，随着更多的生产线建成，最终我们也可以做出成品。”

不知不觉中，敬业集团又多了一款“隐形冠军”级别的产品。

“敬业集团自己能研发并生产出金属粉末，这就是最大的优势。”张觉灵说，“这个行业研发速度很快，市场也逐步在扩大，完整的产业链正在形成。比如现在像燃油嘴这样的产品就直接可以投入使用，传统工艺做不出来，但3D打印不但能做出来，性能也提高不少。”

如今，敬业增材的微细金属粉末成套制备技术已达国际先进水平，敬业增材生产的气雾化金属粉末球形度高、含氧量低、流动性好及纯净度高，同时粒度分布可以根据客户要求进行定制，可以充分满足客户的个性化需求。铁基、镍基以及钴基三类自主研发合金粉末，根据粒径、性能的不同，可用于3D打印、激光熔覆、粉末冶金、金属注射成型、热喷涂等行业。敬业增材自主研发的金属粉末已被鑫精合、铂力特、艾华集团等业内知名客户批量采购，并向中国兵器装备集团、德国奥迪等客户提供专项定制粉末。同时，敬业增材制造的新型发动机机匣、换热器等结构件已广泛应用于航空航天和民用领域。

激光熔覆技术在材料表面改性、零件修复等方面显示出了巨大的应用潜力，可对轴类、平面、曲面等多种备件及大型、批量化磨损设备实现快速修复。2017年，敬业增材联合机械科学研究总院先进制造技术研究中心与德国弗劳恩霍夫激光技术研究所合作，引入国内首台激光高速熔覆修复系统，建立了国内唯一超高速激光熔覆修复生产线，修复速度最快达200米/分钟，是普通熔覆速度的10倍以上。

截至2021年，敬业增材共有9台激光熔覆设备，其中5台超高速激光熔覆设备，修复能力达到36000㎡，主要应用于煤矿机械、石油机械及工程机械等领域，针对表面有耐腐蚀、耐磨等需求的轴类件进行表面熔覆，取代电镀技术，既解决了电镀的环保问题，产品质量也得到极大提升，成本优势越发明显。

3D打印技术被誉为改变传统制造业的第一技术，敢作敢为的敬业集团坚持绿色低碳发展的同时，颠覆性地进行了转型升级。“3D打印最大的特点就是整个结构各个部位的强度是完全一致的，不像各个零部件拼装起来，总有薄弱的地方。而且3D打印是一体成型的，能实现轻量化，性能比较稳固。”李慧明告诉笔者。

的确，3D打印具有成型快速、宜加工复杂形状零件、可进行个性化产品定制等优点，能够大大提高生产效率，降低能源和原材料损耗。敬业增材拥有世界先进的金属3D打印机，他们利用设备优势同航天二院、三院，中国兵器装备研究院等科研院所进行全面技术合作，在产品设计、拓扑优化等方面均得到极大提高，并广泛用于航空航天、医疗植入物、模具、汽车、教育科研、文化创意等领域。2020年，敬业增材攻克铝合金薄壁件技术和3D打印优化激光扫描策略等技术难题，满足了客户定制化需求。

与此同时，敬业增材还利用自产粉末制造工具钢。“粉末工具钢产品组织均匀，晶粒细小，比相同成分的熔铸高速钢具有更高的抗弯强度、韧性和耐磨性，性能高出20%~50%，使用寿命比传统高速钢提高10倍以上。粉末钢的工艺性能好，强度和韧性配合好，主要用来制造复杂的薄刃和耐冲击的金属切削刀具，也可制造高温轴承和冷挤压模具等。”李慧明说。

自产金属粉末、激光熔覆、金属3D打印、自产粉末制造工具钢……一个全新的金属产业生态链蔚然形成。

李赶坡始终认为，科学技术是第一生产力。现代以来，西方国家之所以能称雄世界，一个重要原因就是掌握了高端科技。只有拥有强大的科技创新能力，才能提高国家及企业的国际竞争力。敬业集团是传统行业，要想突破发展瓶颈，关键在科学技术的创新。因此，可以看出，敬业集团在发展增材制造项目过程中，始终坚持借助全球最好技术为依托原则，比如，金属粉末项目第一个吃螃蟹，激光熔覆项目与全球最好的德国弗劳恩霍夫激光技术研究所合作引进超高速激光熔覆技术，3D 打印项目引进全球最先进的德国金属打印机，粉末先进成形产品学习全球最高端的制备工艺，取代进口。

这又是一种坚持“一流”的理念，只有坚信自己可能性的人，才能开创新事业，而拥有可能性，就必须占领制高点。

笔者发现，李赶坡似乎有着凡事追求极致、凡事追求一流的特质。他对此回应说：“的确是做到极致，别人说不能太追求完美，完美会造成成本高企，我在这方面确实耗费了不少精力。我对下级要求特别严，有的文件我要反复改 5 遍，改得我都头疼。”

李赶坡曾经要求，敬业的任何产品不论在规模和质量上必须做到全国或全省数一数二，并形成品牌，严格执行“一流的产品、一流的服务、一流的价格”的品牌战略，否则就宁愿不做。“我看重的是事业做成了没有，所以我们一直在提‘数一数二’。”

老子说：“天下难事，必作于易；天下大事，必作于细。”在这方面，李赶坡显然也是优秀的践行者。

在依托国际先进技术基础上，敬业集团坚持占领高端技术制造制高点，力争摆脱国外垄断。经过多年发展，成绩斐然：高端冶金粉末产品一直被国外垄断，国内所需的熔覆粉末、3D 打印粉末、工具钢粉末每年 80% 以上来自进口，敬业通过努力研发，实现了这些冶金粉末产品的自主生产，质量优异，可完全取代进口；3D 打印瞄准高铁、航空航天、火箭、兵器、卫星等尖端设备进行零件生产；超高速激光熔覆技术尖端，加工效率是原有技术的 10 倍以上，产品使用寿命是原来的 3 倍以上，工艺绿色环保可代替电镀等高污染行业；工具钢如高速钻头、拉刀、插齿刀等用钢之前全部由美国、德国、日本、瑞典等国家垄断，敬业通过自主研发正在逐步取代进口。

2017 年 11 月，敬业增材公司被列入“河北省军民融合型企业”，成为军需产品生产基地。企业强则国家强。迈入新时代，敬业集团积极响应国家军民融合发展战略，与中国航天科工集团增材制造技术创新中心、航天二院 3D 打印中心和中国电科54所等多家军工单位签署战略合作框架协议。敬业集团将继续走好军民融合之路，利用自己的特种钢、3D打印技术，做大做强高端机械制造业，为实现中国梦、强军梦贡献一份力量。

截至2021年，敬业增材具有年产2万吨粉末先进成形产品、600吨增材制造用金属材料以及30吨3D打印航空材料生产能力，年可实现销售收入91亿元。在增材制造领域，敬业集团也一直在加大研发投入，研发投入一度达到这一板块营收的30%。

谈及增材制造板块的未来规划，李慧明说，"我们认为增材制造非常有发展前景，每年的市场增长至少有30%，随着注射成型行业的逐渐成熟，注射成型产品将广泛应用到各行各业，全球产值在数十亿美元以上。我们就将金属粉末打造成敬业增材制造的核心竞争力，逐步向下游的注射成型渗透。"

"我发现敬业的'专业'是材料学，做化工时生产的是水杨酸，做的是原材料，做钢铁也是从原材料往下游做，3D打印也是从金属粉末做起。"李慧明笑着总结说。

而李赶坡的着眼点更长远，他说："敬业集团将建成集高端增材设备制作、原材料制备、加工服务为一体的增材制造综合企业，建设高水平的国家新型工业化示范基地，使公司成为同行业国内首屈一指，世界一流的高端制造业企业，为中国早日成为制造强国贡献力量。"

在回答是否有计划将3D打印项目单独孵化成上市公司的问题时，李赶坡和李慧明都立即予以了否定。

"有人给我投资，我不让他们来，我们踏踏实实地做，所以没有必要去上市，我们还是喜欢稳健地去发展。"这是李赶坡的答案。

而李慧明说，"我们觉得如果变成一个公众公司，很多决策就不灵活了，会打乱自己的节奏和想法，发展反而受到制约。一些公司上市之后往往身不由己，为了让短期财报业绩好看一些，会做出一些伤害企业长期利益的举动。所以说我们还是一心一意做好实业，稳扎稳打，我们叫小步快跑，有多大的实力干多大的事，但是跑得也很快。"

父子二人的回答，让笔者想到了曾国藩的“结硬寨，打呆仗”。曾国藩成就大业唯一的秘诀，就是他一生坚持笨拙，不走捷径。他依托挖沟扎篱“结硬寨”，不进攻，只守着，把敌方围困至弹尽粮绝，正所谓“打呆仗”。清末骁勇善战的太平天国士兵遇到这种打法，也毫无办法，一旦被曾国藩的湘军围困住，最终的结果都是弹尽粮绝、人心涣散、乖乖投降。看似愚笨的“结硬寨，打呆仗”，显现出巨大威力。

这或许也正是敬业集团基业长青的秘密，远离浮躁，“少实胜虚，巧不如拙”，“结硬寨，打呆仗”，但是永远能打胜仗。

# 第十三章 传承样本：用社会资源培养接班人

接触—融入—热爱—责任 / 对话李慧明：搞实业是最好的理财

对于传承，李赶坡告诉笔者，这是他感到最为自豪的一件事情，他直言：我的传承是没有障碍的。

准备接棒的李慧明，在听到笔者转述的李赶坡对于他的评价后，用这样的话表达了他对父亲李赶坡的敬意："我就是在父亲的领导下做自己分内的事情，我跟着父亲工作，工作的时间越久，越感受到他的不易，他的高度。"

现在的李赶坡，基本只抓大方向，更多的细节事务他一般都不会再去过问。"我现在主管战略，别的不管了。我就管三件事：企业战略、企业文化和人力资源。他（李慧明）比我更懂经营，采购、销售都做过，财务也比较精通。"

## 接触—融入—热爱—责任

企业传承是很多"创一代"内心深感焦虑的事情，甚至超过他们对于企业现金流的焦虑，毕竟现金流只与企业有关，而传承不仅关乎企业，更牵涉企业家的家庭，以及所有员工的幸福。所以，企业传承就成了一个关乎所有企业家人生终极命题和终极价值的话题，他们必须深入思考、慎重行动。没有任何成功能够弥补企业传承的失败。

然而，企业的顺利传承一直是世界性难题。美国研究机构的一项调查显示，美国家族企业第二代顺利接班的比例只有30%，到第三代只有12%。

从国内情况看，改革开放40余年诞生的第一代企业家群体，普遍到了已退休或将退休的关口，未来十年依然是中国民营企业的“传承窗口期”。只是，中国年轻的民营企业，尚缺少可供借鉴的传承样本，大多处于不明确的传承状态，让接班过程充满了变数。

不过，在传承方面，敬业集团堪称样本。对于接班人的培养，李赶坡很早就着手开展了。而对于子女接班的意愿，李赶坡也非常开明。学法律的李慧明大学毕业后，李赶坡就问他，是愿意到企业来工作，还是想从事法律相关的工作，李慧明直言想去企业。“他是主动愿意干，所以接下来遇到一些问题也就容易克服。父子在一起工作，更要讲究沟通，副总如果不行可以换，但儿子是换不了的，关系更微妙，更得处理好。总体来说，我们配合的还是非常好的，基本没有遇到什么障碍。”李赶坡笑着说。

李赶坡的说法，笔者从李慧明处得到了印证。当笔者问及什么时候内心深处下定决心要一辈子为敬业集团服务时，李慧明说，“其实我们家的教育是‘放养式’的，父亲非常尊重孩子们的决定，你决定做什么我会支持你。当时学法律，就想着国家提倡依法治国，以后做个法官或者律师也挺好。所以快毕业了父亲就说，如果喜欢做企业你就做，不喜欢也不强求。随着企业的发展和自己的成长，慢慢的这种责任感就有了。”

李赶坡一直觉得，敬业集团在石家庄连续十多年都是最大的企业，如果让李慧明一直在这里待着，必然会有盲目自大的倾向，所以他始终建议李慧明到外面学习以开阔视野，放大格局。

“我在2008年读了清华EMBA，学了一年后我感觉很有用，就让李慧明一起来读，我和他只差了一届。之后，我说你还要去中欧读EMBA，后来又建议他去五道口金融学院学习。现在他有三个EMBA学位，我说这还不行，你要出国学习，最后又到美国哥伦比亚大学深造了一段时间。”李赶坡说，他一直在用社会的资源替自己培养接班人。“我自己去培养去说教，孩子往往根本是不听的。”

而借助社会资源是最有成效的，因为父子二人的经历是一样的，读的书是一样的，受的教育是一样的，所以自然就会有共同语言，有共同的思想。

“我不要求按我的思想来，咱们都接受社会的先进思想，不断地吸纳，咱们思路就一致了。所以我们父子没有根本的分歧，走的路都一样，有了好书我会送给他看，并且还得问问他的助理，到底读了没有？”李赶坡说。

“传承一定不能学彼得一世。”李赶坡笑着告诉笔者，彼得大帝是俄国历史上最伟大的沙皇之一，他用铁血的扩张与改革带领俄国迅速走上富强之路，但他过于强势，儿子永远活在他的阴影之下，最后没办法跑到别的国家去了。

同步学习、社会资源培养的做法起到了成效，李慧明深深感到学习给自己带来的巨大帮助：“父亲在学习方面给了我很好的榜样，他不断地学习，包罗万象地学习，而且要到最好的学府去学。所以在父亲的带领下，我等于学了三个EMBA，感觉自己的视野完全打开了，更有信心了，并且想法也越来越能跟父亲同步。”

而对于连上三个EMBA，李慧明坦言这不是为了“包装”自己，而是真的受益无穷：“虽然课程大致相同，但是所讲的国家政策和行业形势总是更新的，同时身边总是有各行各业优秀的同学与你做伴，就总会感觉自己还有不断提升的空间，也就不会自认为企业已经做得很好了。之前你可能觉得自己很了不起，学习了之后增长了阅历，丰富了知识结构，才知道天地很广阔，所以这种大格局形成的国际化视野，让人受益无穷。”

笔者在采访时发现，李赶坡父子的算账能力都非常强，很多时候都是算准了、看好了才进行拍板决策。当听到这样的评价后，这位少帅笑言：“你必须把账算清楚才能动手干，算不清楚不能干。做生意就是基因传承。”

的确，基因传承再加上价值观的统一，事业传承就变得无比顺畅，无往而不胜。

创业初期，李赶坡在平山县南甸的新家就是化工厂的筹建办公室。李慧明小的时候，去过父亲的办公室，他清楚地记得，有一次李赶坡让他坐在自己的“老板椅”上，体验当“老板”的感觉。然后李慧明问了父亲一个问题：“爸爸，你看你这有生产副总，有销售副总、采购副总，你这当老板的是做啥的？”

“当时我就挺奇怪的，因为每个人都把事情做完了啊，但是当老板的是干啥的？”李慧明告诉笔者，当时父亲逗他说：“当老板其实就是啥也不管。”

“后来才知道‘老板’是企业里最重要的角色，是最核心的灵魂人物，人们知道你想做什么，需要怎么做，才能配合你完成工作。”李慧明笑着说。

2003 年 6 月，大学毕业后，李慧明就来到敬业集团工作。“刚刚入职时，就和一批员工一同参加了军训，特别有自豪感，自己还是能够严格要求自己，一点一点地完成教练安排的训练。”李慧明说。

当时，李慧明就已经有了意识，要和大家打成一片，同时还要做表率，他主动承担了一些脏活累活，比如主动去打扫卫生。“教官知道我是董事长的孩子，但是没有搞特殊。有的人不好好练，教官就训话说你以为你有关系，人家的关系比你‘硬’得多，还都每天认真训练着。”李慧明笑着说，当时同一批入职的新员工，有不少技术骨干，后来都在敬业集团担任了重要岗位。

军训完毕后，李慧明连续在烧结、炼铁、炼钢等岗位锻炼学习，对炼钢全流程的生产工艺做全面了解。

“几乎把重要的岗位、最艰苦的岗位都过了一遍，烧结工序中的配料工作，是这里面最艰苦的。每一个岗位轮岗结束，都要写一个总结。”李慧明说，之前他并不知道哪个岗位艰苦，这都是父亲李赶坡有意安排的。

轮岗结束后，李慧明先后做过采购等工作，又主持建设了敬业集团具有里程碑意义的中厚板生产线，随后任职副总经理分管营销，直至担任总经理成为李赶坡的得力助手。

事实上，为什么不少“二代”不愿接班？是因为他们在人生成长期，和一代开创的事业从没有过交集，更别说接受。不亲身体验，就无法真正理解和认同一个事业。而只有融入，才有可能接受和认同，进而产生热爱，最终扛起责任——这方面，敬业的传承样本，恰好完全符合这一“原理”：接触—融入—热爱—责任。

一家企业能否成功传承，以下三个维度极为重要：第一个维度，是否与孩子做到彼此认同？“创一代”要想顺利实现交接班，切不可像管理员工那样去教育自己的孩子。第二个维度，在考虑下一代接自己班的时候，是否给他留下了一个团队、留下了一个成熟的系统？要知道交接班不是单纯的权力移交，而是要做到系统、完善的传承。第三个维度，“创一代”的产业，是否被下一代认可？是否符合下一个时代的需求？一代企业家不能有守旧的眼光，要看自己的行业还能不能适应时代的发展。如果不能，就要尽快在信息化时代实现相应的转型。

我们可以发现，在这三个维度上，李赶坡父子不谋而合地践行了这些“理论”，他们的沟通毫无障碍，价值观和阅历也都越来越趋于一致——而这，正是成功传承不可或缺的土壤。

## 对话李慧明：搞实业是最好的理财

笔者采访李慧明时，是 2021 年 7 月，他刚刚从英国返回敬业集团总部。由于新冠肺炎疫情，当时没有直达航班，李慧明辗转了好多次，回国后又按规定隔离了 21 天。一双聪慧的眼睛，搭配在一张朴实的脸庞上，显得淡然而有阅历。举手投足之间，能看出李慧明的谈吐、思维都有李赶坡的影子。

让笔者印象极为深刻的是，采访结束互道告别后，李慧明站在办公室门口，一直目送着笔者，直到笔者走到距离并不短的走廊拐弯处。有敬业集团员工告诉笔者，李慧明工作上极为严厉，生活上却十分体贴员工，开会时看到服务人员没有椅子坐一直站着，会特意交代多搬些椅子来，让服务人员坐下休息。这些细枝末节，足以见证李慧明的细致入微，也足以窥见李慧明一颗善于换位思考的仁爱之心。

法律专业毕业的李慧明，逻辑能力很强，他笑称因为总要“讲究证据环环相扣”。有一次，李慧明就偶然间发现了国内钢厂一个很有意思的发展脉络：北方的钢铁企业是“从铁到材”，南方的钢铁企业是“从材到铁”，北方是顺着产业链发展的，南方则是倒着发展的。比如，江苏沙钢从轧钢开始起步，买钢坯轧钢，而敬业集团切入钢铁行业是从炼铁和卖铁块开始。

李慧明与笔者的对话，也充满了逻辑感，同时也富有论证性。

**笔者：**您觉得敬业集团的传承，比较顺畅的原因还有哪些？

**李慧明：**除了共同学习有了共同的价值观之外，就是李董事长说的话，“精神不倒，目标必达”，你想干一件事情就必须全身心投入。我感觉一定要为想实现的目标做充足的准备，然后心无旁骛地瞄准一个目标去实践。你的目标，你的规划，就像一幅图画，随着你不断的思考，它会越来越清晰，就仿佛它已经实现了一样。一开始的时候，感觉它只是一个朦胧的观点，只有一个很粗浅的轮廓，但随着你不断的思考，它就变成现实了。

**笔者：**您和李赶坡董事长之间有没有过意见不合的情况，然后又是怎么处理的？

**李慧明：**其实李董事长特别注意征求不同意见，你可以把自己不同的意见表达给他，然后他会在考虑之后反复和你沟通，直到达成共识。在这个方面，我感觉他特别善于沟通，同时特别有亲和力，对话的人可以没有任何顾虑，将自己的真实想法说出来。

李董事长也会给足够的空间让你去发挥，让你去大胆尝试，他会在一边默默地支持你，看着你的表现，甚至愿意让你去“试错”。不管在生活还是在工作方面，都能感受到他非常尊重你的决定。

一般情况下，在你主管的领域里，董事长都会尊重你的选择，比如说人事调动和组织调整。不过在大方向上，董事长往往不会人云亦云，他会进行综合判断。比如在重大收购的决策方面，李董事长经常会辩证思考，总能发现事物的一些独特价值。把所有生产基地都放在一个区域，显然风险很大，现在敬业在内蒙古、广东都有布局，它总有增长的空间。企业有发展的机会，就一定要想办法抓住，我们又必须坚守钢铁主业，所以必须要跳出去发展。但国内并购竞争也很激烈，尤其是好一些的资产。董事长说我们专门捡别人不要的，去了之后发展阻力反而更小。表面上看，有的标的可能资产质量不太好，但是竞争不激烈，能够另辟蹊径，做好自己的发展。

**笔者：**李董事长对您影响最大的事情是什么？

**李慧明：**父亲对我影响最大的一次谈话，是我上高一第一学期寒假时，他就说一定要通过努力上大学，不上大学不行，如果考不上就再复读一年。父亲总会把你当做一个很平等的谈话对象，他当时说，你看现在到了人生比较关键的阶段，如果没有上大学，将是人生的极大遗憾。后来我从内心深处接受了他的观点，知道必须上大学，学习态度就发生了转变，成绩也开始突飞猛进。

**笔者：**很多企业的“二代”是抵触接班的，您对此怎么看？

**李慧明：**我感觉抵触可能是对自己的位置没有摆正，每个家族其实都有自己擅长的领域，画家、音乐家都是可以代代相传的，做生意也一样，有人专门言传身教，你其实是有先天优势的，有基础有人脉，所以做别的事情未必比继承事业更容易获取成功。另外这里面也有孝道的因素，我感觉父亲非常累，必须替他分担。

**笔者：**现在很多企业“二代”都不愿意搞实业，您专门在五道口金融学院学习过，您如何看待金融与实业之间的关系？

**李慧明：**我感觉你把自己的钱放到别人的口袋里，帮助别人去发展，那是不相信自己的表现，所以我坚持自己搞事业，坚持自己搞实业，我认为搞实业是最好的理财。

最好的理财不是财富爆发增长，持续的增长才是最好的理财。搞资本运作，有时是不可控的。之前我也参与了一些同学的基金，但发现效果实际上没有做实业好。后来又想让我们投，我说我们水平不够，只是试试水。金融其实就是一个工具，但金融杠杆有时对实业是有伤害的。在企业发展很好的时候，总有人愿意借钱给你，分一杯羹，企业很困难的时候，他们反而会急忙把资金转走。所以，企业发展对于金融的过度依赖，我们是打心眼里有所防备的，不愿意过多的介入金融，可能是自己也不擅长这个领域。因为你的精力总是有限的，你全身心投入到实业中的话，就根本没有精力去研究别的。

**笔者：**作为企业接班人，您有哪些经验和心得感悟？

**李慧明：**就是和你的团队同甘共苦，打成一片，吃苦在前，享受在后，用自己的作风来带动团队的作风。然后不断地思考，不断地学习，不断地实践，不断地和大家交换意见，达成共识。

**笔者：**您觉得敬业集团目前最大的优势是什么？相对来说比较大的短板是什么？

**李慧明：**最大的优势就是我们有一个强有力的领军人物——李赶坡董事长，他的格局和视野决定了敬业的发展高度。我认为任何一家成功的企业，灵魂人物是必不可少的，因为一家企业的特点其实也就是企业家的个性使然，这也是我们的优势。另外我们的管理层特别稳定，每个人都把敬业的事业当做自己一生的事业来对待，都在一心一意为企业做贡献，很少有管理层离职的。所以敬业其实是大家的企业，不是个人的企业，我们从来没有认为这是一个家族企业。

短板来说，我们也发现人才团队的建设、引进和企业的发展节奏有些不一致，所以说在这一方面要发力，不断优化人才结构。别的同行在这方面就有做得很好的，所以在优秀人才、高学历人才的引进上，还需继续发力。比如国际化人才，不能等到真正国际化的时候才临时组建队伍，而是应该未雨绸缪、阶梯培养。

同时，在管理方式上，我感觉有的地方还是比较粗放，以惩罚性的管理方式为主，激励性的方式还需提升。我们已经开始改变了，只要目标确立，我们的执行力还是很强的。

（笔者注：就在笔者采访当天，为了提高全员专业知识及整体素质，满足转型升级发展需要，敬业集团举办了学历提升培训签约仪式暨开班典礼，他们与华北理工大学建立了长期战略合作伙伴关系，全面开展人才培养、科研等合作，双方将在专业人才定向培养、高端人才及在职人员联合培养、校企双向师资支持、建立毕业生供需渠道等方面进行合作，并充分发挥华北理工大学学科门类齐全、师资力量雄厚和敬业集团设备工艺先进、人员实践经验丰富的优势，就共同关注的重点科学技术开展联合开发，促进高新技术在企业的应用和科技成果向生产力的转化。李慧明在开班典礼致辞时说："国际化战略的实施、钢铁行业的发展和技术进步、客户对钢材的品种档次和质量要求的提高等，均对敬业人才结构的优化和整体素质的提升提出更高的要求和挑战，敬业的科研投入和员工的素质教育必须适应钢铁行业要求和企业发展需要。敬业集团与华北理工大学的战略合作，将专门针对敬业设班开课，通过多种形式系统性地提升员工素质和专业知识。所有员工必须端正学习态度，认真学习，以优异的成绩完成学业，为实现自己的职业规划和公司的持续发展继续努力！"）

**笔者：**您觉得敬业集团的哪些理念最需要坚守？

**李慧明：**不断发展的理念必须坚持，全球化的视野必须坚持，学习型的团队必须坚持。一家企业一旦不学习、不发展了，就是走向末路的开始，所以一定要与时俱进，不断的发展。

我们持续不断的学习，董事长当时为了抓安全，带头参加煤气考试，所有事情都是他身体力行。为了美化环境，他会带头去拔草除草，董事长年纪最大，他都这样做，你说其他高管能不加强对自我的要求吗？

敬业是一个学习型的团队，也是一个资源整合能力极强的团队，把握未来的关键不在于你拥有多少资源，而在于你能整合多少资源——也就是借力发展。

**笔者：**听说敬业集团通过"对标"学习，择其善者而从之，让自己迅速成长，请您讲讲这方面的故事。

**李慧明：**学习方面，一个是自我学习，一个是外出对标学习，所有优秀钢厂的先进经验，我们基本都"对标"过。中国的钢铁行业有一个堪称"奇怪"

的好现象，那就是同行之间对于交流学习持完全开放的态度，甚至可以把财务报表完全公开。所以钢铁企业之间经常展开对标，扬长补短，互相促进。

我印象最深刻的就是去日照钢铁对标，当时他们以同样的员工人数，却可以做到四班三倒。我带着两个副总去，感觉不可思议。李董事长就下了死命令，改不成功就不要回来。我们在那研究了一个星期，就用笨办法，和日照钢铁的每个岗位逐一对照，终于找到了解决办法。为了降低炼铁成本，提升控制水平，我们又全方位学习一家现在已经不存在的钢铁公司，从采购到生产全部学习。结果这家企业现在没了，我们发展起来了。我们学习的过程，其实也是一个不断超越的过程。

敬业的钢铁生产线，在全国起步不算早，我们是 1995 年开始投产的，就是不断以先进企业为榜样，对标学习，最终还超越了不少同行。

**笔者：**对于钢铁行业的发展前景，您怎么看?

**李慧明：**我给钢铁行业的定性就是工业食粮，就像人类对粮食的需求一样，钢铁行业永远不可能没落。看过一个数据，粮食每年的产量大约是 20 多亿吨，钢铁大约 19 亿吨，两者之间很相似。科技的发展，基础设施的建设，很多地方都离不开钢铁，衣食住行都和钢铁有关，世界上欠发达的地方还有很多，比如印度那么多的人口，它的钢铁产业还不行，非洲也发展空间巨大。包括现在的太空探索，其实都需要钢铁。别人说钢铁卖的是白菜价，其实这正是钢铁的优势，每个人都用得起，它才具备不被其他材料替代、不断增加使用量的基础。如果钢铁价格很高，每个人负担不起，它就成了奢侈品了，就不可能被大量的应用。

铁元素是地球上非常多的一个元素，它的资源供给也是取之不尽、用之不竭的，铁元素可以不断地被重复利用，不像煤炭、石油，都是不可再生的资源。钢铁确实很像粮食，今年收割了，明年还种。所以钢铁很有意思，价格低廉，非常容易加工，然后能被广泛大量的应用，同时还能与不同的微量元素结合，形成不同的性能，比如耐腐蚀的，比如高强度的——很百搭。所以，我认为钢铁的用量会越来越多，它不会被其他的材料所替代。

我非常看好钢铁行业，而且钢铁行业的生产方式在不断的进步，只要生产方式改进了，它就是一个朝阳的产业。现在炼钢的自动化水平不断提高，机械臂、机械手也在不断应用，甚至可以一键炼钢。就跟种地一样，最早用锄头，后来用机械，现在都是智能化农业了，农业的生产方式已然颠覆，你能说农业是夕阳产业吗？

# 后 记
Postscript

## 敬业集团的发展密码：顺风、逆风都可以，就怕没风

物竞天择，适者生存。历史车轮滚滚向前，有大量的企业经不起危机的考验而走向死亡，而也有一些企业能够独立于经济周期之外，顽强而又茁壮地成长。“不断地发展，不断地变革”，认为墨守成规只能使企业死亡的敬业集团显然属于后者。

巍巍太行下，滔滔滹沱旁，一群不安于现状的热血青年，从零开始，白手起家，披荆斩棘，摸爬滚打，边学边干，终成人中豪杰，还摸索出了一套行之有效的管理方法，将公司打造成了世界500强！

2021年8月，在敬业集团首次上榜《财富》杂志世界500强时，《财富》杂志曾评价敬业集团是一棵在沙漠中独自成长的胡杨：“敬业集团可能是中国企业版图上一个特殊的存在——总部位于刚脱贫不久的河北省平山县，没有得天独厚的地理成长环境；创始人李赶坡也没有显赫的家世背景与技术专长；也没有像其他‘共和国之子’们一样带有钢铁基因，甚至最初的业务是完全不相关的化工行业——生产水杨酸；更没有像其他激进的钢铁企业一样通过高杠杆收购实现快速增长。像一棵在沙漠中独自成长的胡杨，当公众注意到时，敬业已经成为一棵参天大树。”

的确，敬业集团逆势成长、化危为机的韧性，很像“不怕侵入骨髓的斑斑盐碱，不怕铺天盖地的层层黄沙”的胡杨树，无惧狂风肆虐、黄沙漫天，无惧没有水分和养料，在艰难的生存环境下野蛮生长着。所以，敬业集团这一民营企业的成长样本，极为值得我们深入研究并充分借鉴。

一个企业要想基业长青、稳步登攀，需要有面对困难，百折不挠锻造出的“韧性”。而战胜——不，是善用各类危机，充分展现了敬业集团压不垮的“韧性”。

当笔者问及“在众多竞争对手中异军突起，后发制人，敬业集团究竟做对了什么”的问题时，没想到李赶坡的助理“抢答”了：“我们不断做大，其中一个重要原因就是领导一直在不断设定新的目标，他看得比较靠前。”

没错，敬业集团这么多年的发展，正是不断提升的目标所指引的，并且做的都是外界看来“不可能”的事情。

在笔者看来，纵向剖开敬业集团的发展历程，可以看到一个极为明显的纹理，那就是“目标+信念+顺势借力/逆势反弹”。

李赶坡的理念是：人生在世只有一次，一切都是现场直播，没有彩排，因此要珍惜人生，使人生产生更大的价值。最重要的一点是要为自己的人生设定目标，并且不断提高目标，否则就是盲目的人生。

因此，在李赶坡看来，一家企业必须要敢于向自身挑战，定大目标，从而有所突破。大目标激发人的智慧，有了目标就会想办法，就会千方百计，就会出智慧。大目标可以凝聚人心，有了大目标，有了努力方向，大家会心往一处想，劲往一处使。

“要设大目标，最低目标超过全国最强者。你为什么不行？别人行了你怎么不行？别人达到的，你达到这不算行，这不是英雄；别人达不到的你达到，要超过任何人才是英雄。人生就要当英雄，树大志干大事。”李赶坡曾多次这样激励敬业集团的中高管团队。

而敬业集团的主要目标，有着“水杨酸全球第一，做炼铁，上炼钢，年产100万吨50亿营收，年产500万吨，年产1000万吨千亿营收，国际化，做全球钢材和金属制品供应服务商、做全球小矿种及各种能源的贸易商，世界500

强，转型升级、再造一个敬业”的发展脉络。可以说，敬业集团看似在小步快跑，其实是在飞速的跨越发展，但从未盲目。

显然，敬业集团的目标，就是靠着信念去支撑的。而“敬业集团”的名字，本身就有着“信念”的味道——正是李赶坡所说的“生活在世上要有一点精神支撑才行”。

敬业集团一直在外界的流言蜚语和“看不懂”中发展，不过这也正是李赶坡的决策特点，大多数人都看好的事情，他反而不会去做，甚至并购时，他都要选择长期具有区域优势、具有竞争力但不被人看好的项目。

而在各种“天方夜谭”般的目标下，信念变得极为重要。李赶坡曾经“自问自答”，描述了自己应对“极端不可能”时的心境：“敬业创业时，建化工厂需投资400万元，手头仅6万元，能成吗？能！时运顺，早成；时运不顺，晚成；不成不罢休！干了一年半，水杨酸终于投产了。建1号高炉需投资4000万元，企业自有资金只有不到500万，能成吗？经过一年努力建成了！只不过高炉刚开始简单一些，后来再完善。如当初无这种大想法，肯定建不成化工厂，也没炼铁厂，也不会有敬业集团。”

可以说，李赶坡凡事必成的魄力和咬定青山不放松的毅力，造就了他堪称传奇的一生，也开创了敬业集团基业长青的事业。

而这，都离不开信念。李赶坡深有感触：市场永远在波动，企业总是在市场波动中生存，有死有存。企业经营者必须适应这种永远变化的局面。市场的小波动给企业效益带来变化，市场的大波动可能给企业带来灭顶之灾。所以企业经营者必须始终保持敢打必胜的心态，敢于向一切袭来的危机亮剑。

一次亮剑，靠的是勇气，而在屡战屡败中持续亮剑，显然信念不可或缺。让我们看看李赶坡在各个历史阶段、各种场合下是如何论述信念的：

“敬业的创业者们在连人进出都不便的偏远山区，在既无港口又无铁路，仅有六米宽人车混行小路的闭塞小镇建起了千亿级敬业集团。建厂初期敬业集团除了成功的信念什么都没有。所以敬业人要继续发扬‘打出去冲上去’的精神，派出一支队伍便可打出一片天地，无往而不胜。”（2020年6月）

"增量竞争已经过去，你死我活的存量竞争已经开始。敬业集团能够多次度过金融危机，健康地活下来，靠的是什么？是敢打必胜的信念，是'打出去冲上去'的精神。"（2019年12月）

"敬业的两个突出特点：第一，白手起家。很多企业由承包的乡镇企业或改制的国企发展而来，敬业不是，全部是白手起家，一块砖一片瓦都是敬业人建起来的，这是一个特点。第二，信念支撑事业。我们这个地方位置不好，建钢厂人们都说不行。不临近港口，没有铁路，所以位置不太好；没有稳定的资金来源，没有'背景'。那么我们有什么，有信念。信念支撑我们走到现在。"（2017年8月）

"温家宝总理说过一句话：信念比黄金还重要。是的，信念能够帮助我们克服困难，能够帮助我们达到人生的目标，能够让我们创造财富，所以说信念比黄金还重要，敬业集团走过的历程充分说明这个道理。

敬业集团从无到有、从小到大，现在达到年产1000万吨的钢铁规模靠什么？靠信念。敬业集团当初从身无分文到现在固定资产270个亿，销售收入500多亿元，靠什么？靠信念。敬业集团当初创业的时候，一开始就我一个人，后来一个小团队，到现在22500名员工在这里共谋大业，靠什么？靠信念。我的体会是信念可以克服任何困难，可以达到人生的目标，可以创造人间奇迹。"（2017年8月）

"在远离闹市的贫困山区，在思想观念非常传统的革命老区，何以建成一个全国500强民营企业？凭的是敬业人唯一的强项——信念，信念支撑事业。""下海时没有本钱，本身没有后台，也从不找后台。钢厂位置不通铁路、不沿海，没有矿石。在任何条件不具备的情况下，建起了十里钢城，1350万吨钢铁产能，使一方百姓富裕起来，成为平山县纳税大户，连续八年被评为石家庄最大规模企业，靠的就是一条，人生的信念，没有了信念就什么也没有。"（2016年10月）

信念支撑事业——这就是危机压不垮敬业集团的奥秘，这就是其韧性十足的原因，是信念让敬业集团在各类危机面前产生了反作用力。

我们可以看出，在几个重大的时代性危机面前，李赶坡都做出了极为正确并且影响深远、逆向思维下的战略决策，体现出了一种大智慧和使命担当。

在李赶坡的思维认知中，发展企业，顺势可大发展，逆势也可大发展，就怕“平稳”，平稳往往就意味着原地踏步。他曾经在敬业集团内部会议上说：“国际局势的变化，打破了原有的经济秩序，产生了新的不平衡。不平衡就是商机！”

因此，敬业集团可以顺风飞远，也可以逆风飞高，没有耽误任何一个发展时期。

1997年亚洲金融危机，2008年世界金融危机，2020年新冠肺炎疫情，可以说，敬业集团在每一次危机中，都找到了新的机会，逆势反弹，猛长“个头”，把每次危机都变成自己的一次次“青春期”，并且在每一次危机中都将企业带进了一个全新的历史阶段——经过危机洗礼的敬业集团反而越来越强大。

李赶坡在谈及30多年的商海经验时说，只要抓住机会，时时都是发展企业的好时光。他认为，机会有两个特点：一是隐形的，像一块布用针扎下去其孔无数，眼睛却看不到。二是短暂的，一闪而过，稍纵即逝。所以要有发现机会的敏锐，要有抓住机会的速度。做企业很大程度在于对机会的捕捉程度。敬业集团所处环境并不优越，地理条件比较偏僻，交通不便，生活条件也比较艰苦，不易引进人才，新的思想潮流也不易冲击到这片革命老区和贫困山区，相对沿海和大都市周边发展条件要差许多。如何发展全靠经营者去发现机会，抓住机会——而机会往往存在于“危机”当中。

在2018年12月的一次内部讲话中，李赶坡对自己的“反危机”经历做了总结，并说：“经济危机是经济发展的规律，企业经营者遇到危机是必然的，就看如何应对。还是我一句老话：危机中有良机。只有危机才能淘汰不良企业，所以经济危机是优秀企业发展的大好机会。”

敬业集团应对危机的三大战术是：第一，充满战胜经济危机的信心，敢打必胜，不屈不挠，不获全胜绝不罢休。第二，思想谨慎缜密，在已来临的经济危机中要谨慎决策，不能失误。第三，反危机措施要制定到位，落实到位，招招见效。

由此可见，敬业集团并不是在盲目地、“头脑发热”地反危机，而是在充分的信心下，确保没有失误的前提下，打赢防守反击战。

这些，都离不开从局中跳出的宏观思维。

善于思考大方向的李赶坡，对于企业具体的生产、经营，并不过于操心，用他的话说，就是“生产、经营我不管，我不如他们，当一个事业授权出去超过我亲自去做时，这就对了。如果还总让我去做，那就证明还有问题。我不管的事都做得很好，凡是我老管的事都不行，因为他们没有超过我的水平，这自然不行。”

“您就是一位政委，也像一位教练，统一员工的思想，激发员工的潜能。”面对笔者的评价，李赶坡笑了笑，说：“你说对了！我翻了翻这么多年我的讲话，我就是个政委，我就是讲思想、讲干部，其实很多业务我根本不管也不懂。”

事实上，优秀的企业家本质上都是哲学家，被誉为“经营之圣”的稻盛和夫，一手创立了两家世界 500 强企业：京瓷、KDDI，并拯救了另一家 500 强——日本航空公司。稻盛和夫出身是科学家，出名是企业家，但本质上是一位哲学家。正如季羡林先生所言：根据我七八十年来的观察，既是企业家又是哲学家，一身而二任的人，简直如凤毛麟角，有之自稻盛和夫先生始。

在这方面，哲学专业毕业、政治老师出身的李赶坡，显然也有着天然的优势，因此部分敬业集团高管在接受笔者采访时，也经常谈及李赶坡的辩证思维和哲学思考。

这个世界上从来没有无缘无故的成功，成功背后必然有着趋向成功的逻辑。优秀企业的成长，总能看得到，摸得着，听得见，有迹可循，有道可依。至此，很多人好奇的问题：作为一个并不具备先天优势的民营企业，敬业集团在全球竞争对手林立的大环境下，在钢铁这一具有垄断性特点的产业中，他们是如何历经九死一生，拥有一席之地，进而傲视群雄，冲进世界 500 强的？

笔者想，各位读者心中已然有了答案。